立法過程と立法行為
―― 憲法の理論と判例 ――

新　正幸

立法過程と立法行為
——憲法の理論と判例——

学術選書
48
憲　法

信山社

はしがき

　立法過程を憲法学の見地から規範的かつ動態的に考察することを志向して以来，早40年以上経過した。その間，幸いにも1988年にそれまでの一応の研究成果を『憲法と立法過程』（創文社）と題して上梓し，世に問う機会をうることができた。
　本書は，その後折に触れて，かかる研究の継続・発展としてこのテーマについて考察した諸論稿を体系的にとりまとめ編成したものである。
　編成するにあたって，新たに「序論」を付して，その要となる基本構想の簡潔な解明に努めたが，その他はすべて既存の諸論稿であるから，まずそれらの編成上の位置と初出を記しておこう。

（本書の編成と初出一覧）
　序　論
　第1章　立法と立法過程
　　第1節　法律の概念
　　　⇒　大石眞・石川健治編『憲法の争点』有斐閣・2008年
　　第2節　立法過程——議員立法，政府提出立法——
　　　⇒　『ジュリスト』1133号・1998年
　　第3節　議員立法——理論的見地から——
　　　⇒　『ジュリスト』1177号・2000年
　　補論I　権力分立論——特に現代における変容——
　　　⇒　『法学教室』76号・1987年（後に，芦部信喜編『憲法の基本問題』有斐閣・1988年に所収）
　　補論II　唯一の立法機関
　　　⇒　高橋和之・大石眞編『憲法の争点〔第3版〕』有斐閣・1999年
　第2章　立法行為
　　第4節　法現象としての立法過程と立法行為
　　　⇒　「『立法過程学』の可能性」『ジュリスト』955号・1990年
　　第5節　判例からみた立法行為論I——法律の実体形成行為および法律議決を中心に——
　　　⇒　「判例からみた立法行為論」曽我部真裕・赤坂幸一編『憲法改

はしがき

　　　　　革の理念と展開（上）　大石眞先生還暦記念』信山社・2012年
　　第6節　判例からみた立法行為論Ⅱ──立法過程の手続面（手続形成行為）を
　　　　　中心に──
　　　　⇒　松井茂記・長谷部恭男・渡辺康行編『自由の法理　阪本昌成先
　　　　　生古稀記念論文集』成文堂・2015年
　　　　　（本節の二および三は書下ろし）
　第3章　21世紀の議会制像
　　第7節　もう一つ議会制像──ハイエクの「一つ憲法モデル」をめぐって──
　　　　⇒　『比較憲法学研究』15号・2003年
　　第8節　二つの自生的秩序──市場システムと知的秩序のシステム──
　　　　⇒　『金沢法学』49巻2号・2007年
　　第9節　現代立憲主義像・管見──ケルゼンとハイエクの論争を素材として──
　　　　⇒　『日本法学』82巻3号（百地章教授古稀記念論文集）・2016年

　これらの諸論稿を本書に所収するにあたっては，編成や用語の統一性の見地から一定の変更や移動等（引用文献に改訂版が出されている場合には，可能な限り〔　〕で追加するよう努めた），若干の修正を加えた他は，できるだけ初出の形を維持することにし，その後所説に研究の進展等が見られる場合には，各節の末尾に「補遺」という形で少しく言及することにした。特に第2節・第3節においては，主たる論点について，国会法・議院規則等の改正をも含めてその後の推移について言及し，現在においても通ずるものとするよう心掛けた。

　本書をなすにあたっては，そこで引用した内外の文献をはじめ諸先学に多く負っているのはいうまでもないが，とりわけ，院生以来ご指導いただいた樋口陽一先生の学恩を忘れることはできない。先に記した拙著『憲法と立法過程』は東北大学に提出した学位論文をもとにしたものであるが，それを作成し提出しえたのも，また創文社から上梓しえたのも，先生のご指導とご推薦によるものであった。のみならず，人としてまた研究者として，節目々々にたいへんお世話になり，研究者として何とか生活してくることができたのも，ひとえに先生の暖かいご支援をいただいたからだと思い起さずにはいられない。ここに深い感謝の念を込めて，本書を樋口陽一先生に捧げることをお許しいただきたいと思う。

はしがき

　本書がなるについては，信山社の袖山貴氏にたいへんお世話になった。今回もまた，氏の決断と支援がなければ，本書の公刊はありえなかったであろう。この場をお借りして，心から謝意を表したい。

　平成29年（2017年）1月27日

新　　正　幸

目　次

はしがき ……………………………………………………………………………… i

序　論 …………………………………………………………………………………… 3

第1章　立法と立法過程 ……………………………………………………… 17

第1節　法律の概念 ……………………………………………………………… 17
　　一　総　説 (17)
　　二　実質的意味の法律について (18)
　　三　形式的意味の法律について (20)
　　（補遺）………………………………………………………………………… 22

第2節　立法過程──議員立法，政府提出立法── …………………………… 24
　　一　はじめに (24)
　　二　わが国の立法過程の特質 (24)
　　三　立法過程の問題点 (27)
　　四　立法機構改革の視点 (30)
　　五　むすび (33)
　　（補遺）………………………………………………………………………… 33

第3節　議員立法──理論的見地から── ……………………………………… 45
　　一　はじめに (45)
　　二　近代憲法史に即した法律発案の諸類型 (46)
　　三　議員立法の三類型 (49)
　　四　わが国における議員立法 (53)
　　五　むすび (56)
　　（補遺）………………………………………………………………………… 57

補論Ⅰ　権力分立論──特に現代における変容── …………………………… 75
　　一　はじめに (75)
　　二　権力分立論の基本的性格とその歴史的意義 (75)
　　三　近代立憲主義の確立と議会優位の権力分立制 (79)
　　四　権力分立制の現代的変容 (81)
　　五　むすび (87)
　　（補遺）………………………………………………………………………… 88

補論Ⅱ　唯一の立法機関 ………………………………………………………… 97

ix

一　総　　説（97）
　　二　国会中心立法の原則（97）
　　三　国会単独立法の原則（100）

第2章　立法行為 …………………………………………………… 103

第4節　法現象としての立法過程と立法行為 …………………………… 103
　　一　はじめに——「立法過程」の二つの考察方法（103）
　　二　法現象としての立法過程論の方法（106）
　　三　法現象としての立法過程論の一断面——立法行為論に即して（110）
　　四　法現象としての立法過程論の意義（119）
　　五　むすび（123）
　　（補遺）………………………………………………………………………… 123

第5節　判例からみた立法行為論Ⅰ
　　　　　　——法律の実体形成行為および法律議決を中心に—— ………… 127
　　一　はじめに（127）
　　二　立法行為の分類——平成9年判決の概要（127）
　　三　若干の分析——議会法ないし立法過程の見地から（135）
　　四　立法行為論と国賠法上の違法性（142）
　　五　むすび（147）

第6節　判例からみた立法行為論Ⅱ
　　　　　　——立法過程の形式面（手続形成行為）を中心に—— ………… 149
　　一　はじめに（149）
　　二　警察法改正無効事件（151）
　　三　第一次・第二次国会乱闘事件（170）
　　四　国民投票法案不受理事件（186）
　　五　むすび（198）
　　（補遺）………………………………………………………………………… 199

第3章　21世紀の議会制像 ………………………………………… 215

第7節　もう一つ議会制像
　　　　　　——ハイエクの「一つの憲法モデル」をめぐって—— ………… 215
　　一　はじめに（215）
　　二　ハイエクの「一つの憲法モデル（a Model Constitution）」（217）

三 「二つの議会」構想（221）
         四 憲法モデルと二つの議会構想の狙い（223）
         五 構想の評価——いかにそれを受けとめるべきか（224）
         六 二つの議会構想のインパクト——わが国の統治機構ないし国会論
            にいかなるインパクトをもちうるか（227）
         七 むすび（231）
         （補遺）……………………………………………………………………235
第8節 二つの自生的秩序——市場システムと知的秩序のシステム——………242
         一 はじめに（242）
         二 原理を異にする二つの異なった秩序——「組織的秩序
            （corporate order）」と「自生的秩序（spontaneous order）」（244）
         三 二つの自生的秩序——市場システムと知的秩序のシステム（253）
         四 市場システムと知的秩序のシステムの関係（265）
         五 むすび——自生的秩序と暗黙知の理論（271）
         （補遺）……………………………………………………………………274
第9節 現代立憲主義像・管見
         ——ケルゼンとハイエクの論争を素材として——………………278
         一 はじめに（278）
         二 ケルゼンのハイエク批判（280）
         三 ハイエクのケルゼン批判（283）
         四 論争からえられるひとつの所見——現代立憲主義の根拠について——
            （293）
         五 むすび（297）

事項索引（299）

凡　例

一　法令・判例および雑誌等の略記は，通例の方式によった。

一　筆者の強調は，傍点で示した。ただし，引用文における傍点は原著者の強調である（筆者が特につけたものは「傍点筆者」で示した）。

一　注は，節および補論Ⅰ・Ⅱを単位に通し番号とした。

立法過程と立法行為
―― 憲法の理論と判例 ――

序　論

　憲法上「法律」と呼ばれる国法形式の創設は，もとより一朝一夕になるものではない。それには，立法に関する国家の組織と手続を必要とする。その中心をなすのはいうまでもなく，国会であり，立法手続である。それらの基本はすべて憲法の定めるところであるが，それらを動態的に考察するとは，一体いかなることを意味するのか。今，そのことをできるだけ容易にイメージできるよう，まずは比喩的に，立法の組織を鉄道の駅舎に，立法手続をレールに，法律という国法の形式を列車に譬えて説明したいと思う。

　憲法学は，伝統的に，これらの立法のための組織（駅舎）や立法手続（レール）や法律形式（列車）を，いわば固定的なものとして静態的に考察してきた。なるほど，立法手続は，明治憲法以来，憲法学において，議会の手続に限ってみても，通例，法律案の提出（発案），法律案の審議，法律案の議決というように各「段階」に区別して論じられてきた[1]。そこではかように，法律制定の「手続」の「段階」が手続の進行に応じて，法律案の発案・審議・議決というような形に区分されて論じられていることから，恰も立法過程の発展に即した動態的考察であるかに見える。しかし，果たしてそうであろうか。そこでは，個々の段階がいわば孤立的に論究されているだけで，かかる手続の進行に応じた相互の関係や手続全体との関係で手続形成がどのようになされているかとい

---

[1] 代表的なものとして，明治憲法下において美濃部達吉『憲法撮要（改訂第五版）』（昭和9年）484頁，現行憲法下においては宮沢俊儀『憲法（改訂版）』（改訂5版・有斐閣・1990年）360頁以下，清宮四郎『憲法Ⅰ（第3版）』（有斐閣・1979年）417頁以下参照。
　　かかる憲法理論も，原理的には「立法の道程（Der Weg der Gesetzgebung）」を法律の成立に必要な4要件（Erfordernisse）に区分するラーバント学説に由来する（Paul Laband, *Das Staatsrecht des Deutschen Reiches*, 5. Aufl., 1911, Bd., 2, S. 23.）。それを受けて，ドイツにおいて例えばハチェックによりワイマール憲法下において，「立法過程（Gesetzgebungsprozeß）」を①法律発案の段階（Stadium），②議会による法律内容の確定，③法律の裁可（法律命令の付与），④法律の公証と公布の4段階（Stadien）に区分して論じられ（Julius Hatschek, *Deusches und Preussisches Staatsrecht*, 2. Aufl., Bd., 2, 1930, S. 7.），かかる理論的伝統は原理上戦後の基本法（憲法）の下において現代に受け継がれているところである（Vgl. Norbert Achterberg, *Parlamentsrecht*, 1984, S. 349ff.）。なお，ドイツ語の表記は，引用原典によった。以後これに従う。

序　論

う立法過程の手続面だけでなく，とりわけ手続の形成に応じて将来法律となるべきものの実体がどのような形で形成されるかという立法過程の内容面が十分に考察されてきたとはいえないのではないか，手続の進行に応じた「段階」的考察は，一見立法過程の動態的考察に見えながら，本当の意味で動態的考察になっていないのではないか。なぜか。

　今，始発駅で荷物を積んで，終着駅を目指して出発する列車を想定しよう。それは，いわば「発案」の段階であり，走行中は「審議」の段階，終着駅は「議決」の段階である。具体的な立法過程は，始発駅で列車に一定の荷物を積んで（特定の荷物は原則として必ずこの列車に積んで輸送しなければならないが〔法律の専属的所管事項〕，それ以外の一定の荷物も積み込むことができる〔法律の競合的あるいは任意的所管事項〕。しかし，裁判判決等の他の国法形式の専属的所管事項は，原則として積み込むことは許されない），列車は，節目ごとにポイントを切り替え（委員会と本会議の審査段階，法律議決の両院関係等），時には荷物の一部を積み増したり積み替えたりしながら（法律案の修正），終着駅に向けてレールの上を走るが，憲法学は，伝統的に，走っている列車を走行している動的状態においてではなく，いわば列車を各駅舎で静止している状態において固定的・孤立的に論じてきたからである。

　では，法律という国法形式たる列車に，法律の内容たる一定の荷物を積んで始発駅を出発し，終着駅を目指してレールの上を走る列車を，走行している状態において，すなわち動態的に考察するとは，一体どのようなことをいうのか，どのようにしてこのような考察が可能となるのであろうか。

　かかる立法過程の動態的考察の端緒を開かれたのは，小野清一郎博士であった。博士は，「立法過程の理論」と題する論文において，立法を法の「一般的な形成過程」，司法を法の「特殊的な形成過程」と捉えられ，「立法過程と司法過程とは国家の法的実践として，その本質において同一のものでなければならない」として両過程の法本質的同一性を強調され，司法過程を参照しつつ，立法過程には「外部的・手続的・制度的な面」と「内部的・意識的・精神的な面」とがあるとし，立法過程の複合的・重畳的な発展過程の構造を初めて理論上明確に打ち出され[2]，後者について「法律の実体形成」なる概念を提唱された。

　《立法過程は，法律案の作成から国会における両議院の議決に至るまでの一連の行動過程であると同時に，その間における一貫した意識的・精神的な思惟過

2　小野清一郎「立法過程の理論」『刑法と法哲学』有斐閣・1971 年所収 109 頁・113 頁。

程である。後者は，法律の実体形成過程ということができよう。それは，立法の対象たる社会的事実の認識と，それを法律的にどのように規制するかの思惟に帰着する。その社会的事実認識の面は社会学的な思考であり，法律的規制の面は，あるべき法規の形成に関する実践的思惟である。だが，実際には両者は分離できない。政策的，技術的および倫理的な，複雑な要素を含む一体の精神過程である[3]。》（傍点筆者）

　この立法過程の理論は，かねてより立法過程に関する「理論的考察を試みたかなり本格的な論稿」[4]として，高く評価されてきたが，とまれ，そこにいう「実体形成」の概念は，ザウアーの訴訟法理論に由来し[5]，小野博士は，かかる概念を立法過程に類比的に適用して，「法律の実体形成」という概念を形成されたものと見られる[6]。

　そこでは，方法論上，立法過程の社会学的考察と法学的・規範的考察について，「実際には両者は分離できない」として，その「一体」性が強調されているのが特徴的であるが，この点について，まず，立法過程を「（その一）政治過程としての立法過程」と「（その二）手続面と実体面（法律の実体形成）」に区別し，方法論的に政治学的・社会学的考察と法学的・規範的考察の違いを明らかにし，後者の考察は，前者の認識を踏まえてなされるべきことを示唆した上で[7]，後者について，小野博士の「法律の実体形成」という用例を踏襲しつつ，立法過程の複合的・重畳的性格の考察を，立法過程の「手続面」と「実体面（法律の実体形成）」の二面として，さらに理論的に洗練されたのは，団藤重光教授であった。

　　《最初の立案の段階から国会審議の最終の段階まで，立法の手続――法的手続だけでなく立法をめぐる事実的な諸活動を含めて――が進められるにしたがって，ひとつの法律（となるべきもの）の内容がしだいに形成されて行く。逆に，法律（となるべきもの）の内容が形成されて行くにしたがって，それをめぐる法的手続および政治活動（たとえば修正に対する政治的反応）にも影響をあたえ

---

[3] 同・115頁。
[4] 池田政章「立法・立法過程」『日本国憲法体系　補巻（宮沢俊義先生還暦記念）』（有斐閣・1971年）16頁。なお，田口精一「立法過程論」『現代の立法』（有斐閣・1965年）210頁以下参照。
[5] Vgl. Wilhelm Sauer, *Grundlagen des Prozessrechts*, 1. Aufl., 1919, 2. Aufl., 1929, Neudruck, S. 110ff.; ders, *Allgemeine Prozessrechtslehre*, 1951, S. 26f., 36ff., 61, 105f.
[6] 小野清一郎『新刑事訴訟法概論』（法文社・1948年）125頁以下参照。
[7] 団藤重光『法学入門〔増補〕』（筑摩書房・1986年）152頁以下・328頁，同著『法学の基礎』（有斐閣・1996年）176頁以下・367頁参照。

る。両者は，内容と形式，目的と手段の関係に立ちながら，相互にからみ合って発展して行く。それは，……わたくしがザウアーの影響のもとに訴訟を実体面（実体形成過程）と手続面（手続形成過程）に分析したのと，ある程度まで相似の関係にある。かような個々の立法過程における内容的な面を，ここでは法律の実体形成と呼ぶことにする[8]。》（傍点筆者）

　団藤教授は，かようにして，訴訟理論との類比において立法過程における「手続面」と「実体面（法律の実体形成）」の概念によって立法過程の法学的・規範的かつ動態的考察の理論的展開の可能性を示唆されたが，しかし，その具体的展開は教授自身によってなされることなく，われわれに課題として残されることになった。そこで，教授が「ある程度まで相似の関係にある」とされていることが問題となるが，この点について，ウィーン法学派の法段階説による「動態的法理論（Dynamische Rechtstheorie）」──「規範によって規律された人間の行動」に認識のアクセントをおき，「法が創設され適用される法過程（Rechtsprozeß），運動している法」を認識の対象とする法理論[9]──の見地からは，教授が想定されている以上に，より積極的に構想しうるのでないかと臆測される[10]。

　かかる見地より，立法過程をいわば縦断的にその発展の流れにそって形式的側面と内容的側面に区別するとき，前者を「手続形成過程」，後者を「実体形成過程」と呼ぶことができよう。ここに法律の実体形成とは，「法律」と呼ば

---

[8] 同『法学入門〔増補〕』155 頁，同『法学の基礎』178-9 頁。そこで述べられている「わたくしがザウアーの影響のもとに訴訟を実体面（実体形成過程）と手続面（手続形成過程）に分析した」とされる内容については，同著『訴訟状態と訴訟行為──刑事訴訟における──』（弘文堂・1949 年）2 頁以下，同著『新刑事訴訟法綱要（7 訂版）』（創文社・1967 年）139 頁以下参照。

　因みに，本書は，立法過程の動態的考察を比喩的に，法律の成立という目的地に向かってひた走る列車に譬えて説明したが，かかる比喩は，三島由紀夫が評論「法律と文学」において，かつて法科学生であったころ，「殊に興味を持つたのは刑事訴訟法であつた」とし，団藤教授の刑事訴訟法の講義において「『証拠追求の手続』の汽車が目的地へ向かつて重厚に一路邁進するような，その徹底した論理の進行が，特に私を魅惑した」とし，かかる動態的な理論分析により解明された刑事訴訟法が「私の携はる小説や戯曲の制作上，その技術的な側面で」，「好個のお手本であるやうに思はれた」（『三島由紀夫全集』30 巻（評論Ⅵ）・新潮社・1975 年・180 頁以下）と述懐していることに，ヒントをえたものである。なお，それについては，団藤重光「三島由紀夫と刑事訴訟法」『この一筋につながる』（岩波書店・1986 年）109 頁以下参照。

[9] Hans Kelsen *Reine Rechtslehre* 2. Aufl., 1960, S. 72-3. 長尾龍一訳『純粋法学第二版』（岩波書店・2014 年）72-3 頁。

[10] 拙著『憲法と立法過程』（創文社・1988 年）8 頁以下・35 頁以下・84 頁以下参照。

れる特定の国法形式の内容が立法手続の進行に応じて次第に形成され確定されるに至るまでの流動的な発展過程を意味する。

　私は，先に，立法過程の動態を比喩的に，始発駅で荷物を積んで，節目ごとにポイントを切り替えつつ，時には荷物の一部を積み増したり積替えたりしながら，終着駅を目指してレールの上を走って行く汽車に譬えたが，ここにいう法律の実体形成の過程を，このような比喩を外して，やや具体的にいえばこうである。

　《将来法律となるべきものの内容即ちその実体は，立案の当初においては，単なる政策または施策決定にすぎない。しかしそれはやがて立案機関によって法的に把握され加工され法制化の作業が進められて，ついには法律案の原案となるまで形成されるに至る。しかしそれは未だ立案機関の単なる主観的な可能的判断にすぎない。やがてそれは，発案の際には，一つの「法律案」として立法手続上明確に表現せられ，議院に提出される。ここにおいて，将来法律となるべきものの実体が，立案機関の単なる原案から発案機関の「法律案」へと進展し，立案機関の可能的判断から発案機関の蓋然的判断へと発展してゆく。これは前立法手続（Vorverfahren）が終結し，主要立法手続（Hauptverfahren）が開始される時点である。かようにして，法律案が議院に係属すると，通例それは議長によって委員会に付託され（国会法56条2項），その実体は，委員会における審理（趣旨説明・質疑・討論等）を通して，或いは修正案の提出とあいまって，さらに形成され，ついには議決されるに至る。しかし，委員会は，法律案の実体審理については，あくまで予備的審査機関であって，その議決も終局的なものではなく（終局前の議決），法的には本会議における判断の資料としての性格しかもたない。かようにして委員会における審査が終了すると，それは議院に還付され，議院の本会議における審理（委員会の報告または趣旨弁明・質疑・討論等）を通して，或いは修正案の提出とあいまって，その実体は更に形成され，ついには議決されるに至る。法律案の可否に関する国会の終局的意思は，国会を構成する両院の意思関係によって定まるから（憲法59条・国会法83条以下），両院関係の定めるところにしたがって，他院に送付され，場合によっては回付され，それぞれの院で更にその実体が形成され，ついには国会の終局的意思が決定されるに至る。かくて，実体は蓋然的なものから確実的なもの達し，法律の実体はここに終局的に確定し，主要立法手続は終結する。》[11]

　以上の発展過程は，まさに立法手続の進行に応じて，「法律」という特定の国法形式の実体が次第に形成され確定される浮動的・流動的な「法状態

11　同・85-6頁。なお，97頁以下参照。

(Rechtslage)」に他ならない。この意味で，法律の実体形成は，法動学としての立法過程に関する法の理論においては，立法手続を超えて存在する超法的なものではなく，あくまで立法手続の中でそれに即して形成され確定されるに至る法内在的なものと理解されなくてはならない。

かように，立法過程は，本来，立法手続の発展とその中でそれに伴ってなされる法律の実体形成とが互いに不可分に結びついたもの，両者をうちに含む全体として存在するものであるが，理論上，かかる立法過程から，先に考察した法律の実体形成過程をひとまず捨象して純形式的・手続的な側面を考えることができる。これが，ここにいう手続形成過程である。

立法過程の進行は，その内容的側面では法律の実体形成であり，その形式的側面では立法手続の発展であり形成である。立法過程の本来の目標は，いうまでもなく，法律の実体形成を行ない，法律を確定することにあるから，立法過程における手続形成は窮極的にはすべて法律の実体形成を目標とし，それに向けて行なわれ，それに仕えるべきものである。この意味において，立法過程における手続形成は，法律の実体形成に対して，内容に対する形式，目的に対する手段の関係に立ち，実体形成を目標とする種々の立法行為の連鎖よりなる。

「立法行為」という概念は，明治憲法以来，伝統的には通例，国家作用としての「立法」そのもの，すなわち法律なる国家意思を確定する行為そのものを意味するものとして用いられてきた[12]。政府は，国会答弁において，「立法の手続という面から，……段階をわけて考えますれば，……立案し，提案し，そして審議されて可決されるという段階がそこに考えられる」が，「立法行為の核心……は，言うまでもなく制定行為そのものである」と答弁し[13]，最高裁も，

---

[12] 代表的なものとして，美濃部達吉「立法行為の性質(一)」『国家学会雑誌』46巻4号（1932年）469頁以下，清宮四郎「国家における立法行為の限界」『国家作用の理論』（有斐閣・1968年）41頁以下参照。

[13] 山内一夫編『政府の憲法解釈』（有信堂・1969年）224頁。かかる政府の答弁は，憲法41条にいう「立法権の中には，……立案，提案，審議の三要素をもって立法行為と見なしておる」との議員の発言に答えたものであるが，法律発案から法律議決に至る立法過程を一連のものとして一体的に「立法」と捉える立場（この意味での広義の立場——そこではその帰結として形式的にはどこまでも議員よる内部発案独占主義がとられる）は，憲法史上，英米憲法のとるところで，実はこちらこそ憲法の初源形態というべきであるのに対して，狭義の立法の概念は，立憲君主主義的な政府発案独占主義と裁可を経験した大陸型の憲法，特にドイツ型の憲法に由来し，それについての憲法理論がわが国に流入し，伝統学説となったものである。戦後，憲法41条の解釈として広義の「立法」概念による議員の内部発案独占主義が佐々木惣一・磯崎辰五郎博士により——上記

法律案に関する議決を「多数決原理により統一的な国家意思を形成する行為」と捉え,「立法行為そのもの」(最三小判平成9・9・9民集51巻8号3850頁〔3853頁〕) と称している。この意味において, このような「立法行為」の概念を, 伝統的かつ狭義の概念ということができるであろう。

しかし, 法律というひとつの国法形式が存在するためには, 議会の段階に限ってみても, まずは法律案が発案されその審議を経て議決 (可決) されなくてはならず, このような発案・審議・議決というような各行為 (国家行為) も憲法学の対象としなければならないのはいうまでもないから, それらは, 明治憲法以来, 一般に法律制定手続の各「段階」として論じられてきたことは, 先にみた通りである。

そこで問題は, 立法過程を動態的に捉えようとする見地からすれば,「立法行為」はどのように観念されるべきかということになる。ケルゼンは,「Prozeß」概念の一般化という動態的見地から, 立法行為 (Gesetzgebungsakt) について,「異なる内容の部分行為 (Teilakte) から合成される機関作用の特に明らかな例は, 近代憲法に典型的に形成されているような, 立法行為である」とし, 立法手続の各段階の「要件がすべて部分行為であり, それの綜体 (Gesamtheit) だけが立法行為を成す」と論じているが[14], かかる「綜体としての立法行為」の概念の示唆を得て筆者が辿り着いたのが, 立法過程を組成し立法手続法上の効果を有する個々の行為の全体を広く立法行為と捉え, かかる行為の連鎖による手続形成とそれに伴って生ずる法律の実体形成のあり方を明らかにしようとする立法行為論であった[15]。この意味において, かかる立法行為の概念を, 広義の概念と呼ぶことが許されるであろう。それは, 国家作用として「立法」そのものを意味する伝統的な狭義の概念ではなく, 広く立法権に参与する行為の全体, 動態的にいえば, 立法過程を組成する行為の全体を考察の対象としそれらを分析しようとするものである。したがって, それはまた, 動態的な立法行為

の憲法史的文脈が明確にされないまま——有力に主張されたが, 少数説にとどまったことは憲法学上よく知られた事実である。かかる論点については, 拙著・前掲(注10)181頁以下, 拙稿「議員立法——理論的見地から」『ジュリスト』1177号 (2000年) 77頁〔後出45頁〕において論じたところであるが, 今日上記の憲法史的文脈を踏まえて, 日本国憲法において広義の立法概念を首尾一貫して論ずるものとして, 鈴木法日児「首相 (内閣総理大臣) の議案提出権について」『宮城教育大学紀要』37巻 (2003年3月) 39頁以下, 同「『議員立法』について」同誌38巻 (2004年3月) 57頁以下が注目される。

[14] Hans Kelsen, *Allgemeine Staatslehre* 1925, S. 283, 清宮四郎訳『一般国家学』(岩波書店・1971年) 472頁以下。

[15] 拙著・前掲(注10)35-36頁・85-89頁・97頁以下参照。

の概念として，狭義の静態的な立法行為の概念と対置されうるであろう。それは，さらに「司法行為」(国家作用としての「司法」)との類比でいえば，訴訟法の領域で構築された「訴訟行為 (*Prozeß*handlung)」の概念に相応するといえよう。この意味においてそれは，類比的にいえば，広義の「立法行為」というよりはむしろ，「立法過程行為 (*Gesetzgebungsprozeß*handlung)」と呼ぶ方がより正確かもしれない。

　われわれは先に，立法過程の動態を縦断的にみて，手続面(手続形成過程)と内容面(実体形成過程)に区別したが，この区別を立法行為の概念に関係づけるとき，手続形成行為と実体形成行為の区別が生ずる。すなわち，――

　立法過程における手続形成は，立法行為によって行われる。しかし，立法行為のすべてが手続形成のみを目的としているわけではない。立法行為には，手続形成を本来の目的とし，手続形成上の効果を生ずる行為と，法律の実体形成を本来の目的とし，実体形成に直接参与し実体形成を直接に生ぜしめる行為とがある。立法行為のこの区別は，立法過程の「手続面(手続形成過程)」と「実体面(実体形成過程)」の区別に対応し，それを立法行為に体系的に関連づけるときに必然的に生ずるものであるから，前者を手続形成行為，後者を実体形成行為と呼ぶことができよう。

　本書は，以上の如く，基本的にはウィーン法学派の動態的法理論に基づき，団藤教授によって提示された立法過程の重畳的な二面的動態理論に導かれつつ，立法過程をひとつの法現象と捉え，それを規範的かつ動態的に考察しようとするものであるが，その基礎理論の大要は，これまでの引用からも明らかなように，すでに拙著『憲法と立法過程』(創文社・1988年)において示されていたものであって，その方法論的意義を精確に表わすために，特に副題として「立法過程法学序説」を付してその点を強調し，繰り返し論じところであった。しかしながら，その真意が十分に伝えられ，理解してもらえたかという段になると，いささか心もとない。というのは，そこで理論的な中心に置かれた「立法過程法 (*Gesetzgebungsprozeßrecht*)」という概念――立法・司法・行政という各法創設過程を規律する法規範の一体を動態的見地から「過程法 (*Prozeßrecht*)」という概念によって理論上一般化し，それを立法の領域において特殊化した概念――自体が，直接にはウィーン法学派のメルクルの法理論に由来し[16]，ケル

16　Adolf Merkl, *Allgemeines Verwaltungsrecht*, 1927, S. 214.

ゼンの法理論にも実質的に取り入れられていることは[17]，先の「動態的法理論」の引用からも知られるところであるが，わが国では殆ど馴染のない概念であることから何かこう違和感というようなものを生じ，却って本来の意味の理解を妨げる結果となってしまったのではないかと思われるふしもあるからである。本書がまず序論で，鉄道の比喩で始めたのも，かかる概念がもつ意味を，その意味に即して出来るだけより平明に説明したかったが故である。かようにして，本書においては，できるだけ上記の概念にかえて，「法現象としての立法過程」というような比較的馴染易い用語を用いて説明することにした。

　近時，ドイツを中心に，ケルゼンの法理論への関心が高まり，『ケルゼン全集』全34巻が企画され刊行が開始される等，「ケルゼン・ルネッサンス」とも称される状況が生じており[18]，そこでも本稿に深く関わる法段階説について，メルクルのそれをも含めて考察されているが[19]，しかし，遺憾ながら，「過程法（Prozeßrecht）」ないし「法過程（Rechtsprozeß）」という概念とそれが含む意味に即した立法過程の立ち入った分析は，管見の限り，未だなされていないかにみえる。

　本書第1章「立法と立法過程」は，このような理論状況の下で如上の見地から，「法律の概念」，「立法過程——議員立法，政府提出立法——」および「議員立法——理論的見地から——」という各テーマに即して論じたものよりなり，それらを体系的に順次第1節から第3節に編成したものである。本章の「立法」に

17　Hans Kelsen, *a.a.O.* (Anm. 14), S. 234, 訳 390 頁 ; ders. Wesen und Entwicklung der Staatsgerichtsbarkeit, *VVDStRL*, 1929, Heft 5, S. 37, in: *Die Wiener rechtstheoretische Schule*, Bd. 2, 1968, S. 1819-1820.

18　かかる状況とその文献については，長尾龍一訳『ハンス・ケルゼン自伝』（慈学社・2007年）「あとがき」160頁以下，高田篤「戦後ドイツ公法学におけるケルゼン　ケルゼンのタブー化と『ケルゼン・ルネッサンス』について」『文明と哲学』4号（2012年）74頁以下，同「続　戦後ドイツ公法学におけるケルゼン　『国法学の主要問題』100周年，生誕130周年記念シンポジウムについて」同6号（2014年）46頁以下，毛利透「『旧ヨーロッパ的』あるいは『実存主義的』ケルゼン——ホルスト・ドライアーのケルゼン研究に依りつつ——」石川健治編『学問／政治／憲法　連環と緊張』（岩波書店・2014年）55頁以下等参照。

19　例えば，Vgl. P. Koller, Zur Theorie des rechtlichen Stufenbaues, in: S. L. Paulson, M. Stolleis (Hrsg.), *Hans Kelsen Staatsrechtslehrer und Rechtstheoretiker des 20. Jahrhunderts*, 2005, S. 106ff.; M. Borowski, Die Lehre vom Stufenbau des Rechts nach Adolf Julius Merkl, in: *a.a.O.*, S. 122ff.; O. Lepsius, Hans Kelsen und die Pfadabhängigkeit in der deutschen Staatsrechtslehre, in: M. Jestaedt (Hrsg.), *Hans Kelsen und die deutsche Staatsrechtslehre*, 2013, S. 257ff.

密接に関連するものとして,「権力分立論——特に現代における変容——」ならびに「唯一の立法機関」をテーマするものも,それぞれ,補論Ⅰおよび補論Ⅱとして本章に組み入れた。

第2章「立法行為」は,前著において展開した立法行為論をさらに,いくつかの局面において敷延したものである。

第4節「法現象としての立法過程と立法行為」は,法現象として立法過程の構造分析にとって,それを組成する立法行為の概念が理論上不可欠であり,その体系化によって初めて立法過程の動態的な構造分析も可能となることを明らかにするとともに,それによって今日の立法過程のおかれている問題状況もまた的確に把握しうることを,例証として具体的に,憲法規範と憲法現実の乖離の問題,議会における活動単位の議員から会派への移行に伴い変動期にある議会法の問題,立法過程における立法事実の認定の問題等に即して考察したものである。

ところで,立法行為は,前述の如く,広義において,「立法過程を組成し,立法手続法上の効果を有する個々の行為」と概念化されるが,筆者の前著におけるこれまでの研究は,主として前半の「立法過程を組成し」の方面に向けられ,後半の「立法手続法上の効果を有する行為」の方面については必ずしも十分に論じられていなかった。本書第5節「判例からみた立法行為論Ⅰ——法律の実体形成行為および法律議決を中心に——」,第6節「判例からみた立法行為論Ⅱ——立法過程の手続面(手続形成行為)を中心に——」は,この後半の方面に焦点を当て,判例に即して分析を試みたものである。

すなわち,立法行為の概念について第二に重要なことは,それが立法過程を組成し,立法手続法上の効果を有する行為だということである。立法行為については,かかる立法手続法上の効果として,成立・不成立,有効・無効,適法・不適法等,さらには立法過程を超えた超立法手続法的な刑法および国家賠償法による実体法上の違法性(犯罪または不法行為)の法的価値判断が問題となりうるが,それらが裁判で争われた事件は,必ずしも多くはない。しかし憲法判例として極めて重要な事件が幾つかある。

めぼしい事件の幾つかを時系列的に拾い上げれば,まずは,議院の会期延長の議決という議事手続上の行為の効力が問題となった警察法改正無効事件(最大判昭和37・3・7民集16巻3号445頁),委員長・議長の議事手続に関してなされた委員・議員の諸活動が公務執行妨害罪等の犯罪となるかどうかが問題となった第一次国会乱闘事件(東京地判昭和37・1・22判時297号7頁)および第二次国会

乱闘事件（東京高判昭和44・12・17判時582号18頁），国会における立法過程の終点に位置する国会の法律議決という立法行為ないし不作為が，その立法行為によって成立した法律ないしその不作為の内容上の違憲の故に，国家賠償法1条1項の適用上違法と評価されるべきかどうかが問題となった在宅投票制度廃止事件（最一小判昭和60・11・21民集39巻7号1512頁）および在外日本国民選挙権行使制限規定違憲訴訟（最大判平成17・9・14民集59巻7号2087頁），議院の委員会での法律案に関する審議における国会議員の質疑での発言が，憲法51条の免責特権との関係で，国家賠償法1条1項の適用上違法と評価されるべきかが問題となった議員発言と病院長自殺事件（最三小判平成9・9・9民集51巻8号3850頁），さらには，国会における立法過程の起点となる議員の法律案の発議（発案）という行為について所属会派の「機関承認」を欠く故に衆議院事務局において受理されなかったことが違憲・違法であるとして国家賠償請求がなされた国民投票法案不受理事件（最二小判平成11・9・17訟月46巻6号2992頁）等が挙げられるであろう。

　これらの立法過程において生じた諸々の事件を，右に述べた広義の立法行為の見地から体系的にどのように位置づけ整序しうるであろうか。

　本章第5節「判例からみた立法行為論Ⅰ──法律の実体形成行為および法律議決を中心に──」は，この問題について，法律の実体形成行為に関わる事件として，いわゆる議員発言と病院長自殺事件を，そして，法律の実体形成と手続形成の終点に位置する法律議決という立法行為（上記判例にいう「立法行為そのもの」）に関わる事件として，在宅投票制度廃止事件と在外日本国民選挙権行使制限規定違憲訴訟について考察するものである。

　しかし，そこから知られるように，それによっては，未だ手続形成行為については立ち入って考察されていない。

　本章第6節「判例からみた立法行為論Ⅱ──立法過程の手続面（手続形成行為）を中心に──」は，前節の続編として，そこで残された立法過程の形式面，手続形成行為にかかわる事件に焦点をあて，それに関わる警察法改正無効事件，第一次・第二次国会乱闘事件，国民投票法案不受理事件を取り上げ，その特質を立法行為の体系に則して，少しく考察しようとするものである。

　かようにして，本書第2章は，立法行為について，「立法過程を組成する」行為という側面だけでなく，「立法手続法上の効果を有する」行為の側面についても焦点を当て，立法行為に関する上記諸判例を分析し，もって法現象としての立法過程の規範的かつ動態的構造の解明にさらにもう一歩迫ろうとするも

のである。

　第3章「21世紀の議会制像」は，ハイエクの壮大な自生的秩序論に組み込まれた「一つの憲法モデル」とそこで展開された議会における権力分立構想に関わる。それは，議会を「立法議会〔立法院〕(Legislative Assembly)」と「行政議会〔行政院〕(Governmental Assembly)」に分立する構想で，前者は，専ら個人の自由領域の保護と限界を普遍的に確認する一般的・抽象的ルール（ノモス）の定立を任務とし，後者は，このノモスの制約の下で政府の活動のための立法（テシス）を定立することを任務とする。このような二つの議会制構想（議会制改革論）には，現代の無制約な「取引民主主義」に対する批判的視点がある。各政党がそれぞれ選挙目当てに，「社会的正義」(「社会国家」「福祉国家」)のもとに普遍化不可能な特殊利益を一般的利益の名において公約し，選挙自体がそのような特殊利益と投票との巨大な取引所となり，議会そのものが政権を獲得した政府の政策遂行と政権維持の装置，すなわち単なる「行政議会」となり下がり，立法の本来的機能たる「立法議会」の役割を果たしていないというのである[20]。

　そもそも，本書に，何故にハイエクの自生的秩序論が登場するのか。その根本は，右の構想からも知られるように，近代憲法理論の核心の一つをなす実質的意味の法律（法規 Rechtssatz）の概念にある。なぜ，それが，国民の自由と財産にかかわる一般的法規範でなければならないのか。実質的意味の法律の概念要素としての「一般性」は，「法治国のアルキメデスの点」として，法治国の「前提」をなし，「法治国そのものが消滅することなしには」「放棄されえない」もの[21]として，その重要性が強調されてきた。しかし，さらにもう一段遡ってなぜそうなのか，というその奥にあるいわば内在的な根拠は何かを問う段になると，必ずしも明確でない。おそらくは，実質的意味の法律（法規）の一般性は，資本主義的経済体制を基調とする市民社会に何よりも不可欠な「予測可能性（Berechenbarkeit）ないし計算可能性（Kalkulierbarkeit）」と密接に関

20　F. A. Hayek, *Law, Legislation and Liberty*, Vol. 3: The Political Order of a Free People, 1979, p. 105ff. 渡部茂訳『自由人の政治的秩序――法と立法と自由Ⅲ』（春秋社・1998年）148頁以下参照。

21　Carl Schmitt, *Verfassungslehre*, 1928, S, 139-157. 尾吹善人訳『憲法理論』（創文社・1972年）175-195頁。なお，この点については，拙著・前掲（注10）239頁参照。法律の一般性について，堀内健志「法律の一般性について」『立法理論の主要問題』（多賀出版・1987年）79頁以下，赤坂正浩「基本権の制限と法律の一般性」『立憲国家と憲法変遷』（信山社・2008年）263頁以下参照。

連し，国家作用においてもそれを確保するためだと一般に想定されているが如くである[22]。しかしながら，より根源的に，市民社会それ自体がその基層において巨大なひとつの「自生的秩序」としての性格をもつものだとすれば，法規の「一般性」こそ，まさに市民社会それ自体の成立および存続を根底で支える最も基本的な前提条件を成すものと考えなくてはならないからである[23]。本書のもう一つの基礎理論は，ここにある（後出253頁以下参照）。

　第7節「もう一つ議会制像——ハイエクの「一つの憲法モデル」をめぐって——」は，このような基本的な思考から，ハイエクの「憲法モデル」とそこで展開された「立法議会〔立法院〕」と「行政議会〔行政院〕」という二つの国民代表機関としての「議会制」論を分析したものである。そこでは，上記の如く，社会国家・福祉国家といわれる現代国家において，その存立の基礎となる法律の一般性をいかにして確保しうるかは，最重要にして緊迫した問題だからである。本書の第3節「議員立法——理論的見地から——」の「むすび」で，ハイエクの議会制論に触れ，その構想に即していえば，さしずめわが国において，制度論的には参議院に「立法議会」の役割が，また，作用論的にいえば議員立法に「立法議会」の作用が期待されることになろうと述べたのも（後出56-7頁），その理由による。

　第8節「二つの自生的秩序——市場システムと知的秩序のシステム——」は，一般に「自生的秩序」といわれるとき，「市場システム」が念頭に置かれているのが普通であるが，しかし，人間社会の経済的活動領域・物質的生活領域が「市場システム」という自生的秩序としての性格をもつだけでなく，精神的活動の領域・人間の知的な生活領域もまた「知的秩序のシステム」という自生的秩序としての性格をもつのではないか，つまりは市民社会全体がその基層にお

---

[22] 代表的なものとして，Max Weber, *Wirtschaft und Gesellschaft*, 5, Aufl., 1972, S. 184, 398f., 505, 826. 世良晃志郎訳『法社会学』（創文社・1974年）18頁・109頁以下・512頁・539頁（「訳者あとがき」），中村貞二・山田高生訳「新秩序ドイツの議会と政府」『ウェーバー政治・社会論集』（世界の大思想23・河出書房・1965年）321頁。例えば，S. 826では，次のように，その特質が鮮明に打ち出されている。
　《合理的に定立された法と合理的に考案された行政規則とにしたがって裁判や行政が行われる官僚制的国家への「進歩」は，歴史的にみても，近代資本主義の発展ときわめて密接な関連に立っている。近代的な資本主義的経営は，本来的に，とりわけ計算（Kalkulation）にもとづいている。それは，それが存立してゆくためには，機械の仕事を予測的に計算し得るのと同様に，明確な一般的諸規範によって少なくとも原理的にはその機能の仕方を合理的に計算し得るような行政や司法が存在していることを必要とする。》（傍点筆者）

[23] 拙著『憲法訴訟論（第2版）』（信山社・2010年）7頁以下参照。

いて自生的秩序としての性格をもつのではないかということを，M・ポラニーおよびハイエクの思想に即して考察したものである。この意味において，本節は，全体として，いわば前節の「自生的秩序」に関する注の如き性質をもつが，かかる「二つの自生的秩序」論は，憲法学上，基本的人権の体系的理解のあり方，延いては，違憲審査基準としての二重の基準論の理解の仕方にかかわり，それ自体，筆者の憲法論の，したがってまた本書の基本的な一つの重要な思想，いわば仮説をなすものである[24]。

　第9節「現代立憲主義像・管見──ケルゼンとハイエクの論争を素材として──」は，副題からも知られるように，ケルゼンとハイエクの論争の検討を通して，現代の立憲主義像を垣間見ようと試みるものである。それは，第7節「もう一つの議会制像──ハイエクの「一つの憲法モデル──」をめぐって」の「はじめに」において記したような経緯から，課題として残されケルゼンとハイエクの論争を概要し，その論争が21世紀の立憲主義像についていかなる意義を有しうるかという問題を考察し，それについて一つの試論を提起しようとするものである[25]。

24　拙著『ケルゼンの権利論・基本権論』（慈学社・2009年）454頁以下，特に後出265頁以下参照。
25　同・232-3頁・注(3)参照。本稿は，同書の「残された第五の課題」(451頁) を解明しようする一つの試みでもある。

第1章　立法と立法過程

第1節　法律の概念

一　総　説

　法律は，さまざまな意味で語られるが，明治憲法以来，憲法学上，法律の概念は「実質的意味の法律」と「形式的意味の法律」に区別されて論じられてきた。かかる二重法律概念の理論は，近代立憲主義理論の根幹に関わる主要問題の一つとして，日本国憲法の下においても受け継がれ，かつ新たに展開されている。

　日本国憲法は，国会は「国の唯一の立法機関である」（41条後段）と規定する。国会が「国の唯一の立法機関」であるとは，「国会が国の立法権を独占することを意味し，一方において，(1)国会による立法以外の立法が，原則として，許されないことを意味し，他方において，(2)国会の立法権は完結的なものであり，他の機関の参与が必要とされないことを意味する」（宮沢俊義『憲法〔改訂5版〕』1990年・222頁。なお，宮沢俊義（芦部信喜補訂）『全訂日本国憲法』1978年・340-341頁）。通例，(1)は「国会中心立法の原則」，(2)は「国会単独立法の原則」と呼ばれる（清宮四郎『憲法〔第3版〕』1979年・204頁。かかる用語も，芦部信喜（高橋和之補訂）『憲法〔第4版〕』2007年・281頁〔第6版・2015年・297頁〕，佐藤幸治『憲法〔第3版〕』〔1995年〕144頁以下〔『日本国憲法論』2011年・432頁以下〕，樋口陽一『憲法〔第3版〕』2007年・347頁以下，高橋和之『立憲主義と日本国憲法』2005年・297頁〔第3版・2013年・346頁〕）等々，広く踏襲されているが，近時，「中心・単独」という用語は不明確で適切でないとして，前者は「実体的・内容的な権限分配上の原則」，後者は「国家行為形成上の手続的・形式的な原則」とされることもある（大石眞『憲法講義Ⅰ』2004年・110頁〔第3版・2014年・146頁〕）。

　(1)は，立法の内容に関わる問題であって，実質的意味の法律（ドイツでは「法規（Rechtssatz）」と呼ばれ，わが国では明治憲法以来かかる用語を踏襲している）を制定する権能は，原則として国会に排他的に帰属されるべきことを意味するのに対して，(2)は，立法の形式（成立手続）に関わる問題であって，形式

的意味の法律，すなわち国法の一形式としての法律を制定する権能は，原則として国会に排他的に帰属されるべきこと，つまり法律は国会の議決のみによって成立するとの原則を意味する。

以下，二つの法律概念の主要な論点について分説しよう。

二　実質的意味の法律について

1　「実質的意味の法律」，すなわち「法規」とは何かをめぐる諸学説

この点については，周知の如く，学説の対立があるが，類型的には次の三つに大別される。

① 新たに，国民の権利を制限し，または国民に義務を課す法規範
② 新たに，国民の権利・義務を規律する一般的・抽象的な法規範
③ 一般的・抽象的な法規範

実質的法律，「法規」の概念は，元来，君主主権を基本原理とする立憲君主制のもとで，かつて君主がすべてを掌握していた国家権力のうち，国民の生活に直接に関係する「自由と財産」の制限については，国民の代表機関たる議会の同意を必要とするという形で，議会が君主からもぎとったものであり，議会に留保されるべき必要最小限度の立法事項として認められるとともに，それ以外の事項については，依然として君主を首長とする政府の権限（行政権）に属するという意義をもつものであった。その後，民主主義のさらなる伸張により，国民主権を基本原理とする立憲民主制が成立したとき，実質的法律（「法規」）の概念は，議会のみが規律しうる事項，裏からいえば他のいかなる国家機関も規律しえない事項を包括的に指示するものとして維持されたが，しかし，かつての如く，議会の権限をそれにのみ限定するという意義は消滅し，原理上逆に，それ以外の一切の国家作用も，――権力分立制から司法権をはじめ，他の国法形式の専属的所管とされていない限り――主権者たる国民を代表する国権の最高機関たる議会の権能と推定されるに至った。

憲法73条6号を受けて，内閣法11条が「政令には，法律の委任がなければ，義務を課し，又は権利を制限する規定を設けることができない」と規定しているのは（同旨，内閣府設置法7条4項，国家行政組織法12条3項），実務において，伝統的な法規概念を忠実に反映する①説の立場がなお維持されていることを示している。しかし，学説では当初より通例，かように「法規」の概念を権利の制限にのみ限定しないで，より広く「国民の権利・義務に関する新たな規律」というように解されてきた（美濃部達吉（宮沢俊義補訂）『日本国憲法原論』1952年・331

第 1 節　法律の概念

頁以下，柳瀬良幹『行政法教科書〔再訂版〕』1969 年・23 頁等参照）。そこで「新たに」という契機が特に付されているのは，「既存の法秩序に未だ含まれていない」という意味を示すためであるが，しかし，「新たな」規律か否かは相対的であるから，正確には「憲法の直接的執行として」というべきであろう（拙著『憲法と立法過程』1988 年・243 頁）。

②説は，国民の権利・義務の規律の他に，更に「一般的・抽象的」という要件をも付加するものである（例えば，清宮・前掲 204 頁，堀内健志『憲法〔第 3 版〕』2005 年・277 頁，長谷部恭男『憲法〔第 4 版〕』2008 年・328 頁〔第 6 版・2014 年・323 頁〕，渋谷秀樹＝赤坂正浩『憲法 2 統治〔第 3 版〕』2007 年・31 頁以下（赤坂執筆）〔第 6 版・2016 年・32 頁以下〕等々）。法律の一般性は「法治国のアルキメデスの点」として広く承認されてきたところで，その原理的意義は厳格に維持されなければならないが，日本国憲法において，厳格な要件の下に，その例外として「個別法律」ないし「措置法律」が必ずしも排除されるものとは解されない（拙著・前掲 240 頁以下，なお上記長谷部・前掲，渋谷＝赤坂・前掲（赤坂）等参照）。

③説は，逆に，国民の権利・義務の規律という要件をもって「立憲君主制のイデオロギー的産物」であるとしてそれを外し，民主主義の憲法体制の下では，広く「一般的・抽象的」な規律のみを要件とするものである（芦部信喜『憲法と議会政』1971 年・255 頁以下。宮沢・前掲『憲法』360 頁，芦部（高橋補訂）・前掲 280 頁〔第 6 版・296 頁〕，樋口・前掲 345 頁等多数）。そこには，できるだけ法律の実質概念を拡張するのが憲法の趣旨に合致するとの解釈が働いているが，そのように拡張すれば，その大部分は憲法の定める他の国法形式の所管と重複することになり，その重複部分がすべて「唯一」の例外となって，「唯一」の意味がなくなるであろう。先に示唆したように，法規概念の限定によって，国会の立法権そのものが限定されるわけではない。

さらに進んで，実質的法律概念を否定する見解もあるが，③説と同様の問題がある。

以上のことから，基本的には②説が——上述の意味において——妥当というべきであろう。

2　憲法上の原則と例外

国会以外のいかなる国家機関も，憲法自らが例外として認めていない限り，実質的意味の法律（法規）を内容とする法規範を定める権能を有しない。明治憲法は，緊急勅令（8 条）および独立命令（9 条）において，このような権能を

認めていたが，日本国憲法の下では一切許されず，内閣はただ法律を実施するための政令（執行命令）および法律の委任に基づく政令（委任命令）を制定しうるだけである（73条6号）。

　憲法は，国会の各議院に議院規則制定権を認め（58条2項），最高裁判所に規則制定権を認めている（77条1項）。これらの所管事項は，「法規」の定立も含みうるから，その限りにおいて，例外をなす。条例は，憲法41条のいう「国」の立法ではないから，例外といえないものと解される。

3　実質的法律概念の現代的課題

　近代立憲主義の変容と現代立憲主義の特質といわれる──社会国家，政党国家，行政国家，司法国家の──諸国家現象が出現し，それらが複雑に交錯する現代国家の問題状況の中で，実質的法律概念についても，「法律の留保」の妥当範囲をはじめ，特に国の基本的な行政組織や政策の規律あるいは立法の委任のあり方等との関係において，その意義と射程が常に問い返されてきた（最近の代表的分析として，赤坂正浩「立法の概念」『公法研究』67号（2005年）148頁以下〔「立法の概念と基本法の奔流」『世紀転換期の憲法論』（信山社・2015年）所収・35頁以下〕等参照）。実質的法律概念は，本来，個人の自由に関する一般的・抽象的・平等普遍的な規律を本質的内容とし，そのルールの確立こそが自生的秩序としての近代市民社会それ自体の成立と発展のための基本条件をなすものであるから（拙著『憲法訴訟論』2008年・7頁以下〔第2版・2010年・7頁〕参照），このような原点を踏まえつつ，その具体的内容を現代国家の新たな条件に適合しうるよう絶えず改善し，体系的に調整してゆくことが必要であろう。

三　形式的意味の法律について（以下，単に「法律」という）

1　法律の成立要件──原則と例外

　法律案は，原則として「両議院で可決したとき法律となる」（59条1項）。明治憲法では，法律の成立には，帝国議会の法律議決の他に，天皇の裁可を必要としたが（5条・6条・37条），日本国憲法では，このような行為は，一切必要としない。

　例外として，地方自治特別法には，国会の法律議決の他に住民投票による過半数の同意を必要とする（憲法95条）。それは，国会の法律議決に停止条件を付するものである。

第1節　法律の概念

2　法律の所管事項

　法律の所管事項は，専属的なものと競合的なものに大別される。

　法律の専属的所管事項とは，諸国法形式のうち憲法改正を除いて，法律のみがその所管となしうる事項をいう。日本国憲法は，それについて，一方では，既に示唆したように，41条後段において，実質的意味の法律（法規）の制定は原則として国会の排他的権能に属することを指示することによって，包括的に定めるとともに，他方では，特定の事項（憲法2条の「皇位の継承」他，30の事項）について，それが法律によって規定されるべきことを指定することによって，特定的ないし個別的に定めている。

　しかし，法律の所管事項は，これに限定されるわけではない。国会は「国権の最高機関」であるから，憲法上他の国法形式の専属的所管とされている事項以外は，すべて法律の競合的所管に属し，国会はいつでもそれを法律によって規律しうると解されるからである。この意味で，それは「任意的」事項であるが，ひとたび法律によって規律された場合には，いわゆる法律の「占領領域」となり，以後，法律の専属的所管と少しも変わらなくなる（清宮・前掲424頁，宮沢・前掲364頁等参照）。

　かように憲法により国会に授権された法律の所管事項はまことに広範であるが，かかる法律事項について，国会がどの範囲・どの程度の密度をもって自ら規律するのが妥当かは，先に実質的法律概念の現代的課題として示唆したアプローチだけでなく，特に国家組織に関わる個別的な専属的所管や競合的所管については，民主的な組織法的原理からも体系的に考察する必要があろう。

　これに関連して，今日，ドイツの判例法理として確立された「本質性理論（Wesentlichkeitstheorie）」において，憲法は単に議会に立法権を授権しているだけでなく，その「本質的」部分については，議会がみずから決定すべきことを義務づけているものとされ，特に基本権行使の領域において，議会がかかる義務を果たしているか否か——立法義務の重圧から逃避し，政府に委ねていないかどうか——について違憲審査がなされているのが注目される（その分析として，大橋洋一『現代行政の行為形式論』1993年・1頁以下，松本和彦『基本権保障の憲法理論』2001年・34頁以下・231頁以下等参照）。正しく理解された「法律の留保」原則が基本権制約の形式的要件として違憲審査の対象となることは当然として（拙著『憲法訴訟論』228頁・516頁〔第2版・287頁・515頁〕），右の理論は，民主主義的正統性を直接になう議会が野党を含む多元的な意見の対立を背景に公開の立法手続で自ら決定すべき守備範囲（議会留保（Parlamentsvorbehalt））を核心内

容とする点において，立法の委任を含め右の問題を考えるにあたっても，一つの興味深い素材を提供するものであろう。

3 法律の形式的効力

法律は，憲法の下で，条約を除き一般の法令のうち，最も強い形式的効力をもつ。「法律の優位」の原則がそれであるが，日本国憲法では，いうまでもなく，違憲審査制により法律そのものの憲法適合性が問われる（98条1項，81条）。上記の実質的法律概念の現代的課題の検証もまた，その審査に服することになる。

＜参考文献＞
本文中に引用のほか
堀内健志『ドイツ「法律」概念の研究序説』〔1984年〕
同『立憲理論の主要問題』〔1987年〕
同『続・立憲理論の主要問題』〔1997年〕

（補遺）
1. 本稿は，2008年に出版された大石眞・石川健治編『憲法の争点』（有斐閣）の「法律の概念」という項目について執筆されたものであるが，次節以下でみる立法過程をも含めて広く立法に関する研究について注目されるのは，今日わが国おいて，特に今世紀になって再び「立法学」という名においてなされることがかなりみられるということである。管見ながら代表的なものとして，中島誠『立法学　序論・立法過程論』（法律文化社・第1版・2004年，第2版・2007年，第3版・2014年），大森政輔／鎌田薫編『立法学講義』（商事法務・2006年，補遺版・2011年），大島稔彦『立法学　理論と実務』（第一法規・2013年），井上達夫編『立法学のフロンティア1　立法学の哲学的再編』（ナカニシヤ出版・2014年），西原博史編『立法学のフロンティア2　立法システムの再構築』（ナカニシヤ出版・2014年），井田良・松原芳博編『立法学のフロンティア3　立法実践の変革』（ナカニシヤ出版・2014年）があげられるであろう。

立法学といえば，直ちに1984年に出版された小林直樹教授の『立法学研究──理論と動態──』（三省堂）が想起せられる。先に「再び」といったのもそれを念頭においたものであるが，そこでは，「立法学」構想の範囲として，「広

第1節　法律の概念

義の立法学」が(1)立法政策論，(2)立法技術論，(3)立法制度論，(4)立法過程論の四つの分野よりなるものとされている（32-3頁）。この点よりみれば，上記前3書とほぼ重なるように思えるが，小林教授の『立法学研究』が論文集であるのに対して（実際に論じられているのは，立法研究の理論的諸問題と立法過程の実証的研究である），上記前3書は大学・大学院，とりわけ法科大学院での教科書を念頭においてなされたものであると見受けられる点において異なる。しかも，小林直樹教授の『立法学研究』の後には，今日のような教科書的な著書は出現しなかった。それがなぜ，20年を隔てて21世紀に出現したのか，そこには，法科大学院の発足という事情も関係しているであろうが，単にそれだけの理由によるとは思われない。そこには，憲法の改正は行われていないが，実質的意味の憲法を形作るいわゆる憲法附属法律の改正や制定によって，さらには新たな憲法判例の出現によって，わが国の法的・政治的制度が大きく変化しているだけでなく，その変化を促す経済的・社会的体制それ自体が大きな変動期を迎え，21世紀において立法システムそのものをどのように再構築するか問われていることと深くかかわるであろう。小林教授の『立法学研究』では，立法研究の理論的諸問題についてかなり立ち入った考察がなされているが，上記『立法学のフロンティア』の全3巻は，いわばこの部分に相応するもので，21世紀において立法システムそのものをどのように再構築するかという問題を，原点に立ち返って問い返そうとするものであろう。

　この点については，本書第3章「21世紀の議会制像」で言及するところもあろう。

　2. 法律の概念は，日本国憲法にいては，41条の「唯一の立法機関」の解釈の問題と不可分にかかわるが，この点については，本章補論Ⅱ「唯一の立法機関」参照。本稿は，その内容を全面的に受け継いでいる。

　3. 本稿では，法律の所管事項に関連して，ドイツの判例法理として確立された「本質性理論（Wesentlichkeitstheorie）」について，少しく言及した。この論点について，かねてドイツの判例に即して系統的に研究したいと考えてきたが，遺憾ながら進んでいない。ただ，本書第2章の第5・6節「判例からみた立法行為論Ⅰ・Ⅱ」で，該テーマに関連する範囲内でドイツの憲法判例にも言及したいと考えているので，その折に触れる機会があればと思う。

第2節　立法過程
── 議員立法，政府提出立法 ──

一　はじめに

　筆者に与えられたテーマは，「立法過程──議員立法，政府提出立法」であるが，副題から推して，議員立法・政府提出立法という角度から立法過程の推移と現状を分析し，その問題点を抽出するべきことが課されていると見ていいであろう。しかし，統一のテーマとして「国家の役割と統治構造改革」が設定されていることよりすれば，今日，行政改革や地方分権の推進等の諸改革が進行するなかで，ひろく国会改革をも射程において，立法過程という観点から「国家の役割」を見直し，国会改革の視点なり論点なりを提起することも，期待されているのかも知れない。

　しかし，それらすべてをここで論ずることは，固より不可能である。したがって，ここでは，まず，議員立法・政府提出立法という見地からわが国の立法過程の実態の特質を考察し（二），その問題点を法制上の観点から指摘し（三），そこから，立法機構改革に関する若干の視点を提示し（四），最後に，現在進行中の行政改革との関わりにおいて一言し，「むすび」（五）に代えることにしたいと思う。

二　わが国の立法過程の特質

　議員立法・政府提出立法という見地から，現代わが国の立法過程を実態に即して観察するとき，以下の特質をあげることができるであろう[1]。

1　政府提出立法の圧倒的優位

　何よりもまず第一に目につくのは，再三指摘されているように，政府提出立法が，提出数，とりわけ成立数・率においても，また，その国政上の重要性においても，議員立法を圧倒していることである。

　衆議院・参議院編『議会制度百年史　資料編』（1990年）に，明治憲法下における第1回帝国議会から第92回帝国議会まで，また日本国憲法下における

---

[1] わが国の立法過程の特質については，深瀬忠一「日本の立法過程の特色」中村睦男編『議員立法の研究』（信山社・1993年）を初め，多くの研究がある。

第1回国会から第118国会までの右に関する統計が記されている。また同『議会制度百年史　国会議案件名録』には，第1回国会から第118回国会までの内閣提出法律案（閣法）・衆議院議員提出法律案（衆法）・参議院議員提出法律案（参法）の件名ならびにその経過が国会年次順に記載されている。これを見ても，政府提出立法が，量・質ともに，議員立法を圧倒していることが知られる。

最近の第140回通常国会（平成9.1.20～9.6.18）を例にとれば，提出数は，内閣提出法律案92件（継続3），衆議院提出法律案45件（継続8），参議院議員提出法律案11件であり，そのうち成立したのは，内閣提出法律案90件（参議院継続3），衆議院提出法律案10件（継続1），参議院議員提出法律案3件（継続1）である。ここからも，如上の特質が裏付けられるとともに，93年のいわゆる「55年体制」崩壊後においても，基本的な変化のないことが知られる。むしろ，政府提出立法の成立率が非常に高くなっていることが注目される[2]。

2　政府提出立法の特質

このようにわが国の立法過程においては，政府提出立法が圧倒しているが，その実態を国会提出以前の段階（前立法過程）と国会における段階（主要立法過程）について観察するとき，次のような特質がみられる。

(1)　国会提出以前の段階（前立法過程）において，政府部内で立案された法律案は，いわゆる「与党審査」において，そこで与党との調整がはかられていることである[3]。

93年の連立政権以前の自民党に即していえば，政務調査会における省庁別（したがってまた常任委員会別）の部会において立案者（官僚）の説明を聴取して徹底的に議論され，そこで承認された場合には，政務調査会審議会（政調審議会），ついで総務会の了承（党議）を経て，閣議に付されることになる。このことは，この段階ですでに，与党議員にとっては実質的な法律案の審議は終了していることを意味する。というのは，議員は，つよい「党議拘束」の下に置

2　第118回国会以降の状況については，その節々の『ジュリスト』『国会月報』『議会政治研究』等参照。94年の第131臨時国会において，政府提出法律案が成立率100％を示し（32件），ついで95年の第132通常国会においても，通常国会として初めて成立率100％（102件），また第134臨時国会においても100％（17件），さらに96年の第136通常国会においても2年連続の成立率100％（99件）を示した。

3　小島和夫『法律ができるまで』（ぎょうせい・1979年）105頁以下，浅野一郎編著『立法の過程』（ぎょうせい・1988年）147頁以下，なお，村川一郎『日本の政策決定過程』（ぎょうせい・1985年），同「自由民主党の政策決定過程の軌跡」中村睦男・前田英昭編『立法過程の研究』（信山社・1997年）等参照。

第 1 章　立法と立法過程

かれるからである。

　さらに，総務会の了承をえた法律案は，事前に国会対策委員会にかけられ，そこにおいて国会運営上の観点から，一方では党執行部の方針を踏まえ，他方では野党の国会対策委員会と水面下の折衝を重ねて駆け引きが行われ，国会審議のスケジュールが立てられる。野党のある国会対策委員長経験者によれば，その際，重要なことは，①「政党間の信義を守ること」，②「妥協すべき案件と妥協すべきでない案件を常に区別する」こと，③妥協しえないときは，「もう話し合いは限界に達した，今日からはお互いに秘術を尽くして戦おうではないか」と宣言し，それからは「ペテンもハメ手も平気で」やること，④「党内の取りまとめに努力する」こと，その場合に「必要なら相手側の党と話し合って演出もやる」こと等であるという[4]。かくて，「審議日程はもちろん，法案の採否まで固められてしまう」[5]ことになる。

　法律案が閣議決定を経て国会に提出された後は，その全般的な取り扱いは，議院規則により公式には議院運営委員会で，付託された後には付託委員会でなされるが，実際には，各会派を代表する理事会（さらには理事懇談会）において，各国会対策委員会と連絡をとりながら，具体的に取り極められる。かようにして，国会運営は，国会対策委員会の主導によるスケジュールに即してなされることになる。「国対政治」といわれるものが，それである。

　(2)　かくて，国会における法律案の審議過程（主要立法過程）は，必然的に形式的なものとならざるをえない。やや図式的にいえば，こうである。

　本来，実質的な審議の場たる委員会において，与党議員にとっては既に与党審査において決着済であり，かつ，つよい党議拘束に縛られているから，ひたすらその成立のみを念頭において審議に臨み，いかに効率よく成立せしめるかだけが問題となる。

　これに対抗して，野党もまた，党の基本方針に従って，妥協しうる法律案と妥協しえない法律案を選別し，前者にあっては修正案や付帯決議等，後者においては審議拒否等，国会における具体的手段・方策を党議として決定することになる。かくて，野党議員は，これまた党議拘束された会派の代表ないし一員として審議に臨み，妥協しえない対決法案の場合には，種々の「秘術」を尽し，

---

[4] 山本幸一「野党の国会闘争」読売新聞調査研究本部編『日本の国会』（読売新聞社・1988 年）160 頁。

[5] 大井啓資「国対委と議運委の役割」藤本一美編『国会機能論』（法学書院・1990 年）100 頁。なお，吉田善明「『議運』と『国対』」『ジュリスト』955 号（1990 年）93 頁以下参照。

審議拒否によって，会期切れ審議未了による廃案に持ち込もうとする。それに対して，与党もまた「秘術」を尽して対抗し，最終的には「単独採決」「強行採決」に踏み切ることにもなる。

かようにして，与野党いずれの側においても，委員会の審議の場において問題となるのは，もはや法律案の内容の実質的な審議ではなく，成立させるか否かである[6]。

委員会審査終了後，法律案は本会議において審議されるが，そこで実質的な審議がなされることは殆どない。委員長報告の後，質疑・討論が省略されるのが普通である[7]。

(3) 自民党一党優位の「55年体制」は，93年の細川連立政権により崩壊したが，現在の第二次橋本内閣においては，事実上，従来の与党審査がほぼ完全に「復活」[8]しているかに見える。「国対政治」の状況も基本的に何ら変わっていないが如くであるが，昨今では，野党が離合集散を繰り返すなかで，自民党および閣外協力二党の「与党政策調整」システムが，ときに"ミニ国会"などと呼ばれる有様である。

3 補完要因としての議員立法

第三の特質は，議員立法が，その提出数，とくに成立数・率において圧倒的に少ないとはいえ，立法過程の中心をなす政府提出立法のいわば補完要因として，限られた範囲において，極めて重要な役割を果たしていることである。これについては，後述する。

三 立法過程の問題点

右の特質を法制上の観点から見るとき，直ちに，その問題点が浮かび上がってくる。

---

[6] 小島和夫「立法過程の現状と所見」中村編・前掲(注1)517頁以下，松澤浩一「立法過程と会派」『駿河台法学』10巻2号（1997年）112頁以下参照。
[7] 同・519頁，大山礼子「審議手続」岩村正彦ほか編『現代の法3——政治過程と法』（岩波書店・1997年）188頁以下等参照。
[8] 松澤浩一・前掲(注6)104頁。「55年体制」崩壊後の政府・与党間の意思決定システムについては，江口隆弘「内閣提出法律案における政党との調整」『法学教室』173号（1995年）27頁以下，村川・前掲(注3)論文・120頁以下参照。

第1章　立法と立法過程

1　政府の立案過程の未法制

第一に目につくのは，政府の立案過程が，殆ど法制化されていない点である。

確かに，内閣提出法律案の場合には，閣議決定や閣議請議について，法律上の規定がある（内閣法4条，国家行政組織法11条）。しかし，それも，ごく僅かの重点的なものにすぎない。このことは，そもそも内閣の意思決定手続が，きちんと法制化されていないことによる。閣議の議事手続は，今日もなお旧憲法時代から引き継いだ旧い慣習によってなされているが，それに代えて，憲法に基づき憲法の範囲内で，内閣による自律的な「内閣職務規則」が定められるべき時期に来ているのではないか。この点，ドイツの例が参考になろう。

のみならず，政府部内，具体的には各省の部局内における官僚による立案手続についても，何ら法制化されていない。何らかの内規によってなされているに違いないが，一切公表されないから，われわれには知りようがない。ために，一般的な情報の非公開さらには各省の縦割り行政とあいまって，立案過程全体が極めて不透明である。情報公開法が必要なことは固よりとして，政府部内における立案手続が法制化される必要があるのではないか。法制化というと，わが国では専ら法律のみを想定するが，この場合も，内閣の自律的な職務規則がふさわしい。ここでも，ドイツの「連邦各省職務通則」が参考になる[9]。

2　野放し状態の与党審査

内閣提出法律案にとって決定的な重要性を有する「与党審査」が，いわば野放しの状態にある点である。もとより，それは，私的な政治結社たる政党内部の問題であるから，国家機関のような法制化がなじまないのは当然である。しかし，それには，官僚（立案者）も政務調査会の部会における説明等において深く関わり，また，それ自体が実質的に準公的あるいは公共的意義をもつのであるから，はたして，党則にすべて委ねていいものかどうか，一定の党内民主制の制約も必要なのではないか[10]。これは，それをも含めた「政党法」制定の問題である。同じことは，議員立法の場合にも当てはまるであろう。

---

[9] 拙著『憲法と立法過程』（創文社・1988年）233-4頁〔連邦各省職務通則第一部および第二部は，その後2000年に統合される形で全面的に改正されたことについては，古賀豪「ドイツ連邦政府の事務手続——連邦省共通事務規則——」『外国の立法』214号（2002年）130頁以下参照〕。

[10] 同・234頁。

第 2 節　立法過程

3　変動期にある議会法

　しかし，何よりも重大な問題点は，国会における立法過程（主要立法過程）において，それを規律する規範と事実，理念と現実との間に，大きな乖離が存することである。このことは，しかし，議会法そのものが，今日大きな変動期にあることを示唆している。

　近代国家において国民の「代表」機関として「議会」が成立して以来，その根底に置かれていたのは，いうまでもなく自由かつ平等で独立の人格をもつ意思形成主体としての議員である。そして，かかる議員による「公開の討論」が議会の理念的基礎とされた。

　今日でもなお，憲法をはじめ国会法や議院規則は，このような理念的基礎の上に組み立てられているといってよい。日本国憲法 43 条に規定する「代表」というのは，これを前提としたものと解されている。また，それを前提としなければ，憲法 51 条の規定する「演説，討論又は表決」の自由の保障（免責特権）や憲法 57 条の規定する議院の会議公開原則をはじめ，国会法や議院規則の定める「趣旨説明」「質疑」「討論」というものは，およそ意味をなさないであろう。

　しかるに，国会の現実をみれば，どうか。立法活動の形式的な主体は，今日でも，どこまでも議員である。しかし，その活動は，先に見たように，事実上，会派の代表としてのそれであり，実質的な活動の単位は，会派である。政府提出立法において趣旨説明・答弁等，立法を追行する行為をなすのは，国務大臣ないし政府委員である。しかし，明治憲法とは異なり，政府が立法の審議過程に介入しうるのはここまでであって，その追行の任は，あげて与党議員が負うことになる。かくて，党議拘束のもとに，与党議員は，政府と一体となって，積極的に立法を追行し，他方，野党議員は，それに対抗して，あるいは黙認し，修正し，あるいは阻止する等，消極的に立法を追行する。そして，いずれの議員も，表決にあたっては，党議拘束によって「投票機械」と化す。

　議員立法の場合には，発案の段階において既に，議員はもはや活動の単位ではない。成規の賛成者を必要とすることによって，会派内統制が強化され（「機関承認」），実質的には会派が発案の単位となっているからである。

　このように，憲法をはじめ議会法の全体系は，今日でもなお，基本的には，自由で独立した意思形成主体という，いわば原子論的な個人としての議員を活動単位とする理念的基礎の上に組み立てられているが，しかし，民主制の進展に伴う政党制の必然的・不可避的な発展によって，議会内に「会派」という集

29

団的な活動単位が押し寄せ，事実上すでに，それが立法過程を支配しているのである。

しかし，これは，事実の問題であって，規範のレベルにおいては未だそこまでは至っていない。しかし，「会派」は，あたかも地下のマグマのように，すでに法という地表のあちこちで噴出している。国会法において，委員会の構成につき突如「会派」が登場するが如きである[11]。

このような議会法における地殻変動ともいうべき「会派」の噴出の程度は，もとより諸国において一様でない。わが国においては，未だ極わずかであるが，しかし，例えば，ドイツにおいは，わが国と同様に，憲法（基本法）の上では殆ど現れていないが，議事規則においては議事運営の枢要の地点において「会派」が噴出し，今や「会派議会」[12]と呼ばれる程である。そして，今日多かれ少なかれ，このような傾向は，とりわれ議院内閣制をとるところでは強まっているといいうるであろう。

「会派議会」の成立の由来および根拠は，一方では，議会の活動能力の確保（ひいては，政府の創出と安定）にあり，他方では，多数会派にはそれに値する権威を認めると同時に，少数会派（反対会派）にもその主体性を認めて平等の機会を与え，その活動の権利を保障する（ひいては政府に対する統制の確保）にある。国会が事実上不可逆的な勢いで現に「会派議会」となっているならば，その現状に照らして，会派に関する国会法・議院規則の「不備」[13]を認め，如上の根拠を基本にして整備・補充すべきであろう。

四　立法機構改革の視点

以上これまで，立法過程の特質と問題点を指摘したが，そこから，立法機構改革の視点もおのずと導かれるであろう。

戦後国会運営が始まって以来，絶えず国会の内・外から，その改革案が提示されてきた。その内容は，時代の推移ともに変化があるのはいうまでもない

11　拙稿「『立法過程学』の可能性」『ジュリスト』955号（1990年）111-2頁〔後出120-1頁〕参照。

12　H. Troßmann, Der Bundestag : Verfassungsrecht und Verfassungswirklichkeit, *JöR*, N. F., Bd., 28, 1979, S. 155., K. Stern, *Das Staatsrecht der Bundesrepublik Deutschland*, Bd., 1, 2. Aufl., 1984, S. 1024. この点については，苗村辰弥『基本法と会派』（法律文化社・1996年）が詳しい。

13　松澤浩一「国会の会派」『駿河台法学』4巻1号（1990年）63頁，同・前掲(注6)131頁参照。

が[14]，畢竟，互いに緊張関係に立つ国会審議の「民主化」と「効率化」に帰するであろう。立法については，今日，「立法機能の充実」として，特に「議員立法の活性化」[15]が強調されている。

　ここで立法機構改革を全面的に論ずることはできない。政府部内の立案手続および与党審査ならびに議会法の変動にまつわる会派の法制化の必要性については，すでに前節で少しく触れたが，ここではただ，今日国会の内・外で盛んに唱えられている議員立法活性化論の陥穽に言及し，それとの関連で，現在殆ど看過されている「間接発案」という発案類型の憲法上の可能性について示唆するに止めざるをえない。

(1) 議員立法活性化論の陥穽

　議員立法活性化論に正面切って反論する論議はみあたらない。しかし，今日の政党国家の進展のなかで，かつまた社会国家という国家理念の転換にともなう行政国家の現実のなかで，議院内閣制を採るわが国において，議員立法活性化を唱えることにいかなる論拠があり，また，実現の可能性がありうるか。

　議員立法活性論にも種々のタイプがあるが，ほぼその共通の前提となっているのは，国会は「国の唯一の立法機関」（憲法41条）であるから，「議員立法が国会の本領である」という議員立法本領論であろう[16]。国会は「国の唯一の立法機関」であるから，立法の議決行為はもとよりのこと，法律発案行為についても，本来「唯一の」機関であるべきである。百歩譲って，たとえ内閣に法律発案権が是認されるとしても，それはどこまでも副次的・第二次的なものであって，議員発案が主導・第一次的なものであるべきだというのであろう。

　しかし，このような憲法解釈は，立法行為の体系とそこにおける各立法行為の意味とりわけ発案行為の意味を全く無視し，法律議決権を有するものは法律発案権をも有するという憲法上何ら論証されていないドグマに立脚するもので，

14　衆議院・参議院編・前掲書（議会制度編）第八章「国会制度改革の推移」（佐藤功執筆），同「国会改革問題の経過と現状」（上・下）『ジュリスト』883号・885号（1987年），原田一明『議会制度』（信山社・1997年）60頁以下参照。

15　例えば，衆議院正副議長による「国会改革への一つの提言」（1994.6.3）および「議員立法の活性化に関する一つの提言」（1996.6.14）。これについては，上田章「国会改革への一つの提言」『白鷗法学』2号（1994年）143頁以下，同「議員立法の活性化」『議会政治研究』40号（1996年）1頁以下，上田章・五十嵐敬喜『議会と議員立法』（公人の友社・1997年）14頁以下参照。

16　清水睦「立法過程における国会と政府の役割分担をめぐって」中村＝前田・前掲(注3)3頁。

第1章 立法と立法過程

日本国憲法の体系的解釈からいっても比較憲法的見地からも，何ら根拠を有しない[17]。

　議院内閣制における国会の役割は，何よりもまず，執行府（政府）を創出し，安定化させることにある。国会の多数派（与党）の信任に立脚する政府が，与党ないし政府の政策を実現するために，法律案を作成して国会に提出し，その成立を期するのは，いわば議院内閣制の論理であり生理である。そこでは，政府提出立法が，第一次的・主導となるのは当然である。議員立法がそれにとって代わって第一次的・主導となることはありえない。この意味において，議員立法本領論に基づくその活性化論は，憲法上何らの根拠のない独断であり，かつ，「木に縁りて魚を求める」の類で全く現実性を欠く妄説，「見果てぬ夢」といわなくてはならない。実際，"議員立法が本領だ"というような論議は，議院内閣制を採用する諸国では全く聞かれない珍説である[18]。

　したがって，議員立法活性化論にもし意味がありうるとすれば，それが第二次的なものであることを前提とした立論でなくてはならない。政府提出立法には，不可能ないし不向きな領域がある。それに対抗し，あるいはそれを補完するところに議員立法の大きな意義がある。論議は，すべからく，ここから出発しなくてはならない。

　その第一は，何よりもまず，政府の法律案に対する野党の対立法案および修正案である。もとより，その他にもいろいろある。例えば，国会法等，国会自身（議院の自律権）に関わる事項，あるいは，省庁の所管が輻輳または盲点となっている事項や，例えば行政改革・情報公開等，政府の自己改革という当事者にとって限界のある事項，さらには，生死や倫理に関わる超党派的な事項等々，いろいろ考えられるであろう[19]。それらは，現にこれまで部分的になされ，補完要因として重要な役割を果たしていることは最初に述べたところであ

17　拙著・前掲（注9）201頁以下参照。
18　この点に関連して，前田英昭教授は，「諸外国では行政府の立法主導性に対して議員立法軽視との批判が余り指摘されていないのに，わが国だけ議員立法の積極化が叫ばれるのは，主として，内閣法案が，内閣主導ではなくて，実は日本の特殊事情により，官僚主導になって，国民の意思を十分反映しないと言われるところに，その理由があるように思われる」とされる（「内閣の立法責任と国会の役割」中村＝前田・前掲（注3）27頁）。
19　議員立法の類型については，小島和夫・前掲（注3）139頁以下，浅野一郎編・前掲（注3）158頁，田口迪「議員提出法律案の立案過程」『ジュリスト』805号（1984年）34頁以下，加藤幸嗣「立法機関としての国会の役割と議員立法の将来」中村編・前掲（注1）540頁以下等参照。

るが，しかし未だ十分でなく，弊害も多い。対抗要因に至っては極めて貧弱であって，その強化には，少なくとも野党会派に「武器の平等」を保障する必要があろう。

2　間接発案制導入の憲法上の可能性

議員立法活性化論に関連して，例えば，議員立法は「いわばイニシアチブの代用品として機能しうる要素を充分もっている」として，その活性化を期待する見解がある。それは，それとして卓見であるが，そこでは，国民発案制は憲法改正を要するとの前提がとられている[20]。しかし，はたしてそうであろうか。

国民発案制としてわが国においてつとに知られているのは，ワイマール憲法のそれである。しかし，そこで採用された国民発案制が「間接発案」であったことが，一般にわが国では必ずしも正確に認識されていないように思われる。

今ここで，その制度の内容や実効性について言及する余裕はない。ここではただ，立法機構の「民主化」，さらには「社会化」を促進する有力な方策の一つとして，間接発案もありうること，それを採用することの政策的当否は別にして，間接発案ならば――仕組み如何にもよるが――，憲法改正によらずとも導入しうるのではないか[21]，ということを示唆するに止める。

五　むすび

行政改革会議は，「この国のかたち」の再構築をもって行政改革の目標としている。何かわれわれの心を打つこの「やまとことば」によって示されるもの，特に「日本の国民がもつ伝統的特性の良き面」の再構築には，しかし，憲法を基礎とする国民主権と人権（人格的自律権）が深く込められている。本稿も，このような国家理念の交錯を念頭において論じたところであるが，未だ論理的に十分詰めるに至っていない。今後の課題としたい。

　　（補遺）――本稿のポイントとその後の推移等について――
　1．本稿第2節「立法過程――議員立法，政府提出立法――」の初出は1998年（平成10年）5月であるが，それは，第二次橋本内閣（1996.11.07～1998.07.30）の

20　大石眞「国会改革をめぐる憲法問題」『法学論叢』141巻6号（1997年）10頁。同『立憲民主制』（信山社・1996年）103頁以下・170頁以下参照。
21　拙著・前掲(注9)170頁以下参照。

時期にあたり，行政改革等諸般の統治機構の改革が押し進められていた最中に，ジュリスト特集として企画された「国家の役割と統治構造改革」の一部として執筆されたものである。本稿は，その当時の立法過程の実態の特質を議員立法・政府提出立法という見地から考察し，その問題点を法制度上の観点から指摘するとともに，立法機構改革の視点から，当時国会の内・外で盛んに唱えられていた議員立法活性化論の陥穽について言及し，それとの関係で「間接発案」という発案類型の憲法上の可能性についての示唆を試みたものである。

2. そこでのポイントは，わが国の立法過程の特質として，先ず政府提出立法について，それが議員立法に比して，一貫して質（重要性）・量（提出数・成立数）において圧倒していること，そして，それが国会提出以前の段階（前立法過程）において，政府部内の各省庁で立案された法律案がいわゆる「与党審査」（事前審査）において与党との調整が図られ，その内容の実質的な審査が固められ，党内の了承手続（政務調査会部会→政務調査会審議会→総務会）を経てから，内閣に提出されるから，その後内閣が閣議決定を経て国会に提出した法律案の審議は，与野党の国会対策委員会における折衝による国会運営のスケジュール闘争としての様相を帯び（いわゆる「国対政治」），しかも衆参両議院を跨いで議員はつよい党議拘束の下におかれるから，国会における実質的審議の場たる委員会においても，いきおい審議は空洞化・形骸化して形式的なものにならざるをえないということであった。

他方では，議員立法が，その提出数，成立数・率において圧倒的に少ないとはいえ，立法過程の中心をなす政府提出立法のいわば補完要因として，限られた範囲において，極めて重要な役割を果たしているということであった。

3. 本稿は，このようなわが国の立法過程の特質を踏まえて，直ちに浮かび上がってくる制度上の問題点として，(1)政府の立案過程の未整備，(2)野放し状態の与党審査，(3)変動期にある議会法という三つの問題点を取り上げ，その要点を指摘した。

その後，内閣は目まぐるしく変わり，2009年（平成21年）9月には民主党の鳩山内閣への政権交代を経て，2012年（平成24年）12月には再び自民党の第二次安倍内閣への政変に至り，現在は第三次安倍内閣の時期にある。その間，上記の三つの問題点についても，それぞれの政権のあり方に応じて，若干の紆余曲折もみられたが，問題点の基本は，依然として残されたままであるように

第2節　立法過程

思われる。
　そこで，以下，各問題点について，その後のめぼしい推移のいくつかに少しく言及することにしたい。

4. 問題点(1)　政府の立案過程の未法制について

　第一の問題点は，政府の立案過程が，殆ど法制化されていないことである。
　執筆当時において，主管省庁における法律案の立案過程が内部においてかなり緻密なスケジュールに即してなされていることは，実務の側からの文献により知られるところであったが[22]，しかし，そこで指摘したように，立案の手続について，各省に共通し，外部からも見え検証しうるような形での自律的規則というようなルールは存在せず，ために極めて不透明なものになっているのではないか，ということであった。
　しかし，その後も，管見の限り，遺憾ながらこのようなルール化がなされたということを聞かないし，文献においても，それについて言及したものは見当たらない。
　またそこでは，かかるルール化の一つのあり方として，ドイツの「連邦各省職務通則」を挙げたが，それがその後，2000年に全面改正されていることについては，注(9)の補論参照。現在各省庁には，おそらくは相当緻密な内規のようなものが存在するものと憶測されるが，情報化の進展する現下の状況に即した各省共通の自律的な職務規則の構築と公表が重ねて望まれる。

5. 問題点(2)　野放し状態の与党審査について
国会審議活性化法の不効果——活性化法の表層性と深層の与党審査

　いわゆる55年体制の自民党の一党支配のもとで，本稿で概要した自民党による与党の事前審査（与党審査）が次第に形成されて，党内における確固たる制度として存在することはかねてより広く知られていたが[23]，しかし，それが，

22　例えば，遠藤文夫「内閣提出法律における法文作成の過程」『法学教室』173号（1995年）や中村＝前田・前掲（注3）における「政府立法の実態研究」等による実態事例等参照。
23　一般に事前審査制の発端は，1962年2月23日に当時の自民党の赤城宗徳総務会長が官房長官に宛てた書簡「法案審議について」にあると理解されてきた。そこにおいて，「各法案提出の場合は閣議決定に先だって総務会に御連絡を願い度い　尚政府提出の各法案については総務会に於て修正することのあり得るにつき御了解を願いたい」と述べられているからである。しかし今日，かかる通説的理解に対して（本文の(注3)の文献等参照），一方では，赤城書簡は「全く事前審査と関わりのないことで出されていた」

第1章　立法と立法過程

国会における法律案の審査の空洞化・形骸化の根源的な基因としての認識が一般化し，その廃止が立法改革の眼目として正面から掲げられるようになったのは，そう古いことではない。本稿執筆時に，既に議員立法として準備段階にあり，平成11年（1999年）に成立した「国会審議の活性化及び政治主導の政策決定システムの確立に関する法律」（平成11年7月26日成立，同月30日公布・法律116号），いわゆる国会審議活性化法において，従来それらを妨げている官僚主導の立法の象徴として槍玉に上げられていた政府委員制度が廃止され，それに代わってイギリスの議院内閣制をモデルとする副大臣・大臣政務官制度が創設され，またいわば思いつきから党首討論を想定した常任委員会として「国家基本政策委員会」が創設されたが[24]，そこでも，本法の目的のための眼目として与党の事前審査が俎上にあげられた形跡はみあたらない。本法は，いわゆる自自連立の小渕内閣の成立にあたって，自民党と自由党との政策合意を直接の端緒とするものであり，そこには，当時自由党の党首であった小沢一郎氏の見解が色濃く反映されているが[25]，そこにも，与党の事前審査制については，言及されていない。

　いずれにせよ，本法は，今日に至るまで形のうえでは維持されているものの，その所期する目的を果たし，十分に機能しているとの話は余り聞かれず，むしろ実態は以前とさして変わらないのではないか等の消極的な趣旨の意見を聞く

とする異説（向大野新治「議案事前審査制度の通説に誤りあり」『議会政治研究』80号（2006年）16頁）と，他方では，「赤城書簡は事前審査制の『嚆矢』ではなく，制度化の最終局面を意味する文書として理解されるべきもの」との見解（奥健太郎「事前審査制の起点と定着に関する一考察——自民党結党前後の政務調査会——」『法学研究』87巻1号（2014年）74頁）があるが，いずれにせよ，55年体制のかなり早い段階で事前審査制が形を整え，次第に確固たる制度へと発展し定着したことは確かのように思われる。

[24] 本法律の成立過程および内容の概要については，正木寛也「憲法調査会の設置と国会審議活性化法について」『ジュリスト』1165号（1999年）31頁以下，伊藤和子「国会審議活性化法制定とその内容」『議会政治研究』52号（1999年）1頁以下，山口二郎「国会活性化法」『法学教室』232号（2000年）16頁以下等参照。

[25] 小沢一郎『日本改造計画』（講談社・1993年）第一部の「与党と内閣の一体化」55頁以下参照（ただし，そこでは，首相が指導力を発揮しようとすれば，「綿密な事前調整，根回しが必要だ」とし，そのためにエネルギーと時間を使い果たし，それが指導力を発揮しえない要因として述べられている。また，そこには「族議員」について言及もあるが（63頁），その論述からは，何か意図的に事前審査制に触れるのを避けているようにも読める）。後に見るように，2009年に政権交代した民主党の鳩山政権において幹事長の地位にあった小沢一郎氏は，その時はさらに一歩踏み込んで，同書には記載のない改革の本丸たる事前審査制の廃止に突き進んだところに，その後の政治活動の特質があるとともに，それが——条件整備なしの不用意なものであったが故に——躓きの要因となった。この点については，すぐ後に見る。

ことが多いが[26],かかる事態は,当初より,十分に予想されるところであった[27]。内閣が議会の中にあり,与党と内閣が融合して一体化している議院内閣制をとるイギリスの制度を,それとは全く異なり内閣が議会の外にある議院内閣制をとるわが国に,そのまま導入しようとするのは土台無理な話であり,改革が不徹底にならざるをえないのみならず[28],活性化を妨げている根源たる与党の事前審査制に何ら触れることなく,ただ表層的に国会の答弁方法を改めたところで,審議自体の活性化を実現することは不可能であることは,見やすい道理だからである。

小泉内閣と鳩山内閣による二度にわたる与党審査廃止への挑戦と挫折,そして復活──なぜ二度にわたってあえなく挫折したか──

かくて,かかる問題状況は広く知られるところとなり,実際,その後の政治の場において,与党審査制廃止の旗が政策要綱の一つとして高く掲げられ,廃止への挑戦が,今日まで少なくとも二度にわたって試みられた[29]。一度は,小泉内閣において[30],もう一度は,政権交代した民主党の鳩山内閣において[31]。

---

26 例えば,大山礼子『国会学入門(第2版)』(三省堂・2003年)「国会審議活性化法の効果」112頁以下,武田美智子「国会改革の軌跡──平成元年以降──」『レファレンス』666号(2006年)101頁以下,武田美智子・山本真生子「主な国会改革提言とその論点」『レファレンス』670号(2006年)92頁以下,桐原康栄・帖佐廉史「国会改革の経緯と論点」『レファレンス』774号(2015年)64頁以下等参照。

　なお,このことと関連して,政権交代した民主党の鳩山政権下の第174国会において,連立与党の議員立法として「国会審議の活性化のための国会法を改正する法律案」(国会審議活性化法案)および衆議院規則改正案が提出され,前者において,政府特別補佐人から内閣法制局長官を削除し,副大臣2名・政務官10名の増員が,後者において,政府参考人制度の廃止と意見聴取会の設置が提案されたことが注目されるが,審議されることなく,第177回国会で撤回された。

27 例えば,大山礼子「党首討論とイギリス型議院内閣制」『ジュリスト』1177号(2000年)93頁以下,鈴木法日児「政府委員制度の廃止」同100頁以下等参照。

28 この点ついては,次節で論証したところであるが(後出51頁・56頁参照),重要な論点なので絶えず留意する必要がある。

29 その概要については,中島誠『立法学(第3版)』(法律文化社・2014年)123-6頁参照。

30 谷勝宏「内閣・与党対立下の立法過程──郵政関連法案の事例研究──」『同志社政策科学研究』6巻1号(2004年)101頁,同「立法と政党──郵政関連法案の立法過程を通して──」『北大法学論集』55巻6号(2005年)289頁以下,大山礼子「国会改革の目的──内閣主導と国会の審議権──」長谷部恭男ほか編・岩波講座『憲法4 変容する統治システム』(岩波書店・2007年)110頁以下,同『日本の国会──審議する立法府へ』(岩波書店・2011年)99頁以下,野中尚人『自民党政治の終わり』(ちくま新書・2008年)90頁以下等参照。

31 成田憲彦「民主党政権下の国会運営」駿河台大学比較法研究所紀要『比較法文化』18

しかし，いずれにおいても，あえなく挫折し，元の事前審査制に復帰した[32]。そして今日，安倍内閣においても，もとより与党の事前審査制は継続されている。ただし，そこでは，政策形成において首相を中心とする官邸の勢力が強く，党の活力を欠く状況にあり，しばしば「官高党低」[33]といわれている[34]。

　ポイントのみ少しく振り返れば，与党審査（事前審査）制に対して，初めてその廃止の烽火があげられたのは，2002年3月，小泉内閣における総裁直属の自民党国家戦略本部国家ビジョン策定委員会の提言においてであった。実際，同年4月26日，日本郵政公社法案・信書便法案の郵政関連二法案は，与党の賛否にかかわらず同法案を国会に提出するとの首相の明言を受けて，自民党総務部会で事前承認が行われないまま，総務会で法案提出のみを承認し，法案の内容については国会で審議して採決前に改めて部会で賛否を決することとし，かつ，これを前例にしないことの申し合わせの下に，閣議決定され，国会に提出された。事前審査制が確立して以来初めての事例であるが，国会審議において紆余曲折の後，二法案は成立したものの，日本郵政公社法案については，郵政族を中心とする与党の修正を内閣が受け入れる形でなされた。ここにおいて，事前審査を欠く法案の成立が，国会の議事手続について何の手だても持たない内閣にとって，いかに困難であるかを小泉首相は，「学習」したといわれる。

　しかし，にもかかわらず2005年に小泉内閣は，郵政民営化法案について再び挑戦した。同法案は，同年4月26日，自民党の関係合同部会において法案の修正を前提に承認され，翌27日には総務会において，反対派の怒号のなか，法案の内容については曖昧なまま，国会への提出についてのみ了承され，同日閣議決定がなされ国会に提出された。国会審議において，党内で修正案が検討され内閣もそれを容認したが，反対派は修正案についても強固な態度をとり，6月28日総務会は，全会一致の慣例を破って多数決で修正案を了承し，それ

　　号（2010年）63頁以下，武蔵勝宏「民主党連立政権下の立法過程」『北大法学論集』61巻6号（2011年）〔115〕頁以下，同「立法過程の変化——野田政権から安倍政権へ——」『北大法学論集』64巻6号（2014年）〔85〕頁等参照。

32　中島・前掲（注29）124頁・126頁参照。

33　例えば，御厨貴『安倍政権は本当に強いのか』（PHP新書・2015年）107頁参照。

34　野中尚人教授は，新聞の伝えるところによると（毎日新聞2015.9.5・5頁）「自民党は活力を失っている」とし，「現状は首相のリーダーシップが強まる一方，事前審査に代わり，与党議員が公開された国会の場で討論する仕組みが作れていない。うまく変わった部分と，変わらない部分が混在し，与党議員が政策論議に関わる場をどう確保するかが課題となっている」とされる。

第 2 節　立法過程

により党議拘束がかけられた。小泉首相と執行部は，法案採決に際し否決ないし欠席した場合には次期選挙に公認しない方針を明らかにし，否決された場合における衆議院の解散をほのめかして説得にあたったにもかかわらず，衆議院において，派閥の領袖を含めて 51 名もの大量の自民党議員の造反者を出しつつも，かろうじて賛成 233 票に対して反対 228 票という 5 票の僅差で可決されたが，解散のない参議院においては，22 名の造反者を出し，賛成 108 票に対して反対 125 票という結果で否決された。この限りにおいて，事前審査制への挑戦は失敗に終わった。しかし，小泉首相は，直ちに衆議院を解散し，9 月 11 日の総選挙において，いわゆる「刺客」候補を立てて臨み，自民党は，296 議席を獲得して圧勝し，連立与党の公明党を合わせて，衆議院の 3 分の 2 以上の議席を獲得した。総選挙後，第三次小泉内閣は，9 月 26 日，否決された法案と基本を同じくする郵政民営化法案について党内事前手続をあっけなく済ませ改めて国会に提出し，同法案は両院で可決され，10 月 14 日に成立した。参議院では，先に造反した議員もほとんどが賛成にまわったからである。

　私は，ここで，小泉内閣におけるこの二度にわたる与党事前審査制への挑戦と挫折に至る経過と結果についてこれ以上立ち入ろうとは思わない。それについては，注記の如く優れた研究が公にされているのでそれに譲り，ここではただ，なぜあれほど懸命に立ち向かいながらあえなく挫折し，復活したか，その要因について少しく言及するに止めざるをえない。

　その際，まず想起したいのは，与党審査について，政党や内閣だけでなく，国会自身の側からも，衆議院議長の私的諮問機関「衆議院改革に関する調査会」（瀬島龍三会長）の答申（平成 13 年 11 月 19 日）において，「国会審議の活性化，実質化，透明性に向けて」という項目の下に，以下のように事の真相が鋭く指摘されていたことである[35]。

　《国会審議の現状は，事実上結論が出てしまっている問題を，厳しい党議拘束の下で，与党が野党の抵抗を排しながら如何に「出口」に辿り着くかというスケジュール闘争の場になりがちであり，実質的な議論や利害調整は，いわゆる政党の部会などにおける事前審査，政府と野党の予算折衝，政府と業界との調整という，一般国民の目の届きにくい所で行われている。

　このような現状を打破して国会が本来の姿を取り戻し，選挙で選ばれた国民の代表者が英知を集め，「表舞台」で議論を重ねた上で最終的な意思決定を得る

---

[35] 石塚公彦「国民の視点で求める議会の理想像──資料・衆議院改革に関する調査会答申と審議過程──」『議会政治研究』61 号（2002 年）10 頁参照。

ように国会審議の在り方を改善すべきである。
　　また，政治と私的利益の癒着を防止し，政治倫理を確立するためにも，国会審議を活性化し，実質化させ，国民の前にオープンな形で議論し，調整することが必要である。》

　この答申は，そのうえで，具体的な提言として，「国会運営は議院の公式機関が行う」という項目の下に，本来議院運営委員会や各委員会に属する国会運営に関する事項が，公式機関でない政党の一機関にすぎない国会対策委員会間の協議で事実上決定されていることにより，その交渉過程の不透明性から国民の政治不信を助長しているのではないかとし，その廃止を示唆するとともに，「党議拘束を緩和する」との項目の下に，事前審査制について，以下のような提言をしていた[36]。

　　《法律案や予算が国会で審議されて決まるという過程が国民から見て明らかになるようにするため，与党の事前審査は，政府の原案が決まった後に行うようにすべきである。また，事前審査は，政府提出法律案の国会提出の是非と時期の判断に留め，後は国会での議論を通じて，最終的な政党としての判断ないし党議拘束を行うように改めるべきである。》

　その提言は，政党の自主性を尊重し，実施可能性を配慮したためか，かなり控えめなものなっているが[37]，しかし，それすらも，その後も実現されていない。与党の事前審査をなくするためには，結局は，それを生み出した諸要因――その主要な一つとして，内閣が自らの政治課題を遂行するために法案を作成し国会に提出しても，国会の議事日程等の議事の進行や審議・可決の促進等，法律の成立を確保するための何らの手立てももたないという，議院内閣制においておよそ考えられないような特異な議事法の仕組み――にまで遡って，内閣が与党の事前審査に依存しなくても，その任務を着実に遂行し得るような手立てを考案することが不可避となる[38]。このような観点からみると，ほぼ同じ

36　同・11頁。
37　与党審査の功罪については，中島・前掲（注29）に的確にまとめられているが（120頁），該答申も功罪を慎重に比較したうえで，デメリットをより重く見る立場にたつもののように思われる。
38　このことは，かねてより，成田憲彦教授が指摘されてきたところであり（「議会における会派とその役割」『レファレンス』451号（1988年）16頁・38頁，「日本の立法過程における国会の地位」『公共政策』2000年・2頁以下・8頁以下参照），ジュリストの座談会「期待される国会像」において，与党審査つき「憲法に書いていない与党という権力機構が存在して，現実に権力を行使しているのは，私は憲法違反だと思います」と

第 2 節　立法過程

時期に，民間の「新しい日本をつくる国民会議」(通称「21 世紀臨調」) により提起された「首相主導を支える政治構造改革のあり方　──与党審査の見直しにともなう内閣，与党，国会の再構築」[39](平成 13 年 11 月 8 日) が注目される。というのは，そこにおいて，事前審査の廃止のみならず，議院運営委員会への内閣代表の参加によって内閣提出の法律案の審議について内閣が国会と協議することができるようにすることや，副大臣・政務官が衆議院の各委員会に理事として参加する等，事前審査制を廃止しうる条件を整えるためとみられる方策も提言され，また，与党の事前審査を廃止して与党との調整を国会審議の場 (具体的には委員会) で行うようにしようとすれば，当然にそれに必要な審議時間の確保が不可避となるが，そのための方策として，会期制度の見直し (通年会期制の実現と会期不継続の原則の廃止) が提言され，さらにかかる場合の審議の活性化の方策として，戦後廃止された読会制と逐条審議の復活・導入が提言されていたからである。提言されたこれらの諸方策が事前審査制の廃止を可能とするための条件整備として十分であるかどうかは別として，それに必要な諸条件のいくつかを提示したものとして，あらかた賛同されうるものであろう。しかるに，小泉内閣は，これらの諸条件の整備の具体的な措置を何ら講じないまま，先に垣間見たように，事前審査制に挑戦し，一度はそのリスクの余りの大きさを経験し，国会提出前に与党の妥協をはかるようなったが[40]，にもかかわらず，再度挑戦し，そして敗れた。ここに「小泉改革の限界」があり，「小泉の改革路線も，国会審議過程の改革には及ばなかったのである」[41]。

　今一つの挑戦は，民主党への政権交代による鳩山内閣においてであった。2009 年 8 月の総選挙において，政権構想の「5 原則」の第一原則に「官僚丸投げの政治から，政権党が責任をもつ政治家主導の政治へ」，第二原則として「政府と与党を使い分ける二元体制から，内閣の下での政策決定に一元化へ」を掲げ，「五策」の第一策として，「政府に大臣，副大臣，政務官 (以上，政務三役)，大臣補佐官などの国会議員約 100 人を配置し，政務三役を中心に政治主導で政策を立案，調整，決定する」ことを掲げて圧勝し，絶対安定多数を上回る議席を獲得した。鳩山内閣は，民主党小沢一郎幹事長名で発せられた「政府・与党一元化における政策の決定について」(2009 年 9 月 18 日) により，自

　　発言されている (1177 号 (2000 年) 30 頁)。
　39　新しい日本をつくる国民会議 (21 世紀臨調) 編『政治の構造改革──政治主導確立大綱』(東信堂・2002 年) 69 頁以下参照。
　40　谷・前掲 (注 30)・2004 年・121 頁。
　41　大山・前掲 (注 30)・2011 年・105-6 頁。

民党の政務調査会に相当する政策調査会（政調会）を廃止して，政策決定を内閣に一元化し，一般行政に関する議論と決定は，政府で行い，それに係る法律案の提出は，内閣の責任で政府提案として行うものとされ，また，与党議員の提案・意見は，各省副大臣が主催する「各省政策会議」で聴取するものとされたが，それは承認機関ではなく，決定はどこまでも各省の政務三役会議によるものとされた。要するに，与党の事前審査は完全に廃止されたのである[42]。しかし，鳩山内閣の政権運営は，期待に反して迷走を重ね，国民の信頼を喪失して，在任期間わずか266日で総辞職に追い込まれあえなく瓦解し，民主党の小沢幹事長も辞任した。国会審議についていえば，期待された委員会での政府と与党議員が協議する場面はみられず，法律案の修正は低調なままで，審議は，自民党政権にもまして，一層形骸化が進行したといわれる。議員は閣議に拘束されることになったが，幹事長を中心とする党幹部の権力が強化され，国会運営において，内閣が与党に依存するという体制は何ら変化しなかった。鳩山内閣を引き継いだ菅内閣は，政策調査会を復活したが，政府・与党一元化の下に政策決定は内閣が行うという原則は維持された[43]。しかし，その後を継いだ野田内閣において，政策調査会は，明確に，事前の了承機関となり，与党の事前審査制が復活した[44]。

二つの経験から導き出されるもの

ここに，民主党という自民党とは異なる政権による事前審査廃止の試みと失敗，復活という新たな経験をわれわれは持つことになったが，ここでも，自民党の場合と同じく，与党の事前審査を生み出した要因を除去し，それに依存しなくても，内閣が自らの課題を遂行するための法律案の成立を確保するための公式の手続・手段について[45]，何らの措置もとられず，また，国会での実質的審議を確保するための時間（会期制）と方法（読会制・逐条審議等）を変革する措置も何ら講じられなかった点において，軌を一にする。それこそが，二つの経験がわれわれに提示した貴重な教訓といわなければならないであろう。

42　武蔵・前掲（注31）・2011年・〔117〕頁以下，大山・前掲（注30）・2011年・6頁以下，なお，山口二郎『政権交代とは何だったのか』（岩波書店・2012年）76頁以下等参照。
43　中島・前掲（注29）126頁，武蔵・同〔144〕頁以下参照。
44　同・126頁，武蔵・前掲（注31）・2014年・268頁〔94頁〕等参照。
45　この論点については，上田健介「議院の議事運営に対する内閣の関与について」曽我部真裕・赤坂幸一編『憲法改革の理念と展開（上巻）』（信山社・2012年）551頁以下参照。

第2節　立法過程

6. 問題点(3)　変動期にある議会法について

　議会法の規範と事実，理念と現実の乖離，特に，自由で独立した意思形成主体として議員を活動の単位として構築された議会法に，民主制の発展に伴う政党制の進展によって，実態において議会内の政党ともいうべき会派が押し寄せ，議院における議事の組織と運営の枢要な場面において事実上の活動の単位となっている「会派議会」と呼ばれる現状の中で，議会法それ自体が大きな変動期にあるのではないかという問題である。具体的には，現に「会派議会」と呼ばれる状況に直面しているとするならば，そしてまた，「会派議会」の成立の由来および根拠が，一方では，議会の活動能力の確保（延いては，政府の創出と安定）に，他方では，多数会派にはそれに値する権威を認めると同時に，少数会派（反対会派）にもその主体性を認めて平等の機会を与え，その活動の権利を保障する（延いては政府に対する統制の確保）にあるとするならば，かかる基本的な見地から，国会法・議院規則の不備を認め，右の根拠を照らして，整備・補充すべきではないか，という問題であるといえよう。

　この点については，後にも論じる機会があるので，ここでは問題点に関連するものとしてただ，平成12年（2000年）の国会法改正により，衆議院または参議院の比例代表選出議員の所属政党等の移動による当該議員の退職に関する規定（国会法109条の2）が新たに導入されたことに言及するにとどめる。

7. 立法機構改革の視点として，本節において，上記の問題点に関する改革の必要性の他に，特に当時盛んに唱えられていた議員立法活性化論の陥穽について言及し，議院内閣制をとる憲法体制において，立法について第一次的重要性をもつのは政府提出立法であり，議員立法は第二次的なものと位置づけられるが，しかし，そのうえで，議員立法は，政府提出立法に対する対抗要因ないし補完要因としてきわめて重要な役割を有する重要性を指摘し，それが未だ不十分であり，弊害も多いことを指摘するとともに，対抗要因に至っては極めて貧弱であり，少なくとも野党会派に「武器の平等（機会均等）」を保障する必要があることを指摘した。

　1993年に細川内閣が成立し，自民党の一党支配の55年体制が終了して以来，それ以降の連立政権において，議員立法が活発に行われるようになってきたといわれ，2000年当時，「長期的にみるならば」，「議員立法活性化の流れは，政権の枠組みの変更等，その時々の政治状況による影響はあっても，定着してい

くのではないか」とし,「期待」されたが[46], 確かにその後の経過において, 一定の定着化の傾向がみられるところがあるにしても[47], 本稿で提示した問題状況は, 基本的には現在も引き継がれ, 依然として課題として残されているように思われる。それについて, 次節で言及する機会もあろう。

なお, 間接発案制度の憲法上の可能性については, 依然として遺憾ながら, 立法機構改革の「民主化」「社会化」を促進する有力な方策でありうることが知られていない。憲法改正を必要としないものであることを付言して, ここで改めてその可能性を提起しておきたいと思う。

---

46 河野久「議員立法――実務的見地から」『ジュリスト』1177号（2000年）84-5頁。

47 谷勝宏『議員立法の実証的研究』（信山社・2003年）44頁以下, 只野雅人「『議員立法』と閣法」『公法研究』72号（2010年）100頁以下, 大森政輔・鎌田薫『立法学講義〈補遺〉』（商事法務・2011年）143頁以下等参照。

その背景として,「①与野党関係が流動化したこと, ②冷戦の終結とともに, イデオロギーによる政治が終焉を迎え, 政策を巡る各党間の隔たりが縮まったこと, ③いわゆる政治主導の流れが強まったこと, ④野党が対案路線を採り始めたこと等が考えられる」（中島・前掲（注29）251-2頁）であろう。

第3節　議員立法
——理論的見地から——

一　はじめに

　「議員立法」は，一般に「政府提出立法」の対概念として[1]，「議員が法律案を発議して行われる立法，又はそれによって成立した法律そのもの」[2]を意味する概念として用いられる。

　議員による法律案の「発議」も，内閣による法律案の「提出」も，いずれも議院に対して法律案の審議・議決を求める行為，一般に「法律発案」と呼ばれる行為であるから，「議員立法」「政府提出立法」という概念は，法律発案の形態に即してなされたものであることが知られる。このような発案形態の違いが，立法手続上，発案それ自体をも含めて，その余の手続の様々な場面において異なった取り扱いをもたらすのみならず，両者の間にはその実態において事実上，立案の方法や法律案の内容や守備範囲において，また法律案の提出数および成立数・成立率や重要性において，著しい相違が存するからである。

　筆者に与えられたテーマは議員立法を「理論的見地」から考察することであるが，ここでは，まず近代憲法史に即して法律発案の諸類型を概観し（二），それを踏まえて憲法体制との論理的・制度的な整合性という見地から，「議員立法」を①アメリカ型②イギリス型③ヨーロッパ大陸型（フランス・ドイツ型）の三つに類型化し（三），それとの関係においてわが国の議員立法が憲法上いかなる類型と整合的であるかを考察し（四），むすび（五）として若干の所感を記すことにしたい。今日，国会改革の主要な一つの課題として「議員立法の活性化」が提唱されているが，そこにいう「議員立法」とは何か，またそれが現在整備中の行政改革や昨年成立した国会審議活性化法（平成11年法律116号）と如何に関係するか等を考察するにあたっても，基本的な視角を提供しうるように思われるからである。

1　小島和司「議員立法」『政治学事典』（平凡社・1969年）200頁参照。
2　浅野一郎編著『国会事典（第3版）』（有斐閣・1997年）144頁〔浅野一郎・河野久編著『新・国会事典（第3版）』（有斐閣・2014年）114頁〕。なお，「議員立法」に関する論文は多数あるが，最近出版された著書として，中村睦男編『議員立法の研究』（信山社・1993年），五十嵐敬喜『議員立法』（三省堂・1994年），上田章・五十嵐敬喜『議会と議員立法』（公人の友社・1997年），石村健『議員立法』（信山社・1997年）参照。

第 1 章　立法と立法過程

二　近代憲法史に即した法律発案の諸類型

　近代憲法史上，立法権の所在と並んで，それとは別に法律発案権の所在もまた，憲法典によって明示に規定されるのが一般である。憲法上の発案形態は種々の見地から分類可能であるが，「議員立法」との関わりにおいて特に重要なのは，「内部発案」と「外部発案」の区別である。この分類はハチェックの憲法理論に由来するが[3]，ここに「内部発案」とは議会の内部からの法律発案をいい，「外部発案」とは議会の外部からの法律発案をいう。近代憲法史に即して内部・外部を基準として発案類型を概観すれば，次の如くなる[4]。

1　初源類型としての内部発案独占主義

　近代憲法史上，市民革命後まず最初に登場したのは，議員にのみ法律発案権を認め，議会外部からの一切の法律発案権を否認する内部発案独占主義であった。

　イギリスにおいては，成文憲法は制定されなかったが，実質的意味の憲法において法律発案権は，議会の側にのみ存し，議員にのみ法律発案権が属するとされ，今日においてもそうである。しかし，名誉革命後，次第に議院内閣制が形成・確立され，現代に至っている。したがって，議員による法律案の提出であっても，内閣大臣としての地位をもつ議員による場合と，そうでない一般議員による場合とが厳格に区別され，前者は「政府法案（governmental bill）」，後者は「議員法案（private member's bill）」と呼ばれる。

　世界最古の成文憲法に属するアメリカ合衆国憲法は，「この憲法によって付与される立法権は，すべて合衆国連邦議会に属する」（1条1節）と規定するのみで，法律発案権の主体を明示していない。しかし，該憲法が厳格な権力分立を採用し，大統領には「随時連邦の状況につき連邦議会に情報を与え，自ら必要かつ適切と認める施策につき議会の審議を勧告する」権能しか認められていないことから（2条3節），憲法上どこまでも法律発案権は議員のみに属するとされ，議事手続上もそのようになされている。しかしそこでも，実際には，こ

---

[3] Julius Hatschek, *Deutsches und preussisches Staatsrecht*, Bd., 2,2. Aufl., 1930, S. 24ff.
[4] 以下の論述は，概ね拙著『憲法と立法過程』（創文社・1988年）185頁以下による（引用文献をも含めて参照）。なお，発案形態は立法府と執行府の関係に密接に関わるので，その点若干付加した。それについては，清宮四郎『権力分立制の研究』（有斐閣・1950年），宮沢俊義『憲法と政治制度』（岩波書店・1968年），樋口陽一『比較憲法（全訂第3版）』（青林書院・1992年）参照。

第3節　議員立法

の立法勧告権に基づいて，大統領は，政府部内で立案された法律案を添えて教書を連邦議会に送付し，送付された法律案は，議会の有力議員を通じて議会に提出される。かかる法律案は，「政府法案（administrative bill）」と呼ばれる。

　ヨーロッパにおいては，フランス市民革命後制定された1791年憲法は，「法律を提案し，かつ，定めることは」立法府の権能であるとするともに，「国王は単に立法府に対してある事項を考慮するように要請することができる」と規定し（3編3章1節1条1号），国王の法律発案権を否定して，立法府にのみ法律発案権を認める内部発案独占主義を明示した。

　アメリカ合衆国憲法と右フランス憲法との間には，執行府の長が大統領か国王かという点において大きな相違があるが，しかし法律発案について，一方では積極的に，国民主権の立場より，主権者たる国民を代表する議会の内部からの発案を認めると同時に，他方では消極的に，厳格な権力分立の立場より，執行府の発案を否定することにおいて，すなわち議会による内部発案独占主義を採ることにおいて，軌を一にするのである。

2　初期立憲君主制憲法における外部発案独占主義

　しかしその後フランスにおいてナポレオンの崩壊とブルボン王制の復活の後に制定された1814年憲法(シャルト)は，内部発案独占主義を廃棄し，全く逆に国王による外部発案独占主義を採用した（16条・19条）。この憲法が近代立憲君主制憲法に一つの型を与え，その始祖的役割をはたしたことは広く知られているが，その一つとして，それの採用した国王による外部発案独占型も（そこで採用された議院内閣制的契機を含む大権内閣制，所謂旧一元型議院内閣制とともに），諸国の憲法とりわけドイツ諸邦の立憲君主制憲法に大きな影響を与えた。

　ドイツ憲法史上，1848年の革命以前において諸邦の憲法は，二つの例外を除いて，すべて法律発案権は君主を首長とする政府のみが専有するものとされた。「議会の発案権は君主主義原理と相容れない」と考えられたからである。この意味において，それを君主主義的な外部発案独占主義と呼ぶことができよう。

3　立憲君主制憲法における外部・内部発案併存主義の出現

　しかるに，やがて民主主義の発展とともに議会の発言力も伸長し，立憲君主制憲法の下において，政府の他に，議会自身にも発案権が認められるに至った。それは，政府と議会の双方に法律発案権を認める点において，いずれの独占類

型でもなく，外部・内部発案併存主義というべきものである。フランスにおいてこのような発案類型が採用されたのは，1830年憲法である（15条。所謂オルレン型といわれる二元型議院内閣制の採用）。ドイツにおいて，このような外部・内部発案主義が一般的となるのは，1848年以降のことである。しかしそこでも，法律発案権は本来政府の権能に属するものとされ，議事法上種々の優先権が与えられていたから，それをも考慮するなら外部発案優位の併存主義というべきものであった。

　わが国の明治憲法も，「両議院ハ政府ノ提出スル法律案ヲ議決シ及各々法律案ヲ提出スルコト得」（38条）と規定し，政府だけでなく議院にも法律発案権を認めた（議院による法律案の「提出」には，その院の議員による法律案の「発議」が前提とされていた）。枢密院に諮詢された元の憲法草案は，前段のみで，政府発案独占主義を採用していたが，枢密院の再審査会議において後段が付加され，議員にも法律発案権が認められるに至った。また，憲法と議院規則の間に「議院法」という法律がおかれ，それによって政府提出法律案の取り扱いに種々の優先権が認められていた。

4　共和制憲法における外部・内部発案併存主義の継承と定着

　このような立憲君主制憲法における外部・内部発案併存主義は，共和制に移行してから後も受け継がれた。フランスでは，1848年の第二共和制憲法（49条）をはじめ，1875年第三共和制憲法（2月25日憲法律3条1項）も，外部・内部発案併存主義を採用した（そこでは慣行上国民主権を基礎にする新一元型議院内閣制が成立した）。それ以降かかる発案類型が「機関の協働という極めて正当な理念と，議会と政府相互の均衡原理に基づく」もの，「議院制の精神と両立しうる唯一の方式」として定着するに至り，戦後の第四共和制憲法も現行の第五共和制憲法も，併存主義を採用している。ただし現行憲法においては，憲法および議事規則上，議員提出法案（proposition de loi）に対して政府提出法案（projet de loi）に強い優越性が認められ，外部発案優位の併存主義と呼ぶべきものである（そこでは政府が大統領と議会に責任を負う新二元型議院内閣制がとられている）。

　ドイツにおいては，第一次大戦後共和制に移行したワイマール憲法において外部・内部発案併存主義が採用され（そこでは，間接発案制度も採用されたので，発案形態は複雑である。また新二元型議院内閣制が憲法上初めて明示に規定された），現行のボン基本法にも受け継がれている（一元型議院内閣制）。しかしそこで

も，法律発案は形式的には立法手続の一部を成すが，実質的作用においては「統治（Regierung）」に属するとされ，政府による発案が「原則」であり，それこそが「正規」なものと解されている。

5　日本国憲法の場合

　日本国憲法は，法律発案権がいかなる機関に属するかの明示の規定をおいていない。この点において異例というべきもので，当初より解釈論上問題となった。国会が憲法上「国の唯一の立法機関」（41条）であるということから，議員が法律発案権をもつのは当然とされ，国会法も，法律案をも含む「議案」の「発議」権を議員に認めた（56条1項）。問題は，内閣も法律発案権を有するか否かにあった。それを否定する見解もあったが，憲法が議院内閣制を明示していることや憲法72条を根拠にそれを認めるのが通説的な地位を占め，国会もまた，法律によってそれを規定し，いわば立法的に解決したのであった（内閣法5条）。

6　現代における実態としての政府発案優位の傾向

　以上が憲法規定から見た「内部」「外部」を基準とする発案類型であるが，しかし，重要なことは，現代，憲法上外部・内部発案併存主義を採用するドイツやフランス，さらにはわが国において，しばしば指摘されるように，政府による外部発案が量的にも質的にも圧倒的な地位を占め，現実的には政府発案優位の併存主義的傾向が見られるということである。そしてまたこのような傾向は，憲法上形式的には内部発案独占主義をとるイギリスやアメリカにおいても，多かれ少なかれ見られるところである。

　問題は，なぜこのような傾向が一般的となったかであるが，ここではただ「社会国家」への転換に伴う「行政国家」の出現と政党制の発展を挙げるに止めざるをえない。

三　議員立法の三類型

　近代憲法史に即して内部・外部を基準とする発案類型を素描したが，そこから議員立法の類型として，(1)アメリカ型，(2)イギリス型，(3)ヨーロッパ大陸型（フランス・ドイツ型）の三つに大別しうるように思われる。憲法体制との論理的・制度的整合性を配慮しつつ，立法主体論[5]の見地からその特質を抽出する

5　拙著・前掲（注4）98頁以下および191頁以下参照。

第1章 立法と立法過程

ことにしたい⁶。

1 アメリカ型

①大統領制という憲法体制の下で，憲法上議員発案のみが認められ，この意味において立法はすべて「議員立法」であって，それ以外の立法があるわけではない。

②議員による内部発案独占主義の特質は，法律案の発案から審議を経て議決いたる一連の立法過程を議会内部における完結した統一体とみなし，法律案を法律として成立せしめる判断の主体すなわち法律議決の主体と，法律案を作成して議会に発案（提出）し，法律議決を獲得しようとする立法追行の主体を分離しないで，後者をも「立法権」に含め，双方を厳格に議会の側に置くことにある。

③この主体の不分離は，「政府法案」の場合であっても，厳守される。大統領には法律発案権はなく，立法勧告権に基づいて教書とともに議会に送付される政府法案も形式的にはどこまでも「議員」によって提出されるのであり，かつ大統領および閣僚は議員を兼ねることができず（合衆国憲法1条6節2項），議会おいて直接に審議を主導する権能をもたない。

④議会において審議を主導するのは議院の役員（議長，委員長，小委員長等）であり，法案の審議は，常任委員会を中心になされるが，政党の結束も比較的ルーズで（議院内閣制におけるように政府を創出する任務はない），議員の自由な発言がみられ，法案審査は実務的で修正も頻繁になされる。このことは，立法の追行行為が議員のみによってなされ，議員の「確証形成」（国民代表たる自由で独立した意思形成主体として議院の審議に参与し，互いに説得し説得されつつ，法律案に賛否いずれの表決を行うかについての判断を主体的に形成する行為）⁷も，事

---

6 以下の論述は，概ね下院の例による。米・英・仏・独の立法過程とりわけ議員立法については，前掲(注2)の諸著作の他，比較法学会「立法過程の研究」『比較法研究』（有斐閣・1962年），比較立法過程研究会編『議会における立法過程の比較法的研究』（勁草書房・1980年），読売新聞調査研究本部社編『西欧の議会』（読売新聞社・1989年），中村睦男・前田英昭編『立法過程の研究』（信山社・1997年），原田一明『議会制度』（信山社・1997年），前田英昭『国会の立法活動』（信山社・1999年）および『議会政治研究』（特に12号（研究報告）議員立法の現状と課題）ならびに『議会政策研究会』の関係諸論文等参照。

7 拙著・前掲(注4)104頁以下・125頁以下参照。〔そこでは，「確信（Überzeugung）」形成という用語は，初出拙稿では「心証形成」という用語が用いられているが，意味は同じである。議院における法律案の審議は，趣旨説明・質疑・討論により種々の立法資料を用いて論証という形で「説得」がなされることを考慮して，今日では「確信＝心証

50

第3節　議員立法

実上比較的自由で，それに基づいて議決がなされることを意味する。

⑤一般の議員法案は，選挙目当て等から大量に議会に提出されるが，大半は委員会で握り潰され，成立するのは僅かである。したがって，政府法案に由来するものが，成立する法律において質・量ともに圧倒しているのが現状である。

⑥アメリカ議会が「作業議会」「変換型議会」と呼ばれ，構造上著しく「分節的」であるといわれるのは，このような立法過程構造に基因するとみられる。

2　イギリス型

①議院内閣制という憲法体制の下において，憲法上，議員発案のみが認められ，この意味においてすべて立法は「議員立法」であって，それ以外の立法があるわけではない。

②議員の内部発案独占主義という点は，理論的には前述のことがそのまま妥当する。

③しかし，立法の議決（判断）主体と発案（追行）主体の不分離は，アメリカとは異なり，議院内閣制という独特の形をとって厳格に貫徹される。なぜなら，「政府法案」といっても，議会「外部」から政府が政府として法律案を提出するのではなく，どこまでも議会の「内部」から（内閣大臣たる）議員によって提出されるのであり，議員以外の外部者（例えば政府委員はもとより他院の議員も含む）による立法追行は厳格に否認されるからである。

④また議院内閣制の下で政党（会派）が高度に組織化される結果，議会における立法追行の主体は，会派単位に分化し，政府法案に責任を負う内閣大臣を核にして積極的に立法を追行する与党会派と，それに対抗する野党会派に分かれる。かくて党議拘束が生じ，それが強くなるに応じて，議会討論による議員個人の確証形成の余地は少なくなる。

⑤しかし，議会での審議は無意味ではない。審議は本会議中心に行われるが，与野党とも国民を意識したもので，説得の相手の重心が他の議員（議員相互）から「窓越し」の国民へ，具体的にはメディアを通して国民に移行し，主権者

（説得 Überzeugung）形成」を短縮したものとして「確証形成」という用語を用いている。ワイマール憲法は，「議員は全国民の代表者である。議員は，自己の良心にのみ従い，委任に拘束されない」（21条）と規定し，現行の基本法も同旨の規定を置いているが（38条1項2文），かかる規定に即して言えば，要するに「確証形成」とは，議員が，全国民の代表者として命令的委任に拘束されることなく，自由で独立した意思形成主体として，議院の審議に参与し，説得し説得されるなかで，最終的には自己の良心に基づいて自らの意思を主体的に決定することをいうのである。〕

たる国民に直接働きかけて，その意思形成に決定的な影響を及ぼすからである。
　⑥政府法案の成立率は，極めて高く，質・量ともに圧倒している。議員法案は，野党から対抗法案として提出されることも少なく，成立の見込みもない。したがって，それによって成立するのは，政府法案から漏れたものか，超党派的なもの等に事実上限られる。
　⑦イギリス議会が「演説議会」「アリーナ型議会」と呼ばれるのも，このような立法過程構造に基因する。

3　ヨーロッパ大陸型（フランス・ドイツ型）

　①いずれも近代憲法史上，立憲君主制において君主主義的原理に基づく政府による外部発案独占主義を経験しているが，その特質は，法律案の発案から審議を経て議決に至る一連の立法過程を議会内部における完結した統一体とみなさないで，法律案を法律として成立せしめる判断の主体すなわち法律議決の主体（少なくとも，法律内容の確定の主体）と，法律案を作成して議会に提出し法律議決を獲得しようとする発案（追行）の主体を分離し，前者を議会に，後者を君主を長とする政府に分化する点にある。政府の法律案は，議会の「外部」にある政府が提出するのであって，イギリスにおけるように内閣大臣の地位にある議員によって提出される故に「政府法案」と呼ばれるのではない。
　②外部・内部発案併存主義は，理論的には右の外部発案独占主義と内部発案独占主義との折衷的・妥協的類型であって，実はここにおいて初めて厳密な法的意味で「政府提出立法」と「議員立法」という概念的区別が生ずる。この併存主義は，現代では議院内閣制の憲法体制において採用されているから，現象的にはイギリス型に近いものとなる。
　③しかし，イギリス型では，「政府法案」の場合にもあくまで内部発案という基本構造が貫徹されているのに対して，併存主義の場合には，政府発案はまさに議会の外部にある政府から法律案が提出され，かつ本来は別の存在である政府と与党議員が協働して追行行為がなされるという構造をとるのである。もとより，政府がそこで追行行為に参与しうるのは，議員の確証形成に向けて影響を及ぼすことであって，判断の主体はどこまでも議員であり，最終的には，その表決によって議院の意思が決定されるのはいうまでもない。
　④議院内閣制にまつわる立法追行主体の会派的分化，議員および選挙民の確証形成および意思形成，政府提出立法の優位等の立法のあり方は，先にイギリス型で述べたことが概ねあてはまる。

⑤この類型，とりわけドイツ議会は，しばしばアメリカ流の「作業議会」とイギリス流の「演説議会」の中間型・混合型といわれる。それは，常任委員会制度を用いつつも，アメリカとは異なり，内実的には政府の外部発案による政府・与党主導の実務的作業（修正も多くなされる）がなされていることによるのであり，したがって，その中間的性格は，実は議院内閣制のもとにおける政府の外部発案併存主義に基因するというべきである。

四　わが国における議員立法

　議員立法の観念をこのように類型化しうるとすれば，日本国憲法はどのような類型と整合的であろうか。また国会法が予想する議員立法はどのような類型であろうか。

　このような問題に答えようとすれば，われわれは，明治憲法における遺産，日本国憲法における議院内閣制，国会法におけるアメリカ議会法の接続という問題を改めて問い直さなければならない。

1　明治憲法の遺産

　議員立法を考えるとき，牢固として染みついた明治憲法の遺産というべきものを想起せざるをえない。

　①明治憲法が外部・内部の発案併存主義を採用していたこと。

　②しかも議院法は，政府主導を確保するため，政府法律案を徹底して優先させたこと。

　③議院法により議員の法律発案の要件が制限されていたが（29条。20人以上の賛成の要件），帝国議会開設当初には藩閥政府に対する抗議から議員立法は多く提出されたものの，成立したものは僅かで，当初より政府提出立法が質・量ともに優位したこと[8]。

　④憲法は議院内閣制を認めなかったが，議会勢力の伸長とともに，イギリス流の議院内閣制が「憲政の常道」としてモデル視され，大正期には不完全ながら政党内閣が確立したこと。だが，その場合でも終始，政府提出立法が圧倒し，やがて軍国主義の台頭とともに，明治憲法が規定した立憲制度すら否定され，立法は政府提出立法一色になったこと。

　⑤国民のみならず，議員自身にも，法律案は政府が作成するものだという観

8　明治憲法下の議員立法については，佐藤功「いわゆる議員立法について」『公法研究』6号（1952年）91頁以下，石村健・前掲（注2）4頁以下等参照。

念が漠然と支配し，終始変動することはなかったこと。
　⑥最後に，古来より「和を尊ぶ」気風からか，議事運営に全会一致を好み，また先例を必要以上に墨守する傾向があり，議会の自己改革にも必ずしも積極的でなかったこと。

2　日本国憲法における議院内閣制

　総司令部案に基づいて，日本国憲法は，議院内閣制を丁重に規定し，採用した。これによって，明治憲法期に羨望したイギリス流の議院内閣制を手に入れることになった。
　このように憲法体制のなかで，憲法上国会は「国権の最高機関」であり，「国の唯一の立法機関」と規定されながら（41条），近代成文憲法の例に反して，法律発案権の所在に関する明示の規定を欠いていた。おそらくは，総司令部側のアメリカ合衆国憲法の影響によるものであろうが，イギリス流の議院内閣制を導入するのなら，論理一貫して，イギリス流の内部発案独占主義が規定されるべきであったろう。
　国会は，内閣の法律発案権を内閣法（5条）によって定めたが，それは，イギリス的な発想とは本質的に異なり，議会の外部にある政府が政府として議会に法律案を提出するという明治憲法的（延いてはドイツ的）発想によるものであった。

3　国会法におけるアメリカ議会法の接続

　明治憲法は「議院法」を明示した（51条）が，日本国憲法はそのような法律を何ら予想していない（58条2項）。むしろ，議院自律権を侵害する虞のある法律を否認しているとも解される[9]。しかるに，政府も議会側も，議院法的伝統により，あたかも国会法の存在を当然視して起草にとりかかった。総司令部との折衝過程において，当初総司令部は国会法の存在に否定的であったが，日本側の要求を容れて議会（衆議院）において起草にすることになった。議院法的伝統にもとづく国会法という形式のなかに，日本側は新憲法と矛盾しない限り出来るだけ従来の議会伝統を盛り込もうとし，他方，総司令部側は，それを押

---

[9]　大石眞『議院自律権の構造』（成文堂・1988年）322頁以下，同「国会改革をめぐる憲法問題」『法学論叢』141巻6号（1997年）4頁以下，同「憲法問題としての「国会」制度」佐藤幸治・初宿正典・大石眞編『憲法五十年の展望Ⅰ　統合と均衡』（有斐閣・1998年）190頁〔大石眞『憲法秩序への展望』所収・有斐閣・2008年・174頁〕以下参照。

さえる形で，徹頭徹尾アメリカ議会法的制度を盛り込むよう日本側に要求したのであった[10]。イギリス流の三読会の制度・本会議中心主義に代えて，アメリカ流の常任委員会中心主義が採用され，公聴会の制度なども導入された。

議員の法律発案についても，アメリカ・モデルによって，議員一人でも自由になしうるようになり，それを補佐するための制度（議院法制局，常任委員会調査室，国立国会図書館調査及び立法考査局等）も導入され，占領下において議員立法が奨励された。政府依頼立法という無意味なことすら行われた。しかし議員立法の実は上がらず，それどころか弊害が露となって，昭和30年の国会法改正によって成規の賛成者を必要とするという明治憲法的発想に戻ることになった。

そもそも，憲法において議院内閣制をとりながら，国会法のレベルにおいて大統領制のもので形成されたアメリカ法的なものをとり入れることが可能であろうか。黒田覚教授は，かねてよりこの点を問題とされ，多くの「矛盾」をはらみ，またその矛盾が「今日までの国会運営の実際のなかに多く露呈されている」と注意を喚起されたのであった[11]。

4　小括——矛盾・混乱と整合性

一体，わが国の議員立法は，どのような類型か。

憲法のレベルでは，明らかにイギリス流の議院内閣制が採られているから，イギリス型というべきか。しかし，イギリス流の内部発案独占主義は採用されず，外部・内部併存主義が採られ，また法律上の取り扱いや実際の運営においては，むしろ明治憲法的伝統を受け継いで，はっきりとヨーロッパ大陸型（特にドイツ型）である。しかるに，国会法のレベルにおいては，すこぶるアメリカ型である。

このようなミックスを一つの新たな類型として日本型というのも可能かも知れない。しかし，憲法体制との論理的・制度的整合性という見地よりすれば，

10　黒田覚「国会制度における英米法的と大陸法的」『公法研究』21号（1959年）12頁以下，同「国会法の制定過程と問題点」『東京都立大学創立十周年記念論文集［法経篇］』（1960年）39頁以下，大石眞・前掲書（前掲(注9)）293頁以下参照。なお，西沢哲四郎「国会法立案過程に於るGHQとの関係」（1959年2月・憲法調査会事務局）5頁，憲法調査会第二委員会第四回会議議事録・14頁以下，同第六回会議議事録・1頁以下，ジャスティン・ウイリアムズ著・市雄貴＝星健一訳『マッカーサーの政治改革』（朝日新聞社・1989年）216頁以下参照。

11　黒田覚「国会法の制定過程と問題点」（前掲(注10)）70頁。

まさに「矛盾」の固まりであり，混乱の極みであろう。このような見地から，例えば「議員立法の活性化に関する一つの提言」（平成8年6月14日）をみるとき，どのような「議員立法」の類型がイメージされているか捉え難く，個々の論点は如何にもいちいち尤もであるにしても，全体として矛盾と混乱の固まりのようにすら見える。

　これまで行われた国会法の改正は，大局的にみれば，そこからアメリカ的要素を徐々に払拭していく過程としての一面を有し，また昨年（平成11年）制定された「国会審議活性化法」はイギリス型への大きな旋回を含意するものであろう。しかし，法律発案形態そのものをイギリス固有の内部発案独占主義へと根本的に転換しない限り，不徹底に終わらざるをえないであろう。このことを考慮するなら，かつまた，既に1世紀以上にわたるわが国の議会伝統の重みをも顧慮せざるをえないとすれば，ヨーロッパ大陸型で議員立法を構想するのが，憲法体制との関連において，最も論理的・制度的整合性に富むように思われる。

五　むすび

　内閣機能の強化を狙いとする行政改革との関わりで本稿執筆中絶えず念頭から去らなかったことの一つは，ハイエクが「一立憲政体モデル」として提示した議会における権力分立構想であった。それは，議会を「立法議会〔立法院〕(Legislative Assembly)」と「行政議会〔行政院〕(Governmental Assembly)」に分立する構想で，前者は，専ら個人の自由領域の保護と限界を普遍的に確認する一般的・抽象的規範（ノモス）の定立を任務とし，後者は，このノモスの制約の下で政府の活動のための立法（テシス）を定立することを任務とする。このような二つの議会制構想（議会制改革論）には，現代の無制約な「'取引'民主主義」('bargaining' democracy)」に対する批判的視点がある。各政党がそれぞれ選挙目当てに，「社会的正義」（「社会国家」「福祉国家」）のもとに普遍化不可能な特殊利益を一般的利益の名において公約し，選挙自体がそのような特殊利益と投票との巨大な取引所となり，議会そのものが政権を獲得した政府の政策遂行と政権維持の装置，すなわち単なる「行政議会」となり下がり，立法の本来的機能たる「立法議会」の役割を果たしていないというのである[12]。

　かかる構想に即していえば，さしずめ，制度論的には参議院に「立法議会」

12　F.A.Hayek, *Law, Legislation and Liberty*, Vol.3 : The Political Order of a Free People, 1979, p. 105ff. 渡部茂訳『自由人の政治的秩序——法と立法と自由Ⅲ』（春秋社・1998年）148頁以下参照。

の役割が，また，作用論的にいえば議員立法に「立法議会」の作用が期待されることになろう。

　筆者は先に[13]，現代の社会国家および政党国家という状況の中で議院内閣制が採られているとき，政府提出立法が主導的・第一次的地位を占め，議員立法が第二次的なものになるのは必然であるとするとともに，しかしそこにこそ議員立法の真価があるとし，政府提出立法に対する対抗要因および補完要因としての意義を強調した。もしハイエクの構想に即して議員立法に「立法議会」の作用が期待されるとすれば，それは，先の分類において補完要因に含まれることになるが，しかし，まさに立法の本来的機能に関わる故に，補完要因として括るには余りに概括すぎるかもしれない。

　それにしても，「議員立法の活性化」といわれるとき，そこでは一体どのような議員「立法」が念頭におかれているのであろうか。

（補遺）──本稿のポイントとその後の推移等ついて──

　1．第3節「議員立法──理論的見地から──」の初出は，2000年（平成12年）5月であるが，それは，小渕首相が病で突如倒れ，急遽第一次森内閣が成立した時期（2000.4.5〜2000.7.4）にあたるが，前年の7月に「国会審議の活性化及び政治主導の政策決定システムの確立に関する法律」（平成11年7月26成立，同月30日公布・法律116号），いわゆる国会審議活性化法が制定され，その成果が注目される中で，ジュリスト特集として企画された「国会の役割と改革の行方」（2000.5.1-15・1177号）の一部として執筆されたものである。

　本稿の内容は，「一　はじめに」にあるように，そこで与えられたテーマが議員立法を「理論的見地」から考察することであったから，それに即して，「まず近代憲法史に即して法律発案の諸類型を概観し（二），それを踏まえて憲法体制との論理的・制度的な整合性という見地から，「議員立法」を①アメリカ型②イギリス型③ヨーロッパ大陸型（フランス・ドイツ型）の三つに類型化し（三），それとの関係においてわが国の議員立法が憲法上いかなる類型と整合的であるかを考察し（四），むすび（五）として若干の所感」を論じたものである。

　当時，議員立法については，衆議院議長（土井たか子）・副議長（鯨岡兵輔）

13　拙稿「立法過程──議員立法，政府提出立法」『ジュリスト』1133号（1998年）115頁〔本書第1章第2節32頁〕参照。

により発せられた「議員立法の活性化に関する一つの提言」(平成8年6月14日)[14]が，その改革案を提示したものとして盛んに論じられ，今日でも議員立法が問題とされる場合には，大抵何らかの形で本提言に言及されるのが常であるから[15]，本稿が，「議員立法」を①アメリカ型②イギリス型③ヨーロッパ大陸型(フランス・ドイツ型)の三つに類型化し，それに基づいて，右の提言をみるとき，「どのような類型がイメージされているか捕捉し難く，個々の論点は如何にもいちいち尤もであるにしても，全体として矛盾と混乱の固まりのようにすら見える」と論じたが，本節補遺として，この点について，その後の国会法・議院規則の改正の推移等をも含めて，今日の観点からその問題状況を少しく敷延するとともに，わが国における議員立法のあの方を考えるとき，「ヨーロッパ大陸型で議員立法を構想するのが，憲法体制との関連において，最も論理的・制度的整合性に富むように思われる」と論じた点について，すぐ後にみるように，これは理論上何も議員立法についてのみあてはまることでなく，政府提出立法を含めて立法過程全体にあてはまることであるから，以下この二点について少しく言及しておきたいと思う。

2.「議員立法の活性化に関する一つの提言」の特質とその後の推移
(1) 提言の内容

この提言は，三つの内容よりなる。

第一は，国会は「国の唯一の立法機関」であるから，それにふさわしい「政策立案機能の充実・強化」をはかるべきものとし，具体的には，①各政党(会派)の政策補佐スタッフの充実・強化のため，公的助成金(立法事務費)の使途をそのために振り向けるよう制度を改善をすること，②国会の立法補佐機構である議院法制局，常任委員会調査室および国立国会図書館調査及び立法考査局の機能を質・量ともに拡充すること，③委員の一定数(例えば，委員総数の四分の一)により行政府に対して委員会の審議に必要な情報の開示を要求しうるよう法律上の措置を講ずること，④右国会の諸機関が取集した情報を議員に迅速に提供し，また広く国民にも提供し得る国会情報センターを設置すること。

第二は，「議員立法を提案しやすくする環境の整備」であり，具体的には，

---

14 上田＝五十嵐・前掲(注2)149頁以下参照。
15 例えば，大森政輔・鎌田薫『立法学講義〈補遺〉』(商事法務・2011年)124頁，中島誠『立法学(第3版)』(法律文化社・2014年)262頁，桐原康栄・帖佐廉史「国会改革の経緯と論点」『レファレンス』774号(2015年)64頁等参照。

①国会法を改正して、成規の賛成者の要件を緩和すること、②各政党（会派）の機関決定〔機関承認〕を廃止することが提言されている。

　第三は「議員立法に関わる国会審議の活性化」であり、具体的には、①議員立法が発議されたとき、早期にその要旨を議員全員に配布すること、②議員立法の審議時間を確保するための措置を講ずること、③委員会審査において、政府委員等を入れないで、議員同士の自由な討論を実施するための段階を設けること、④各政党（会派）の党議拘束について、議案の内容に応じて緩和し、またはかけないようすること、党議拘束をかける場合には、審議が一定の段階（例えば採決の段階）に達してからにすること等、各政党（会派）においてその在り方を見直すことが提言されている。

(2)　提言の基調的特質──議員立法本領論──

　議員立法活性化論にも種々のタイプがあるが、ほぼその共通の前提となっているのは、国会は「国の唯一の立法機関」であるから、立法の議決行為はもとよりのこと、法律発案行為についても、本来「唯一の」機関であるべきであり、百歩譲って、たとえ内閣に法律発案権が是認されるとしても、それはどこまでも副次的・第二次的なものであって、議員発議（発案）が主導・第一次的なものであるべきだという議員立法本領論が多かれ少なかれ共通の前提となっているかのようであるが、本提言もまた、土井議長の「議員立法が国会の本領である」[16]とする持論がその底にあるためか、提言の冒頭から全体を通してかかる基本的性格が色濃く反映されているように思われる。しかし、前節でも指摘したように、今日の政党国家の進展のなかで、かつまた社会国家という国家理念の転換にともなう行政国家の現実のなかで、議院内閣制を採るわが国においては、政府提出立法が立法の主導的・第一次的な地位を占め、かつ、立法活動の単位が、自由で独立な判断主体としての個々の議員から集合主義的な会派に移行することは避けられない状況にある。かかる意味において、本提言が議員立法本領論に立脚し、議員立法を立法の主導的・第一次的の形態との考え方に立つとするならば、それは、アメリカのように憲法上大統領制が採られているなら別論として、議院内閣制を採るわが国においては、根本において憲法に適合

16　この発言については、清水睦「立法過程おける国会と政府の役割分担をめぐって」中村＝前田編・前掲（注6）3頁参照。そこでも、「土井議長の議員立法本領論は、日本国憲法の定める条規から素直にみるかぎり、国会の立法について妥当なものというべきであろう」（3-4頁）とされている。

しない構想といわなくてはならないであろう。もとより，このことは，議員立法それ自体の重要性を否定するものではない。議員立法は，今日の議院内閣制を採るわが国において，立法の形態としては，第二次的なものであるとしても，政府提出立法に対する対抗要因として，また補完要因として極めて重要な意味をもつことを看過してはならない。

その際，留意すべきは，わが国が憲法上議院内閣制を採るとしても，その母国たるイギリス流のものと同じではないということである。というのは，本文でも強調したように，イギリスでは，内閣は議会の内にあり，したがって，立法はすべからく形式的には議員立法の形をとり，「政府法案」と呼ばれるものも閣僚としての地位をもつ議員によるもの（内部発案）であるのに対して，わが国においては，内閣は議会の外にある国会とは別個の存在であり，したがって，政府提出立法とは，議員による発議（内部発案）とは全く別の，外部発案という性質をもつからである。かかる議院内閣制のあり方と発案形式は，歴史上，フランスやドイツ等，君主主権に基づく立憲君主制憲法とそれによる君主を首長とする政府の外部発案独占主義を経験したヨーロッパ大陸に特有のものであって，わが国では特にドイツのつよい影響のもとに成立し形成された明治憲法とその下での立憲体制と議会伝統を受け継いで，今日もなおそのような遺産が根強く反映されていることに留意しなければならない。

すなわち，憲法は，国会を「国権の最高機関」であり，「国の唯一の立法機関」と規定しつつも（41条），おそらくは総司令部側のアメリカ合衆国憲法の影響によるものであろうが，近代成文憲法の例に反して，また，明治憲法とは異なり，法律発案権の所在に関する明示の規定を欠いていた。いわゆるマッカーサー・ノート三原則の第三には，「予算の型は，イギリス制度にならうこと」とあるが[17]，イギリス流の議院内閣制を忠実に導入するのなら，論理一貫して，イギリス流の内部発案独占主義が規定されるべきであったろう。国会は，内閣の法律発案権を内閣法（5条）によって定めたが，それは，イギリス的な発想とは本質的に異なり，議会の外部にある政府が政府として議会に法律案を提出するという明治憲法的（延いてはドイツ的）発想によるものであった。

(3) **具体的提言の個々の特質**——その後の推移を含めて——

さて，このような基本的な観点から本提言をみるとき，どのように捉えられ

---

[17] 高柳賢三・大友一郎・田中英夫編著『日本国憲法制定の過程　I 原文と翻訳』（有斐閣・1972年）99頁。

第3節　議員立法

るであろうか。
　(i)　提言の第一は，冒頭に国会の「国の唯一の立法機関」性を強調して，議員立法本領論に立つことを想起せしめるが，もしかかる立場から「政策立案機能の充実・強化」の提言，例えば立法補佐機構の拡大等について，それ自体はまことに尤もであるとしても，もし成立の経緯からしてアメリカの議会を念頭におかれているとすれば，土台無理且つ無益な提言といわざるをえないであろう[18]。本提言の後まもなく同議長と副議長によって発せられたその簡潔な説明版とでもいうべき「議員立法の活性化についての指針」（平成8年8月7日）には，国会は，立法政策の基礎となる予算，政策スタッフ，情報収集権限のいずれにおいても，「残念ながら行政府に比べ圧倒的に劣位ある」[19]とし，改革の必要性を強調しているが，政府と肩を並べるつもりなのであろうか。かと思えば，具体的提言②については，上記「指針」では，ドイツの会派の政策スタッフの例が挙げられ，その充実が「議員立法（特に議員修正）が活発な一因となっているようである」[20]とされる。また，具体的提言③は，ドイツのいわゆる国政調査に関する少数者調査権をヒントにしたものとも読めるが[21]，その後平成9年（1997年）12月19日の国会法の改正（法律126号）による衆議院における決算行政監視委員会の創設（41条2項18号）と報告・記録の提出要求権の整備（104条・105条）に伴って衆議院規則の改正（56条の2, 3, 4）よって創設された予備的調査制度[22]は，かかる提言をひとつの契機とするものであろう[23]。
　(ii)　提言の第二について，具体的提言①が国会法56条の規定する成規の賛

18　立法補佐機構のあり方については，その成立の経緯から，これまでアメリカの制度を参照しつつ論じられてきたが（当時の状況として，廣瀬淳子「立法補佐機関──その意義とわが国の現状」『ジュリスト』1177号（2000年）51頁参照），大山礼子『国会学入門（第2版）』（三省堂・2003年）は，「現在の国会の立法補佐機構はいわばアメリカモデルのミニ版だが，議院内閣制下の議会としては最も整備された部類に入ることは間違いない」とし，これまでの国会改革論議では，常に立法補佐機能の拡充が課題とされてきたが，「最近では，逆に経費削減の観点から事務局組織の見直しを迫られることが多くなっている」（231頁以下）ことを指摘しているのが注目される。
19　上田＝五十嵐・前掲（注2）152頁。
20　同・153頁。
21　原田一明「国政調査権」『ジュリスト』1133号（1998年）119頁参照。
22　成立の経緯・内容については，郡山芳一「衆議院決算行政監視委員会設置と行政監視機能の強化」『議会政治研究』46号（1998年）15頁以下，なお，孝忠延夫「国政調査権の現状──政府・行政統制機能の拡充」『ジュリスト』1177号（2000年）90頁参照。なお，参議院においても，平成9年（1997年）12月17日の国会法の改正（法律122号）により，行政監査委員会が創設された（41条3項15号）。
23　原田・前掲（注21）119頁・122頁，大山・前掲（注18）207頁参照。

成者の要件の緩和の例として，括弧書で，「例えば，10人（予算を伴う法律案等については20人）とするとされ，その後の前記「指針」では，「緩和」の中には，「究極は議員一人でも提出できるようにすることも含まれている」[24]とする。国会法56条1項は，GHQの強い要請により，当初「すべて議員は，議案を発議することができる」の規定し，「賛成者を不要なもの」としていたが[25]，アメリカ法的な発案形態に戻ることが想定されているのであろうか。いずれにせよ，当初のアメリカ法的な発案形態は，昭和30年（1955年）の国会法改正により賛成者の要件が規定され，廃止された。この意味で，明治憲法の議院法の伝統に戻ったことになるが，その趣旨は，議員個人の利益誘導的・選挙向けの恣意的な法律案の発議を阻止し，その濫発を排除するためにあった[26]。しかし，それは，結果的には，成規の賛成者に満たない少数会派の立法活動を発案の段階においてすでに，つまり入口から否定するという誠に厳しい効果をもつものであった[27]。憲法41条により，議員には憲法上の固有の権能とし法律発案権が保障されているものとすれば[28]，それは，結果として，議員の憲法上の権能を国会法によって制約することを意味することになろう。

これに対して，具体的提言②の機関承認の要件は，①とは異なり，本来的に，政党（会派）の方針に反する立法の出現を，党内で事前に審査して，その出現を入口の段階で阻止しようとするもので，今日における政党立法のあり方の一面を反映するものである。前節では，与党の事前審査（与党審査）の問題点を指摘し，補遺においてその後の推移について言及したが，もとより，それは，内閣提出の法律案に限定されるわけではない。議員提出法律案についても，事前審査はなされているのである。裁判所の認定するところによれば[29]，衆議院における機関承認の慣行は，第13回国会（昭和27年）の会期中に当時の自由党が所属議員の議案提出について党機関の承認を必要とする旨の決定をしたことを嚆矢とし，以後他の会派も漸次これに倣い，第43回国会（昭和38年）以

---

24 上田＝五十嵐・前掲（注2）156頁。
25 拙著・前掲（注4）219頁参照。
26 同・219頁参照。
27 同・220頁参照。
28 通説の立場よりすれば，このように解されるべきことについては，本書第6節の「四 国民投票法案不受理事件」のところで論ずることになる。なお，本書の立場よりすれば，憲法41条により，憲法上議員に法律発案権それ自体が推定されると解されるべきことになるが，その根拠については，拙著・前掲（注4）208頁参照。
29 東京高判平成9・6・18判時1618号69頁（73頁）参照。本判決については，第6節「四」で考察することになる（後出186頁以下参照）。

第 3 節　議員立法

後は，会派の変遷にかかわらず，機関承認の欠如の故に正式に受理されなかった若干の例を除いて，第 137 回国会（平成 8 年）に至るまで，すべての議員提出の議案は機関承認を得てなされており，第 66 回国会（昭和 46 年）の議院運営委員会の議事録には，諸会派から，議員提出議案には機関承認を必要とする取扱いが「慣例」または「確立された慣例」であることを前提とする発言がなされているから，少なくともこの時点までに機関承認が先例として確立されたものと考えられ，まさにここで問題とする該「提言」において本件先例の見直しを提言していることの事実自体も，本件先例が，遅くとも本件当時までに，先例として確立したことを示すものであるとされている。

　問題は，いかなる理由からかかる先例が確立されたかにあるが，それについて注目されるのは，そこで嚆矢とされている昭和 27 年（1952 年）の自由党の先例について，当時衆議院議院運営委員長であった石田博英が，「議会制度運用の責任は政治的に政党にある。予算を伴う立法と国の統一ある財政方針との間の調整は現実的には政党に於て行わなければならないのである。特に我国のように議院内閣制の場合，……国の財政政策と議員立法との調整は政府与党の責任である」とし，講和条約発効後，調整の役割を果たしていた「総司令部の承認を必要としなくなり，他面，与党内にも国会内にも充分な受入体制が出来ていなかった。ここに問題の現実的な基因があった」としたうえで，「これに対し私は議院運営委員長就任と同時に，与党議員の法律案提出には必ず党機関（総務会，政務調査会，国会対策委員会）の同意を必要とするという与党内の内規を定め，三機関の責任者の承認印のないものは国会事務局に於て受付けてはならないと指示した」と述べていることである[30]。それによれば，要するに，一方では議員の法律案の発議が自由に認められ，他方では議院内閣制の下に予算編成権が内閣に認められたところ，法律と予算との調整を必要とするが，しかるに予算を伴う法律案が党機関による調整もなく提出され，また国会内の調整体制も整っていない現状に鑑み，その調整を確保するための与党内の手続として打ち出されたのが，機関承認であったということになろう[31]。

30　石田博英「法律と予算の関係について──主として議会主義の立場から──」『ジュリスト』15 号（1952 年）18 頁。
31　これについては，原田一明「議会先例としての『機関承認』の意味」曽我部真裕・赤坂幸一編『憲法改革の理念と展開（上巻）大石眞先生還暦記念』（信山社・2012 年）に行き届いた考察がある（713 頁以下参照）。なお，右の成規の賛成者の要件と機関承認の関係ついては，高見勝利「『議員立法』三題」『レファレンス』629 号（2003 年）12 頁以下参照。

衆議院において，法律案が，政府提出であると，議員提出であるとを問わず，会派の事前の了承を得ことは，明治憲法下からの慣例であったいわれるが[32]，かかる歴史的経緯よりすれば，占領下に一時中断されていた慣例が，占領終結後まもなく，予算と法律との調整を契機として自由党において議員立法について機関承認として復活し，55年体制において与野党を問わず政党内手続として定着していったとみることができるであろう。機関承認を欠く議員提出法律案は，議院で受理されないという慣行は，後に第6節で言及するように，衆議院においてのみ認められているものであり，参議院にはかかる慣行は認められていない。しかし，政党における事前審査が，衆参両議院の議員を跨いで行われ，かつ党の意思決定は，党議拘束として，国会議員を縛るのであるから，実際的には，参議院でも事実上機関承認が存するのと変わりないような状態にあるのではないか。

ここで問題となる機関承認は，議員立法に対する政党（会派）の事前審査であり，前節で問題とした与党審査は，政府法案に対する政党の事前審査であり，ともに政党（会派）の事前審査という点において共通する。制度史的には，まず機関承認の要件が慣行として形成され，それにすり寄る形で政府法案にもかかる慣行が拡大されて与党審査が確立されたという見方もあるが[33]，いずれにせよ，その要因は，単に議員立法における法律と予算との調整というにあるだけではなく（かかる調整はもとより政府法案にも当然要請される），根本において，いずれの場合を問わず，党の事前の意思決定に反するいかなる法律案も許さないという党側のつよい意思を表示するものであり，しかもそれは事実上，発案の段階で議員および内閣を拘束するだけでなく，発案後の国会の審議・議決の段階に至るまで議員を拘束し続けるのである。またそれが政府法案の場合には，与党審査として，先に考察したように，議院内閣制をとりながらアメリカ流の厳格な権力分立の考えから，議会での審議を「唯一の立法機関」たる国会において国会の構成員たる議員のみでもっぱら行われるべきものとして，国会法や議院規則において政府（内閣）の議事運営への参加・介入の機会を一切否定するという，議院内閣制においてはおよそ考えられないような制度が構築されたために，それに代わりうるものとして，55年体制の中で，細切れの会期制と

---

32 向大野新治「議案事前審査制度の通説に誤りあり」『議会政治研究』80号（2006年）13頁以下参照。

33 同・16頁以下参照。なお，奥健太郎「事前審査制の起点と定着に関する一考察——自民党結党前後の政務調査会——」『法学研究』87巻1号（2014年）58頁以下参照。

第 3 節　議員立法

会期不継続の原則という極度に審議時間が制約された状況の下，政府が与党と一体となって自らの政策を法律として着実に実現するための方策として経験の中から編み出されたものであったと捉えうるであろう。

かかる立法の事前審査制は，ともに，アメリカはもとより議院内閣制を採るいずれの諸国にもみられないわが国独特の特殊な制度であることは，人の知るところである[34]。この意味で，それは，アメリカ型でも，イギリス型でも，ヨーロッパ大陸型（フランス・ドイツ型）でもなく，いずれの類型にも属しない「一つの新たな類型として日本型」（前出55頁）とでも呼ぶべきものから生じた典型，その特殊日本性を象徴するものであろう[35]。

(iii)　提言の第三「議員立法に関わる国会審議の活性化」の①要旨の配布は，望ましいことであろうし，②は，会期制とも関連し，通年会期制あるいは立法期制をとる諸国においてもいろいろ工夫されている論点であり，もとより重要な改革の提言である。③の政府委員制度の廃止は，「議員立法・内閣提出法律案ともに」と記されているように，特に議員立法に限られるものではないが，平成11年（1999年）の国会審議活性化法によって廃止されたことについては，前節補遺で言及した。④の党議拘束の緩和ないし審議段階の限定の問題は，党議拘束それ自体が多かれ少なかれ諸国の議会で今日一般に見られる現象であるのに対して，わが国のそれは，諸国の一般的な現象とは異なり，わが国に特有な事前審査制と表裏一体のものであること，この意味でわが国の党議拘束のあり方も，わが国特有のものであることに留意する必要がある。というのは，先に示唆したように，政党による事前審査制の効果が，国会審議前の入り口の段階（発案）であらわれたものが，与党審査と機関承認であるのに対して，わが国特有の党議拘束は，入り口を通ってから後の国会審査の段階（審議・採決）であらわれたものに他ならないからである。

本提言では，それについて，「各政党（会派）においてその在り方を見直すこと」が提言されているが，会派が議院における立法活動の単位として，事実上，議事の組織・運営の枢要な場面で活動している現実に直面し，そこに立法の不備が認められるとすれば，その不備を是正するために法律なり議院規則よってきちんと規律する必要があり[36]，すでにその時期に来ているのではない

34　例えば，大石眞「立法府の機能をめぐる課題と方策」『国民主権と法の支配』（佐藤幸治先生古稀記念［上巻］・成文堂・2008年）310-2頁，中島・前掲（注15）97頁等参照。
35　大山・前掲（注18）も，与党審査について，フランスやドイツなどのヨーロッパ大陸の議会でも，イギリス議会でも見られない，「日本型立法過程」（255頁）と称している。
36　この点については，前節で指摘したが，その際，「会派議会」と称せられるドイツ連

第1章　立法と立法過程

か。

(4) 提言全体の論理的一貫性と憲法体制との整合性について

　以上が，この「提言」について，「どのような類型がイメージされているか捕捉し難く，個々の論点は如何にもいちいち尤もであるにしても，全体として矛盾と混乱の固まりのようにすら見える」と表した具体的内容，その後の国会法や議院規則で改正等の推移をも含めたいわば後知恵的なものであるが，しかし，注目されるべきは，かかる考察は，何も筆者だけでなく，観点が異なるにせよ，同じような趣旨の見解がその後も示されていることである。

　例えば，「これまでの日本の国会改革論には，全体してどのようにモデルをめざすのかが不明確で，論理整合性・一貫性にかける提案が多かった」とし，本提言・指針を挙げて，「全体としてアメリカ型の議員個人による政策決定を充実させようという趣旨のようにみえ，各会派の機関決定を議員立法の発議要件としないことなどが提案されている。ところが，具体的な項目としては，会派の政策補佐スタッフの補充・強化や，一定数の議員からの要求によって委員会から行政情報の開示を求める『少数者調査権』の導入が掲げられ，ドイツ流の会派中心の運営がめざされているようでもある」[37]とされ，あるいはまた，本提言は「我が国の国会の機能をどこに見出すのか（……変換議会かアリーナ議会か）をきちんと措定した上のものではない」[38]とされる。ここからも，本提言が，どのような見地から，構想されているか捉えがたいということが知られるが，もし，議員立法の活性化を説くならば，本稿の立場からいえば，本文でも述べたように，アメリカ型でも，イギリス型でもなく，ヨーロッパ大陸型で構想するのが，憲法体制との関連において，最も論理的・制度的整合性に富むように思われる。しかし，このことは，単に議員立法についてのみあてはまることでなく，政府提出立法も含めて，すべての立法についてあてはまることであるから，次に，この点について少しく言及することにしたい。

　　邦議会の議事規則と豊富な憲法判例が，とりわけ多くの示唆を提供するもののように思われる。
　37　大山礼子『比較議会政治論　ウェストミンスターモデルと欧州大陸型モデル』（岩波書店・2003年）246頁。
　38　中島・前掲（注15）262頁。

3. わが国の憲法体制に整合的な立法過程構造について

(1) 本稿の方法

今日，国会審議の空洞化・形骸化，実質的な意思決定の不透明・不明確さと呼ばれる現状が広く知られ，その現状を何とか改革しなければならないとして，そこからさまざまな国会改革論が登場し，現に驚くべき多くの提言がなされており[39]，その論点は多岐にわたるが，およそそれが意味をもつには，何よりもまず，全体としてどのような国会像を構想してなされているかを明確にし，論理的に整合した一貫性のあるものでなければならない筈である。本稿が寄稿した特集で企画された「期待される国会像」というのも，そのよう整合性をもつものでなければならないであろう。そこで，ある論者がいうように，「本当はこのような甘っちょろいタイトルでなく」，「国会は生き残れるか」というタイトルで考えていくべきではないか[40]，としてもである。

本節は，近代憲法史に即した法律発案の諸類型として，(1)初源類型としての内部発案独占主義，(2)初期立憲君主制憲法における外部発案独占主義，(3)立憲君主制憲法における外部・内部発案併存主義，(4)共和制憲法における外部・内部発案併存主義という四つの基本類型を提示した。それは，歴史的類型論として，ひとつの理念型と考えられるべきであるが[41]，本節は，それを踏まえて，議員立法の憲法上の類型として，①アメリカ型②イギリス型③ヨーロッパ大陸型（フランス・ドイツ型）の三つに類型化した。それもまた，立法主体論という一定の観点からなされたものであるから，ひとつの理念型と考えられるべきものであるが，しかし，それは，議員立法についてのみあてはまるものではない。与えられたテーマの設定に即して，議員立法という面から述べたものであるに止まり，類型そのものは，政府提出立法，さらには，より広く，例えば国民発案というような発案形態をも射程におくものである。このことは，およそ近代憲法史上あらわれた発案形態，いわば発案一般を射程におく歴史的類型論から出発していることからも知られるであろう。内部発案，外部発案という概念それ自体が，そのことを示している。

かようにして，本稿で提示した憲法上の三類型，①アメリカ型②イギリス型③ヨーロッパ大陸型（フランス・ドイツ型）の三つに類型は，法律発案権一般の類型としてなされたものであるが，しかしそれだけでなく，さらには，「発

39　桐原＝帖佐・前掲（注15）76頁以下参照。
40　（座談会）「期待される国会像」『ジュリスト』1177号（2000年）36頁（成田憲彦発言）。
41　理念型については，拙著『純粋法学と憲法理論』（日本評論社・1992年）248頁参照。

案形態の違いが，立法手続上，発案それ自体をも含めて，その余の手続の様々な場面において異なった取り扱いをもたらすのみならず，両者の間にはその実態において事実上，立案の方法や法律案の内容や守備範囲において，また法律案の提出数および成立数・成立率や重要性において，著しい相違が存する」（前出45頁）という意味において，立法ないし立法過程それ自体の類型論としても，有用であるといえるであろう。そして，かかる類型は，ひとつの理念型として，国会改革を考える場合には，ひとつのモデルとしての意味をもつであろう。この意味で，いずれのモデルが優れているかということ自体は，理念型としての性質上問題とならないが，しかし，わが国において，国会改革，特に立法過程構造のあるべき姿を考えるとき，どのようなモデルで構想するのが，わが国の憲法体系と最も整合的かを論ずることはできるであろう。

(2) いくつかの学説展望と所見

大山教授は，『比較議会政治論　ウェストミンスターモデルと欧州大陸型モデル』の「国会改革再論」において，「国会改革の方向性を考える場合，全体としてイギリスに範をとったウェストミンスターモデル志向の改革を実施していくのか，あるいは欧州大陸型モデルを基本路線とするのかを，まず検討しておかなければなるまい。一般論としてどちらのモデルが優れているかという議論にはあまり意味がないと思われるが，国会改革のモデルとしてどちらが望ましいかを論じることはできよう」としたうえで，「近年の国会改革論議あるいは広く政治改革論議におけるイギリス型志向には，ウェストミンスターモデルを導入することによって日本政治の現状を打開しようという意図がある」が，しかし，「日本で完全なウェストミンスターモデルの導入をめざすには，制度と政治状況の両面で乗り越えなければならない課題が多すぎる」とし，「こうした点を勘案するならば，ウェストミンスターモデルではなく欧州大陸型モデルの基本構造を維持しながら，国会改革の具体策を検討することが理にかなっている」との結論に達せられている[42]。

そして，かかる見地から，「これまでの日本の国会改革論には，全体としてどのようなモデルをめざすのかが不明確で，論理的整合性・一貫性にかける提案が多かった」とし「アメリカモデルとの対極に位置するイギリスモデルにいとも簡単に乗り換えたかにみえる最近の国会改革論をみると，またもや現状か

42　大山・前掲(注37)241頁・245-6頁。

第3節　議員立法

ら遊離した『大胆な』改革案は出るが実行はされないという従来型のパターンに陥るのではないかと危惧される」としつつ,「実現可能な改革のための若干の提言」として, 3つの側面から, 以下の提言がなされている[43]。
   (1)　内閣のリーダーシップと責任の確立
   (2)　審議の多様化
   (3)　正統化機能の強化

　第(1)点は, 与党事前審査制の慣行の廃止にかかわる。それが,「国会改革のカギである」ことは広く認識されているところであるが, それを廃止するには,「内閣が事前審査に頼らなくてもすむような体制づくり, すなわち, 国会の法案審議過程において法案提出者である内閣のリーダーシップと責任を確立することが必須条件となる」。すなわち, 提言の第一は, 要するに,「国会改革のカギ」となる与党事前審査制の慣行を廃止するための「必須条件」の提言に他ならない。

　そして, その具体的な方策として, 第一に, 審議の優先順位などについて, 内閣の意向を聴取する公式のルールを設定するために, 内閣の代表が出席し国会側の各会派の代表と協議を行う場として「議事協議会」を新設し, そこでの協議は, 非公開とするべきとの提言である。第二は, 内閣提出法案の内容に関する実質的な審議を実施するめに, 内閣による法案修正を自由化するべきとの提言である。第三は, 事前審査が廃止される場合に, 衆議院で多数派の支持を受けた政策がことごとく参議院で葬られるという事態も想定されるので, それに対処するために, 政府法案の可決に信任をかける手続の制度化や参議院の権限を幾分弱める等の憲法改正を必要とする措置をとることの必要性である。ただし, かかる対処は, 現行憲法下においても, 重要法案と内閣信任決議案を同時に提出したり, 衆議院が同一法案を単純多数で再議決した場合には参議院が譲歩する慣行を創出することによっても不可能ではなかろうとされる。

　第(2)点は, これまでの国会審議が,「野党モード(政府・野党対抗モード)」の比率が高く,「与党モード(政府・与党協議モード)」の審議は国会外で処理され, また党派の枠を超えたクロスパーティーモードやノンパーティーモードの審議が低調であったが, 議院内閣制の国会として, 与党モードや野党モードの重視を基本としつつ, 場合に応じて, ノンパーティーモードやクロスパーティーモードの審議を実施し, 審議の多様化をはかるべきとの提言である。

43　同・246頁・249頁以下参照。

さらに，形骸化が進んでいる本会議の審議を再興し，委員会審議との役割分担を徹底すべきとして，ただ，そのためには，定足数の見直しが必要となるとされる。また，従来型の審議から脱却するためには，会期制度と会期不継続の原則も見直さなければならないとされる。

第(3)点の正統化機能の強化は，政策決定過程を国民に公開するという視点に関わる。具体的な提言として，国会審議に関する情報等の公開，国政調査報告書の提出等が掲げられている。

この国会改革再論は，議会政治に関する博識な比較法・制度の知識と周到な分析によるものであるが，特にそれが「ウェストミンスターモデルではなく欧州大陸型モデルの基本構造を維持しながら，国会改革の具体策を検討することが理にかなっている」との前提のもとになされている点において，本稿の観点と共通し，興味深い。のみならず，そこで提示された，三つの側面からの提言も，その主たる内容は，まさに「国会改革のカギ」をなす事前審査制にあり，本稿でも，それについて，前節において「政府の立案過程の未法制」「野放し状態の与党審査」「変動期にある議会法」という三つの問題点や「議員立法活性化論の陥穽」において言及し，また本節において憲法体制に整合的な類型の考察において触れたところであった。この意味において，「実現可能な改革のための若干の提言」にも大筋において内容上賛同しうるように思われる。ただし，事前審査制の廃止は，理論的には実現可能であろうが，現実には，先に触れたこれまでの廃止の挑戦と挫折・失敗の二つの経験に徴して，まことに困難なものといわなくてはならないであろう。

他方では，しかし，基本的には「ウェストミンスターモデル」から，あるべき統治機構論が構想され，そこから立法ないし国会改革論が導出されているとみられる立場もある。

例えば，中島教授は，『立法学〔第3版〕』において，立法過程の課題を，集約していえば，①官僚主導から脱皮した政治主導の未確立，②政府・与党二元体制に起因する意思決定の非公式性と不透明性（決定と責任の所在の不明確性），③議院内閣制下の国会が果たすべき主たる機能の未措定にあるとし，かかる課題に対処しうる統治機構論こそ，本書で指向されるべきものとして，次のように論じられている[44]。

44　中島・前掲(注15)39頁。

第 3 節　議員立法

《本書で指向されるのは，高橋和之の国民内閣制論に沿って，我が国の議院内閣制の運用を，二大政党制・小選挙区制の下で，政治プログラムとその担い手たる首相を国民が事実上直接に選び，国民に支持された内閣は，強力なリーダーシップを発揮して，官僚を使いこなしながら，政権公約（マニフェスト）に示した政策の実現に努め（アクション），野党は国会での論戦を通じ，現内閣の政権公約の達成状況やその問題点の追求，さらには代替案の提示などを行い，次期選挙での政権交代を目指して，現内閣を監視，牽制する（コントロール）といった形態に改める，イギリスにおける議院内閣制をモデルにした内閣中心の統治機構論である。》

それは，具体的には，高橋和之教授の国民内閣制論とその自己評価を踏まえて，「その実現の前提となる成熟した国民と有能な政治家，責任を担いうる政党（健全な批判勢力であるとともに，政権担当能力も有している野党の存在），そして健全で公正なマスコミの登場」をも視野に入れたまことに壮大なものであり，かつ，「今後，諸改革を進めて行くに当たり，我が国の議院内閣制のあるべき理論的モデルをしっかりと措定しておくことは，諸改革が場当たりの継ぎ接ぎ模様となるを防ぎ，全体として整合性の取れたものになるために，重要なことである」として，周到な考察がなされていることにおいて[45]，まことに注目に値するものといえよう。

ただ，本稿の立場よりすれば，既に指摘したように，わが国の議院内閣制は，イギリスのそれとは，内閣が議会の外にある構造をもつ点において根本から異なる故に，ウェストミンスターモデルで構想することには理論上無理があり，その根本を転換しない限り，不徹底に終わらざるをえないのではないかとの懸念が残るように思われる。なお，高橋教授の国民内閣制論については，ハイエクの憲法モデルとの対比おいて，後ほどその特質を考察することになる（後出228頁以下参照）。

(3)　残された課題

以上，わが国の立法過程全体のあり方を，比較憲法的に，どのような憲法類型で構想するのが最もわが国の憲法体制と整合的であるかという観点から考察した。そこから得られたことは，やはり，ヨーロッパ大陸型で構想するのが，最もわが国の憲法体制と整合するのではないか，ということであった。

日本国憲法の成立に際し，GHQ内において「立法府優位の英国の制度」か

---

[45] 同・322頁以下参照。

第 1 章　立法と立法過程

「抑制均衡の米国の制度」かの基本制度の選択につき「日本の制度により近い英国の制度の方に」[46] 決断された結果，憲法のレベルにおいて，イギリス憲法をモデルにして，国会が「国権の最高機関」とされ，議院内閣制が採用されたが，しかし，その後の折衝を経て形成された議院内閣制は，内閣が議会の中にあるイギリスのそれとは根本的に異なり，政府（内閣）が議会の外にあるヨーロッパ大陸型のものであった[47]。にもかかわらず，一方では，アメリカ憲法的な発想からか法律発案権の帰属機関に関する明示の憲法規定を欠き，明治憲法の議院法的伝統に立脚する国会法の制定に際して，強い総司令部側の指示の下に，議員の単独の法案の発議を認め，議員立法が奨励されるとともに，法案審議の組織形態において，イギリス的な読会制による本会議中心主義を廃止して委員会を中心とするアメリカ議会法的諸制度が盛り込まれ，他方ではまた，明治憲法における議会運営の反省から，徹底して政府の議案審議を優先する議院法のあり方を否定して，それに相応する規定が全面的に削除され[48]，もって議

46　SCAP,Government Section,*Political Reorientation of Japan,September 1945 to September 1948*, Volume1, U.S. Gevernment Printing Office. 1949, Greenwood Reprinting 1970, Section Ⅲ. The New Constitution of Japan, p. 102. 小島和司ほか訳「日本の新憲法」『国家学会雑誌』65 巻 1 号（1951 年）38 頁。

47　マッカーサー草案が「法律の制定は議員立法の形式のみによることを要請したのでないことは，……マ草案第 52 条・第 56 条・第 64 条における bill の意味を総合的に判断すれば明らかである」ことについては，つとに黒田覚教授が指摘されているところである（前掲（注 10）・1959 年・4 頁参照）。

48　国会法案は，衆議院における議院法規調査委員会において起草され議員立法として昭和 21 年 12 月 17 日に第 91 回帝国議会衆議院に提出され，同 18 日に第一読会が開かれたが，その提案理由の説明において，提出者田中萬逸は，冒頭，「新憲法の制定に伴いまして，わが帝国議会は今後国会と改称され，かつ国会は国権の最高機関として国政運用の中枢となり，萬全の活動をいたさなければなりません。それがためには，現行の議院法の建前とは全然異つた観点に立つて，新たなる立法をする必要があります」とし，議院法と比較した内容の相違とし，何よりもまず第一に，「新憲法によりますと，国会は政府に対して優位の地位にあることは明白の事実であります。すなわち議院法の随所に見出しまする政府優先の規定は，存続することを許されないわけでありまするから，かくのごとき規定はことごとく削除いたしました」（昭和 21 年 12 月 19 日衆議院議事速記録第 12 号 134 頁。傍点筆者）と述べられているのが，それについてのすべてを物語るものであろう。実際，その後付託された国会法案委員会の審議において，提案理由説明に先立って行われた大池書記官長による立案の経過説明において，例えば，第 59 条について「本条は現行議院法の第三十条の反対の規定になっております。すなわち現在は政府はいつでも議案を修正し，または撤回することができることになっておりますが，これは従来からも非常に問題になつた点でありまして，一旦委員会または各議院の本会議にかかつたものにつきましては，その院の承諾がなければ修正または撤回することができないことといたしました」（第 91 回帝国議会衆議院国会法案委員会議録第 1 回昭和 21 年 12 月 19 日・5 頁。傍点筆者）というように具体的に提示され，その後の提案理由

案審議の運営における政府の関与が殆ど否認されるに至った。

　かようにして，一方ではアメリカ議会法的発想により，他方では戦前の議会運営への反省から，両者相俟って，議院内閣制を採りながら国会の議事運営における政府の関与の機会が殆ど全面的に否認されるという，およそ議院内閣制において考えられないような制度が構築されたことから，その制度的欠落をカバーし，政府が自ら作成した法律案を着実に成立せしめ，その憲法上要請される政治的責任を果たすために経験の中で編み出された方策こそ，与党の事前審査制に他ならなかったことは，縷々述べたところである。

　しかるに，国会の「国権の最高機関」という統治機構の基本原則により憲法上要請される内閣の政治的責任を果たすために編み出されたこの方策自体が，他面では皮肉にも，同じ基本原則により憲法上国会に要請される公開の討論による法案審議それ自体を妨げ，その空洞化・形骸化だけでなく，不透明・不明確化をもたらしている根源・元凶となっているのである。しかも，かかる与党（延いては政党）の事前審査制は，これまた既に指摘したように，ヨーロッパ大陸型をはじめ，いずれの類型の諸国にもみられないわが国独特の「特殊日本型」とでも呼ぶべき他ないものであってみれば，それを克服して，国会における法案審議の活性化と透明性を確保するためには，わが国の憲法体制と最も整合的なヨーロッパ大陸型のモデルを基本としつつも，それを超えて，今日英米諸国で果敢に押し進められている改革をも参照して知識を結集し叡知をはかり，そこから「特殊日本型」解決を編み出す他ないであろう。

　この点において近時，大山教授が，ヨーロッパ大陸型の立法過程とわが国の立法過程（そこでは事前審査制が念頭に置かれている）とを比較しつつ，「国会に与えられた権限を生かしつつ，外国の物真似でない自前の構想にもとづくものでなければならないだろう」[49]とし，〈「強い国会」と「強い内閣」の両立へ〉との構想のもとに，それを実現するための諸方策が提示されているのが[50]，注目される。その内容は，略前述したものと異ならないが，ただ，それについて先に指摘したように，事前審査制の廃止は，確かに理論的には実現可能であろ

　　説明においても，「従来政府が議会におきまして非常に優位の建前になつておりました点をすべてこれを改正をいたしまして，たとえば政府委員の発言等にいたしましても，或は本会議，委員会等の出席或は書類の提出等につきましても，すべてこれは議員側が中心になるというふうに改正せられて参りました」（同・10頁）として，敷衍されている。
49　大山礼子『日本の国会——審議する立法府へ』（岩波書店・2011年）144頁。
50　同・140頁以下参照。

うが，現実には小泉政権そして政権交代後の民主党政権のこれまでの廃止への挑戦と挫折・失敗そして復帰への二つの経験に徴してみれば，まことに困難なものといわなくてはならない。かかる経験に照らして，はたして「強い国会」と「強い内閣」の両立が現実の実定制度として実現可能かどうか，さらに問われなくてはならないであろう。

　かかる問題点との関係において特に注目されるのは，「議会の中に政府がある」イギリスの議院内閣制は「政府が国会からは外部の機関として扱われている日本とは根本的に違う」ということを認めた上で，なおかつ，「議院内閣制として有効に機能するひとつのモデルがイギリスであり，それは多分，他のモデルよりも日本への導入が可能なものであろう」として，イギリス・モデルの再検討を踏まえて，日本の政治（統治システム全体）の立て直しを構想し，具体的提案を段階的に――すぐにでも実行可能なものから，国会法をはじめ関係諸法律等の改正を必要とするものを経て，憲法改正を避けて通れないものに至るまで――提示する興味深い見解が展開されていることである[51]。そこでは殊に，国会を「国権の最高機関」とする憲法の根本原則から，「悪しき国会至上主義」が生じ，有効な議院内閣制の機能を妨げ実質的な法案の国会審議を阻害する「強大なストッパー」として，それにより「たいへん難しい事態」がもたらされているという認識が，「国会至上主義の悪夢」という形で繰り返して強調され[52]，改革・立て直しの前提とされているのが興味深い。

　いずれにせよ，事前審査制が克服されない限り，国会審議の活性化と透明化の未来はない。それは，憲法や法律を基礎にしつつも，国会の慣行・先例によるものだけに，その克服は，おそらくは憲法改正にもまして，なおさら困難を極めるであろう。

51　野中尚人『さらばガラパゴス政治』（日本経済新聞出版社・2013年）215-6頁・222頁以下参照。
52　同・38頁以下・76頁以下参照。

補論 I　権力分立論
　　——特に現代における変容——

一　はじめに

　1789年フランス人権宣言は,「権利の保障が確保されず,権力の分立が定められていない社会は,すべて憲法をもつものではない」(16条) と規定し,国民の権利の保障とともに,権力分立の原理をもって,憲法の不可欠の構成要素とした。近代立憲主義の世界的普及とともに,諸国の多くの憲法は右の二つの構成要素を含むものとして制定され,かかる伝統は,現代もなお立憲主義諸国において受け継がれている。

　一般に「権力分立」とは,国家権力を立法・行政・司法の各権力に区別し,その各々を異なる機関に担当せしめ,互いに他を抑制・均衡せしめることによって,国家権力の集中を排し,権力の濫用を防止し,もって個人の自由を守ろうとするのを狙いとする法思想または統治制度だとされる。しかし,権力分立の主唱者といわれるロックやモンテスキューにおいても,その説くところは同じではないし,それ以後の論者も様々なニュアンスの違いをもって説いており,また権力分立思想の実定憲法典への受容態様も国により時代により種々様々であって,そこに一定不変のものを見出すことはかなり困難であり,ただ漠然とした最大公約的なものが認められるにすぎない。

　この点において既に,「権力分立」の特性が示されているのであるが,ここではまず,権力分立論といわれるものが,そもそも,一つの法理論的な認識の結果として形成されたものか,それとも一つの政治的な要請として生み出されたものか,もし後者だとすれば,それは本来どのような政治的要請をもち,いかなる歴史的意義を有するものであったかを概観し,しかる後に,「自由」の観念との相関において,その変容,とりわけその現代的変容を少しく考察することにしよう。

二　権力分立論の基本的性格とその歴史的意義

1　基本的性格

　国法秩序は,多かれ少なかれ上位・下位の諸規範よりなる段階構造をなすが,憲法 (実定法的意味) をもって,一般的法規範創設の機関・手続およびその内

容を規律する法規範の一体と観念するならば，国法秩序は，もとより一般的法規範の創設だけでは十分でない。それがいやしくも法としての意義を発揮するためには，第二にそれは，個別化されなければならない。第三に，個別化された法規範が，さらに執行されなければならない。執行されることによって，法は強制という物理的力をともなって現実界に顕現する。これが，法理論上思考可能な法実現の必然的三過程である。

　かようにして国法形式（純粋執行作用も含めて）の分化も生ずるのであるが，しかしそれは上記の三段階にのみ限定されるわけでない。国法形式の分化は，歴史の発展とともに，次第にその分化の度を加え，より複雑・より多様化し，今日においては，一般的法規範の段階においても，個別的法規範の段階においても，種々の分化がみられる。それは，何よりも社会の複雑化に伴う社会的分業の技術的必要より生じたものであるが，しかし近代諸国において，それに加えて，特にそれとは別の側面から，すなわち国家権力から国民の「自由」を保障しようとする自由主義的原理からも生じた。「自由」の立場から国法形式の分化を支配したこの原理こそ，権力分立の原理に他ならない[1]。

　もし権力分立論が先に述べた法理論上思考可能な必然的三過程としての三権力・三作用の区別の説くものであるならば，それとして理論的根拠があるともいえようが，しかし権力分立で説かれているものは決してそうではない。通例，立法の下に先の第一の作用またはその一部が，司法の下に先の第二の作用の特殊な一部が，行政の下にそれ以外の残りが念頭に置かれているのである。のみならず，立法の形式が一般的法規範の創設，司法・行政の形式がいずれも立法の形式によって創設された一般的法規範の個別具体化を内容（所管）とするならば，「概念上必然的に，法の本質にもとづいて」[2]，後者は前者の下位に置かれることになる筈であるが，権力分立論において必ずしもそのように理解されているわけではなく，むしろ逆に，三権力・三作用は，それぞれ独立・対等のものと措定されているのである。このことは，権力分立論が何ら理論的根拠にもとづくものでないことを示している。それは，一定の歴史的・政治的観点から国家権力を三権に区別し，それを異なる機関に分属せしめ，「権力が権力を抑制する」ように国家機関を組織づけることによって，国家権力から国民の

1　Vgl. A. Merkl, Prolegomena einer Theorie des rechtlichen Stufenbaues, *Gesellschaft, Staat und Recht*, 1931, S. 252ff. 宮沢俊義『憲法略説』（岩波書店・1942 年）297 頁。

2　H. Kelsen, *Allgemeine Staatslehre*, 1925, S. 255. 清宮四郎訳『一般国家学』（岩波書店・1971 年）426-7 頁。

補論Ⅰ　権力分立論

「自由」を守ろうとするもので[3]，その核心は「権力の区別」にあらず，むしろ機関の分属・独立（「権力の分離」）および権力の抑制と均衡にあり，この意味で，国民の「自由」の保障という政治的要請から生み出された，すぐれて「自由主義的な政治組織原理」[4]なのである。

しかしそれが，自由主義的な政治組織原理であったという理由のみで，かくも圧倒的な世界的普及と実定憲法典への絶大な影響力を十分に説明しうるであろうか。これを問うのが次の問題である。

2　歴史的意義

モンテスキューが『法の精神』（1748 年）第 11 篇第 6 章「イギリス憲法について」において「各国家には三種の権力がある」として三権の分立を説いたのは余りに有名であるが，同書は「発刊後一年半の間に 22 版を重ねるという広汎な読者と追従者をもち，最初の自由主義的憲法が起草された時には，もはや合理的収捨の対象というよりも信仰的尊崇の対象というべき評価を獲得していた」[5]という。何故に三権分立思想が「真剣な討議を要しない公理」「神託」とされ，「神格的崇敬」を受けるに至ったのか。これがまず問題でなければならない。

これを明確に解き明かしてくれたものは未だ見ないが，思うに，それが世俗化された自由主義的三位一体教義だったからであろう。神学の根本教義・三位一体論と近代国家論の根本教義・三権分立論との間には実に驚くべき並行関係がある。三位一体論を神学上はじめて明確に定式化したとされるテルトゥリアヌスはいう，父・子・聖霊は三つの位格（persona）であるが，神性という実体（substantia）において一つであり，位格において異なると（『プラクセアス反駁書』12・15）。権力分立論はいう，立法・行政・司法は三つの権能（puissance）であるが，国家権力（pouvoir）という実体において一つであり，国家権力はひとつの実体（神学の substantia）として単一・不可分であるが，三権能は国家作用（神学の persona）において異なると。「国家こそモンテスキューが祈りを

---

[3]　モンテスキュー『法の精神』（Montesquieu, *De L'Esprit des lois* 1748）（根岸国孝訳・世界の大思想 16・河出書房新社・1966 年）第 11 篇第 3・4・5・6 章参照。
[4]　清宮四郎『権力分立制の研究』（有斐閣・1950 年）2 頁。同『憲法Ⅰ〔第三版〕』（有斐閣・1979 年）90 頁。
[5]　小嶋和司「権力分立」『日本国憲法体系　第三巻』（有斐閣・1963 年）127 頁〔小嶋和司憲法論集　二『憲法と政治機構』所収・木鐸社・1988 年・151 頁〕）。

ささげる神である」[6]。ローマ時代から中世を経て近代へと連綿と受け継がれてきたキリスト教の根本教義三位一体論は，キリスト教世界の人々にとっては，神聖にして侵すべからざる公理であると同時に，もはや疑うべからざる絶対的真理であった。この三位一体論が近代自由主義の時代に国家論に導入されたのである。権力分立論は，政治的自由の思想を神学的三位一体教義に結合せしめることによって，今や「神託」と化した。「近代国家学の重要な概念は，すべて世俗化された神学的概念である」[7]といわれるように，国法ドグマーティクの形成にあたって神学は歴史上様々な形で決定的影響を及ぼしてきたが，権力分立論もその一つといわなければならないであろう。かく解することによって，理論的根拠を欠く権力分立論が，何故かくも絶対的真理と見なされ，信仰の対象とすらされるに至ったのかも，初めて明らかになるものと思われるのである。

しかし，権力分立論がその後，キリスト教世界のみならず，それ以外の近代諸国の憲法典に大きな影響力を及ぼした理由を，神学と結合した右の「自由」の原理にのみ求めることはできない。それが近代憲法史上有した歴史的意味は，それとは別の側面にもあったのである。それは，自由の原理を標榜することによって反君主主義的性格を有していたことはいうまでもないが，かようにして極端な君主制を排すると同時に，他方では極端な民主制をも排し，その間に中和を求める「政治的緩和の原理」[8]としての性格を有していたからである。それは，いかなる政治的原理であっても，その徹底した貫徹を阻止する一方，他方では逆にそれが絶対的なものでない限り，あらゆる政治的原理とも妥協しうる性質のものだったのである。その故にこそ，それは，あるいは国民主権のもとに親民主主義的色彩をもって，あるいは君主主権のもとに親君主主義的色彩をもって実定憲法典に導入されたのである。実定制度原理としての権力分立が「あまりにも柔軟かつ複合的」で，「空漠として浮動せる雲」[9]の如しといわれる所以もここに存するが，歴史的にはむしろ，退却途上にある立憲君主制の基礎づけのために絶大なる影響力を及ぼしたのである[10]。

---

6 Klemperer, *Montesquieu*, II, p.112（清宮四郎・前掲（注4）『権力分立制の研究』42頁による）。

7 C. Schmitt, *Politische Theologie*, 2. Aufl., 1934, S. 49. 長尾龍一訳「政治神学」『危機の政治理論』（ダイヤモンド社・1973年）26頁〔長尾龍一編『カール・シュミット著作集I』慈学社・2007年・28頁〕。

8 H. Kelsen, *a.a.O.* (Anm.2), S. 256. 清宮四郎訳428頁。

9 小嶋和司・前掲（注5）190頁〔『憲法と政治機構』214頁〕。

10 拙稿「権力分立」樋口陽一＝佐藤幸治編『憲法の基礎』（青林書院新社・1975年）23-6頁〔拙著『純粋法学と憲法理論』所収・日本評論社・1992年・172-6頁〕参照。

しかしながら，国民主権が自明のものとなった今日の立憲主義諸国においては，もはやかかる機能はほとんど問題とはなりえない。今日問題となるのは，民主主義の発展によって不可欠にもたらされるに至った政党国家・行政国家あるいは司法国家といわれる憲法状況のなかで，権力分立制がどのように変容し，いかなる意義を有するかである。そこで，われわれは次に，「自由」の観念を基本的視点としてまず近代立憲主義の確立とともに形成された議会優位の権力分立制を考察し，一応それ起点として，それとの対比において，その現代的変容を検討することにしよう。

三　近代立憲主義の確立と議会優位の権力分立制

　権力分立は，何よりも国民の「自由」を保障するための組織原理である。したがって「自由」をどのように観念するかに，権力分立のあり方は，かかっているものといえよう。
　そこにいう「自由」がもっぱら自由主義的な「国家からの自由」のみを意味するとするならば，権力分立論の純形式的な論理よりすれば，さしあたっては，それを保障するために権力の集中を排し，権力が分立されていれば足りるであろう。しかしそこでの「自由」が単に「国家からの自由」のみならず，「国家への自由」，国家権力への国民の参加・「自治（自己統治）」という意味での民主主義的「自由」をも含むものとすれば，権力分立論のあり方もおのずと異なってくる。そこでは，上のことだけでは足らず，さらにあらゆる権力は窮極的には国民の意思に基づいて組織化されなければならないということが要請されるであろう。社会契約論を基調とするロックの権力分立論には，既にかかる志向がみられるが[11]，モンテスキューが念頭においていた「自由」は，「国家において」「法の許容することをなす」自由であり（『法の精神』第11篇第3・4章），何よりもまず「国家からの自由」に関するものであった[12]。もとより，そこにおいても，自由な国家における国民の自治と代表が説かれ，立法権が国民代表と貴族団に与えられることによって（同・第六章），部分的には民主主義自治の要請も認められる。この意味で，民主主義自治の観念もまた，立法権に関する組織上の要件として，権力分立論の不可欠の構成要素とされていたもの

　11　J. ロック・国政二論（J. Locke, *Two Treatises of Government*, 1690）第二篇（鵜飼信成訳『市民政府論』岩波書店・1968年）132・141・149・155節等参照。
　12　清宮四郎・前掲(注4)『権力分立制の研究』42頁，阿部照哉「権力分立の論理」『現代法と国家』（岩波書店・1965年）213頁等参照。

といえよう。しかし、それは、彼の権力分立論が「混合政体」を理想とし、当時の社会的諸勢力（君主・貴族・市民）の存在を前提とし、それらの間の権力の分立を志向する「社会的権力分立」13という性格に由来することであって、決して民主主義自由を正面から全面的に認めたものではない。しかるに、アメリカ・フランス両革命の所産として生み出された世界最古の成文憲法によって権力分立の原理が実定法化されたとき、モンテスキュー流のそれにかなり「忠実」で「厳格」14な性質をもつものであったとはいえ、それらの憲法はいずれも国民主権の原理に立脚するものであったから、当然そこでの自由は、「国家からの自由」だけでなく、根本において「国家への自由」を含むものであった。かようにして、ここにおいて実定法憲法上、自由主義と民主主義が「抱合」15し、自由主義的民主制、立憲民主制が成立したのである。

国家作用の本質からいっても、また民主主義の原理からいっても、立法権を掌握する国民代表機関たる議会が統治機構のなかで優位を占めるのは必然であるが、殊に19世紀の西欧立憲主義諸国における民主主義の伸張は、不可避的に議会優位の権力分立制をもたらした。

議会の優位は、まず第一に、積極的には行政府との関係において、行政府に対する議会の民主主義的統制を確保しうるような統治構造を生み出した。いうまでもなく、議院内閣制がそれである。そこでは、行政府（内閣）の成立と存立が議会の意思に依存し、内閣が議会に対して政治的責任を負う。歴史上、君主主義と民主主義が拮抗関係にあった時代には、内閣は君主と議会の双方に対して責任を負ういわゆる二元主義型議院内閣制が出現したが、民主主義の発展とともに、もっぱら議会に対してのみ責任を負ういわゆる一元主義型議院内閣制が確立し16、国民→議会→内閣という民主主義的な「直線的連結」17が貫徹された。

議会の優位は、第二に、消極的には裁判所との関係において、議会制定法

---

13 芦部信喜「権力分立制の問題点」『演習憲法』（有斐閣・1982年）202頁。
14 清宮四郎・前掲（注4）『権力分立制の研究』42頁、同「権力分立」『憲法の理論』（有斐閣・1969年）所収・212頁、阿部照哉・前掲（注12）「権力分立の論理」『現代法と国家』209-210頁等参照。
15 宮沢俊義「執行権の強化——概観ならびにわが国——」『国家学会雑誌』54巻9号（1940年）4頁。
16 樋口陽一『比較憲法（改訂版）』（青林書院・1984年）〔全訂第三版・1992年〕45・60・184頁参照。なお、同「現代西欧型政治制度の類型論——権力分立概念にもとづく類型論の再検討——」『議会制の構造と動態』（創文社・1973年）8頁以下参照。
17 清宮四郎・前掲（注14）「権力分立」『憲法の理論』213頁。

（法律）に対する裁判所の司法的統制の排除という統治構造を生み出した。議会自身による憲法の最終的な有権的解釈権の独占，即ち違憲審査制の否定がそれである。成文憲法を欠くイギリスでは，違憲審査制はそもそも問題となりえなかったが，とりわけフランスにおいては，裁判所に対する伝統的な不信感とあいまって，議会優位の下に，明確に否認された[18]。

かように，19世紀は「議会の世紀」といわれるように，西欧立憲主義諸国において議会の勢力が著しく上昇し，議会優位の権力分立制が確立されたのであった[19]。

かかる議会優位の権力分立制は，しばしばモンテスキュー流の「古典的」な権力分立制との対比において，その「変容」[20]ないし「変質」[21]といわれる。しかし，「変容」といわれる議会優位の権力分立制それ自体も，20世紀に入って，とりわけ第二次大戦後急激に変化した。かかる変化を権力分立制の「現代的変容」というならば，それは，いわば「変容の変容」，古典的なそれからいえば，第二の「変容」といわなければならないであろう。

四　権力分立制の現代的変容

近代立憲主義の確立とともに形成された議会優位の権力分立制は，一方では当の議会自身が政党制の発達に伴って厳しい実質的な構造変化を体験することによって，他方では国家作用それ自体のあり方が自由国家から社会国家への変遷に伴って大きく変化することによって，根本的に変容した。

18　芦部信喜『憲法訴訟の理論』（有斐閣・1973年）7-11頁，樋口陽一・前掲（注16）61・63項等参照。
19　アメリカ合衆国憲法においては，三権を同格におく厳格な権力分立制が採用されたが，そこでは既に，立法権を与えられた議会が必然的に優位に立つことを当然の前提として，現に初期の諸州において生じた「立法部による権力簒奪の危険性」に徴して何よりも立法府を抑制することを狙いとするものであり（『ザ・フェデラリスト』第48節参照），その故にこそ議会に対して同じく民主主義的正統性をもつ大統領制が対置されるとともに，裁判所にも立法府を抑制することが要請され，制定後まもなく憲法の内在的解釈として違憲審査制が判例上確立されたのであった。しかしそこでもなお，19世紀においては議会が優位を占めたのである（中川剛「権力分立」『講座　憲法学の基礎第一巻』（勁草書房・1983年）192頁参照）。
20　清宮四郎・前掲（注14）「権力分立」212-3頁，阿部照哉・前掲（注12）「権力分立の論理」209頁・218頁等参照。
21　大西芳雄「権力分立」『法学セミナー』55号（1960年）12頁。

第1章　立法と立法過程

1　現代的変容──（その一）政党国家現象と議会制の構造変化──

　自由主義的な「国家からの自由」と国民の国政への参加，論者のいうところの民主主義的な「国家への自由」が，権力分立制において合流し，19世紀における民主主義の伸張とともに議会優位の権力分立制が形成されたことは先に述べたが，しかしそこでの「国家への自由」は必ずしも徹底したものではなかった。国民主権の原理のもとにおいて国民が主権者とされる場合でも，国民の代表機関たる議会が命令的委任の禁止によって選挙民の意思から独立して民意を独占し，しかも，制限選挙によって選挙自体が著しく制限されていたから，多かれ少なかれ有産層しか民主主義自由を享有しえなかった。そこでは，議員は，議会において，独立で自由・平等の地位をもつ「人間のモナド」[22]として原子論的な判断主体・意思形成主体とみなされ，議会は，かかる議員が討論によって互いに説得し，かつ説得されることによって諸々の意見が統合・合意され，そこからより高次な政治的真理・価値が生み出される場と措定され，それが公開されることによって国民を啓発し，それが次の選挙に反映され，かかる過程がいわば螺旋的に循環上昇することによって民主主義的政治過程が進展するとの理念に支えられていた。かかる理念を近代議会制の理念的基礎というならば，先に述べた議会優位の権力分立制構造は，まさにこのような議会制の理念的基礎に立脚し，それを前提とするものであった。

　しかしながら，資本主義の発展に伴う経済的・社会的矛盾と緊張の高まりを背景として国政に対する民主化の要求が進展する中で，次第に制限選挙が緩和を余儀なくされ，ついには普通選挙の実施によって有権者が飛躍的に増大して国民の各層に及び，ついに「大衆民主制」と呼ばれる政治的現実が出現した。それとともに，国民各層の意見を統合し国家意思へと媒介するための政党の存在は不可避となり，いわば社会学的必然性をもって政党が発展して巨大な組織力をもつに至り，ついには「政党国家」といわれる現代の憲法状況が出現した[23]。

　今日においてもなお憲法上形式的には議員は全国民の代表者であり，命令的委任に拘束されることなく自己の良心にのみ従って行動する自由な判断主体・意思形成主体とされる。しかし，現実にはそうではない。実質的にはむしろ党議拘束の下に政党の代理人として登場し，政党内の非公開の場であらかじめ決

22　宮沢俊義『憲法と政治制度』（岩波書店・1968年）272頁。
23　丸山健『政党法論』（学陽書房・1976年）9頁以下参照。

定された党議に従って行動する「投票機械」[24]と化している。かくて、議会の活動単位は、実質的には、原子論的な個人としての議員から、集合主義的な政党、直接的にはその議会内分派たる会派に移行し[25]、それに伴って、議会自身も、《議員を主体とする政治的真理獲得の場》から、《政党を主体とする交渉による政治的妥協獲得の場》へと移行した[26]。かようにして、近代議会制存立の要件たる国民代表性は、その擬制的性格をますます露わにし、擬制としてすらの存立基盤をも喪失するとともに、近代議会制の拠って立つ「公開の討論」も有名無実となって、議会制に対する信念は根底から崩壊した。他方、《政治的妥協獲得の場》としての議会も、議会内政党が極度にイデオロギー性を帯びて同質性を欠く場合には、十分に機能し得ないものとなる。かくて、議会は、多かれ少なかれ国家意思を統合し形成する能力を喪失して、衰退し、あるいは凋落した。

のみならず、政党の勢力は行政府にまで及んだ。議院内閣制自体が政党の生成・発展とともに確立し、前述の議会優位の権力分立制も形成されたのであるが、しかるに現代大衆民主制における政党の支配は、右の如く議会自身の衰退をもたらす一方、現実の政党状況によって異なるとはいえ[27]、多かれ少なかれ内閣が実質的にはいわば多数党の執行委員会としての性格を強め、その実権を政党が掌握することによって[28]、議会と立法府の実質的優位関係は変動し、行政府が優位に立つに至った。

かようにして、実質的な議会の衰退と行政府優位の権力分立構造が出現したが、しかし、それはひとり政党制の発展にのみよるものではない。そこで次に、さらにそれをもたらしたもう一つの原因たる国家理念の変遷に移らなくてはならない。

---

24 宮沢俊義・前掲(注22)275頁。G. Leibholz, Struturprobleme der modernen Demokratie, 1958, S. 94. 阿部照哉他訳『現代民主主義の構造問題』(木鐸社・1974年) 86頁。
25 Vgl. H. Triepel, *Die Staatsverfassung und die politischen Parteien*, 1927, S. 13f. G. Radbruch, Die politischen Parteien im System des deutschen Staatsrechts, in: *Handbuch des deutschen Staatsrechts*, Bd., 1, 1930, S. 291-2, G. Leibholz, a.a.O.（Anm. 24), S. 89f. 阿部照哉他訳83頁参照。
26 この点については、シュミットの議会制論（C. Schmitt, *Die geistesgeschichtlice Lage des heutigen Parlamentarismus*, 2. Aufl., 1929) とケルゼンの議会制論（H. Kelsen, *Das Problem des Parlamentarismus*, 1925) の示唆を受けている。
27 樋口陽一・前掲(注16)95-7・125-6・138・157・185項等参照。
28 阿部照哉・前掲(注12)「権力分立の論理」224頁参照。

2　現代的変容——（その二）行政国家現象と議会の衰退——

　権力分立制は，本来国民の「自由」を保障するための組織原理である。その際，そこで念頭におかれていたのは，何よりも「国家からの自由」，人権宣言に即していえば，自由権であった。すなわち，それは，人は人たるが故に国家権力によっても侵しえない自由をもっており，国家はかかる自由を守るために，いわば「必要悪」として設けられたものであって，国家の使命はかかる自由を保護・防衛するところにあるとする自由国家観に立脚するものであった。そこでは，国家は，国民の私的生活，とりわけ経済生活には積極的に介入せず，これを国民の自由に放任し，ただ国民が自由に活動しうるように，社会秩序を維持することに自己の任務を限定するべきものとされた。19世紀における近代立憲主義の確立とともに議会優位の権力分立制が形成されたことはすでに見たが，そこでの国家観は，まさにこのような自由国家・消極国家であり，それが前提とされていたのである。

　しかしながら，資本主義の発展は，貧富の差を拡大し，社会の大多数を占める貧者を新たに極端な不自由・不平等に陥れた。自由国家の経験は，結局のところ，そこで保障された自由は，実は社会的・経済的弱者にとっては「貧乏の自由」「空腹の自由」にすぎないことを教えたのである[29]。そこで，国家は国民の私的生活，とりわけ経済的・社会的領域に積極的に介入し，すべての国民に「人間に値する生活」を保障すべきことが要請された。こうして，自由国家から社会国家へと進展し，20世紀に入って，とりわけ第二次大戦後，諸国の人権宣言（憲法典の人権規定）には，自由権と並んで，社会権も保障されるに至った。このことは，権力分立の制度目的が単に自由国家的な「国家からの自由」（自由権）の保障だけでなく，しばしばいわれるように，それを実質化するために，新たに社会国家的な基本権（社会権）の保障も付け加わったことを意味する。論者によっては，社会的基本権は「国家による自由」と呼ばれることもあるが，かかる用語によれば，権力分立制は，「国家からの自由」だけでなく，「国家による自由」の確保をも狙うものとなったのである。かかる国家理念の変遷が，これまでの議会優位の権力分立構造のあり方に決定的な影響を及ぼしたのはいうまでもない。

　社会国家において，社会政策・経済政策を積極的に推進し実現して行くためには，国民生活の全般にわたる膨大な資料の収集・分析・総合を必要とし，財

29　宮沢俊義『憲法（改訂五版）』（有斐閣・1990年）73頁参照。

政状況をも勘案して長期的な観点から国政のあり方を計画し決定することを必要とする。しかも，社会・経済状況は，国内的にも国際的にも極めて流動的であって，それに対して的確に対応するには迅速な判断が要求される。かかる国家機能に有効かつ適切に対処しうるのは，巨大な官僚機構をそなえた行政府をおいて他にない。かようにして，行政府の役割は飛躍的に増大し，慢性的な国際緊張と相俟って，行政府が単に既存の国家意思の執行にとどまらず，実質的には国家意思の形成過程それ自体をも左右するほどの決定的な役割をはたす「行政国家」といわれる憲法状況が出現するに至った。それは何よりもまず，立法過程において顕著に現われる。

　憲法上形式にはいかなる発案形態を採るかを問わず，現代立憲主義諸国においては，事実上量的にも質的にも行政府（政府）による法律発案が圧倒し，実質的には外部発案独占主義的傾向がみられる。のみならず，政府によって発案された法律案は，その余の審理過程においても，先にみた政党制の発達と相俟って，政府が与党議員と一体となって立法を追行し，立法過程全般にわたって主導的な役割を果たしているのである。かくて，立法過程は，政府による外部発案独占主義的傾向によって，議決機関たる議会自身の中からの内部発案と対比するとき，第一に立法の主体が立法を追行する主体とそれを判断する主体に分離するという意味において，いわば準弾劾主義的な構造をとるとともに，さらに第二に，審議過程においては，立法を積極的に追行しようする政府・与党とそれを阻止しようとする野党が対峙し，相互の間の討論という形式をとって行われるという意味において，いわば準当事者主義的な構造をもつに至る[30]。ここに現代立法過程構造の大きな特色があるが，憲法上，形式的には立法権はあくまで議会にあるとはいえ，実質的には政府が立法過程を主導し，与党と一体となって掌握するに至っているのである。

　しかも行政府は，本来の権能として，みずからの主導の下に成立した法律をみずから執行するのである。その際，今日の立法においては，多かれ少なかれ委任立法が不可避となり，著しく増大していることにも留意する必要がある。のみならず，行政府は，一般に行政計画を立法府の決定的な参与なしに策定し，場合によっては法律自体がそれにそって制定されるという事態すらみられるの

30　拙稿「立法条件論——第二部　立法条件各説(二)」福島大学経済学部『商学論集』52巻1号（1983年）192-5頁〔拙著『憲法と立法過程』所収・創文社・1988年・196-8頁〕参照。

である[31]。

かようにして，自由国家から社会国家への国家理念の変遷は，政党制の発展と相俟って，「行政国家」なる現象をもたらし，かくて近代立憲主義の確立とともに形成された議会優位の権力分立構造は，現代国家において，行政府優位の権力分立構造に大きく変貌したのである。そこではもはや，現実には議会と政府が対抗し，均衡と抑制の関係に立つのではなく，むしろ与党と政府が一体となって野党勢力と対峙し，両者が新たな権力分立の実質的な担い手として，まさに両者の間の抑制と均衡が問題となるのである。

3　現代的変容──(その三) 司法国家現象と権力分立制──

権力分立の現代的変容との関わりで，第三に注目すべきは，現代立憲主義諸国においてひろく違憲審査制が採用され，しばしば「司法国家」あるいは「裁判国家」といわれる憲法現象がみられるということである。モンテスキューは，裁判権を「いわばひと目に見えず，無」としたが（同・第6章），アメリカ合衆国憲法においては，前述の如く，立法権に対する不信と警戒を背景に，それを抑制するのを狙いとして三権を同格に置く厳格な権力分立制が採用され，憲法制定後まもなく憲法の解釈から導き出される内在的原理として，判例上違憲審査制が確立されたのであった。ヨーロッパ大陸諸国，殊にフランスにおいては，まさに立法権優位の下に違憲審査制が否定されてきたが，かかる状態が立法権の不信と議会制の凋落という憲法状況の下で一変したのである。

違憲審査制が権力分立の原理に反するか否かについては種々の論議があるが，現代の憲法状況に即して立憲民主制の見地からそれが是認されるべきものとすれば，次の二点に存するであろう[32]。

第一に，民主制は，何よりも内面的および外面的精神活動の自由を前提とする。かかる自由が否定されるとき，民主制自体が修復困難な状態に陥り，民主制は根底から崩れる。ここに，裁判所が積極的に介入し，かかる自由を守ることが要請される。ファシズムの苦い経験をしたドイツやイタリア，そしてわが国において，その形態に違いはあるにせよ，戦後憲法上明文をもって違憲審査制が認められたのは偶然ではない。今日，表現の自由を中心とする精神活動の

31　手島孝『行政国家の法理』（学陽書房・1976年）13頁以下・115頁以下・172頁以下，遠藤博也『計画行政法』（学陽書房・1976年）20頁以下参照。

32　以下の論述は，特に芦部・前掲(注18)36-8頁・360頁以下，同『憲法訴訟の現代的展開』（有斐閣・1981年）78頁以下につよい示唆を受けている。ただ，民主制それ自体の理解には，若干の違いがある。

自由が人権体系において「優越的地位」をもつものとされ，違憲審査の基準として，いわゆる「二重の基準論」がひろく認められているのも，その故である。

のみならず第二に，民主主義的政治過程においては，国家の意思は原則として多数決原理によって決せられる。多数決原理が有効に機能しうるためには一定の条件を必要とするが[33]，その欠如によってそれが有効に機能しないとき，必ずや少数派の意見は無視され，国政に十分に反映されないことになる。そこで，裁判所に対して，かかる民主主義的政治過程から不当に疎外された少数派の意見や利益を，訴訟手続を通して一般的に，あるいは個別的に救済することが要請される。「政党国家」といわれる先にみた現代の憲法状況を鑑みるとき，とりわけこの場面での裁判所の役割は重要な意味をもつであろう。

五　むすび

権力分立の対極は，権力の集中であり，専制であり独裁である。このことは，国民主権のもとにおいても変わりはない。国民主権のもとにおける権力分立のあり方，これはおそらく永遠の課題であろうが，すでにケルゼンも鋭く指摘しているように，「意思形成の民主的形態が執行〔広義＝行政・司法〕の過程に多く用いられるほど益々民主的思想に適しているというようなことでは決してない」[34] ということをも想起しなければならない。

「自由」の観念の拡張過程において必然的にもたらされるに至った「政党国家」「行政国家」「司法国家」といわれる現代の憲法状況のなかで，権力の集中を排し，濫用を防止し，国民の自由・権利を確保するために権力分立の原理が生かされるべきものとすれば，かかる憲法状況に適合した新たな方向づけを見出す必要があろう[35]。

かような試みとして，例えば，K・レーヴェンシュタインの説く「政策決定」「政策執行」「政策コントロール」の国家機能の新たな三分説[36]，P・シュナイダーの説く「形成」作用と「維持」作用の二分論[37]，W・ウエーバーの多

---

[33]　宮沢俊義・前掲（注22）44-55頁，清宮四郎・前掲（注14）『憲法の理論』295-310頁参照。
[34]　H. Kelsen, *a.a.O.*(Anm2), S. 366, 訳612頁。
[35]　阿部照哉・前掲（注12）「権力分立の論理」227-8頁。
[36]　Vgl. K. Loevenstein, *Verfassungslehre*, 1959, S. 39ff. 阿部照哉＝山川雄巳訳『現代憲法論（新訂）』（有信堂高文社・1986年）56頁以下参照。
[37]　Vgl. P. Schneider, Zur Problematik der Gewaltenteitung im Rechtstaat der Gegenwalt, *AöR*, Bd., 82, 1957, S. 12ff.

元的な現在権力分立問題の分析とその病理からの「治癒」に関する考察[38]等，種々の提言がなされているが[39]，おそらくは正確には，今日なお未だ「模索」[40]の段階にあるというべく，その検討は今後とも憲法学に課された最重要な課題の一つといわなければならないであろう。

（補遺）

1．本論文は，『法学教室』の「憲法の基本問題」という連載の一項目として書かれたもので（76号・1987年），後に芦部信喜編『憲法の基本問題』（有斐閣・1988年）に所収された。そこでは，副題「――特に現代における変容――」が省かれているが，各項の表題を内容に即して分かり易く変更した他は，内容は殆ど同一である。いろんな点で不十分なところが目につくが，当時として全力投球で書いたということもあって，あえてほとんどそのままここに再現した。以下，若干思いつくままに，以下の諸論点について補遺を付加しておきたい。

2．本稿の理論的基礎もまた純粋法学の憲法理論にあることは，注10で明示するところであるが，本稿においては，そのテーマが「特に権力分立の現代的変容」というように設定されていたことから，近代立憲主義の「自由」の観念の確立とその拡張に焦点をあてて論じたものである。そのポイントの一つは「国家への自由」の進展・徹底化により必然的に生じた「政党国家」といわれる状況の中で，権力分立がどのように変容したかということである。この点については，本稿では，特に，議会制の構造変化という点に焦点をあてて論じた。もう一つは，それとも深く関連するが，資本主義の進展に伴って国家理念が「自由国家」から「社会国家」へと変化したことである。「国家からの自由」だけでなく，「国家よる自由」（給付）といわれる保障も，重要な国家の使命となり，それにより，「積極国家」「行政国家」といわれる状況が出現し，憲法構造において議会が衰退し，行政府優位の権力分立に変容したということである。このような，権力分立の二つの現代的変容については，すでに執筆当時におい

38　Vgl. W. Werber, Die Teilung der Gewalten als Gegenwartsproblem, *Festschrift für Carl Schmitt zum 70. Geburtstag*, 1959, S. 253ff.
39　栗城壽夫「最近のドイツ，スイスにおける権力分立理論」『法学雑誌』9巻3・4号（1963年），針生誠吉「権力分立論の現代的方向」『法学』27巻1号，野村敬造『権力分立に関する論攷』（法律文化社・1976年）279頁以下，杉原泰雄「権力分立の近代と現在」『基本法学 第六巻・権力』（岩波書店・1983年）142頁以下，村上貞実「権力分立」『憲法の争点（新版）』（有斐閣・1985年）151頁等参照。
40　樋口陽一・前掲(注16)127頁。なお，186-7頁参照。

ても一般に広く論じられているところであって，注において引用した文献もそれを記しているところである。

　ただ，本稿では，そのような一般的な論調から，一歩踏み込んで，四の2「現代的変容——（その二）行政国家現象と議会の衰退」において，特に現代の立法過程における事実上の政府による外部発案独占主義的傾向に注目し，現実には，立法構造が，——議決機関たる議会自身の中からの内部発案との対比において——，第一に立法の主体が立法の発案を起点としてそれを追行（探求）する主体とそれを議決（判断）する主体に分離するという意味において，いわば準弾劾主義的な立法過程構造に，さらに第二に立法追行の主体が審議過程において積極的に立法を追行しようする側（政府・与党）とそれを阻止しようとする側（野党）とに分かれて対峙し，相互の間の討議の形式をとって行われるという意味において，いわば準当事者主義的な立法過程構造をもつものとなっているのではないか，と指摘した点にかかわる。この論点は，筆者が注30の拙稿において既に論じ，後に拙著『憲法と立法過程』（創文社・1988年・196-8頁）に所収したものであるが，それについて，松澤浩一教授により，厳しい批判を受けたので（『駿河台法学』2号・1988年「書評」273頁以下），まず以下，この論点について少しく言及しておきたい。この論点もまた，本書の基本的な構想と不可分に関係し，いわばその一環をなすものであるが，基本構想それ自体に対する教授の批判については，次の第2章第4節で論じることにし，ここではそれに対する導入的な反駁・回答として，あらかじめ省察しておきたいと思う。

3．現代の政府による外部発案独占主義的傾向と立法過程のいわば準当事者主義的な構造について——松澤浩一教授の批判を契機にして——

　松澤教授は，まず筆者が純粋法学の法段階説に依拠して，「立法過程」と「司法過程」とは国法創設の段階を異にする——前者は一般的・抽象的法規範の創設，後者は個別的・具体的な法規範の創設として，その性質の違い自体は両者を分かつ決定的な違いである——とはいえ，ともに国法の創設過程という法本質的なところで共通し，この点に関する限り，両者の間には，ただ，創設されべき規範の一般的と個別的，抽象的と具体的というあくまで相対的な違いが存するにすぎないとする見解に対して，次のように批判する。

　　《司法過程−訴訟は，一定の権利義務に関する紛争すなわち法的紛争の存在を前提とし，その解決のため当該紛争に関して何が法であるかを裁断するものである。したがって，対立する当事者が相互に全く相反する主張を展開し，これ

第1章　立法と立法過程

に対して，第三者である裁判所がその当否を判定するという関係によって構成される。ところが，立法過程は，いかなる場合でも法的紛争の存在を前提としてその解決を図ることを目的としてはおらず，したがって，司法過程においては必ず何らかの裁断をなすべく裁判所は拘束されるのに対し，立法過程においてはそのような拘束は存しない。第二に，司法過程は，双方の対立する当事者と裁判所という三者の関係で構成されるのに対して，立法過程においては，いかなる場合でも裁判所の如き第三者的な機関は存在し得ず，提議された法律案につき賛否ないしは多数と少数の意見に分かれて相争うことがあっても，その双方が共に争いを収束して自ら最終判断すなわち議決を行うべきものとされているのである。

　右の如き立法過程と司法過程との構造上の差異は，軽視し得ない本質的なものと考えられるが，本書では，この点についてほとんど論及するところがない。》（前掲論文・276頁。傍点筆者）

　教授は，司法過程－訴訟として，もっぱら民事訴訟を念頭に置かれているようにみえるが，果たして刑事訴訟において，作用の性質──本質──として，論理必然的に「当事者主義を基礎とした対審構造」（同・279頁）をとることになるのであろうか。つとに柳瀬教授が，「刑事の裁判は何も性質上本来争訟又は裁判の形をとらなければならぬものではないので，検事と判事とを合一し，普通の行政行為のようにいきなり言い渡すことも性質上は差支えなく，現に徳川時代の裁判などはそうで，町奉行は検事と判事の役目を兼ねていたことはだれでも知っているとおりである」と明快に指摘されるように，刑事裁判が弾劾主義的な対審構造をとるのは，作用の性質から必然のものではない。それは，「民事の場合のように作用の性質からくる必然のことではなく，全く政策的な理由に基づく」。いうまでもなく，「判決の慎重公平を期する」ためである（『行政法講義（三訂版）』良書普及会・1964年・230頁）。

　立法過程における議員による内部発案は，刑事訴訟との構造的な類比──政策的な比較ではない──でいえば，立法の追行行為（発案行為）の主体と立法の判断行為（議決行為）の主体が同一（議員）である点において──江戸時代の町奉行が検事と判事の役目を兼ねていたこととの類比において──，いわば糺問主義的な手続構造をもつのに対して，政府による外部発案は，立法の追行行為（発案行為）の主体は政府に，立法の判断行為（議決行為）の主体は議員にと明確に分離される点において，いわば検事と判事を分離する弾劾主義的な訴訟構造と類比しうるのではないかということが，本文の第一の意味でいいたかっ

補論Ⅰ　権力分立論

たことで，そこには，それ以上の意味はない。そこでは，立法過程と刑事訴訟がその組織構造において全く異なることは当然の前提としているのであって，さればこそ「いわば準弾劾主義的」と明示し，どこまでも現象的な構造上の類比を問題としているにすぎない。

　第二の「いわば準当事者主義的」な類比について，松澤教授は，次のように批判する。

　　《立法過程においては，法的紛争を前提とするものではないからいかなる場合にも相対する当事者の如きものは存在しない。
　　たしかに，著者のいうように，立法を推進しようとする積極的立法追行者と，これを阻止しようとする消極的立法追行者の区別は成り立つけれども，実際上は別として，実定法上あるいは理論的には，法律案の発案および審議の段階においては，未だ賛否に分かれて対することになるのではない。審理の進行とともに，著者の言をかりれば実体形成過程の進行とともに当該法律案の問題点が明らかとなり，これに対する賛否の判断がなし得る段階に至って始めて，積極と消極の別が生ずるのであって，立法過程が開始されるその当初から両者が対立することとなるものではない。少なくとも，現行議事法はそうであることを前提として規定されている。》(279-280頁)

　先にみたように，筆者がそこで問題としているのは，第一に，立法過程において，内部発案の場合と外部発案の間には，前者にあっては立法の発案（追行）行為の主体と立法の議決（判断）行為の主体とが同一の議員であるのに対して，外部発案の場合には立法の発案（追行）行為の主体は議会の外にある政府（内閣）であって，議員は政府による法律案の発案についてその当否を判断する判断の主体として登場する，すなわち法律発案という立法の追行行為の主体と法律議決という立法の判断行為の主体とが分離されている点に構造上の相違があるということ——その違いを明確にするために刑事訴訟との類比において後者の型を「いわば準弾劾主義的」と表現し——，第二に，わが国では現行法上発案形態としては内部発案と外部発案の発案併存主義をとっているから，このように構造上異なった組織・手続が併存していること，第三に，しかし，政党国家・行政国家といわれる現代の憲法状況において，現実には政府の法律発案にかかる法律が量的にも質的に圧倒し，この意味において政府による外部発案独占主義的傾向がみられること，しかも政党制の進展より，判断の主体たる議員は政府の発案に与する側（与党）とそれを阻止しようとする側（野党）とに対峙して審議が行われることになるという点に，「現代立法過程構造の大

第1章 立法と立法過程

きな特質がある」ということであった。そして，このような構造上の特質を具象的に特徴づけるために，刑事訴訟との類比において「いわば準当事者主義的」と表現したものであって，もとより立法の組織・手続が訴訟のそれと同じような「当事者主義を基礎とした対審構造」をもつというような見解ではない。

確かに，立法過程は，司法過程のように，個別的な具体的法的紛争の存在を前提として法を適用することによってその解決を図ることを目的とするものではないが，しかし，立法過程においても，具体的な立法をめぐり，それを立法する必要があるかどうか，立法するとしてどのような内容のものにするかについて現実的な意見・利益の対立が存在するのであって，それについて発案がなされる場合には，議員の表決に基づき議院は多数決をもってその当否を決定し，当面の具体的な立法問題の解決をはかるのである。法がそもそも発案制度をとり，公開原則の下で発案者の趣旨説明を聴いたうえで質疑・討論を経て多数決によりその当否を国民の代表機関たる国会が決するという制度をとっていること自体，そこでは，すでに立法について多様な意見・利益の対立のあることを前提としているのであり，その故にこそ，それについて提案するにふさわしいと認められる機関に発案権をみとめる発案制度をとるとともに，それに対する決定権を国民の代表機関たる議会に認める議会の議事の制度と手続が設定されているのである。この意味において，作用の法的性質としては，発案という立法追行の起点となる行為と，それを踏まえてそれを審議・議決する行為とは理論的に区別されるべきものであって，法が発案制度を認めていること自体すでに——発案権の帰属機関の問題は別にして——この二つの作用を区別しているものといわなくてはならないであろう。

先の引用において松澤教授が述べておられるのは，後者の審議・議決行為の段階の問題であり，そこでは，立法の発案行為とそれについての審理・議決行為の作用としての理論的区別はなされておらず，発案行為の意味が明確になされないまま後者に組み込まれた形で論じられるところに問題があるように思われる。筆者が法律発案権をもって議院に対して法律案の審議議決を求める請求権と捉えたことに対して，「議院は，発案された……多くの法律案のいずれを審議し議決するかを自由に決定することができ，また審議せず議決しないこともできるのであって，その選択は議院の裁量に属する」(284頁)とされるが，果たしてそうであろうか。議院は，法律案の単なる請願と異なり，法律発案に対しては何らかの「反作用義務」(ハチェック)，つまり応答義務を負うのであって，ドイツの連邦憲法裁判所もいうように，「発案権は，立法機関が法律

案にたずわること，即ち，法律案を審議し且つ議決することを内容とする。」「法律発案の本質に相応して，発案者は，立法機関がその法律案にたずさわることを請求しうる。立法機関はそれについて審議し議決しなければならない」（BverfGE 1〔1952〕144（144,153）のである。

松澤教授は，先の批判に続けて言う。

 《もっとも，わが国会の実状をみると，与党は発案の当初から内閣提出法案の成立を目ざして審議の推進を図り，野党はこれを阻止することを基本とした立法活動を展開しているから，現象的には著者の構図のとおりであるといえる。しかし，これがすべてではない。……当初からその成否をめぐって攻防を重ねるというが如き法律案は，きわめて重要な少数の者に限られ，野党の賛成を得て全会一致で成立するものがはるかに多数となっている。しかも，わが議事法は，賛否又は多少の意見が分かれることを前提としても，訴訟における如く，その当初から対立するものとしているのではなく，……その審議の進行とともにこれが分化するものとして，討論に際して賛否の意見を明示すべきものとしているのである。このような法および実態の認識に立つと，著者のいうように，果たして立法過程が準当事者主義的構造をもつといい切れるかどうか，疑義なしとしない。》（280頁）

繰り返していえば，立法過程と司法過程，議事法と訴訟法が同じような法的構造をもつというようなことは，一切主張していない。両者は，別個ものである。そのことを当然前提としたうえで，法律発案一般ではなく，現代の政府の外部発案独占主義的傾向は，議員の内部発案とは異なり，法律案の発案という立法の探求（追行）行為と法律案の議決という判断（決定）行為の主体が分離され，さらに立法の探求（追行）の主体が事実上積極的に推進しようとする側（政府・与党）とそれを阻止しようとする消極的な側（野党）に対峙して審議がおこなわれる点に大きな特質がみられるのではないか，その特質を司法過程と類比していえば，「いわば準当事者主義的」ということになり，それによってその特質をより具象的に示しうるのではないかということであった。芦部教授は，「立法をめぐって相争う利益を主張する当事者，委員会の聴聞およびレポートなどは，司法過程における訴訟当事者，証人尋問および判決に匹敵すると考えることも不可能ではない。しかし，こうしたアナロジーが妥当でないとしても，成文法の制定と裁判は，機能的・実際的な観点から見るかぎり，わが国においても，法の形成という『同じ道を歩んでいる事実』を否定することはできない」（『憲法と議会政』東京大学出版会・1971年・246頁）とされているが，本

第1章 立法と立法過程

稿のいわんとする趣旨も，基本においてそれと異ならない。ただ，筆者は，それから一歩踏み出して，ことに現代の事実上の政府による外部発案独占主義的傾向に鑑みて，その特質を浮き彫りにするために，上記の意味において，あえて「アナロジー」を用いたにすぎない。

なお，議事法と訴訟法については，このような論点をも含めて，それらの基礎となる法としての一般的な基本的理解において，つとに宮沢教授の以下の見解に深い共感を覚え，かつ筆者もそのような基本的な見解に立つことを，ここで特に明記しておきたい。

　　《国会における議事手続は，なにより国会の各議院における活動を能率的に行わせることを目的とするが，それと同時に，国会における多数派の発言に対しては，それが値するだけの権威をみとめると同時に，少数派の発言をじゅうぶんに保障することをも目的とする。その意味で，それは，刑事あるいは民事の訴訟手続に比すべきもので，決して単に技術的なものと考えるべきではない。議事手続を尊重することを知り，かつ，それを賢明に利用することを知る国民は，議会の長所を享有することをできるが，それを知らない国民は，議会のもつ短所ばかりしょいこむ恐れがある。》（『憲法（改訂版）』269-270頁。傍点筆者）

4. 変容した権力分立論──「政府・与党」対「野党（反対派）」──

以上論じたことから，現代の権力分立の変容の問題として重要なのは，権力の均衡と抑制の関係において問題となっているのは，国会と内閣との関係ではなくて，むしろ内閣・与党と野党（反対派）との関係ではないかというにある。

本稿では，現代の行政府優位の権力分立構造にあっては，現実には議会と政府が対抗し，抑制と均衡の関係に立つのではなく，むしろ与党が政府と一体となって野党と対峙し，両者が新たな権力分立の実質的な担いとして，まさに両者の間の抑制と均衡が問題となることを指摘したが（前出86頁），この点について，例えば，苗村辰弥『基本法と会派』（法律文化社・1996年）において，「会派議会」という観点から「新たな権力分立論」として論じられているのが注目される（119頁以下）。

5. 伝統的権力分立論と機能的権力分立論について

K・ヘッセは，ドイツ憲法の体系書において，「権力分立原則は，国家権力を創設し，合理化し，安定化し，制約する原理として，憲法の組織的な基本原理である」と捉える立場から，「この包括な機能に鑑みれば，伝統的な，そ

補論 I　権力分立論

して今日でも支配的な見解にみられるように，権力分立を法治国家秩序だけに整序することなど不可能である」としている（Konrad Hesse, *Grundzüge des Verfassungsrechts der Budesrepublik Deutschland*, 20. Aufl., 1999, S. 215. 初宿正典・赤坂幸一訳『ドイツ憲法の基本的特質』成文堂・2006 年・318 頁）。このような権力分立論に関する見解の区別よりすれば，本稿は，徹底的に，伝統的な立場よりなされたものである。それは，権力分立制の本質を，消極的に権力の集中とそれによる権力の濫用を排し，個人の自由を確保するための自由主義的な組織的原理と捉えるものであるが，ヘッセの見解は，かかる消極的な側面を超えて，むしろ「積極的に個々の権力を創設し，その権限を確定・制限し，その協働を規律し，かくして——制限された——国家権力の統一をもたらすべき，人間の共同作用の秩序」（*Ibid.*, S. 209. 訳310 頁）をもたらすことこそが，権力分立制の第一次的な任務であるとされる点に特質がある。このように権力分立を積極的に捉える見解が，一般に「機能的権力分立論」と呼ばれ，今日ますます有力となっているとして，わが国においても近時大いに注目され，わが国の憲法理論への導入可能性が示唆されている（村西良太『執政機関としての議会　権力分立論の日独比較研究』有斐閣・2011 年・108 頁以下・151 頁以下・243 頁以下参照）のが興味深い。

　しかし，機能的権力分立論が，権力分立制の本質を，①消極的に個人の自由を確保するための自由主義的組織的原理という側面だけなく，それを超えて，②積極的に合理的な機関秩序を創設するというより包括的な組織原理という側面をも射程におき，むしろ後者に第一次的任務を見出すものとすれば，改めて①と②とが両立可能かどうか，②を強調すればするほど①が衰退し，権力分立制本来の意義が消失することになるのではないはないか，②の要請——それ自体の重要性は否定しえないとしても——を「権力分立」の原理という名において取り込むことについて，伝統的な権力分立の立場からは，依然として躊躇を感じざるをえない。②の要請は，それとして，民主制，連邦制との関連で，あるいは「法律（立法）の概念」「法律の留保」「法律の優位」というようなレベルで論じられるべき筋合いのものでないかと思われるのである。先に本章第 1 節「法律の概念」で「本質性理論」について言及したのも，このような趣旨によるものであるが，「権力分立」との関係でいえば，基本権とのかかわりにおいて問題とすべきものであるように思われる。今後の課題としたい。

6. 権力分立論における司法権の位置づけについて

　権力の区別，機関の分離というレベルにおいて，「司法権 – 裁判所」が権力

第1章　立法と立法過程

分立のひとつの重要な要素であることは間違いないとしても，はたして「抑制と均衡」のレベルにおいて「司法権−裁判所」が組み込まれるべきかどうかについては，見解の相違がある。司法権が政治的には権力として「無」であるということから，あるいは「司法権の独立」ということから，「司法権−裁判所」を「抑制と均衡」機構の埒外におく見解と，その中に組み込む見解の対立である。

　本稿は，基本的には，後者の見地に立ち，特に違憲審査権について，それを消極的立法作用として，立法権との関係において「抑制と均衡」に資するものと位置づけた（なお，拙著『憲法訴訟論（第2版）』信山社・2008年・20頁・225-6頁・605頁）。

　ただ，前者の考え方も有力であり，この点についての検討も課題として残されている。

7．議会内部の権力分立の構想については，その一斑を本書第7節で言及することになる。

補論II　唯一の立法機関

一　総　説

　日本国憲法は，国会は「国の唯一の立法機関である」(41条後段)と規定する。国会が「国の唯一の立法機関」であるとは，「国会が国の立法権を独占することを意味し，一方において，(1)国会による立法以外の立法が，原則として，許されないことを意味し，他方において，(2)国会の立法権は完結的なものであり，他の機関の参与が必要とされないことを意味する」(宮沢俊義『憲法〔改訂版〕』(有斐閣・1962年) 222頁。同旨として，同著・芦部信喜補訂『全訂日本国憲法』(日本評論社・1978年) 340-1頁)。通例，(1)は「国会中心立法の原則」，(2)は「国会単独立法の原則」と呼ばれる(清宮四郎『憲法I〔第三版〕』(有斐閣・1979年) 204頁。その他代表的なものとして，佐藤功『憲法(下)〔新版〕』(有斐閣・1984年) 630頁，芦部信喜『憲法〔新版〕』岩波書店・1997年・265頁〔芦部信喜(高橋和之補訂)『憲法〔第六版〕』2015年・297頁〕，佐藤幸治『憲法〔第三版〕』(青林書院・1995年) 144頁以下〔『日本国憲法論』成文堂・2011年・432頁以下〕，樋口陽一『憲法I』(青林書院・1998年) 217頁〔樋口陽一『憲法〔第三版〕』創文社・2007年・347頁〕以下等々参照)。

　(1)は，実質的意味の法律，すなわち「法規(Rechtssatz)」を制定する権能は，原則として，国会に排他的に帰属されるべきことを意味する。したがって，それは，立法の実質に関する問題であって，法律の包括的な専属的所管事項を指示する。これに対して(2)は，形式的意味の法律を制定する権能は，原則として，国会に排他的に帰属されるべきこと，すなわち法律は国会の議決のみによって成立するとの原則を意味する。したがって，それは，立法の形式に関わる問題であって，法律成立の排他的要件を指示する。

　かようにして，憲法41条にいう「立法」の概念は，両義的である。双方の原則において「立法」の概念が異なるからである(この点について，上記引用の諸学説は必ずしも明確にされていない)。以下，この二つの原則について，分説しよう。

二　国会中心立法の原則

1　意　義——法律の包括的な専属的所管事項——

　(1) 法律の所管事項　　法律の所管事項には，専属的なものと競合的なものに大別される。

法律の専属所管事項とは，国法諸形式のうち憲法改正を除いて，法律のみがその所管となしうる事項をいう。日本国憲法は，法律の専属所管事項を定めるにあたって，一方では，ここで問題とする憲法41条後段において，実質的意味の法律（法規）の制定は原則として国会の排他的権能に属することを指示することによって，包括的にそれを定めるとともに，他方では，特定の事項（憲法2条の「皇位の継承」他，30の事項）について，それが法律によって規定されるべきことを指示することによって，特定的ないし個別的にそれを定めている。
　しかし，法律の所管事項は，これに限定されるわけではない。国会は「国権の最高機関」（憲法41条前段）であるから，憲法上他の国法形式の専属的所管とされている事項以外は，すべて法律の競合的所管事項に属し，国会はいつでもそれを法律によって規律しうると解されるからである（清宮・前掲書・424頁，宮沢・前掲書・364頁等参照。なお，詳しくは，拙著『憲法と立法過程』創文社・1988年・254頁参照）。
　かようにして，憲法41条後段の意義は，原則として法律によってのみ規律されるべき事項，裏からいえば，他の国法形式が規律しえない事項を包括的に定めることにあり，しばしば誤解されているように，法律が規律しうる事項を限定する趣旨のものではない。
　(2)　実質的意味の法律，すなわち「法規」をめぐる諸学説　　問題は，法律の包括的な専属所管事項を指示する実質的意味の法律，すなわち「法規」の下に何を理解するかにあるが，この点について，周知の如く，学説の対立がある。それが，成文の法規範であることには異論はないが，その内容については大きく次の三つに大別される。
　①　新たに，国民に義務を課し，または国民の権利を制限する法規範
　②　新たに，国民に義務を課し，または国民の権利を制限する一般的・抽象的な法規範
　③　一般的・抽象的な法規範
　憲法73条6号を受けて，内閣法11条は，「政令には，法律の委任がなければ，義務を課し，又は権利を制限する規定を設けることはできない」とし（同旨，国家行政組織法12条4項〔1999年改前，現行は同3項〕），①説の立場を示している。しかしながら，義務を免じ権利を与える規定もまた，他の国民との関係においては，結局は「義務を課し，又は権利を制限する」ことに他ならないから，正確には，ひろく「国民の権利・義務に関する新な規律」（柳瀬良幹『行政法教科書〔改訂版〕』（有斐閣・1963年）23頁以下）あるいは「国民の法的生活を創設的に

規制する制定法」（小嶋和司・大石眞著『憲法概観〔第5版〕』（有斐閣・1998年）170頁〔第7版・有斐閣・2011年・194頁〕）というべきであろう。また，そこで「新たに」という契機が特に付されているのは，「既存の法秩序に未だ含まれていない」という意味を示すためであるが，しかし，「新たな」規律か否かは「相対的」であるから，正確には「憲法の直接的執行として」というべきであろう（拙著・前掲書・243頁参照）。

②説は，国民の権利・義務の規律の他に，更に「一般的・抽象的」要件をも付加するものである（例えば，清宮・前掲書・204頁）。法律の一般性は「法治国のアルキメデスの点」として広く承認されてきたところであるが，しかし，日本国憲法において，厳格な要件の下に，その例外として「個別法律」ないし「措置法律」が必ずしも排除されるものとは解されない。

③説は，逆に，国民の権利・義務の規律という要件をもって「立憲君主制のイデオロギー的産物」であるとしてそれをはずし，ひろく「一般的・抽象的」な規律のみを要件とするものである（例えば，芦部信喜『憲法と議会政』東京大学出版会・1971年・255頁以下，同・前掲書・264頁〔第六版・296頁〕）。そこには，できるだけ法律の実質概念を拡張するのが憲法の趣旨に合致するとの解釈が働いているが，しかし，そのように拡張すれば，その大部分は憲法の定める他の国法形式の所管と重複することになり，その重複部分がすべて「唯一」の例外となって，「唯一」の意味がなくなるであろう。

今日，さらに進んで，実質的法律概念を否認する見解もあるが，③説と同様，先に指摘したように，41条後段の意義を誤解したところに根本的誤謬がある。

以上のことから，「法規」をもつて，憲法の直接的執行として国民の権利・義務を規律する法規範と解するのか妥当であろう（拙著・前掲書・239頁以下参照）。

2　帰　結

国会以外のいかなる国家機関も，憲法みずから例外としてそれを認めていない限り，実質的意味の法律（法規）を内容とする法規範を定める権能を有しない。明治憲法は，緊急命令（8条）および独立命令（9条）において，このような権能を認めていたが，日本国憲法の下では一切許されず，内閣はただ，法律を実施するための政令（執行命令）および特に法律の委任に基づく政令（委任命令）を制定しうるだけである。

3 例　外

憲法は，国会の各議院に議院規則制定権を認め（58条2項），最高裁判所に規則制定権を認めている（77条1項）。これらの所管事項は，「法規」の定立も含みうるから，その限りにおいて，例外をなす。条例は，本条のいう「国」の立法ではないから，例外とはいえないものと解される。

三　国会単独立法の原則

1 意　義

国会は国の「唯一」の立法機関であり，法律は原則として国会の意思のみによって成立する。これは，法律は原則として国会の法律議決のみによって成立するという法律成立の排他的要件を指示するものである。

2 帰　結

法律案は，原則として，「両議院で可決したとき法律となる」（憲法59条1項）。
明治憲法では，法律の成立には，帝国議会の法律議決の他に，さらに天皇の裁可を必要としたが（5条，6条，37条），日本国憲法においては，このような行為を一切必要としない。

3 例　外

地方自治特別法については，国会の法律議決の他に，住民投票による過半数の同意を必要とする（憲法95条）。
「立法」手続をひろく法律案の作成から国会の議決を経て法律が施行されるまでの全過程を意味するとすれば，それに参与する国会以外の一切の立法行為は，すべて本条の例外となるか否かが問題となる。現に通説は，このような見地から，内閣の法律発案（憲法72条，内閣法5条），法律への国務大臣の署名・内閣総理大臣の連署（憲法74条），天皇による法律の公布（7条1号）等々を，あるいは例外とし，あるいは種々の理由を挙げて例外ではないとする（代表的なものとして，清宮・前掲書・205頁，宮沢＝芦部・前掲書・342頁以下，佐藤・前掲書・149頁以下等参照）。しかし，かかる解釈は妥当とは思えない。なぜなら，「唯一」は，ここでは，もっぱら法律「成立」の要件，すなわち法律議決のみに関わるものと解されるからである（拙著・前掲書・203頁以下参照）。したがって，法律議決以外の立法行為は，すべて本条の関知するところではないと解される。

補論Ⅱ　唯一の立法機関

＜参考文献＞

本文中に引用の他

尾吹善人「唯一の立法機関」『日本憲法——学説と判例』（木鐸社・1990年）

藤間龍太郎「唯一の立法機関」『ジュリスト』638号（1977年）

堀内健志「唯一の立法機関」小嶋和司編『憲法の争点（新版）』（有斐閣・1985年），『ドイツ「法律」概念の研究序説』（多賀出版・1984年），『立憲理論の主要問題』（多賀出版・1987年），『続・立憲理論の主要問題』（信山社・1997年）

第2章　立法行為

第4節　法現象としての立法過程と立法行為

一　はじめに──「立法過程」の二つの考察方法──

　立法，すなわち近代立憲主義諸国において一般に「法律」と呼ばれる国法形式の創設は，それに向けられた多数の人間の意思行為の連鎖よりなるが，かかる意思行為の連鎖を，その動的・発展的性格に着眼して全体として見て，「立法過程」と呼び，それを対象とする理論的経験科学をもって「立法過程学」というならば，それは二つの部門に大別することができる。

　第一は，立法過程──より正確には立法の事実過程──を対象として，その動態を政治学的・社会学的・心理学的に，即ち因果科学的に考察しようとするものである。この意味でそれを，因果科学としての「立法過程学」ということができるであろう。

　戦後わが国において，法社会学の一般的な高調と相俟って，アメリカの「Legislative Process」の強い影響の下に，「立法過程論」の必要性が強調されてきたが，おおむねそれらは，多かれ少なかれ，かかる傾向を有する。小林直樹教授が「広義の立法学」の一部門として構想される「立法過程論」(「立法の事実過程に関する実証的〔＝政治＝社会学的〕研究」)[1]，鵜飼信成教授の立法についての「問題考察の基本的な視角」の一つとされる「社会学的なそれ」(「ある特定の国の，ある特定の時期に，ある特定の法律案が，どういう社会的要求によって発案され，どういう抗争の中で国会の審議や修正や表決をうけ，その法律案の運命はどうなったかということを実証的に研究する」「個別的具体的な分析」と，それからの「帰結である」「抽象化一般化した結論の提示」)[2]，或いは池田政章教授が「広義の立法過程論」の一部門として構想される「狭義の立法過程論」(「立法の事実的過程を社会学的・政治学的な

---

[1] 小林直樹『立法学研究──理論と動態──』(三省堂・1984年) 33頁。
[2] 鵜飼信成「国会における立法」『公法研究』6号 (1954年) 1-2頁 (『憲法における象徴と代表』所収・岩波書店・1977年・178頁)。

ダイナミズムの面から解明しよう」とするもの)[3]などが，それである。小野清一郎教授のいわれる「立法過程の理論」(「何よりも，立法の事実的過程を対象として，その外部的な面——社会的・政治的過程——と内部的な面——意識的・思想的（精神的）過程——とを，科学的に認識すること」)[4]も，少なくとも，「立法の事実的過程を対象として，その外部的な面——社会的・政治的過程——」を科学的に認識しようとする部分については，これに属するであろう。それを受けて団藤重光教授は，立法過程を「(その一) 政治過程の立法過程」と「(その二) 手続面と実体面（法律の実体形成）」の二つに分けて論じられているが[5]，前者は，これに属するものといえよう。

　第二は，立法過程——より正確には立法の法的過程（法現象としての立法過程）——を対象として，その動態を規範的に考察しようとするものである。この意味でそれを，規範科学としての「立法過程学」ということができるであろう。ここでは，特に，その動態的かつ規範的意味を明確にする意味において，「法現象としての立法過程論」と呼ぶことにしたい。

　これに属するものとして，何よりもまず，法段階説を中心とする規範的な動態的考察に基づくウィーン法学派の立法過程論をあげることができる[6]。それは，理論的には，立法過程を規律する法規範の一体を「立法過程法 (Gesetzgebungsprozeßrecht)」と捉え，それを動態的に考察しようとするものであるから，この意味において「立法過程法学」と呼ぶことができるであろう[7]。わが国において，田口精一教授は，つとに「立法過程に対する法学的，特に憲法学的な」，しかも「動態的な把握を目的とした研究」の必要性を強調されたが[8]，かかる研究もまた方法論的につきつめれば，これに属するものとみることができるであろう。先に言及した小野教授の「立法過程の理論」は，そのうちの後者の「内部的な面——意識的・思想的（精神的）過程」を「法律

3　池田政章「立法過程の問題点」芦部信喜編『現代の立法』（岩波書店・1965年）244頁，同「立法・立法過程」『日本国憲法体系』補巻（有斐閣・1971年）33頁。
4　小野清一郎「立法過程の理論（一）」『法律時報』35巻1号（1962年）41頁（『刑法と法哲学』所収・有斐閣・1971年・83頁）。
5　団藤重光『法学入門〔増補〕』（筑摩書房・1986年）152頁以下〔『法学の基礎』（有斐閣・1996年）177頁以下〕。
6　代表的なものとし，Vgl. H. Kelsen, *Allgemeine Staatslehre*, 1925, S. 229ff. 278ff.（清宮四郎訳『一般国家学』岩波書店・1971年・381頁以下，464頁以下），derselbe, *Reine Rechtslehre*, 2. Aufl., 1960, S. 228ff.
7　拙著『憲法と立法過程』（創文社・1988年）53頁以下参照。
8　田口精一「立法過程論」『現代の立法』前掲（注3)221-5頁。

第4節　法現象としての立法過程と立法行為

の実体形成」と呼んで，「それは，立法の対象たる社会的事実の認識と，それを法律的にどのように規制するかの思惟に帰着する。その社会的事実の認識の面は社会学的な思考であり，法律的規制の面は，あるべき法規の形成に関する実践的思惟である」とされるが[9]，そこにいう「法律的規制の面」の考察は，ここにいう法現象としての立法過程論に属するであろう。団藤教授が，立法過程を「(その一) 政治過程の立法過程」と「(その二) 手続面と実体面 (法律の実体形成)」の二つに分けて論じられていることについては先に言及したが，そのうちの後者において，上記の小野教授の「法律の実体形成」の用例を踏襲しつつ，立法過程の「手続面と実体面 (法律の実体形成)」という概念を用いてさらに理論的に洗練し，極めて示唆に富む分析を提示されているところ[10]，かかる分析もまた原理的にはかかる性質を有するものと考えることができるであろう。私の志向する「法現象としての立法過程論」は，田口教授の問題提起に触発され，基本的にはウィーン法学派の立法過程論に立脚しつつ，団藤教授の右概念を受け継ぎ，それを私なりに発展せしめたものであって，もっぱらこれを狙いとするものである[11]。

　かように，立法過程を対象とする理論的経験科学としての「立法過程学」は方法論上上記の二つに大別されるが，この区別が，存在と当為を峻別する方法二元論に基づくのはいうまでもない。存在と当為，因果的考察方法と規範的考察方法，因果科学と規範科学が方法論上厳密に区別されるべきならば，「立法過程学」においても両者は厳密に区別されなくてはならない。もとより「立法過程学」は，後に見るように窮極的には両者あいまってその十全な成果をあげうるものというべく，それぞれその一翼を担うものとして，その必要性は強調されなくてはならないが，しかし両者を方法論的に混同することは共に不幸な結果をもたらすであろう。

　前者について，わが国において，とりわけ小林直樹教授により，単なる抽象的な一つの学問分野としての構想にとどまらず，「立法のダイナミックな事実過程」に焦点をあてたその理論的考察と実証的研究によって具体的に遂行され[12]，その後も法学者とりわけ憲法学者を中心に，或いは「立法過程」の比較

---

[9] 小野・前掲(注4)「(二・完)」『法律時報』35巻2号 (1963年) 44頁 (『刑法と法哲学』所収・115頁)。
[10] 団藤・前掲(注5)『法学入門〔増補〕』154頁以下〔『法学の基礎』178頁以下参照〕。
[11] 拙著・前掲(注7)。
[12] 小林・前掲(注1)35頁以下・119頁以下。

法的研究を通して[13]，或いは成立過程のケース・スタディーの研究を通して[14]，他方ではまた，政治学者による立法過程の政治学的分析を通して[15]，大いに進展しつつある。しかるに，これに対して，規範科学としての「立法過程学」すなわち「法現象としての立法過程論」——ウィーン法学派流にいえば「立法過程法学」——は，先にみた如く，その必要性が強調されながら，必ずしも十分になされてきたとはいえない。

そこで，本節においては，特に法現象としての立法過程論の可能性をとりあげ，その方法，およびその具体的内容の一斑を，主として立法行為に即して概観し，それのもつ意義について少しく考察することにしたい。

二　法現象としての立法過程論の方法

規範科学としての立法過程学，すなわち「法現象としての立法過程論」は，立法の法的過程を法学，特に憲法学の規範的な見地から動態的に考察しようとするものである。それは，立法の組織・手続を静態的に考察しようとするものではない。むしろ，それを前提として，その上に成り立つ立法の法的過程を動態的考察しようとするのである。少しく敷衍しよう。

一般に法理論は，その内部でさらに方法論上，「静態的法理論」と「動態的法理論」に区別される。前者は，「人間の行動（Verhalten）」を規律する規範」

13　比較法学会「立法過程の研究」『比較法研究』22号・1962年。同「議会における立法過程」同誌40号・1978年。後者を増補加筆したものとして，比較立法過程研究会編（代表・深瀬忠一）『議会における立法過程の比較法的研究』勁草書房・1980年。それは，本来，「政治・社会学的アプローチ」ではなく，「議会制的アプローチ」をとるものであるが，「議会制の原理と制度と実態の総合的研究」として，そこには多分に「政治・社会学的実態研究」も含まれている（3頁以下参照）。

14　文献については，『議会における立法過程の比較法的研究』前掲（注13）・349頁以下参照。なお，渡辺久丸『現代日本の立法過程』（法律文化社・1980年），「日本の立法」『ジュリスト』805号参照。また，北大の立法過程研究会における継続的な研究が大いに注目される（『北大法学論集』32巻・2号・3号，33巻・1号・5号，34巻・1号，38巻・4号参照〔このようなその後の成果をも踏まえた中村睦男編『議員立法の研究』（信山社・1993年），中村睦男・前田英昭編『立法過程の研究』（信山社・1997年）参照〕。

15　そこではこれまで，しばしば立法過程について，「政治過程」ないし「政策過程」「政策決定過程」の主要な一環として論じられてきたが，近時それが，岩井奉信『立法過程』（東京大学出版会・1988年）にみられるように，「現代政治学の中心に位置づけられるべき」「政治分析の重要な一分野」として，それ固有に体系的・実証的に研究されるに至っている。なお，日本政治学編『政治過程と議会の機能』（日本政治学会年報・1987年）参照。〔近時のものとし，川崎政司「国会審議の機能と評価に関する一考察（一）〜（四）」『議会政治研究』75号〜78号（2005〜6年）参照。なお，その後の文献については，さしあたり本書第1章に所掲引用文献参照〕。

第4節　法現象としての立法過程と立法行為

に認識のアクセントをおき,「効力ある規範の体系としての法」を認識の対象とするのに対して,後者は,「規範によって規律された人間の行動」に認識のアクセントをおき,「法が創設され適用される法過程（Rechtsprozeß）, 運動している法」を認識の対象とする[16]。かかる区別は, 動態的法理論の先駆をなす訴訟法学の領域においても原理上認められているところであるが, 規範科学としての立法法学を静態理論と動態理論に区別するならば, 静態理論は, 立法と呼ばれる「人間の行動を規律する」法規範の一体（立法法）に認識のアクセントをおき,「効力ある規範の体系としての」立法法を認識の対象とし, それを「静止状態」において考察しようとするのに対して, 動態理論は, 立法法によって「規律された人間の行動」に認識のアクセントをおき, 立法法が「適用」され法律が「創設」される「法過程」すなわち立法過程を認識の対象とし, 立法法を「運動している」状態において考察しようとするものであるということができるであろう。

　その際, 立法の実体を規律する法規範の一体（立法実体法）を別にして, 立法の形式を規律する法規範の一体（立法形式法）に視野を限定するならば, そこで重要なことは, 立法の組織を規律する法規範の一体（立法組織法）については, 原理上静態的考察方法が適合するのに対して, 立法の手続を規律する法規範の一体（立法手続法）については, 原理上動態的考察方法が適合し, 少なくとも個別・具体的な立法手続の発展を動態的に捉えるためには, 静態的な考察方法をもってしては不可能だということである。なぜなら, 立法の組織それ自体は, 一般的・抽象的権能を有する諸機関の統一的複合体として, 本来固定的・静止的性格をもつのに対して, 立法の手続は, かかる立法の組織を前提として, それを基礎にしてその上に成り立つ個別・具体的な法的過程として, それ自体発展的・動態的性格をもつからである。この意味においてまた, 立法の手続に関する動態的考察は, 立法の組織に関する静態的考察を前提とし, それを基礎にして初めて成り立つものといわなければならない。

　さて, このような角度から, 従来わが国の憲法学において立法の手続についてなされてきた考察をみるとき, それは, ドイツ国法学におけると同様, その圧倒的な影響の下に, 徹頭徹尾, 静態的であったことが直ちに知られるであろう。そこでは, 法律の制定手続は, 通例, 国家作用論ないし国法形式論の中で, 法律案の発案・審議・議決, 法律の（裁可）・公布等の各段階に区別して取り

---

[16] H. Kelsen, *Reine Rechtslehre*, 2. Aufl., 1960, S. 72-3.〔長尾龍一訳『純粋法学 第二版』（岩波書店・2014年）72-3頁〕。

第 2 章 立法行為

扱われてきた。一見それは，手続の進行に即した考察として動態的・発展的考察の如く見える。しかし，それは外観にすぎない。なぜなら，それは，実は，立法の手続に参与する機関の静止状態にある一般的・抽象的権能を立法の進行順序に即して個々的に配列しなおしただけのものであって，何ら立法手続法を「運動している」状態において捉え，それが適用され法律が創設される「法過程」すなわち立法過程を動態的に考察したものではないからである[17]。この意味においてそれは，むしろ体系的には立法組織論に属し，実質的には立法組織論そのものといわなければならないであろう。

ハチェックは，国法学から独立した一法学部門としての「議会法学」を構想し，国法学の静態的考察に対して，議会法の動態的考察の必要性を示唆したが[18]，ついに具体的にそれが提示されないまま未完に終わった。わが国においても，黒田覚教授によって，憲法の静態考察に対して，国会法の動態的考察が強調されたが[19]，遺憾ながら，その方法論的意味が明確でないのみならず，それが具体的にどの程度遂行されたのか必ずしも分明でない。いずれにせよ，今日この分野で現になされているものは，基本的には，伝統的な方法による議会の組織・構成と作用・手続についての体系的かつ詳細な法的考察である[20]。無論そこでは，運営の実態に相当大きな考慮がはらわれている。しかし，方法論的には，あくまで静態的であって，かようなものとして，それ自体学問上重要な意義をもつのはもとよりであるが，必ずしもここにいう立法過程の動態的考察がなされているわけではない。この点において，「議会制の原理と制度と実態の総合的研究」という「議会制的アプローチ」[21] をとる立法過程の比較法的研究についても，同じことがあてはまるであろう。近時，立法事務に直接携わっている専門家によって，立法過程について，実例を豊富に組み込んだ形でその「実態」の考察をはじめ[22]，「制度的・手続的な面をも含め」た「概観」[23]

17　この点については，拙著・前掲（注7）9頁・56頁以下〔本書「序論」3頁以下〕参照。
18　J. Hatschek, *Das Parlamentsrecht des Deutschen Reiches,* Erster Teil, 1915, S. 1-14f.
19　黒田覚『国会法』（有斐閣・1958年）「はしがき」1頁。
20　代表的なものとして，黒田教授の著書を含めて，鈴木隆夫『国会運営の理論』（聯合出版・1953年），松澤浩一『議会法』（ぎょうせい・1987年）。Vgl.N.Achterberg, *Parlamentsrecht,* 1984.〔H.-P. Schneider und W. Zeh(Hrsg.), *Parlamentsrecht und Parlamentspraxis in der Budesrepublik Deutschland,* 1989. そこでも，上記ハチェックの見解は，確証されていないとされている。J. Pietzcker, Schichten des Parlamentsrechts: Verfassung, Gesetze und Geschäftsordnung, S. 333.〕
21　比較立法過程研究会編『議会における立法過程の比較法的研究』前掲（注13）3頁。
22　小島和夫『法律ができるまで』（ぎょうせい・1979年）「はしがき」2頁。
23　浅野一郎編著『立法の過程』（ぎょうせい・1988年）95頁。なお，読売新聞調査研究

第4節　法現象としての立法過程と立法行為

として極めて興味深い研究がなされているが，そこでも先と同じことがいえるのでないかと思われる。

　以上これまで，憲法学あるいは議会法学の領域において立法過程の静態的考察はなされてきたが，立法過程の動態的考察はほとんどなされてこなかったのではないかということを概観したが，このことは，もとより従来なされてきた立法手続の静態的考察の必要性・重要性をいささかも否認する趣旨ではない。それは，先に述べたように，実質的には立法組織論として，憲法学の主要構成部分をなし，それ自体重要な意義をもつのはもとよりのこと，立法過程の動態的考察は，それを基礎にしてはじめて成り立つという意味において，立法過程の動態的考察にとって不可欠のものといわなくてはならないからである。しかし，だからといって，立法手続の静態的考察をもって，立法過程の動態的構造が解明しうるわけではない。ここに，伝統的憲法学の方法論的限界が存するとともに，それから相対的に独立した新たな憲法学の特殊一法学分野としての「法現象としての立法過程論」――ウィーン法学派流にいえば「立法過程法学」――が要請される理由も存するのである[24]。

　　　本部編『日本の国会』（1988年），同編『西欧の議会』（1989年）参照。
[24]　以上の論述は略，拙著・前掲（注7）「序論」による。〔ここで論じた静態的考察と動態的考察の区別を比喩的に鉄道に譬えていえば，次のようになろう。汽車を日々走らせるには，人的組織はもとより，物的施設として駅舎をはじめ車両・線路・踏切や信号その他もろもろの通信施設等を必要とする。まさにそれらは，物的施設としては，それ自体固定的・静止的であり，全体として鉄道会社の物的組織を構成する。しかし，その会社の日々の営業は，具体的に列車を走らせ，現実に人や貨物を運搬することである。その場合には，まさに列車は動いているのであり，一列車ごとに異なった人ないし物を乗せて各駅を通過しつつ最終駅に到着する。この場合，車両やレールは組織・構成としては，固定的・静態的であるが，その上を走る列車は運動的・動態的であり，そのつど異なった内容物を運搬する個別的・具体的な現象である。比喩的にいえば，かように車両を，それが具体的に一定の内容を積載してレールの上を走っている状態において考察することが，ここにいう動態的考察方法である。つまり，立法過程において，車両とは法律という名のいわば観念的・形式的な「器（容器）」であって，個別的な立法過程においては，その器に特定の内容が盛り込まれてある具体的な内容をもつ「法律案」となり，発案という形において狭義の立法過程の始発駅を出発し，質疑・討論を経て，場合によっては修正案の提出により内容を変動させつつ，法律議決という終着駅に至ることになるのである。しかしもとより，これは，どこまでも具体的なイメージを描き易くするための比喩にすぎず，正確に対応するというようなものではない。なお，この点については，本書「序論」参照〕。

三　法現象としての立法過程論の一断面
――立法行為論に即して――

　問題は，法現象の立法過程論が上記の方法に即して具体的にどのように展開されうるかにあるが，ここではその一斑を立法行為論に即して素描し，その特質を少しく明らかにしておきたい。立法過程が立法行為によって発展するものとすれば，立法行為論こそ，まさしくその中心的課題をなすものだからである。

1　立法行為の概念――狭義と広義の概念について――

　立法過程は，法律の確定を目標とする連続的に発展する一つの統一的な法的手続であるが，それは憲法上一般的・抽象的な立法参与権を有する組織としての一定の立法主体の存在を前提とし，それを基礎にしてその上に成り立つ立法主体の諸行為によって個別・具体的に発展して行く。立法過程を組成し，立法手続法上の効果を有する個々の行為を立法行為という[25]。

　この立法行為の概念は，憲法学において伝統的に通例用いられてきた「立法行為」という概念と同じではない。それとは異なり動態的であり，かつ範囲において広い。そこで，このことをまず明らかにしておかなくてはならない。

　「立法行為」という概念は，明治憲法以来，伝統的には通例，国家作用としての「立法」そのもの，すなわち法律なる国家意思を確定する行為そのものを意味するものとして用いられてきたし[26]，今日においてもそうである。政府は，国会答弁において，「立法の手続という面から，……段階を分けて考えますれば，立案し，提案し，そして審議されて可決されるという段階がそこに考えられるが」，「立法行為の核心は……，言うまでもなく制定行為そのものである」と答弁し[27]，最高裁も，法律案に関する議決を「多数決原理により統一的な国

---

[25] 以下の論述は略，拙著・前掲(注7)・第三章「立法行為論」による。ここでも，紙数の関係で十分論じ得なかったので，それを参照していただければ幸いである〔なお，以下の論述については，本書序論8頁以下参照〕。

[26] 代表的なものとして，美濃部達吉「立法行為の性質(一)」『国家学会雑誌』46巻4号469頁以下，清宮四郎「国家における立法行為の限界」『国家作用の理論』(有斐閣・1968年)41頁。

[27] 山内一夫編『政府の憲法解釈』(有信堂・1969年)224頁。最近ではそれに関わるものとして，例えば，「立法行為に関する質問主意書」(平成16年10月21日提出　質問第22号　提出者　山井和則)，それに対する内閣の「答弁書」(内閣衆質161第22号　平成16年10月29日)，「立法行為に関する再質問主意書」(平成16年11月10日提出　質問第37号　提出者　山井和則)，それに対する内閣の「答弁書」(内閣衆質161第37号　平成16年11月19日)，「立法行為に関する第三回再質問主意書」(平成16年12

第 4 節 法現象としての立法過程と立法行為

家意思を形成する行為」と捉え,「立法行為そのもの」(最三小判平成 9・9・9 民集 51 巻 8 号 3850 頁〔3853 頁〕)と称している[28]。この意味において,このような「立法行為」の概念を,伝統的かつ狭義の概念ということができるであろう。

しかし,もとより法律の制定は,一朝一夕になるものではない。法律というひとつの国法形式が存在するためには,議会の段階に限ってみても,まずは法律案が発案されその審議を経て議決(可決)されなくてはならない。かくて,このような発案・審議・議決というような各行為(国家行為)も憲法学の対象としなければならないことはいうまでもないが,それらは,明治憲法以来,一般に法律制定手続の各「段階」として論じられ,このような理論もまた原理上現在に引き継がれている。

かかる憲法理論が「立法の道程 (Der Weg der Gesetzgebung)」を法律の成立に必要な 4 要件 (Erfordernisse) に区分するラーバント学説[29]に由来することは,よく知られている。ハチェックが,ワイマール憲法下において,「立法過程 (Gesetzgebungsprozeß) が区分される 4 段階 (Stadien) の国法理論は,ラーバントにより根本的方法で確立された」として,①法律発案の段階 (Stadium),②議会による法律内容の確定,③法律の裁可(法律命令の付与),④法律の公証と公布の 4 段階に区別しているのは,その代表例といえよう[30]。美濃部博士が,明治憲法下において,「法律制定ノ手続ハ,(1)法律案ノ提出(2)法律案ノ議決(3)法律ノ裁可(四)法律ノ公布ノ四段階ニ分カチテ論ズルコトヲ要ス」[31]とされ,宮沢博士が,現行憲法下において法律の成立手続を①発案②国会の審理③国会の可決④署名および⑤連署公布⑥施行期日に区分し[32],あるいは,清宮博士が,法律制定手続を①法律案の発案②法律案の審議③法律案の議決④法律の署名および連署⑤法律の公布⑥法律の施行に区分して論じられている[33]のも,原理的には,このような伝統的な憲法理論によるものである。先に

月 2 日提出 質問第 80 号 提出者 山井和則),それに対する内閣の「答弁書」(内閣衆質 161 第 80 号 平成 16 年 12 月 14 日)参照。
28 これについては,後出 131 頁参照。
29 Paul Laband, *Das Staatsrecht des Deutschen Reiches*, 5. Aufl., 1911, Bd., 2. S. 23.
30 Julius Hatschek, *Deusches und Preussiches Staatsrecht*, 2. Aufl., Bd., 2. 1930, S. 7. なお,かかる伝統等が現代にも受け継がれていることについては,Vgl. Norbert Achterberg, *Parlamentsrecht*, 1984, S. 349ff.
31 美濃部達吉『憲法撮要』(改訂第五版・昭和 9 年)484 頁。なお,佐々木惣一『日本憲法要論』(昭和 5 年)575 頁。
32 宮沢俊儀『憲法』(改訂 5 版・1990 年)360 頁以下。
33 清宮四郎『憲法 I』(第 3 版・1979 年)417 頁以下。

第2章　立法行為

引用した政府の国会答弁で示された憲法解釈も，このような伝統的な憲法理論に立脚するものであろう。

　ここからも知られるように，そこでは，法律制定の「手続」の各「段階」が手続の進行に応じて，法律案の発案，審議，議決というような形に区分され論じられているから，恰も立法過程の動態的考察であるかに見えるが，果たしてそうであろうか。そこでは，個々の段階がいわば孤立的に論究されているだけで，かかる手続の相互の関係や手続全体との関係で手続形成がどのようになされているかという立法過程の手続面だけでなく，とりわけ手続の形成に応じて将来法律となるべきものの実体がどのような形で形成されるかという立法過程の内容面が十分に考察されてきたとはいえないのではないか，手続の進行に応じた「段階」的考察は，一見立法過程の動態的考察に見えながら，実は本当の意味で動態的考察になっていないのではないか。このような動態的考察は，いかにして可能か。

　かような観点から筆者が辿り着いたのが，本項の最初に掲げたように，立法過程を組成し立法手続法上の効果を有する個々の行為の全体を広く立法行為と捉え，かかる行為の連鎖による手続形成とそれに伴って生ずる法律の実体形成のあり方を明らかにしようとする立法行為論であった。この立法行為の概念は，序論で述べた如く，「prozeß」概念の一般化という動態的見地から，「異なる内容の部分行為（Teilakte）から合成される機関作用の特に明らかな例は，近代憲法に典型的に形成されているような，立法行為（Gesetzgebungsakt）である」とし，立法手続の各段階の「要件がすべて部分行為であり，それの綜体（Gesamtheit）だけが立法行為を成す」と論じているケルゼンの「綜体としての立法行為」の概念[34]の示唆を得て形成されたものであるが，この意味において，かかる立法行為の概念を，広義の概念と呼ぶことが許されるであろう。それは，国家作用として「立法」そのものを意味する伝統的な狭義の概念ではなく，広く立法権に参与する行為の全体，動態的にいえば，立法過程を組成する行為の全体を考察の対象としそれらを分析しようとするものである。したがって，それはまた，動態的な立法行為の概念として，狭義の静態的立法行為の概念と対置されうるであろう。それは，さらに「司法行為」（国家作用としての「司法」）との類比でいえば，訴訟法の領域で構築された「訴訟行為（Prozeßhandlung）」の概念に相応するといえよう。この意味においてそれは，

34　Hans Kelsen, *a.a.O.* (Anm. 6), *Allgemeine Staatslehre*, S.283, 訳472頁以下。

第4節　法現象としての立法過程と立法行為

類比的にいえば，広義の「立法行為」というよりはむしろ，「立法過程行為 (*Gesetzgebungsprozeß*handlung)」と呼ぶ方がより正確かもしれない（前出9-10頁参照）。

以下の論述は，このような動態的な広義の立法行為の概念によるものである。

2　立法の主体の区別と立法行為の種類

かように，立法過程を組成し立法手続法上の効果を有する個々の行為を広く立法行為と呼ぶならば，それは，憲法上一般的・抽象的な立法参与権を有する組織としての一定の立法の主体の存在を前提とし，それを基礎にしてその上に成り立つ立法主体の諸行為よりなる。

立法の主体は，それが憲法上いかなる立法参与権を有するかに応じて，立法の本来的主体と立法の従属的主体に大別することができる。W・イェリネックの用語に即していえば，立法の「主たる参与者（Hauptbeteiligte）」と「従たる参与者（Nebenbeteiligte）」の行為ということになるが[35]，しかし，遺憾ながら，この区別の基準とりわけ後者の概念が明確でないうえに，この区別を基準とした立法行為の法理論的体系化の試みが何らなされておらず，また本書の区別と概念上種々の相違がみられるから，ここでは，やはり立法の本来的主体・従属的主体の立法行為という概念を用いることにしたい[36]。分説しよう。

ここに立法の本来的主体とは，法律議決権を有する合議制の一つの国家機関をいう。法律議決権が，終局的なものか終局前のものか問わない。およそ憲法上一般的・抽象的に法律議決権を有する機関は，すべてここにいう立法の本来的主体であり，それのみがここにいう立法の本来的主体である。今ここで法律議決権を有する合議制の機関を立法の本来的主体と呼んだのは，憲法上，法律案が法律として成立するためには法律議決を必要とし，法律議決がなければ，およそ法律案は法律として成立しえないからである。終局な法律議決権を有する国会が，何よりもまず，立法の本来的主体に有することはいうまでもない。法律案を成立せしめるか否かの決定権が，憲法上，国会の法律議決権の外に，他の国家機関に分属せしめられている場合には，その機関ももとより立法の主体的機関といわなくてはならないが，しかし，ここにいう「立法の本来的主体」ではない。ここにいう「立法の本来的主体」とは，あくまで法律議決権を

---

[35]　Vgl. Walter Jellinek, Das einfache Reichsgesetz, in: *Handbuch des Deutschen Staatsrechts*, Bd., II, 1932, S. 164.
[36]　拙著・前掲(注7)98頁以下参照。

第 2 章　立法行為

有する合議制の一つの機関をいうのであって，その余の立法手続における立法の主体的機関は，すべて含まれないものと理解されなくてはならない[37]。

　かようにして，立法の本来的主体は，日本国憲法においては，何よりもまず国会である（41条）。しかし必ずしも国会にのみ限定されるわけではない。立法の本来的主体をもって，法律議決権を有する合議体としての一つの国家機関とする限り，国会が両院制をとるとき，国会の議決は独立固有の議決権を有する両院の議決関係によって定まるから（憲法42条・59条），国会を構成するその部分機関たる各議院もまた，かようなものとして立法の本来的主体に属する。しかしながら，さらに，立法の本来的主体を上記のように規定する限り，議院の内部機関たる委員会もまた，それが議院との関係においてさしあたり独立固有の議決権を有する限りにおいては，理論的にはやはり，立法の本来的主体と考えることができる。

　これに対して，議院および委員会を構成する個々の議員・委員は，概念上形式的には「立法の本来的主体」とはいえないが，法律案についてそれを法律として確定し成立せしめるか否かの表決権を有する主体としては，実質的には体系上それに属するものとみなければならない。「表決」と「議決」とは，概念上別個のものであるが，「表決」は「議決」の先行行為であり，「表決」の結果が法上合議体の意思決定，すなわち「議決」となるからである。

　立法の本来的主体は，かように法律議決権を有する合議体としての国家機関をいうのであるから，その主たる立法行為が法律案についての議決であるのはいうまでもない。立法行為といえば，これまでもっぱら，あるいは主として，法律案についての終局的議決（憲法59条）のみが念頭に置かれてきたが，しか

---

[37] W・イェリネックは，ワイマール憲法下において，立法手続の「主たる参与者」をもって，「法律案を，他の意思なしに且つ他の意思に反しても，認証に熟したもの（ausfertigungsreif）にすることができるところの者」とし，ライヒ議会と国民（票決人団）をもって「主たる参与者」としているが（前掲（注35）参照），その意味に即してより分かり易く，「法律案を法律なる国家意思に確定し成立せしめる決定権的権能を有する国家機関」と捉え直すことができるとすれば（本書では，それを「立法の主体的機関」と観念している），例えば，一方では，明治憲法における裁可権の主体としての天皇はこれに属するが，ここにいう法律議決権の主体としての「立法の本来的主体」ではないし，他方では，ワイマール憲法における直接民主主義的な国民票決権の主体として国民（票決人団）はこれに属するが，ここにいう法律議決権の主体としての「立法の本来的主体」ではない。立法手続の「主たる参与者」（「立法の主体的機関」）と「立法の本来的主体」を概念上区別する意義はここに存し，この意味において，「立法の本来的主体」の概念は，「主たる参与者」の概念より，厳密にいえば少し狭いということができよう（この点については，拙著・前掲（注7）99-102頁参照）。

第4節　法現象としての立法過程と立法行為

しそれのみに立法行為が限定されるわけではない。第一に，終局前の議決もありうる（委員会の法律案についての議決を想起せよ）。第二に，法律案以外にも種々の議決がありうる（修正案やその他の動議についての議決を想起せよ）。第三に，議決にのみ限定されるわけではない。それに先行する審議を実施することもまた，立法の本来的主体の立法行為に属する。また，議院・委員会を代表し，各会議を主宰する議長・委員長が職権に基づいて行う各行為（国会法19条・48条，衆議院規則（以下「衆規」と略称する）66条，参議院規則（以下「参規」と略称する）43条）もまた，これに属する。

立法の他のもう一つの主体は，立法の従属的主体である。ここに「立法の従属的主体」とは，法律案の議決，すなわち「立法の本来的主体」の意思決定を目標としてそれを追行する権能を有する立法追行権の主体，すなわち立法追行者をいう。ここで，立法追行者を立法の従属的主体としたのは，その行為（立法追行行為）が，窮極的にはすべて，立法の本来的主体の法律案の議決を目標として行われ，議決を離れては独自の法的意義をもたず，議決との関係において初めて法的意義を有しうるものだからである。

立法の従属的主体，すなわち立法追行者に属するのは，いうまでもなく，発議権・動議権・質疑権・討論権を有するものとしての議員・委員である。法律案提出権を有するものとしての委員会（国会法50条の2）も，これに属する。法律案提出権を有するものとしての内閣（内閣法5条）も，これに属し，内閣提出法律案の場合には，内閣総理大臣・国務大臣等がその立法追行機関として登場し，立法追行について極めて重要な働きをする（憲法72条・63条，国会法69条・70条・71条，衆規45条の2・3，参規42条の2・3）[38]。しかし，もとより，かかる行政機関の立法追行行為は，もっぱら発議権・動議権・質疑権・討論権および表決権を有する議員の意思形成に影響を及ぼすことを目的とするものであって，それ自体かかる権能を有するものでないことはいうまでもない。ここに，立法追行者としての議員と議員以外の立法追行者との決定的な相違がある。

3　立法追行行為の分類

問題は，立法追行行為にあるが，これは法理論上三つの範疇に区別すること

---

[38] 従来の政府委員制度は，1999年の「国会審議の活性化及び政治主導の政策決定システムの確立に関する法律」（いわゆる国会審議活性化法）によって，2001年より廃止され，副大臣・大臣政務官制度および政府特別補佐人・政府参考人制度が新設されるに至った。

ができる[39]。

(1) 第一の範疇「申立」

立法追行行為の第一の範疇は，議院に対して一定の判断（議決）を求める意思表示行為である。「申立」と呼ぼう。それは，その内容——法律案についてか，修正案についてか，あるいは議事の手続・進行等についてか——に応じて三種に区別されるが，立法過程において中心をなすのは，いうまでもなく，法律案についてのそれである。それによって立法の主題となる法律案が初めて国会にもたらされ，その余の立法過程における指導形象として中心的地位を占めるからである。その意味でそれを「基本的申立」ということができるであろう。法律案の「発案」（「発議」および「提出」）といわれものが，これに当たるのはいうまでもない（他の二つの「申立」，すなわち「付随的申立」＝修正動議，「派生的申立」＝議事規則動議については，ここでは省略する）。

(2) 第二の範疇「主張」

立法追行行為の第二の範疇は，上記の「申立」を基礎づけ理由あらしめるためになされる一定の観念の表示行為である。「主張」と呼ぼう。それは，観念の内容が法的なものか，事実なものかに応じて，法的主張と事実的主張に区別される。

「法的主張」とは，「申立」の根拠となる法的理由についての判断の表示行為をいうが，上記の「基本的申立」（法律発案）についていえば，法律案がこれに当たるものということができる。なぜなら，法律発案は，法律案の審議・議決を求める意思表示行為であるが，それによってもたらされる法律案それ自体は，将来法律となるべきものの実体について法的に構成された発案者の蓋然的判断を表示したものであって，形式的には法律発案を成立せしめると同時に（法律案を具えていなければ，法律発案は不適法となる），実質的には法律発案の法的正当性を基礎づけそれを理由あらしめるためのもの，すなわち法律発案の根拠となる法的理由についての判断の表示行為としての性格を有するからである。立法過程において法律案それ自体がいかなる法的意義をもつかについて，これまで何ら正確に解明されてこなかったが，これによって初めてその法的意義が的確に把握されるであろう。

これに対して，「事実的主張」とは，上記の法的主張（法律案）をさらに基礎づけ理由あらしめるためになされる事実に関する判断の表示行為をいう。す

---

39 以下の論述は，略，拙著・前掲（注7）109頁以下による。

第4節　法現象としての立法過程と立法行為

なわち，発案者は，自己の提出した法律案の正当性を裏づけるために，当該法律案の基礎をなし，それを支えるものとして判断したところの政治的・社会的な一般的事実をもち出してくる。それは，過去および現在の一般的事実のみならず，将来もたらされるであろうところの一般的事実，したがって将来の「予測」をも含む。これがここにいう「事実」であり，いわば立法過程における「立法事実」である。これによって，「立法事実」の本来の法的意義が初めて的確に捉えられるであろう。

かように，事実的主張は，法的主張たる法律案を支える立法事実を提起する行為であるが，これに当たるものとして，何よりも「趣旨説明」（国会法56条の2，衆規44条・69条，参規39条・107条）あるいは「趣旨弁明」（衆規117条，参規118条）を挙げなければならない。その「提案の理由」において，まさに立法事実が提起されるからである（通例ごく簡単に述べられるだけであるが，それが要請されることにかわりはない）。しかしそれはまた，質疑の段階においてなされ，さらには討論においてもなされうる。そこで法的主張が争われるとき，事実によって裏づけられなければならないからである。

(3)　第三の範疇「立証」

立法追行行為の第三の範疇は，このようにして提起された立法事実が争われた場合，立法資料・証拠によってその真実性・確実性を証明し，もって「事実的主張」を基礎づけ理由あらしめるためになされる行為である。「立証」と呼ぼう。

これに属するものとして，まず第一に，法が「質疑」（国会法61条，衆規45条1項・118条・134の2・139条・140条・142条，参規42条1項・108-112条）と呼んでいるものに対してなされる行為，すなわち「答弁」をあげることができる。特定の法分野を除いて，今日重要な法律案の大部分は内閣提出法律案であるから，実際これにあたるのは，立法資料を圧倒的に掌握している政府のメンバー（かつては政府委員，今日では政府特別補佐人・政府参考人）である。法は，一般人も，いわば立法に対する第三者的な参与者たる地位において，証人・公述人・参考人として立法過程に参与しうることを認めているが，証人の証言・公述人の発言・参考人の意見は，主として「立証」またはそれを補充するものとしての法的性質をもつものと捉えうるであろう。法は「質疑」の次の段階として「討論」（衆規118条，参規113条）を規定している。一般に「討論」とは，議題に対してなされる議員または委員の賛否の表明をいうとされるが，そこにおいても，その前提として「事実的主張」がなされ，さらにそれについての「立証」がな

117

されうる。要するに，立法過程においては，「事実的主張」と「立証」が必ずしも手続上明確に区別されず，趣旨説明・質疑・討論の中で，さらに場合によっては証人の証言・公述人の発言・参考人の意見の中で，いわば渾然と行われているのである。

4 法律の実体形成——議員の確証形成行為——

以上が立法追行行為の概要であるが（原理上同じことは，法律案の修正についても当てはまる），そもそも法はなぜ立法手続に趣旨説明・質疑・討論というような一連の行為を規定しているのであろうか。

いうまでもなくそれは，発案者の側からいえば，自己の法律発案が，いかに法的に正当なものであり，かつまた，いかに事実によって裏づけられたものであるかを論証し，もって，表決権を有する他の議員の意思形成に働きかけて賛成の表決をするよう説得し，自己に有利な議決（可決）を獲得しようとするのを可能ならしめるためである。また，逆に法律発案に反対する議員の側からいえば，それがいかに法的にも事実的にも根拠のないものかを論証し，もって，表決権を有する他の議員の意思形成に働きかけて反対の表決をするよう説得し，自己に有利な議決（否決）を獲得しようとするのを可能ならしめるためである。翻って，当該法律案の当否を決定する判断主体たる個々の議員の立場からいえば，かかる説得による働きかけを斟酌しつつ，自ら主体的に自己の表決の判断内容を自由に形成するにある。この意味において，立法手続における趣旨説明・質疑・討論等の一連の行為を，いわば立法過程における「確信＝心証（説得 Überzeugung）形成行為」と呼ぶことができるであろう。かかる「確証形成行為」[40]こそ，まさしく「法律の実体形成」の核心をなすものであって，立法過程は，これを中心とする法律の実体形成行為と，それを目的とする手続形成

---

40 かつて拙著においては，訴訟行為にいう「心証形成行為」という概念との法創設の段階的・主体的構造上の違いを明らかにするために，特に「確信形成行為」という概念を用いていたが（前掲（注7）105頁・125頁・135頁），一見して何のことなのか分かり難いので，初出の本稿では立法過程における「心証形成行為」というように改めた。もともと，「確信」も「心証」も，もとのドイツ語でいえば「Überzeugung」と同じであって，別段，意味の変更があるわけではなく，説得する側と説得される側の両面をもち，同じことの二つの側面であることに示したかったからである。ただ，用語として，「心証形成行為」という概念自体，元来，訴訟法の領域で用いられる概念であり，そこでは，それとの法理論的な類比性を示唆せんがために用いたが，如何せん法制度的な類比を示すが如きものと誤解されがちなことを苦慮した末，本書では，「確信＝心証（説得 Überzeugung）形成」を短縮したものとして「確証形成」という用語を用いていることにした。なお，この点について，後出140頁・175頁参照。

行為によって重畳的に発展するものと捉えうるのである。

以上が，立法主体に着眼した立法行為論の概要である。

四　法現象としての立法過程論の意義

　法現象としての立法過程論が単に方法論上可能であるというにとどまらず，具体的にそれを展開すればどのような内容をもちうるか，先にその可能な内容の一斑を立法行為論に即して素描したが，かかる立法行為論に対して次のような批判もありえよう。すなわち，仮にそのような立法行為論が可能だとしても，議員は，今日では，実際的には，委員会あるいは本会議で表決する以前に既に予め所属政党内でなされる審査（いわゆる「与党審査」や各政党内での審査）での党議に拘束され，会議において討論を通して議員として自由に自己の意思（確証）を主体的に形成し，それに従って表決するというような余地はほとんどなく，現実には単なる「投票機械」と化しているではないか，こういう現実を見るなら，法律の実体形成とか，議員の確証形成行為とかいっても，無意味ではないか，と。

　かかる批判に対しては，次のように答えうるであろう。

　確かに，現実の問題としては，当たっているかも知れない。しかし，ここで本来，直接に考察の対象としているのは，国会の審議や議決について定めている憲法および国会法・議院規則等の規定の法的・規範的意味であって，議員（およびその他，立法過程に参与する人々）の現実の行動ではない，と。

　近代的な意味における国民の「代表」機関としての「議会」といわれるものが成立して以来，その根底には，自由かつ平等で独立の判断主体・意思形成主体としての議員というものが措定され（理念的基礎といってもいいであろう），今日でもなお，憲法をはじめ，国会法や議院規則は，すべて基本的には，このような理念的基礎のうえにつくられているといいうるであろう。日本国憲法43条に規定する「代表」というのは，これを前提とするものと解されているし，またそれを前提としなければ，憲法51条の規定する「演説，討論又は表決」の自由の保障（いわゆる免責特権）や憲法57条の規定する議院の会議の「公開」原則をはじめ，国会法や議員規則の定める「趣旨説明」「質疑」「討論」というものが，そもそも意味をなさないであろう。これは，何もわが国だけでなく，広く近代立憲諸国にみられるところであるが，先の立法行為論は，このような理念的基礎の上に築かれた立法過程に関する実定法規範を対象とし，その規範的意味を，したがって，かかる規範によって規律された当為としての

立法行為の法的意味を動態的見地から明らかにしようとするものであって，議員等の現実に行われている行動，事実としての行為を，政治学的・社会学的に考察しようとするものではない。

では，その意義はどこにあるか。

第一に，これまで議会制の大問題として，憲法上の理念と現実，規範と事実の「乖離」ということが繰り返し論じられてきたが，およそそのようなことを語りうるためには，立法行為に即していえば，何よりもまず，その法的意味が正確に認識されていることが論理的前提となる筈である。

しかるに，これまで，その正確な法的意味の認識が十分になされてきたといえるであろうか。百年一日の如く，ただ，法律案の発案とは「議院に法律案を提案すること」である，趣旨説明とは「議案の提案に理由およびその内容についての説明」である，質疑とは「議題についてその疑義を質すこと」である，討論とは「議題に対してなされる議員または委員の賛否の表明」である，とただ繰り返すのみで，それによって，はたしてそれらの法的意味が正確に認識されたといえるのであろうか。そのような諸々の行為を理論的に整序して一つの体系として構成し，そこにおいて個々の行為を位置づけるとともに，行為相互の関連性を体系的に説明することによってはじめて，正確に認識しえたといいうるのではあるまいか。

かようにして，「発案」とか「質疑」とか「討論」とか，立法過程を組成する諸行為の意味を正確に認識することこそ，何よりもまず立法行為論の第一の目的であり，意義である。そして，立法行為の法的意味が正確に認識されることによって初めて，現に行われている立法行為との「乖離」の存否，および，その範囲・程度・態様等が正確に認識されうるであろう。また，このような「乖離」の範囲・程度・態様等が正確に認識されることによって，それをもたらしたところの政治的・社会的・心理的諸要因も的確に探求することが可能となるであろう。現に行われている立法行為を政治学的・社会学的に分析し，右の諸要因を探求することは，いうまでもなく，もう一つの立法過程学の課題に属することは，先に述べたとおりであり，現に立法過程論あるいは立法学の名において多くの優れた研究がなされており，本稿がそれらに多く負っていることはいうまでもない。

のみならず，このような「乖離」の存在にも拘わらず，何故今日なお依然として，上記のごとき立法行為が実定法上維持されているのか，なぜさっさと改正されないのであろうか，もしかしたらそこでは，当初とは異なった形で今日に

第4節　法現象としての立法過程と立法行為

おいてもなお重大な機能を果たしているのではないか，等々を考えるに当たっても，立法行為の正確な内容の理解は，その解明の出発点となるであろう。例えば，議会内において，立法行為（殊に「確証形成行為」）が，党議拘束により事実上意味を大幅に喪失したとしても，その説得の相手方の重心が，議員相互から，「窓越し」の国民へ，具体的にはラジオ・テレビや新聞等を通して国民へと移行し，主権者（有権者）たる国民に直接働きかけて，国民の政治的意思形成に重大な役割を果たしているのではないかというような問題がそれである。

　第二に，それによって，立法行為を規律する法規範それ自体の変動も正確に捉えうるであろう。すなわち，立法行為を規定している法体系は，今日もなお，基本的には先に述べたように，自由な意思形成主体という原子論的な個人としての議員を活動単位とする理念的基礎のうえに組み立てられているが，政党制の必然・不可避的な発展によって，会派という集合主義的な活動単位が押し寄せ，恰も地下のマグマの如く，法という地表のあちこちで噴出し，法自体の中に出現しているという変動の事実がそれである[41]。国会法において，委員会の構成につき突如「会派」が登場するが如きである[42]。かかる噴出の程度は，もとより諸国において一様ではないが，今日多かれ少なかれかかる傾向が強まっているといいうるであろう。この意味で，今日議会法は，伝統的な，議員を活動単位とする原子論的な議会法と，現代的な，会派を活動単位とする集合主義的な議会法とがいわば「緊張」関係にあり[43]，議会法それ自体が大きな変動期にあるといわねばならない。そして，それがまた今日，議会法の個々の規定の法的意味を一義的に確定するのを極めて困難な状況にしているのである。かかる状況において，先に提示した立法行為論は，伝統的な議会法に基づく一つの理念型と考えられなくてはならないが，それによって，今日急激に進行しつつある議会法それ自身の変動の様相も正確に知りうるのである。

　第三に，特に強調するなら，これによって，立法過程において立法事実が手続上いかなる行為により，どのような形で提起され，どういう過程の中で認定

41　このことは，すでに戦前から鋭く指摘されていた。Vgl. H. Triepel, *Die Staatsverfassung und die politischen Parteien*, 1927, S. 15ff., G. Radbruch, Die politiscen Parteien im System des deutschen Verfassungsrecht, in: *Handbuch des Deutschen Staatsrechts*. Bd., I, 1930, S. 292ff. 宮沢俊義「政党国家から政党独裁政へ」（1936年）『憲法と政治制度』（岩波書店・1968年）所収・271頁以下参照。

42　わが国の状況については，松澤浩一・前掲(注20)283頁以下参照。

43　ドイツにおいては，このような「緊張」関係は，むしろ議会法と政党法との関係のレヴェルにおいて捉えられているようであるである。Vgl. N. Achterberg, *a.a.O.*(Anm. 20), S. 84f.

第2章 立法行為

されるか，それが立法過程の中でいかなる地位を占め，いかなる法的意義を有するかが，ある程度明らかになったのではないかということである。

　立法過程における立法事実の調査・究明の重要性・必要性とそのための手続上の不備，並びに現実のおけるその欠如ないし粗雑さ[44]，あるいは無関心については[45]，これまでいろいろ指摘されてきたところであるが，これによって，このような問題を立法手続に即して体系的に考察することの途も開かれるであろう。そしてこのことによってまた，憲法訴訟における立法事実の認定との的確な比較検討も可能となるであろう。そしてそれは，ひいては，憲法訴訟における合憲性判断の手法・基準等を考えるにあたっても，多くの示唆を提供しうるであろう。これらは，無論，今後に残された課題である[46]。

　最後に，現在の立法のあり方を振り返るとき，いかにして立法の民主化・社会化を促進し，事実に即した立法の客観的・合理化を確保しうるかという立法政策の問題が浮かびあがってこざるをえない。このような実践的な問題を考えるにあたっても，当然のことながら，上記のような認識が基礎となり出発点となることを指摘しておかなければならない。経験的認識に裏打ちのない実践的提言は，所詮有意味ではありえないからである。

　以上が，立法行為論に即した法現象としての立法過程論——ウィーン法学派流にいえば「立法過程法学」——の主要な「意義」の骨子である[47]。

44　P. Noll, *Gesetzgebungslehre*, 1973, S. 54f, 94f., F. Ossenbühl, Die Kontrolle von Tatssachenfeststellungen und Prognoseentscheidungen durch das Bungesverfassungsgericht, in: *Bundesverfassungsgericht und Grundgesetz*, Bd., 1, 1976,. 483f.

45　奥平康弘「立法過程からみた勤評法制」『法律時報』37巻9号22頁。なお，高見勝利「あるべき立法者像と立法のあり方」『公法研究』47号（1985年）95頁以下参照。

46　拙著・前掲（注7）119-136頁参照〔拙著『憲法訴訟論（第2版）』（信山社・2010年）における「立法事実の審査」は，かかる立法過程における立法事実の審議のあり方に関する考察を理論的基礎にして，それを憲法訴訟の段階において継続発展せしめたものである（565頁以下参照）〕。

47　松澤浩一教授によって，このような立法行為論をも含めて「立法過程法学」〔法現象としての立法過程論〕という構想全体に対して，厳しい批判が寄せられている（『駿河台法学』2号・1988年「書評」273頁以下）。それは，むしろ構想それ自体に関わるものであるが，それに対して単に回答するというだけでなく，それをも含めてこれを機縁としてさらに考察を深めたいと思い（教授の批判の趣旨もそこにあるように思われる），目下「立法行為の理念と現実」というテーマで準備中であるが，未だまとめる段階に至っていない。しかし，本稿の四において，その基本的な考え方は，「法現象としての立法過程論の意義」という形で，ある程度示しえたのではないかと考えている。それ故「立法過程という法現象の中に占める政治的，社会的要因の大きさにもかかわらずこれら一切を捨象して純粋に法的要因にのみ限定して考察することが妥当なのかどうか」という教授の「基本的な問題」点の指摘については（286頁），その第一点において，ま

第4節　法現象としての立法過程と立法行為

五　むすび

　立法過程についての研究が，理論的経験科学という意味において，政治学的・社会学的考察として，即ち因果科学として可能なことはいうまでもなく，現に立法過程論として広くなされているところであるが，単にそれだけでなく，規範科学としても可能であり，かかるものとして法現象としての立法過程論が，不可欠の重要な意義をもつことを考察した。

　しかし，両者はその方法論的基礎を異にするのであるから，両者を峻別し，何よりもまず方法論的な混同を排し，自己の認識に徹することが必要である。そして，そのようにして，両者がそれぞれ立法過程学の両翼を担う不可欠のものとして，上に示唆したように，いわば相互に永続的な相互補充関係に立つことによって，ともに発展し，もって立法過程それ自体の認識がより十全なものとなるであろう。

　（補遺）

　1. 本稿は，『ジュリスト〔特集　議会100年と二つの憲法〕』(955号・1990年5月1-15日合併号）に所掲されたもので，それから早25年以上経過した。本書「序論」において，拙著『憲法と立法過程』（創文社・1988年）に，特に副題として「立法過程法学序説」を付して示そうとした構想が，わが国では殆ど馴染みのない「立法過程法 (Gesetzgebungsprozeßrecht)」という概念を用いたウィーン法学派の法理論に由来するものであったから，何かこう違和感というようなものを生じ，却って本来の意味の理解を妨げる結果となってしまったのではないかと思われるふしもあるが故に，本書ではかかる概念がもつ意味を，その意味に即して出来るだけより平明な「法現象としての立法過程」というような用語を用いて説明することに努めたいと述べたが，この方針に即して本稿の表題を「『立法過程学』の可能性」から「法現象としての立法過程と立法行為」に改めるとともに，用語上「立法過程法学」を「法現象としての立法過程論」というように，より平明なものに改めた。しかし，もとより，内容的な変更はな

た特に立法行為論に関し，会派を論じていないという点については（280頁），第二点において，また「立証」に関する問題点については（281頁）については，「意義」ということからいわば間接的に，ある程度，回答の輪郭を示しえたのではないかと考えている。教授の批判に未だ全面的に回答しえないのは遺憾であるが，これをもって不十分ながら，とりあえずの中間報告としたい〔この点について，後に補遺で言及する〕。

い。それにより，いささかなりとも，その真意がよりよく伝えられ，理解していただければと思う。

同じ趣旨から，本節「三　法現象としての立法過程論の一断面――立法行為論に即して――」を所収するにあたって，内容に即して新たに項目ごとに表題を付し，特に立法行為については，「1　立法行為の概念――狭義と広義の概念について――」を追加し，丁寧に説明するよう心掛けた。

2. 松澤浩一教授の批判に答えて
　　――その１：立法過程の社会学的考察と法学的考察との相補的関係について――

かかる法現象としての立法過程論の構想について，松澤浩一教授より，何よりもまず第一に「立法過程という法現象の中に占める政治的，社会的要因の大きさにもかかわらずこれら一切を捨象して純粋に法的要因にのみ限定して考察することが妥当なのかどうか」という点に「基本的な問題」があるとの指摘を受け（『駿河台法学』2号・1988年「書評」286頁），それについては本稿の四の「意義」第一点で筆者の回答の輪郭を示しえたのではないかと述べたが（注47），この点については，本文から知られるように，教授の上記「基本的な問題」点の指摘には根本的な誤解が含まれているように思われるので，その理由を今少し明らかにしておきたい。

本書の構想の方法論的なポイントがどこにあるかといえば，立法過程のある行為（例えば，ある法律案の可決）がなされたのは，どのような社会的・政治的要因によるものかという原因と結果に関係する政治学的・社会学的考察と，その行為（ある法律案の可決）がどのような法的効果をもつか，そのためにはどのような要件を充たしていなければならないかという要件と効果に関する法学的・規範的考察とは，その考察方法を異にする別個のもので厳格に区別されるべきであるが，しかし両者はともに「相補的な関係」にあり，両者が相俟って立法過程の十全な考察がなされうるというところにある。したがって，本書の構想は，上の指摘のように，決して「立法過程という法現象の中に占める政治的，社会的要因……一切を捨象して純粋に法的要因にのみ限定して考察」するものではないからである。要件・効果を定めるのは法であり，その規範的意味を明らかにするのは法学の任務であるが，要件・効果に該当するのは，どこまでも経験的事実して生ずる人間の行動であって，それがどのような社会的・政治的要因によってなされたか，またそれが原因となってどのような社会的・政治的

結果をもたらすかを明らかにすることは政治学・社会学の任務であり,それによって要件・効果の経験的素材・内容が与えられるからである(拙著『純粋法学と憲法理論』292頁以下参照)。

団藤教授が,立法過程を「(その一)政治過程としての立法過程」と「(その二)手続面と実体面(法律の実体形成)」に区別し,方法論的に政治学的・社会学的考察と法学的・規範的考察の違いを明らかにし,後者の考察は,前者の認識を踏まえてなされるべきことを示唆した上で,後者について,小野博士の「法律の実体形成」という用例を踏襲しつつ,立法過程の複合的・重畳的性格の考察を,立法過程の「手続面」と「実体面(法律の実体形成)」の二面として,さらに理論的に洗練されたことは先に指摘したが,ここで注目されるのは,上記の示唆として,団藤教授が解釈法学と法社会学の関係について,方法論的な考え方の一つとして次のように述べられることである。

《第一は,新カント派流の方法の純粋性から「存在」と「当為」を峻別する考え方であって,「存在」から「当為」は導かれないから,規範の学としての解釈法学から法社会学を完全にシャットアウトする行き方である。これは,法から生命を奪うようなものである。しかし,「存在」から「当為」は導かれないとしても,「当為」である法規範を純粋に捉えてひとつの形式的な容器にし,その容器の中に「存在」たる社会学的なものを全く自由にとりこむこともできる。純粋法学や現代分析法学はこうした方向にある。》(団藤重光『法学入門〔増補〕』前掲(注5)328頁,『法学の基礎』367頁)

松澤教授は,純粋法学や本書の構想を,右引用の前者の考え方と誤認されたようである。因みに,ケルゼンよれば,法の解釈は,法規範の「枠」とその内の可能な規範的意味の探求と,その可能な意味の中から一つを「正しい」ものとして選択する行為よりなるが,前者は法学の「認識」作用であるのに対して,後者は認識を超えた「法政策的問題」であり,実践的な「意欲作用」である(Vgl. *RRL* I S. 9ff, *RRL* II S. 346ff. 拙著・前掲250頁以下参照)。

3. 松澤浩一教授の批判に答えて
——その2:立法過程と司法過程の法理論的類比関係について——

法現象としての立法過程論の構想に対する松澤浩一教授の第二の批判は,本書の狙いとする立法過程の法学的,特に憲法学的かつ動態的な考察に関して,ウィーン法学派の法理論に基づき,団藤教授の「手続面と実体面(法律の実体形成)」論に導かれて,筆者が試みた「立法過程」と「司法過程」との関係と

その類比論的思考に向けられている。この点については，すでに，本書第1章補論Ⅰ「権力分立論——特に現代における変容——」の（補遺）3「現代の政府による外部発案独占主義的傾向と立法過程のいわば準当事者主義的な構造について」において，かなり立ち入って論じたので（前出89-94頁参照），ここで繰り返す必要はないであろう。

4．なお，本節（注47）において，「目下『立法行為の理念と現実』というテーマで準備中であるが，未だまとめる段階に至っていない」と述べているが，この点ついて一言すれば，結局，そこで準備中とされた論稿「立法行為の理念と現実」はそれ自体として遺憾ながら結実しなかった。が，そこで論じようとしたことは，次の第5節・第6節の「判例からみたる立法行為論」において論じられているところと重なるところも多くあるので，実質的には，以下第5節・第6節がその遂行の一環という意味をもつことをここで明らかにしておきたいと思う。

5．本稿が出されて以来，早25年以上経過しているから，国会法や議院規則においていろいろな改正がなされているが，本稿では，直接内容にかかわる，政府委員制度の廃止と副大臣・大臣政務官制度および政府特別補佐人・政府参考人制度の新設について指摘するにとどめざるをえなかった（注38）。この点について，第2節の（補遺）5で少し触れたが，諸改正の経緯全体を系統的に論ずる必要があるように思われる。近年における国会改革の主要論点と平成2年（1990年）以降に実現した主な国会改革（国会法等の法律および議院規則の改正）ならびに近年の国会改革の主な提言については，桐原康栄・帖佐廉史「国会改革の経緯と論点」（『レファレンス』774号（2015年）59頁以下）参照。

第5節　判例からみた立法行為論 I
――法律の実体形成行為および法律議決を中心に――

一　はじめに

　さしあたり，立法過程を組成し立法手続法上の効果を有する個々の行為を広く立法行為と呼ぶならば[1]，それらは相俟って一つのまとまりのある体系をなしているものと考えられる。実際，最高裁のある判決において，当然のことながら事件の解決という限られた範囲においてであるが，そのような体系の一斑が立法行為の分類として展開されている。

　本稿の目的とするところは，かかる判決を概要し，そこで提示された立法行為の分類について議会法ないし立法過程の見地から若干の分析を行うとともに，それを踏まえて，立法行為論と国家賠償法上の違法性の関連について少しく考察しようとするものである。

二　立法行為の分類――平成9年判決の概要――

　最高裁が，その判例において，広い意味での立法行為全体の体系的分類とでもいうべきものを初めて提示したのは，いわゆる議員発言と病院長自殺事件最高裁判決（最三小判平成9・9・9民集51巻8号3850頁）においてであった（以下「平成9年判決」と略称する）。そこで，まずこの事件について，以後の論述ために必要な程度において概観し，さしあたりは，判決中の立法行為全体の体系的分類にかかわるところに焦点をあて，その概要を抽出することにしたい。

1　事実の概要

　本判決は，議院の委員会審議における国会議員の質疑での発言について，それが憲法51条の免責特権との関係で，国家賠償法（以下「国賠法」と略称する）1条1項の違法性の評価を受けるかどうかが争われた事件であるが，事実

1　立法行為の概念については，拙著『憲法と立法過程』（創文社・1988年）98頁以下参照。〔特に本書のとる広義の概念と伝統的な狭義の概念の区別については，本書序論8-10頁・第4節110-113頁参照。そこで示唆しここで考察するように，最高裁判決が基本的には伝統的な狭義の立法行為の概念に立つものとすれば，問題は，そこで狭義の立法行為を含めて立法にかかわる諸行為がどのように論じられているかであって，本書は，そこで論じられている諸行為の内容を，広義の立法行為の概念の見地から分析し，再構成しようとするものである。〕

の概要は，略，次のようなものであった。

昭和60年11月21日に行われた衆議院社会労働委員会において，当時衆議院議員であり同委員会の委員であったY_1（被告・被控訴人・被上告人）は，そこで議題となっていた「医療法の一部を改正する法律案」の審議において，同法律案の問題点を指摘しつつ，A病院の問題を実名でとりあげて質疑した。その質疑において，Y_1は，A精神病院の院長Aの異常な行動をうわさ・伝聞に基づいて紹介し，さらに，「五名の女性患者に対して破廉恥な行いをして」いるとして被害者から直接聞いたという話を披瀝した上で，「現行の行政の中でチェックできないでしょう。これができない限り，患者の人権は守れない」として，Aの精神鑑定の必要性を示唆し，また医師法および薬剤師法違反の疑いを指摘し，当該「病院の調査を総合的にもう一度厚生省の責任で初めからやり直」すよう政府委員に求めた[2]。それは，患者の人権を擁護する見地から問題のある病院に対する所管行政庁の十分な監督を求める趣旨のものであったが，かかる本件発言があった翌日，Aは自殺した。

Aの妻X（原告・控訴人・上告人）は，Y_1の発言が事実無根であり，それによりAの名誉が毀損され，Aは自殺に追い込まれたとして，Y_1に対しては民法709条・710条に基づき，Y_2（国－被告・被控訴人・被上告人）に対しては国賠法1条1項に基づき，それぞれ損害賠償を求めた。

それは，以下の主張を骨子とするものであった。

①憲法51条にいう「演説，討論又は表決」は，国会の働きを充実させる国政レベルに関する事実や意見についての発言をいうと解すべきところ，本件発言は，特定の者を誹謗するものであるから，同条にいう演説等には当たらない。

②憲法51条の免責特権は，絶対的免責特権を規定したものではなく，相対的免責特権を規定したものであって，本件発言には適用されない。

すなわち，議員の免責特権は絶対的なものでなく，議員が議院で行った発言が国民の名誉やプライバシー権を侵害するとき，その発言が虚偽と知りながらなされた場合もしくは不適正ないし違法な目的のために発言した場合には，濫用として免責特権は妥当しない（アメリカにおける制限的特権の考え方）。あるいは，その発言を議員が虚偽と知りながらまたは虚偽か否かを不遜にも顧慮せずになした場合には，免責特権は妥当しない（アメリカにおける「現実の悪意」の法理）。

---

[2] 昭和60年11月21日第103会国会衆議院社会労働委員会議録第2号2頁以下参照。

第5節　判例からみた立法行為論Ⅰ

しかるに本件発言は，十分な調査をしないまま妄想患者からの伝聞を安易に信じ，Aの名誉を毀損し，医師の世界から抹殺させようと発言したものであるから，上記の場合に該当し，よって本件発言には，憲法51条は適用されない。

これに対して，被告Y_1は，以下のように主張した。

①本案前の主張　本件発言は，憲法51条の保障する免責の対象となることは明らかであるから，Xの主張自体が失当であり，訴状は却下されるべきである（旧民訴228条1項・2項，224条1項／現行137条1項・2項，133条2項）。仮にそうでないとしても，本件訴えは，被告および事件がわが国の裁判権に服さない場合，または本件訴えの提起自体不適法な場合として却下されるべきである。

②本案の主張　本件発言は，憲法51条の保障する免責の対象となることは明らかであるから，不法行為責任を負わない。憲法51条は，原告のいうような制限的免責を規定したものではなく，国民主権・代表制原理の下で認められ国会特権のコロラリーとして既に憲法レベルで諸権利との調整を考慮した上で，絶対的免責特権を規定したものである。

被告Y_2国側も，本件発言は，憲法51条の演説等に該当すると主張し，憲法51条は絶対的免責特権を規定していること，そして憲法51条は，国会議員が議院で行った演説等の表現の自由の側面にかかるものについては，国民全体に対する関係で政治的責任を負うにとどまり，個々の国民に対する関係で何ら法的義務を負わないこと，すなわち国賠法上およそ違法が問題とされる余地がないことを定めたものである，と主張した。

第一審判決（札幌地判平成5・7・16民集51巻8号3866頁，判時1484号115頁）は，本件Y_1の発言について，以下のように判示して請求を棄却した。

①本件発言が憲法51条の保障する免責の対象になるとしても，被告および本件はわが国の裁判権に服し，訴えは適法である。

②本件Y_1の発言は，「衆議院議員としての立法過程における職務上の行為」というべきであり，憲法51条にいう両議院の議員の議院で行った「演説」に当たる。

③憲法51条は，いわゆる絶対的免責特権を定めたものであり，本件発言は，免責の対象となる。

④仮に原告の主張する制限的免責特権の立場によるとしても，Y_1の発言が，その内容が虚偽であることを知りながら，または虚偽であるか否かを不遜にも考慮せず，もしくは不適正，違法な目的のために行われたということを認めるに足る十分な証拠はない。

また、Y₂に対する請求の可否について、Y₂の前記主張（憲法51条が妥当するとき国賠法上およそ違法が問題とされる余地がないとの主張）を「独自の見解」で「根拠を欠く」と退けた上で、国賠法上の責任の有無を問題とし、在宅投票制廃止違憲訴訟最高裁判決（最一小判昭和60・11・21民集39巻7号1512頁）を引用しつつ、Y₁の発言に職務上の法的義務に反する違法があったどうかを問題とし、上記④の説示のとおりで、違法があったことを認めるに足りる十分な証拠はないから、Y₂（国）の責任も認められないとして、請求を斥けた。そこで、原告は、控訴した。

第二審判決（札幌高判平成6・3・15民集51巻8号3881頁）は、Y₁に対する請求については、たとえその発言が免責の対象とならないとしても、国賠法上、公務員個人の賠償責任は問えないから失当として棄却し、また、Y₂に対する請求については、第一審とほぼ同様の理由により棄却した。そこで、Xは、上告した。上告理由は、略、第一審の主張と同様の理由に基づいて、原判決の違法を主張するものであった。

第一点　第一審および原判決は、憲法51条の解釈を誤り、Y₁に対する請求を斥けた違法がある。

第二点　原判決には、国会議員の演説等が例外的に国賠法上違法となることがあるとしながら、例外的事情の有無につい証拠調をしなかった点において釈明権不行使の違法、審理不尽の違法等がある。

2　判旨と若干コメント

最高裁は、以下のように判示して、上告を棄却した。

(i)　Y₁に対する請求について

①　公務員個人は、国賠法上の責任を負わない。

「本件発言は、国会議員であるY₁によって、国会議員としての職務を行うにつきされたものであることが明らかである。そうすると、仮に本件発言がY₁の故意又は過失による違法な行為であるとしても、Y₂が賠償責任を負うことがあるのは格別、公務員であるY₁個人は、Xに対してその責任を負わないと解すべきである（最高裁昭和二八年(オ)第六二五号同三〇年四月一九日第三小法廷判決・民集九巻五号五三四頁、最高裁昭和四九年(オ)第四一九号同五三年一〇月二〇日第二小法廷判決・民集三二巻七号一三六七頁参照）」。

「したがって、本件発言が憲法五一条に規定する『演説、討論又は表決』に該当するかどうかを論ずるまでもなく、XのY₁に対する本訴請求は理由がな

い」(3852頁)。
　(ii) Y₂に対する請求について
　② 国賠法 1 条 1 項の性質
　国家賠償法 1 条 1 項は「国又は公共団体の公権力の行使に当たる公務員が個別の国民に対して負担する職務上の法的義務に違背して当該国民に損害を加えたときに、国又は公共団体がこれを賠償する責めに任ずることを規定するものである。そして、国会でした国会議員の発言が同項の適用上違法となるかどうかは、その発言が国会議員として個別の国民に対して負う職務上の法的義務に違背してされたかどうかの問題である」(3853頁)。
　因みに、上記の第一文は、在宅投票制廃止違憲訴訟最高裁判決 (最一小判昭和60・11・21民集39巻7号1512頁、以下「昭和60年判決」という) と同じであり (いわゆる「職務行為基準説」、正確には職務義務違反構成)、第二文は、それを「国会議員の発言」に当てはめたものである。
　③ 議会制民主主義における国会の役割と国会議員の行動のあり方
　「憲法の採用する議会制民主主義の下においては、国会は、国民の間に存する多元的な意見及び諸々の利益を、その構成員である国会議員の自由な討論を通して調整し、究極的には多数決原理によって統一的な国家意思を形成すべき役割を担うものであり、国会がこれらの権能を有効、適切に行使するために、国会議員は、多様な国民の意向をくみつつ、国民全体の福祉の実現を目指して行動することが要請されている」(3853頁)。
　④ 国会議員の立法に関する責任・義務の性質と国賠法 1 条 1 項の違法性
　「国会議員は、立法に関しては、原則として、国民全体に対する関係で政治的責任を負うにとどまり、個別の国民の権利に対応した関係での法的義務を負うものではなく、国会議員の立法行為そのものは、立法の内容が憲法の一義的な文言に違反しているにもかかわらず国会があえて当該立法行為を行うというごとき、容易に想定し難いような例外的な場合でない限り、国家賠償法上の違法の評価は受けないというべきであるが (最高裁昭和五三年 (オ) 第一二四〇号同六〇年一一月二一日第一小法廷判決・民集三九巻七号一五一二頁〔昭和60年判決〕)、この理は、独り立法行為のみならず、条約締結の承認、財政の監督に関する議決など、多数決原理により統一的な国家意思を形成する行為一般に妥当する」(3853-4頁)。
　因みに、上記引用の前段も、ほぼ文字通り昭和60年判決と同じであり、明示に引用されている。それに続く後段は、この例外法理の適用が、「立法行為

第 2 章 立法行為

そのもの」（昭和60年判決とは異なり「そのもの」という文言が付加されていることに留意）だけでなく，条約の締結の承認や財政の監督に関する議決等，多数決原理により統一的な国家意思を形成する行為一般に及ぶことが論じられている。そこから，そこにいう「立法行為そのもの」（引用中，傍点筆者）が，ひろく立法に参与する行為一般（広義の立法行為）ではなく，法律案を法律として確定し成立せしめる本来の意味の立法行為，すなわち議員の法律案に対する賛否の意思表示行為たる「表決」を意味し，その法上の結果としては，国会の法律「議決」を意味するものと解せられる[3]。国会の法律「議決」は，両院関係によって定まるが（憲法59条），法律案に対する議員の「表決」は，議院の法律「議決」の先行行為であり，「表決」の結果が法上，法律「議決」となるからである。

⑤ 質疑等の法的性質

「これに対して，国会議員が，立法，条約締結の承認，財政の監督等の審議や国政に関する調査の過程で行う質疑，演説，討論等（以下「質疑等」という。）は，多数決原理により国家意思を形成する行為そのものではなく，国家意思の形成に向けられた行為である。もとより，国家意思の形成の過程には国民の間に存する多元的な意見及び諸々の利益が反映されるべきであるから，右のような質疑等においても，現実社会に生起する広範な問題が取り上げられることになり，中には具体的事例に関する，あるいは，具体的事例を交えた質疑等であるがゆえに，質疑等の内容が個別の国民の権利等に直接かかわることも起こり得る。したがって，質疑等の場面においては，国会議員が個別の国民の権利に対応した関係での法的義務を負うこともあり得ないではない」（3853-4頁）。

因みに，後に論ずるように，この判示箇所が，立法行為の体系にとって重要である。というのは，立法について，性質を異にする二つの種類の行為が類別

---

[3] 「立法行為そのもの」という用語は，表現上は，「立法行為」には「立法行為そのもの」とそうではない，それ以外の「立法行為」もありうるという意味で用いることも可能であろうが，本判決は，かかる趣旨のものではなく，本文で述べたように，「立法行為」をもって概念上法律案を法律として確定し成立せしめる行為に狭く限定する趣旨のものと解せられる。このことは，次にみるように，「多数決原理により国家意思を形成する行為そのものではなく，国家意思の形成に向けられた行為」を「立法行為」とは呼んでいないことからも知られるであろう。本稿が，本判決は基本的には伝統的な狭義の立法行為の概念に立つとするのは，かような意味においてである。かかる狭義の立法行為の概念は，歴史的には，立憲君主主義的な政府による外部発案独占主義と裁可を経験した大陸型，特にドイツ型の憲法に由来し，それに基づく憲法理論が明治憲法下に流入し，わが国おいて伝統的学説を形成したことについては，すでに述べた（前出8-9頁参照）。

されているからである。すなわち，一つは，「多数決原理により国家意思を形成する行為そのもの」，立法に即していえば，「立法行為そのもの」すなわち前述の本来の意味の立法行為（議員の表決とその法上の結果としての国会の法律議決），いま一つは，「質疑等」という用語によって包括されているところの，「多数決原理により国家意思を形成する行為そのものではなく，国家意思の形成に向けられた行為」である。後者も，「立法」だけでなく，よりひろく「条約締結の承認，財政監督等の審議や国政に関する調査の過程」を含むが，いま「立法」についていえば，そこでは，法律という「国家意思の形成に向けられた行為」，つまり後に論ずる筆者の用語に即していえば，「立法追行行為」が念頭に置かれていることは明らかである。その際，留意すべきは，当然のことながら，「質疑，演説，討論等」とされ，憲法51条の文言に即していえば，「表決」が除外されていることである。なお，本判決の意義という観点からいえば，この「質疑等」の行為類型（立法追行行為）の場合には，個別の国民に対して法的義務を負うことの可能性が原理的に承認されていることに注目されるべきである。

⑥ 質疑等の法的性質と国賠法1条1項の違法性

「しかしながら，質疑等は，多数決原理による統一的な国家意思の形成に密接に関連し，これに影響を及ぼすべきものであり，国民の間に存する多元的な意見及び諸々の利益を反映させるべく，あらゆる面から質疑等を尽くすことも国会議員の職務ないし使命に属するものであるから，質疑等においてどのような問題を取り上げ，どのような形でこれを行うかは，国会議員の政治的判断を含む広範な裁量にゆだねられている事柄とみるべきであって，たとえ質疑等によって結果的に個別の国民の権利等が侵害されることになったとしても，直ちに当該国会議員がその職務上の法的義務に違背したとはいえないと解すべきである。憲法五一条は，……と規定し，国会議員の発言，表決につきその法的責任を免除しているが，このことも，一面では国会議員の職務行為についての広い裁量の必要性を裏付けているということができる。もっとも，国会議員に右のような広範な裁量が認められるのは，その職権の行使を十全ならしめるという要請に基づくものであるから，職務とは無関係に個別の国民の権利を侵害することを目的とするような行為が許されないことはもちろんであり，また，あえて虚偽の事実を摘示して個別の国民の名誉を毀損するような行為は，国会議員の裁量に属する正当な職務行為とはいえない」(3854-5頁)。

⑦ 要　旨

「以上によれば，国会議員が国会で行った質疑等において，個別の国民の名誉や信用を低下させる発言があったとしても，これによって当然に国家賠償法一条一項の規定にいう違法な行為があったものとして国の損害賠償責任が生ずるものではなく，右責任が肯定されるためには，当該国会議員が，その職務とはかかわりなく違法又は不当な目的をもって事実を摘示し，あるいは，虚偽であることを知りながらあえてその事実を摘示するなど，国会議員がその付与された権限の趣旨に明らかに背いてこれを行使したものと認め得るような特別の事情があることを必要とする」（3855頁）。

⑧本件について

「これを本件についてみるに，……本件発言が法律案の審議という国会議員の職務に関係するものであったことは明らかであり，また，Y_1が本件発言をするについてY_1に違法又は不当な目的があったとは認められず，本件発言の内容が虚偽であるとも認められないとした原審の認定判断は，原判決挙示の証拠関係に照らして首肯することができる」（3855-6頁）。

3 本判決の特質

以上が，本判決の骨子である。本判決は，国会の立法過程における国会議員の発言の自由と，その発言によって個人の名誉が侵害されたとされる場合，その調整をどのような形でなされるべきか，かかる調整のあり方に関連して憲法51条の議員の免責特権の意味が正面から問われた事件であったが[4]，この憲法

---

4 本件で問題となった憲法上の論点については，佐藤幸治，安藤高行，吉田栄司教授による一連の論稿がある。佐藤幸治「『議員の免責特権』についての覚書」『法学論叢』126巻4・5・6号（1990年）106頁，同「『議員の免責特権』について」『法学教室』143号（1992年）48頁，同「議員の免責特権について　札幌高裁平成6年3月15日判決」『ジュリスト』1052号（1994年）79頁；安藤高行『憲法の現代的問題』（法律文化社・1997年）「Ⅲ議員免責特権」（250頁），吉田栄司「国会議員の対国民責任について」佐藤幸治・初宿正典編『人権の現代的諸相』（有斐閣・1990年）382頁，同「国会議員の免責と非免責」『現代立憲主義と司法権　佐藤幸治先生還暦記念』（青林書院・1998年）549頁。また，本件についての判決の評釈・解説として，上記のものの他，第一審判決については，吉田栄司『ジュリスト』1038号（1994年）132頁，沼田寛『法律のひろば』47巻2号（1994年）48頁，原田一明『平成5年度重要判例解説』（1994年）36頁，第二審判決については，倉持孝司『判例セレクト94』（1995年）16頁，毛利透『平成6年度重要判例解説』（1995年）22頁，上告審判決については，川岸令和『判例セレクト97』（1998年）11頁，安藤高行『平成9年度重要判例解説』（1998年）24頁，秋山義昭『判例評論』476号（1998年）36頁，石井忠雄『法律のひろば』51巻10号（1998年）34頁，宍戸常寿『法学協会雑誌』116巻4号（1998年）681頁，大橋弘『ジュリスト』1133号（1998年）180頁，同『最高裁判所判例解説民事篇平成9年度

上の論点についていえば，いわば憲法51条についての肩すかしのような判決で，51条の免責特権の保障は，判旨⑥に示されているように，国賠法上の違法性の問題のレベルで処理され，「国会議員の職務行為についての広い裁量の必要性を裏付け」るものへと矮小化されてしまった[5]。

だが，本判決は，国会議員の立法に参与する行為が国賠法1条1項の違法性の評価を受けるかどうか，もし受ける場合があるとすればどのような場合かという，極めて限定された観点から立法行為の法的性質を論ずるものであるとしても，その論証の過程において，昭和60年判決で問題となった国会議員の「立法行為（立法不作為も含む。）」，すなわち，「立法行為そのもの」つまり本来の意味の立法行為（議員の表決とその法上の結果としての国会の法律議決）と，「質疑等」の，法律という「国家意思の形成に向けられた行為」（立法追行行為）とを区別することによって，広い意味での立法行為の体系的な分類を判例として初めて提示したこと，そしてかかる分類を基礎にして，それぞれの法的性質の相違を国賠法上の違法性の評価に反映せしめ，前者については昭和60年判決の「例外」定式に，後者については本判決の「特別の事情」定式に収斂させた点において，大きな特色をもつものと考えられる。

しかし，それは，そこからも知られるように，どこまでもいわば大局的な体系的分類であって，必ずしも理論的に詰められたものではない。なぜなら，本判決は，いうまでもなく，立法行為の体系を提示することを目的として論じられたものではなく，上述の訴訟上の争点を解決するために必要な限りで，立法行為の体系的な分類に関する論述がなされているにすぎないからである。

そこで，本判決において提示された立法行為の体系的な分類が，まずはそれ本来の議会法ないし立法過程の見地から理論的にどのような意味をもち，どのように整序しうるかについて，若干の分析を試みることにしよう。

三　若干の分析──議会法ないし立法過程の見地から──

本判決の特質は，上記の如く何よりも，立法過程を組成する立法行為を，「多数決原理により国家意思を形成する行為そのもの」と「国家意思の形成に向けられた行為」とに類別したことにあるが，問題は，この二つの行為の類別

（下）』（2000年）1180頁，原田一明『憲法判例百選Ⅱ〔第五版〕』（2007年）388頁〔〔第六版〕（2013年）376頁〕参照。

[5] 安藤高行・前掲（注4）『平成9年度重要判例解説』25頁，原田一明・前掲（注4）『憲法判例百選Ⅱ〔第五版〕』388頁〔〔第六版〕（2013年）376頁〕等参照。

が，立法行為の体系にとってどのような理論上の含意をもつかということである。この点について，この区別は，理論的には，国家意思形成の主体の類別，立法に即して言えば，立法の本来的主体と従属的主体の区別に基づくものと考えられるので，以下その理由について，少しく論じることにしたい[6]。

1 「多数決原理により国家意思を形成する行為そのもの」の意味

かかる行為は，立法過程においては，本来の意味の立法行為，理論上正確には，法律という国家意思を形成する行為すなわち「法律議決」であるが，法律議決の主体は，いうまでもなく，合議体としての国会である（憲法41条）。しかし，国会は両議院よりなる複合合議制機関として（憲法42条），その法律議決は，独立固有の議決権を有する両院の意思関係によって定まるから（憲法59条），議院もまた，もとより法律議決の主体である。

かように，法律という国家意思を形成し確定する行為の権能を憲法上授権されている機関を，「立法の本来的主体」と呼ぶならば，法律議決権を有するものとしての国会，議院，そして議院の内部機関たる委員会もまた，議院との関係においてさしあたり独立固有の議決権をもつ限り，立法の本来的主体ということができる。

議院および委員会を構成する個々の議員および委員は，概念上形式的には立法の本来的主体といえないが，しかし，表決権を有するものとしての議員・委員は，議決権を有するものとしての立法の本来的主体の実質をなすものであり，この意味で実質的には体系上，立法の本来的主体に属するものと考えなくてはならない。「表決」と「議決」とは，先に示唆したように，概念上明確に区別されるべきであるが，「表決」は「議決」の先行行為であり，「表決」の結果が法上合議体の意思決定すなわち「議決」となるからである。

しかしながら，立法の本来的主体の立法行為は，法律議決のみに限定されるわけではない。

第一に，立法の本来的主体の立法行為は，法律案に関する議決のみ限定されるわけではない。議院の議決には，法律案に関する議決（基本的議決）もあれば，それ以外に修正案についての議決（附随的議決）もあり，さらには議事の手続・進行に関するいわゆる議事規則動議についての議決（派生的議決）もあ

---

[6] 以下の論述は，概ね拙著・前掲（注1）97頁以下〔本書113頁以下〕に基づく。立法主体の区別を示唆するものとして，Vgl. Walter Jellinek, Das einfache Reichsgesetz, in: *Handbuch des Deutschen Staatsrechts*, Bd., Ⅱ, 1932, S. 164.

第5節　判例からみた立法行為論 I

る。これらすべては，立法の本来的主体の立法行為に属する。

　第二に，立法の本来的主体の立法行為は，法律案に関する議決にのみ限定されるわけではない。法は，法律案について審議をも要求しているから，審議を実施することも立法の本来的主体の立法行為に属する。ここに法律案の審議とは，「法律の実体形成」に即して，立法の本来的主体の側からいえば，いかなる法律議決を行うかについての「確信＝心証（Überzeugung）」をみずから主体的に形成する作用の全体をいう[7]。

　第三に，議院の議事整理権・秩序保持権・議院事務監督権・議院代表権は議長に委ねられ（国会法19条），また委員会の議事整理権・秩序保持権・委員会代表権は委員長に委ねられているが（国会法48条，衆規66条，参規43条），議院または委員会を代表し各会議を主催する議長・委員長が右職権に基づいて行なう行為もまた，立法の本来的主体の立法行為に属する。

　以上が，立法の本来的主体の立法行為であるが，本判例は，そのうち，その中心となる法律議決たる立法行為のみを眼中においている。憲法訴訟で，立法の作為・不作為が通例問題となるのは，かかる行為であるから，その限りで問題はないが，しかし立法行為の体系という見地からは，かかる理解は，極めて限られたものといわなければならない。

2　「国家意思の形成に向けられた行為」の意味

　本判決は，「国会議員が，立法，条約締結の承認，財政監督等の審議や国政に関する調査の過程で行う質疑，演説，討論等（以下「質疑等」という。）は，多数決原理により国家意思を形成する行為そのものではなく，国家意思の形成に向けられた行為である」として，立法についてはいえば，法律という「国家意思を形成する行為そのもの」（法律議決）と，立法の過程で行なわれる「質疑，演説，討論等（以下「質疑等」という。）」の「国家意思の形成に向けられた行為」を類別する。本判決によれば，「質疑等は，多数決原理による統一的な国家意思の形成に密接に関連し，これに影響を及ぼすべきもの」とされるのみで，その精確な意味は必ずしも明確でないが，立法についていえば，それは，「立法の本来的主体」の法律議決を目標として，法律の実体形成に向けられた

7　「法律の実体形成」の概念については，小野清一郎「立法過程の理論」『刑法と法哲学』（有斐閣・1971年）83頁以下，団藤重光『法学入門〔増補〕』（筑摩書房・1986年）154頁以下〔『法学の基礎』（有斐閣・1996年）178頁以下〕，なお。その分析については，拙著・前掲(注1)69頁以下・本書4頁以下参照。

第2章　立法行為

「立法の従属的主体」の立法追行行為と理解しうるであろう。この場合，質疑，演説，討論等の「質疑等」の行為の主体は，いうまでもなく議員・委員である。しかし，それは，表決権を有するものとしての議員・委員ではなく，どこまでも，質疑等の権能，つまり立法追行権を有するものとしての議員・委員である。

すなわち，議員・委員は，立法過程においては，二つの法的性質を異にする主体として登場するのである。一つは，表決権を有するものとしての議員・委員であり，その行為は，実質的には体系上，立法の本来的主体の立法行為に属する。もう一つは，発議権・動議権・質疑権・討論権を有するものとしての議員・委員であり，そこでは，議員・委員は，法律議決を目標として，それを追行する「立法の従属的主体」，すなわち立法追行権の主体（立法追行者）としてあらわれる。今ここで，立法追行者を立法の従属的主体と呼んだのは，その行為（立法追行行為）が，窮極的にはすべて，立法の本来的主体の法律議決を目標として行われ，法律議決を離れては独自の意義をもたず，議決との関係において初めて法的意義を有しうるものだからである。

さて，本判決のいう「国家意思の形成に向けられた行為」を，立法についていえば，理論上かように，立法の従属的主体（立法追行権の主体）の立法追行行為と捉えられるとすれば，そこから，それについての本判決の問題点も指摘されうる。

第一に，立法追行行為ついて，本判決は，「質疑，演説，討論等」（「質疑等」）と例示的に挙げ，その範囲は明確でないが，理論上それに限定されるわけではなく，立法に即していえば，何よりもまず，法律案の「発案」がこれに属する。このことは，極めて重要な意味をもつ。なぜなら，法律発案は，法律案を議院に提出して，その審議・議決を求める行為として主要立法過程の起点をなす行為であり，まさに立法過程における指導形象として中心的位置を占めるからである。憲法は，法律発案について明示の規定を欠くが，法律により，議員（国会法56条1項）および委員会（国会法50条の2）と並んで内閣にも法律発案権が認められているから（内閣法5条），内閣提出法律案の場合には，内閣総理大臣・国務大臣等がその立法追行機関として登場し，立法追行について極めて重要な働きをする（憲法72条・63条，国会法63条・57条の3・69条・70条・71条等参照）。しかし，もとより，かかる行政機関の立法追行行為は，もっぱら発議権・動議権・質疑権・討論権および表決権を有する議員の意思形成に影響を及ぼすことを目的とするものであって，それ自体かかる権能を有するものでないことはいうまでもない。ここに，立法追行者としての議員と議員以外の立法追

第5節　判例からみた立法行為論 I

行者との決定的な相違があることに留意しなければならない。

　第二に，本判決では，「質疑，演説，討論等」(「質疑等」)と併記され，それぞれの行為の法的性質の違いについては全く言及されてない。この点について，筆者はかねてより，次のように立法追行行為を理論上三つの範疇に分けて，その法的性質を分析したが，このようなその内部の理論的な掘り下げも何らなされていない。

　(1)　すなわち，立法追行行為の第一の範疇は，議院に対して一定の議決を求める意思表示行為である。「申立」と呼ぶなら，具体的には，立法過程における基本的な申立としての「法律発案」，それに付随する申立としての「修正動議」，さらにそれらから派生する立法手続に関する個々の事項（多くは議事の手続・進行等）について申立としての「議事規則動議」がそれに属する。

　(2)　立法過程は，いうまでもなく，法律発案から法律議決に至る基本的立法過程を中心に発展するから，それに即していえば，立法追行行為の第二の範疇は，法律発案を基礎づけ理由あらしめるためになされる行為である。理論上「主張」と呼ぶならば，それは，その内部で，法律発案を法的に基礎づけ行為（「法的主張」）と，それをさらに事実によって基礎づける行為（「事実的主張」）に区別される。

　具体的には，前者に属するものとして，何よりも法律案それ自体をあげなければならない。というのは，法律発案は，法律案の審議・議決を求める意思表示行為であるが，それによってもたらされる法律案それ自体は，将来法律となるべきものの実体について法的に構成された発案者の蓋然的判断を示したものであって，形式的には法律発案を成立せしめると同時に（法律案を具えていなければ，法律発案は不適法となる），実質的には法律発案の法的正当性を基礎づけ理由あらしめるための行為としての性格を有するからである。また，後者（「事実的主張」）に属するものとして，まず「趣旨説明」（国会法56条の2，衆規44条・69条，参規39条・107条）あるいは「趣旨弁明」（衆規117条，参規118条）をあげなければならない。その「提案の理由」において，まさに「法的主張」（法律案）を基礎づけ理由あらしめる政治的・経済的・社会的な一般的事実，すなわち立法事実が提起されるからである。しかし，そこでは，通例ごく簡単に述べられるだけであるから，それは，主として質疑の段階においてなされ，さらには討論においてもなされうる。そこで法的主張が争われるとき，事実によって裏づけられなければならないからである。

　(3)　立法追行行為の第三の範疇は，提起された立法事実の主張が争われた場

合，立法資料・証拠によってその真実性・確実性を証明し，もって「事実的主張」を基礎づけ理由あらしめるためになされる行為である。理論上「立証」と呼ぶならば，具体的には，これに属するものとして，まず第一に法が「質疑」（国会法61条，衆規45条1項・118条・134の2・139条・140条・142条，参規42条1項・106-112条）と呼んでいるものに対してなされる行為，すなわち「答弁」をあげることができる。一般に質疑とは，議題についてその疑義を質すことをいうとされるが，通例それは趣旨説明者に対してなされるのを例とし，そこにおいて，法律案を裏付ける一般的事実（立法事実）に関する蓋然的判断の表示，すなわち「事実的主張」について疑義が提出され争われた場合には，その答弁において「事実的主張」を基礎づけ理由あらしめるために種々の立法資料・証拠を用いて「立証」がなされる。特定の法分野を除いて，今日重要な法律案の大部分は内閣提出法律案であるから，実際にこれにあたるのは，国務大臣等政府関係者である（国会法69条，なお衆規45条の2・3，参規42条の2・3第1項参照）。

　法は「質疑」の次の段階として「討論」（衆規118条，参規113条）を規定している。一般に討論とは，議題に対してなされる議員または委員の賛否の表明をいうとされるが，そこにおいても，その前提として「事実的主張」がなされ，さらにそれについての「立証」がなされうる。

　要するに，立法過程においては，「事実的主張」と「立証」が必ずしも手続上明確に区別されず，趣旨説明・質疑・討論の中で，さらに場合によっては証人の証言・公述人の発言・参考人の意見の中で，いわば渾然と行われているのである。

　以上が立法追行行為の概要であるが，そもそも法はなぜ立法手続に趣旨説明・質疑・討論というような一連の行為を規定しているのであろうか。いうまでもなくそれは，発案者の側からいえば，自己の法律発案が，いかに法的に正当なものであり，かつまた，いかに事実によって裏づけられたものであるかを論証し，もって，表決権を有する他の議員の意思形成に働きかけて賛成の表決をするよう説得し，自己に有利な議決（可決）を獲得しようとするのを可能ならしむるためである。また，逆に法律発案に反対する議員の側からいえば，それがいかに法的にも事実的にも根拠がないものであるかを論証し，もって，他の議員の意思形成に働きかけて反対の表決をするよう説得し，自己に有利な議決（否決）を獲得しようとするのを可能ならしむるためである。この意味で，かかる行為を，いわば立法過程における「確信＝心証（Überzeugung）形成行為」と呼ぶことができるであろう。それは，他の議員の意思形成に働きかけて，

第5節　判例からみた立法行為論Ⅰ

自己に有利な判断を形成せしめるという意味をもつが、翻って、当該法律案の当否を決定する表決の主体たる個々の議員の立場からいえば、かかる働きかけを斟酌しつつ、自ら主体的に自己の表決の内容を自由に形成するという意味において「確証形成行為」であるから、結局、両者は、同じことの二つの表現と考えることができる。かかる「確証形成行為」こそ、まさしく「法律の実体形成」の核心をなすものであって、立法過程は、これを中心とする法律の実体形成行為と、それを目的とする手続形成行為によって重畳的に発展するものと捉えうるのである。

第三に、上記のことからも知られるように、立法過程の発展は、その内容面では、法律の実体形成であり、形式面では手続の形成である。立法過程の本来の目標は、法律の実体形成を行い、法律を確定することにあるから、立法過程における手続形成は、法律の実体形成に対しては、内容に対する形式、目的に対する手段の関係にたち、実体形成を目標とする種々の立法行為の連鎖よりなる。かようにして、立法過程は全体として、手続形成とその上に成り立つ法律の実体形成とが互いに不可分に結びついた重畳的性質をもつのであるが、本判決においては、しかしながら、このような立法過程の重畳的性質、殊に手続形成過程については、全く言及されていない[8]。

以上、平成9年判決において提示された立法行為の分類について、それ本来の議会法ないし立法過程の見地から若干の理論的分析を試みた。

しかるに、判決では、かかる見地から立法行為を分類しつつも、それが、国賠法上違法と評価を受けるかどうかという、立法手続法上の効果ではなく、それを超えそれとはレベルを異にする実体法上の個別の国民に対する職務上の法的義務が問題とされているのである。

そこで次に、立法行為の国賠法上の違法性という特殊の問題について、立法

8　かかる理論よりみるとき、本判決は立法過程の「内容面」、法律の実体形成に関わる事案であるのに対して、会期延長の議決の効力が問題となった警察法改正無効事件（最大判昭和37・3・7民集16巻3号445頁）、委員長・議長の議事手続に対する公務執行妨害罪等が問題となった第一次国会乱闘事件（東京地判昭和37・1・22判時297号7頁）および第二次国会乱闘事件（東京高判昭和44・12・17判時582号18頁）、法律発案につき「機関承認」の要件が問題となった国民投票法案不受理事件（最二小判平成11・9・17訟月46巻6号2992頁）は、いずれも立法過程の「形式面」、手続形成行為に関わる事案であることがわかる。かようにして、それぞれの事案の特質も、立法行為論に即して体系的に整序しうるであろう〔これについては、次節「判例からみた立法行為論Ⅱ——立法過程の手続面（手続形成行為）を中心に——」で考察することになる〕。

行為論の見地から，最高裁の判例の特質と問題点を少しく検討することにしたい。

四　立法行為論と国賠法上の違法性

1　国会議員の「立法行為（立法不作為を含む）」について

　昭和60年判決が，「国会議員の立法行為（立法不作為を含む。以下同じ。）が同項の適用上違法となるかどうかは，国会議員の立法過程における行動が個別の国民に対して負う職務上の法的義務に違背したかどうかの問題であって，当該立法の内容の違憲性の問題とは区別されるべきであり，仮に当該立法の内容が憲法の規定に違反する廉があるとしても，その故に国会議員の立法行為が直ちに違法の評価を受けるものではない」（傍点筆者）という場合の「立法行為（立法不作為を含む）」とは，国会議員が主体である限り，法律案に関する賛否の意思表示行為たる「表決」を意味するであろう。立法主体論よりすれば，実質的には体系上確かにそうであるが，しかし，理論上正確には，かかる「表決」の結果としての国会という合議体としての法律案についての意思決定，すなわち法律「議決」と捉えられるべきことについてはすでに述べた。平成9年判決が，「この理は，独り立法行為のみならず，条約締結の承認，財政の監督に関する議決」（傍点筆者）などに一般に妥当するものとして「議決」を語り，そのうえで，法律という国家意思を形成する「立法行為そのもの」と称しているのも，その故であろう。

　問題は，それがどのような場合に，国賠法上違法の評価を受けるかということである。この点についてのポイントは，在宅投票制違憲訴訟において，第一審および控訴審において，法律議決によって成立した法律の内容（あるいは法律議決がなされなかったことによる立法不作為の内容）が違憲かどうかを問題とし，それが違憲であるということから，直ちに法律議決それ自体の国賠法上の違法性を導出したのに対して，最高裁昭和60年判決は，両者を峻別し，前者すなわち「立法内容の違憲性」ということから，直ちに後者すなわち「立法行為の国賠法上の違法性」が導かれるのではないとした点にある。

　なぜか。その理由は，判例によれば，「国会議員の立法過程における行動で，立法行為の内容にわたる実体的側面に係るもの」――先の立法行為論の用語に即して言えば，立法過程の「実体面」の終結点に位置する法律議決行為――は，「これを議員各自の政治的判断に任せ，その当否は終局的に国民の自由な言論及び選挙による政治的評価にゆだねるのを相当とする」からである。かように

第5節　判例からみた立法行為論 I

して，かかる文脈において憲法51条の免責規定も援用され，「憲法51条が，……国会議員の発言・表決につきその法的責任を免除しているのも，国会議員の立法過程における行動は政治的責任の対象とするにとどめるのが国民の代表者による政治の実現を期するという目的にかなうものである，との考慮によるのである」。かくて，「国会議員は，立法に関しては，原則として，国民全体に対する関係で政治的責任を負うにとどまり，個別の国民の権利に対応した関係での法的義務を負うものではないというべき」とされる。

　ここまでは，先に概要した立法行為論の見地からも，それとして──ただし，「立法内容の違憲性」と「立法行為の国賠法上の違法性」の峻別論ないし二分論が，法的様相の理論による「権限規範の様相」と「行為規範の様相」の区別に基づくものと捉える限りにおいて[9]──十分に理解しうるものであるように思われる。しかし，それにつづく，「国会議員の立法行為は，立法の内容が憲法の一義的な文言に違反しているにもかかわらず国会があえて当該立法を行うというごとき，容易に想定し難いような例外的な場合でない限り，国家賠償法一条一項の規定の適用上，違法の評価を受けない」との例外定式は，上記の立論と整合しない。なぜなら，「国会議員の立法行為（立法不作為を含む。以下同じ。）が同項の適用上違法となるかどうかは，国会議員の立法過程における行動が個別の国民に対して負う職務上の法的義務に違背したかどうかの問題であ」（傍点筆者）るとすれば，かかる問題が生じうるのは，当該立法行為によって成立した法律という客観的な国家意思が法律の一般性という原則に対する例外的として処分的性質を有し，かかる処分的法律によりある特定の個別の国民の憲法上の権利ないし自由が侵害されたという例外的な場合に限定されるものと解されるからである。しかし，憲法上，そのような処分的法律が是認されるか否か，そのような例外がそもそも立法不作為の場合に認められる余地があるかどうか，仮に是認される余地があるとして，極めて限定的なものとならざるをえないであろう[10]。

　その後，最高裁は，在外日本国民選挙権行使制限規定違憲判決（最大判平成17・9・14民集59巻7号2087頁，以下，「平成17年判決」という）において，かかる例外定式を，「立法の内容又は立法不作為が国民に憲法上保障されている

9　この論点については，拙稿「立法の不作為に対する違憲訴訟(1)──在宅投票制廃止事件上告審」『憲法判例百選Ⅱ』〔第5版・2007年〕438-9頁，拙著『ケルゼンの権利論・基本権論』（慈学社・2009年）326頁以下・同『憲法訴訟論〔第2版〕』（信山社・2010年）305頁以下・316頁参照。
10　拙著・前掲（注1）242頁，前掲（注9）『憲法訴訟論〔第2版〕』309頁以下参照。

権利を違法に侵害するものであることが明白な場合や，国民に憲法上保障されている権利行使の機会を確保するために所要の立法措置を執ることが必要不可欠であり，それが明白であるにもかかわらず，国会が正当な理由なく長期にわたってこれを怠る場合などには，例外的に，国会議員の立法行為又は立法不作為は，国家賠償法1条1項の規定の適用上，違法の評価を受けるものというべきである」と再定義し，昭和60年判決は，「以上と異なる趣旨をいうものではない」としている。しかし，一般に，平成17年判決は，昭和60年判決の例外要件を緩和したものであり，事実上の判例変更と理解されている[11]。

以上のように，国会議員の立法過程における「表決」，法上の結果としては国会という合議体の「法律議決」という本来の意味での立法行為は，判例において，立法行為論の見地からも体系上正当に位置づけられ，またそれが国賠法1条1項の適用上の問題にも反映され，原則として違法の評価を受けないものと正当に捉えられているが，しかし，その理論的根拠は明確にされず，したがってまた，その例外定式も原則とは整合しない不明確なものとなっているといわなくてはならないように思われる。

2　国会議員の立法過程における「質疑等」について

これに対して，国会議員の立法過程における「質疑等」については，平成9年判決において，「国家意思の形成に向けられた行為」と位置づけられ，内容的には，法律という「多数決原理による統一的な国家意思の形成に密接に関連し，これに影響を及ぼすべきもの」と捉えられていたこと，そして，理論的には，立法追行行為として位置づけられ，全体として立法過程の「実体面」をなし，法律の実体形成行為に属することについてはすでにみた。かようにして，判例により提示された「質疑等」の立法行為論は，必ずしも内容的に詰められたものではないが，しかし，それは，それとして理論上十分に主張しうるものであったということができる。

問題は，かかる立法行為の体系上の位置づけが，正当に国賠法上の位置づけに反映されているかどうかである。

この点について，判例の特質は，「質疑等」が立法行為論にいう立法追行行為としての性格をもつことから，まず第一に，「質疑等」の行為は，「表決」ないし「議決」行為とは異なり，そのあり様如何によっては，「具体的事例に関

11　同・前掲（注9）『憲法訴訟論〔第2版〕』325頁参照。

する，あるいは，具体的事例を交えた質疑等であるがゆえに，質疑等の内容が個別の国民の権利等に直接かかわることも起こり得る。したがって，質疑等の場面においては，国会議員が個別の国民の権利に対応した関係での法的義務を負うこともあり得ないではない」，ということである。これが，「質疑等」が「表決」ないし「議決」行為と決定的に異なる点であり，このことは，通例の立法過程において生ずることであって，処分的法律の場合にのみ問題となるというようなことはない。すなわち，立法手続において法律案について主張・立証のプロセスにおいて問題となる事実は，先に指摘したように，法律案を基礎づけ理由あらしめる一般的事実としての立法事実であるが，その具体的例証として具体的事実に即して質疑がなされることも可能であり，本件事案はまさにそのような例に属するということである。

　かようにして，第二に，憲法51条の免責特権の規定の意味にも微妙な違いが生ずる。すなわち，「国家意思を形成する行為」＝「立法行為そのもの」（法律議決）の場合には，もっぱら「政治的責任」との結びつきだけが問題とされるのに対して，「国家意思の形成に向けられた行為」＝「質疑等」（立法追行行為）の場合には，「質疑等においてどのような問題を取り上げ，どのような形でこれを行うかは，国会議員の政治的判断を含む広範な裁量にゆだねられている事柄とみるべきであって，たとえ質疑等によって結果的に個別の国民の権利等が侵害されることになったとしても，直ちに当該国会議員がその職務上の法的義務に違背したとはいえないと解すべきである」とし，この文脈で憲法51条が援用され，「憲法五一条は，……と規定し，国会議員の発言，表決につきその法的責任を免除しているが，このことも，一面では国会議員の職務行為についての広い裁量の必要性を裏付けているということができる」とし，「法的義務」の存在を原理上前提としたうえで，もっぱら「広い裁量の必要性」を基礎づけるものと位置づけられる。

　かくて，問題は，第三に，「質疑等」の広い裁量の必要性が要請される行為によって「結果的に個別の国民の権利等が侵害される」場合，両者の調整をどのように図るべきかということになるが，本判決は，この点について，「国会議員が国会で行った質疑等において，個別の国民の名誉や信用を低下させる発言があったとしても，これによって当然に国家賠償法一条一項の規定にいう違法な行為があったものとして国の損害賠償責任が生ずるものではなく，右責任が肯定されるためには，当該国会議員が，その職務とはかかわりなく違法又は不当な目的をもって事実を摘示し，あるいは，虚偽であることを知りながらあ

えてその事実を摘示するなど，国会議員がその付与された権限の趣旨に明らかに背いてこれを行使したものと認め得るような特別の事情があることを必要とすると解するのが相当である」として，極めて厳格に限定された「特別の事情」を要請していることである。

「質疑等」の場合には，「表決」ないし法律議決の場合とは異なり，そこで問題となっている法律となるべきものの内容が違憲かどうかという「立法内容の違憲性」は問題とならない。ここでは，「表決」ないし法律議決の場合とは異なり，個別の国民に対応した関係で発言内容の「法的義務」が問題となるのであり，そこでは「裁量に属する正当な職務行為」といえるがどうかが判断の基準となるものとされ，憲法51条の解釈を媒介として，上記のような「特別の事情」定式が導出されている。

この点について，大局的には，「質疑等」の行為の特質を，立法行為論の体系の中で正当に位置づけ，それを国賠法の適用上の違法性の問題に反映させたものとして，基本的には妥当と考えられるが[12]，しかし，そこには，なお幾多の問題点含まれていることも留意しなければならないであろう。

問題点として，一方では，厳格に限定された「特別の事情」の要件により，これでは，国民の名誉，プライバシーの権利が十分に保障されないのではないか，という指摘がありえよう[13]。しかし，他方では，そのような問題との調整

---

[12] 本判決における立法行為の二つの区別について，その意義に言及したものは意外に少ないが，そのような中にあって，特に注目されるのは，宍戸評釈である。それによれば（前掲（注4）686頁以下），本件と在宅投票最判を「国会議員の立法過程における行動に対する国賠請求」という一応同じ性質の事案と理解した上で，両者の区別を試みるものであるが，しかし，事案に即した区別の契機は，在宅投票最判は「国会全体の行動」ないし「立法不法」の事案であり，他方で本件は「公務員による名誉毀損に対する国家賠償」に関するないし「公法上の名誉毀損」（Ehrenschutz im öffentlichen Recht）」に関する事案であるということにあるのであって，ただともに憲法51条を援用しうる点に共通点があるに過ぎない。だとすれば，在宅投票最判の説示を本件に引用する必要はなく，従って，「国家意思を形成する行為」と「国家意思の形成に向けられた行為」の対称も不要であったのではないか，とされ，否定的な見解が提示されている。しかし，両事案は，まさに国会議員の立法行為に関するものであり，立法行為論における各行為——一方では議員の「表決」，結果としては国会の法律「議決」が，他方では，議員の「質疑」——の体系的位置づけに基づいて，それが国賠法上の違法性のあり方——一方では「例外」定式，他方では「特別の事情」定式——に反映されているものとみるべきであろう。本稿が本文において「基本的には妥当」と積極的に評価するのも，このような立法行為論の体系理解による。

[13] 佐藤教授のこのテーマに関する一連の論文（前掲（注2））参照）は，本件最高裁判決に直接に言及したものではないが，基本的にはかかる立場を代表するものと捉えられるであろう。なお，かかる文脈において，控訴審判決が，「虚偽であることを通常払うべ

は憲法レベルですでに調整済みのもとして規定されているのであるから,「特別の事情」のもとであれ, それにより, 議院における議員の発言が裁判でその違法性が問題とされること自体, 議員の発言に萎縮的効果をもたらす等, 重大な影響を及ぼすのではないかという指摘もありうる[14]。

本判決は, 内容的には, 議員の免責特権の保護領域を制限的に捉え,「誹謗的侮辱〔中傷的名誉毀損〕(verleumderische Beleidigungen)」を除外するドイツの憲法規定(46条1項)[15]に一脈通じるところがあるようにも見えるが, しかしそれについては, なお立ち入った比較憲法的検討を要するであろう[16]。

五　むすび

大石眞教授は, この十数年来の制度改革において,「憲法典の条項はまったく変わっていないのに, 主要な憲法附属法の改正と制定——これに新たな憲法判例の成立を加えることができよう——によって, 統治構造のあり方が大きく変わってきた日本憲政の動きについて」, 憲法典の改正(憲法改正)と区別する意味で, 実質的意味における憲法または憲法秩序が変動するさまを「憲法改革」の歩みとして説明することができるとして, このような「憲法改革」という視点を通して, この十数年来のさまざまな統治構造改革の動きを——憲法史的な見方を交えつつ——分析し, 鳥瞰するとともに, 今後の憲法秩序の再構築に向けた, まことに重厚な研究をなされている[17]。

き注意義務をもってすれば知り得たにも拘らずこれを看過して摘示した」場合にも違法性を認めていたが, 本判決では, 違法性の基準からかかる注意義務違反＝過失の要件ははずされていることが, 重要な論点となろう(佐藤幸治『日本国憲法論』成文堂・2001年・473頁参照)。大橋・前掲(注4)ジュリスト1138号181頁, 最高裁判所判例解説民事篇平成9年度(下)・1195頁, 宍戸・前掲(注4)688頁, 原田・前掲(注4)憲法判例百選Ⅱ 389頁〔第六版〕(2013年) 376頁〕参照。

14　かかる立場を代表するものとして, 安藤・前掲(注4)が挙げられよう。特に『憲法の現代的諸問題』279頁以下, 平成9年度重要判例解説・25頁参照。

15　島川豊「西独における議員の免責特権及び不訴追特典」『レファレンス』128号(1961年) 1頁以下, 藤田晴子「議院の自律権」『日本国憲法体系』第五巻(有斐閣・1964年) 334頁以下等参照。Vgl. N. Achterberg, *Parlamentsrecht*, 1984, S. 240f.; v. Mangoldt, Klein, Starck, *Das Bonner Grundgesetz*, Bd., 2, 4. Aufl., 2000, S. 1584ff.; H. Dreier(Hrsg.), *Grundgesetz Kommentar*, Bd., Ⅱ, 1998, 985ff.

16　Vgl. W. Härth, *Die Rede- und Abstimmungsfreiheit der Parlamentsabgeordneten in der Bundesrepublik Deutschland*, 1983, S. 15ff.; R. Wurbs, *Regelungsprobleme der Immunität und der Indemnität in der parlamentarischen Praxis*, 1988, S. 84ff.

17　大石眞『憲法秩序への展望』(有斐閣・2008年) ⅱ頁, なお, 10頁以下・26頁以下・36頁以下参照。

第2章　立法行為

　本書は，同教授の還暦記念論集として，まさに「憲法改革の理論と展開」を統一テーマとするものであるが，かかる「憲法改革」の概念よりすれば，本稿でとりあげられた平成17年判決は，立法不作為について，その違憲性を前提として，国賠法上例外的に違法と評価されるべきことを最高裁として初めて認めた画期的な判決であるから，まさに「憲法改革」としての「新たな憲法判例の成立」と位置づけるに値するものかもしれない。しかし，本判決は先に指摘したように理論上幾多の問題点をかかえており，本当にそのように位置づけられるかどうかは，なお今後の推移を注意深く見守る必要があるように思われる。

　その際，国会議員の「表決」ないし合議体としての法律「議決」および「質疑等」について，国賠法の適用上の違法性如何が問題となる特殊な場面においても，ひとまずそのような関係から離れて，かかる行為が立法過程を組成する行為として本来どのような性質をもつかを見極めることが重要であるように思われる。この小論の帰結として，このようなことからも，立法過程を組成する行為全体を考察の対象とする立法行為論の理論的構築が要請されることを指摘して，まことにささやかなものであるが，もってこのような祝賀記念に参加する機会を与えられたことを謝するとともに，この分野の研究の益々の進展を祈念し，ひとまず本稿を閉じることにしたい。

第6節　判例からみた立法行為論Ⅱ
──立法過程の形式面（手続形成行為）を中心に──

一　はじめに

　立法過程を組成し立法手続法上の効果を有する個々の行為を広く立法行為と呼ぶならば[1]，立法過程は，法律の制定を目標とする立法行為の連鎖によって発展する。このような立法行為の連鎖は，法律案を法律として成立せしめる法律議決を直接目標として行われる法律の実体形成行為とそれを内に含みつつそのために行われる手続形成行為の全体よりなるものと考えられる。

　すなわち，立法過程の進行は，その内容的側面では法律の実体形成であり，その形式的側面では立法手続の発展であり形成である。立法過程の本来の目標は，法律の実体形成を行ない，法律を確定することにあるから，立法過程における手続形成は窮極的にはすべて法律の実体形成を目標とし，それに向けて行なわれ，それに仕えるべきものである。この意味において，立法過程における手続形成は，法律の実体形成に対して，内容に対する形式，目的に対する手段の関係に立ち，実体形成を目標とする種々の立法行為の連鎖よりなる。

　立法過程における手続形成は，立法行為によって行われる。しかし，立法行為のすべてが手続形成のみを目的としているわけではない。立法行為には，手続形成を本来の目的とし，手続形成上の効果を生ずる行為と，法律の実体形成を本来の目的とし，実体形成に直接参与し実体形成を直接に生ぜしめる行為とがある。立法行為のこの区別は，立法過程の「手続面（手続形成過程）」と「実体面（実体形成過程）」の区別に対応し，それを立法行為に体系的に関連づけるときに必然的に生ずるものであるから，前者を手続形成行為，後者を実体形成行為とよぶことができよう。

　手続形成行為は，かように，手続形成を本来の目的とするが，しかし法律の実体形成と無縁だというわけではない。それは，手続形成をなすことによって，

1　立法行為の概念にいては，拙著『憲法と立法過程』（創文社・1988年）98頁以下参照。〔特に本書のとる広義の概念と伝統的な狭義の概念の区別については，前出8-10頁・110-113頁・127頁・132頁参照。そこで考察したように，政府・判例も基本的には，伝統的な狭義の概念に立つものと考えられるが，ここでも問題は，狭義の立法行為を含めて立法にかかわる諸行為が判例においてどのように論じられているかであって，本書は，そこで論じられている諸行為の内容を，広義の立法行為の概念の見地から分析し，再構成しようとするものである。〕

第 2 章 立法行為

間接的に，立法過程の窮極の目標たる法律の実体形成に仕えるのである。他方，実体形成行為は，法律の実体形成を本来の目的とし，法律の実体形成に直接参与し実体形成を直接に生ぜしめる行為であるが，しかしそれ自体は，また同時に重畳的に一つの手続である。手続を離れて実体形成はなく，実体形成行為は手続形成行為を基礎として，その上に成り立つのである。かようにして，手続形成の上に重畳的に成り立つ実体形成を捨象して純形式的観点から立法過程をみるとき，そこに手続形成過程の観念が生じ，後者は前者に対して，内容に対する形式，目的に対する手段の関係に立つのである[2]。

かかる立法行為は，概念上，立法手続法上の効果を有する行為であるから，後に考察するように，それについては，立法手続法上の効果として，成立・不成立，有効・無効，適法・不適法等，さらには立法過程を超えた超立法手続法的な実体法上の違法性（犯罪または不法行為）の法的価値判断が問題となりうるが，それらが裁判で争われた事件は，必ずしも多くはない。しかし，憲法判例として極めて重要な事件が幾つかある。

めぼしい事件の幾つかを時系列的に拾い上げれば，まずは，議院の会期延長の議決という議事手続上の行為の効力が問題となった警察法改正無効事件（最大判昭和 37・3・7 民集 16 巻 3 号 445 頁），委員長・議長の議事手続に関してなされた委員・議員の諸活動が公務執行妨害罪等の犯罪となるかどうかが問題となった第一次国会乱闘事件（東京地判昭和 37・1・22 判時 297 号 7 頁）および第二次国会乱闘事件（東京高判昭和 44・12・17 判時 582 号 18 頁），国会における立法過程の終点に位置する国会の法律議決という立法行為ないし不作為が，その立法行為によって成立した法律ないしその不作為の内容上の違憲の故に，国家賠償法 1 条 1 項の適用上違法と評価されるべきかどうかが問題となった在宅投票制度廃止事件（最一小判昭和 60・11・21 民集 39 巻 7 号 1512 頁）および在外日本国民選挙権行使制限規定違憲訴訟（最大判平成 17・9・14 民集 59 巻 7 号 2087 頁），議院の委員会での法律案に関する審議における国会議員の質疑での発言が，憲法 51 条の免責特権との関係で，国家賠償法 1 条 1 項の適用上違法と評価されるべきかが問題となった議員発言と病院長自殺事件（最三小判平成 9・9・9 民集 51 巻 8 号 3850 頁），さらには，国会における立法過程の起点となる議員の法律案の発議（発案）という行為につき所属会派の「機関承認」の要件を欠く故に衆議院事務局において受理されなかったことが違憲・違法であるとして国家賠償法 1 条 1 項

---

[2] 立法過程の手続面・実体面，手続形成行為と実体形成行為の区別については，同 69 頁以下・89 頁，特に本節で問題とする手続形成行為については，108 頁・140 頁参照。

に基づき国に対して損害賠償を求めた国民投票法案不受理事件（最二小判平成11・9・17訟月46巻6号2992頁）等が挙げられるであろう。

　これらの立法過程において生じた諸々の事件を，立法行為論の見地から体系的にどのように位置づけ整序されうるであろうか。

　この問題について，筆者は，先に，拙稿「判例からみた立法行為論」[3]において，法律の実体形成行為に関わる事件として，いわゆる議員発言と病院長自殺事件を，そして，法律の実体形成と手続形成の終点に位置する法律議決という立法行為（上記判例にいう「立法行為そのもの」）に関わる事件として，在宅投票制度廃止事件と在外日本国民選挙権行使制限規定違憲訴訟について考察した。

　しかし，そこから知られるように，それによっては，未だ手続形成行為については立ち入って考察されていない[4]。

　そこで，本稿は，いわば前稿の続編として，そこで残された立法過程の形式面，手続形成行為にかかわる事件に焦点をあて，それに関わる警察法改正無効事件，第一次・第二次国会乱闘事件および国民投票法案不受理事件を取り上げ，その特質を立法行為の体系に則して，少しく考察しようとするものである。

　以下，「立法行為」というとき，原則として，広義の概念を指す。

二　警察法改正無効事件

1　事件の概要と本件で問題となった行為

　1954年（昭和29年）6月8日に公布された新警察法は7月1日から施行され，従来の市町村警察が都道府県警察に移されることになったので，大阪府議会は，同年6月30日，府知事の提出した昭和29年度追加予算を可決したが，その中に，新警察法に基づく警察費9億余円を計上していた。そこで，大阪府住民である原告等は，新警察法は無効であり，したがって知事はこれに基づく予算を提出すべきではなく，議会はこれを可決すべきではなかったのに，これを提出しかつ可決し，被告知事は，これに従って違法な支出をしようとしているというので，地方自治法243条の2第1項（昭和38年法99号による改正前のもの）に基づいて，大阪府監査委員に監査請求をした。これに対して，同監査委員会は，新警察法が正規の手続を経て法律として公布された以上，府知事がこれに基づ

---

[3]　拙稿「判例からみた立法行為論」曽我部真裕・赤坂幸一編『憲法改革の理念と展開（上巻）大石眞先生還暦記念』（信山社・2012年）395頁〔本書第2章第5節「判例からみた立法行為論I──法律の実体形成行為および法律議決を中心に──」127頁〕以下参照。

[4]　同・415頁〔本書141頁〕参照。

く措置をとることは当然の職務執行であって，違法ではないと決定した。そこで，原告らは，新警察法は次の二つの理由によって無効であると主張し，右の243条の2第4項に基づき本訴を提起した。

　第一に，新警察法は，同年5月15日衆議院で可決された後6月7日参議院の可決を経て成立したものとして公布されたが，第19回国会は3回にわたる会期延長の末，同年6月3日で会期が終わり閉会となったもので，上記の参議院の議決は閉会中の議決であるから無効であり，新警察法も無効である。「右会期の最終日たる六月三日の衆議院の議場は議員の乱闘により大混乱となり会議をひらくことができず，衆議院議長は議場に入れないまま，議長席後方のドアを二，三寸開いて二本の指を出し，二日間延長と呼んだが，近くの数人にしか聞こえず，これを聞いた自由党議員が拍手したのに応じて，同党の二，三十人位が拍手したにすぎない。しかるに，これをもつて会期二日間延長する議決があつたものとして，衆議院から参議院に通告され，これによつて参議院は新警察法を審議可決したものであるが，右会期延長の議決とされたものは，議長が議長席にもつかず開会の宣言もせず，議事日程も配付せず，議案を議題とする宣告もせず，議員に発言の機会も与えず，議題を明らかにして起立等の方法による表決をとることも，その表決の結果を宣告することもしなかった等，これらの点を規定する衆議院規則にまつたく適合せず，議決としての効力をみとむべくもない。」したがって，会期は，6月3日で終わり，国会は閉会となったと見るほかはない，というのである。

　第二に，新警察法の内容は，憲法に違反する。憲法94条は，地方公共団体は，その行政を執行する権能を有するものとしており，地方公共の秩序を維持することは，その行政を執行する権能の最も重要な部分であり，憲法によって保障された市町村の権能である。しかるに，新警察法は，単なる法律の改正によって，この市町村の警察を維持し運営する権能を奪おうとするものであって，憲法92条の保障する地方自治の本旨に反する法律であるから，違憲無効であるというのである[5]。

　ここから知られるように，本件法律の違憲無効の第一の理由は，法律の成立手続上の形式的瑕疵を論拠とするに対して，第二の理由は，成立したとされる

---

[5] 本判決については，田中二郎「司法権と立法権——警察法改正無効事件——」『憲法判例百選』（有斐閣・1963年）194頁以下，有倉遼吉・同新版（1968年）182頁以下，成田頼明・同Ⅱ（1980年）300頁以下，同Ⅱ（第2版・1988年）370頁以下，毛利透（第3版・1994年）388頁以下，（第4版・2000年）400頁，（第5版・2007年）412頁，奥村公輔（第6版・2013年）398頁以下参照。

第6節　判例からみた立法行為論 II

法律の内容についての憲法上の実質的瑕疵を論拠とするものである。

　本稿で問題となるのは，前者であるが，そこで争点となっているのは，6月7日参議院の該法律案についての法律議決それ自体ではなく，その効力の前提となっているところの6月3日に衆議院において行われた第4回目の2日間の会期延長の議決という行為であり，それが議事法上有効に成立したかどうかである。衆議院議長は，会期延長は可決されたものとして参議院および内閣に通知し，内閣・政府与党もそれを有効なものと認めたが，これを無効とする野党議員（左・右社会党議員）が欠席するなか（変則国会），6月5日に第5回目の会期延長（10日間）を経て該法律案は6月7日参議院で可決され，有効に成立したものとして翌8日に公布された。これに対して，原告は，衆議院における6月3日の第4回目の会期延長の議決は，議事法上の瑕疵の故に無効であり，したがって，当日会期は終了し，したがってまた，その余の後続の6月7日の参議院の法律議決も会期外になされたものとして無効であり，それ故，新警察法も無効だというのである。

　かように，本件は，地方自治法の定める納税者訴訟（住民訴訟）という，いわゆる「客観訴訟」において，訴訟の前提問題として，立法手続法上の形式的瑕疵を理由として法律の効力それ自体が裁判所で争われたところに大きな特色がある。すなわち，実質的意味の「司法権」，裁判所法3条1項のいう「法律上の争訟」には属さず，「法律において特に定める権限」と認められる「民衆訴訟」（行訴法5条）の一つとして特に定められた住民訴訟という「客観訴訟」の場において，訴訟の前提問題として，立法手続法上の効果としての法律の効力の有無が争われたという意味で，わが国の司法制度においては特殊なケースであるということができるであろう。

　本件は，いわゆる「バカヤロー解散」の後，1953年（昭和28年）5月21日に成立した第5次吉田内閣の第19回国会（53年12月10日から54年6月15日）において，該法律案をも含めて，MSL協定，防衛2法（防衛庁設置法・自衛隊法），教育2法（教育公務員特例法の一部改正・義務教育学校における教育の政治的中立性の確保に関する法律）等，占領後のわが国の国家制度のあり方を方向づけることになった諸重要法案が提出され，与野党が真っ向から対立する政治状況のなかで，上記諸法律が成立した後，最後まで紛糾した事件であった。

　第一審大阪地方裁判所（大阪地判昭和30・2・15民集16巻3号464頁）は，地方自治法243条の2第4項に基づく訴訟は，同条第1項に基づいて監査請求をなしうる事項を対象とすべきであり，原告等は，府議会の議決によって成立した

第 2 章　立法行為

予算に基づく被告府知事の警察費の支出について，その予算自体の違法の故をもって上記支出を違法とし，その禁止を求めているが，監査委員の監査の対象は，自治体の長または職員の違法不当な公金の支出に限られ，議会の権限の違法不当には及ばないという理由で，本訴請求を棄却した。第二審大阪高等裁判所（大阪高判昭和 30・8・9 民集 16 巻 3 号 472 頁）は，この判決を支持して，控訴を棄却した。これに対して，上告したのが本件である。

2　判旨
最高裁判所は，本件訴訟の適否について，「長その他の職員の公金の支出等は，一方において議会の議決に基くことを要するとともに，他面法令の規定に従わなければならないのは勿論であり，議会の議決があつたからというて，法令上違法な支出が適法な支出となる理由はない」といい，「監査委員は，議会の議決があつた場合にも，長に対し，その執行につき妥当な措置を要求することができないわけではないし，ことに訴訟においては，議決に基くものでも執行の禁止，制限等を求めることができるものとしなければならない」とし，この点に関する限り，上告は理由あるものとしたが，新警察法の成立手続にかかる議決の効力および憲法 92 条との抵触の有無については，次のように判示して，上告を棄却した。

①「同法は両院において議決を経たものとされ適法な手続によつて公布されている以上，裁判所は両院の自主性を尊重すべく同法制定の議事手続に関する所論のような事実を審理してその有効無効を判断すべきでない。従って所論のような理由によつて同法を無効とすることはできない。」

②「同法が市町村警察を廃し，その事務を都道府県警察に移したからといつて，そのことが地方自治の本旨に反するものと解されないから，同法はその内容が憲法九二条に反するものとして無効な法律といいえない。」

3　立法行為論からみた本判決の特質
(1)　議決の意義——立法主体論と立法行為の種類
本件では，上記の如く，該法律案について参議院の法律議決の無効の故に該法律の無効が主張されているが，その法律議決それ自体の成立手続における瑕疵ではなく，法律議決の効力の前提となる会期延長の議決の効力が問題となっている。そこで，まず立法過程における議決の意義と種類について少しく検討しておきたい。

第6節　判例からみた立法行為論Ⅱ

　立法過程は，憲法上立法参与権を有する組織としての一定の立法主体の存在を前提とし，それを基礎にしてそのうえに成り立つ立法主体の諸行為によって具体的に発展して行く。立法の主体は，憲法上それがいかなる立法参与権を有するかに応じて，立法の本来的主体と立法の従属的主体に大別することができる。W・イェリネックの用語に即していえば，立法の「主たる参与者 (Hauptbeteiligte)」と「従たる参与者 (Nebenbeteiligte)」の行為ということになるが[6]，本書の区別と概念上種々の相違がみられるから，ここでは，やはり，立法の本来的主体・従属的主体の立法行為という概念を用いることにしたい。前者は，法律議決権を有する合議制の一つの国家機関をいい，これに対して後者は，法律案の発案権等，かかる法律議決を目標としてそれを追行する権能（立法追行権）を有する国家機関をいう[7]。

　かようにして，立法の本来的主体は，日本国憲法においては，何よりもまず国会である (41条)。しかし，必ずしも国会に限定されるわけではない。国会が両院制をとるときには (42条)，国会の議決は，独立固有の議決権を有する両院の議決関係によって定まるから (59条)，国会を構成する部分機関たる各議院もまた，かようなものとして立法の本来的主体に属する。さらにまた，議院の内部機関たる委員会もまた，それが議院との関係においてさしあたり独立固有の議決権を有する限り，理論的にはやはり，立法の本来的主体に属するものと考えることができる。

　議院および委員会を構成する個々の議員および委員は，概念上形式的には立法の本来的主体といえないが，しかし，法律案についてそれを法律として確定し成立せしめるか否かの表決権を有するものとしての議員・委員は，法律議決権を有するものとしての立法の本来的主体の実質をなすものであり，この意味で，実質的には体系上立法の本来的主体に属するものと考えなくてはならない。「表決」と「議決」とは，概念上明確に区別されるべきであるが，「表決」は「議決」の先行行為であり，「表決」の結果が法上合議体の意思決定すなわち「議決」となるからである[8]。

　さて，法律案が議院に発案されることによって，国会における立法過程が始

6　Walter Jellinek, Das einfache Reichsgesetz, in: *Handbuch des Deutschen Staatsrechts*, Bd., Ⅱ, 1932, S. 164.
7　拙著・前掲(注1)98頁以下〔本書113頁・138頁以下〕参照。
8　議員（委員）の「表決」と議院（委員会）の「議決」の概念と両者の区別については，鈴木隆夫『国会運営の理論』（聯合出版社・1953年）209頁以下・231頁，松澤浩一『議会法』（ぎょうせい・1987年）523頁・530頁以下等参照。

まるが，法律の成立過程において，議院は，憲法上，独立固有の法律議決権を有する立法の本来的主体として，種々の立法行為を行う。

その中心をなすのは，いうまでもなく，法律案についての議決，すなわち法律議決である。立法行為といえば，憲法学において，通例もっぱらあるいは主として，法律案について終局的な法律議決（憲法59条）のみが念頭におかれてきた。しかし，それにのみ議決が限定されるわけではないし，また議決だけに立法行為が限定されるわけではない。

第一に，議院の立法行為は，法律案に関する議決（基本的議決）にのみ限定されるわけではない。それに付随する修正案についての議決（付随的議決）もあれば，さらには議事の手続・進行等に関するいわゆる議事規則動議についての議決（派生的議決）もある。前二者は，いうまでもなく，法律の実体形成に関する議決であり，後者は，純然たる手続形成に関する議決である。

さらに，個々の法律案に関する個別具体的な立法過程を超えて，全体して国会の活動能力（会期）にかかわるに問題等，全体としての手続形成に関する議決も重要であり，これもまた，純然たる手続形成の性質を有する。本件で問題となったのは，まさに，かかる会期の延長に関する議決の効力であった。

かように，議決は，理論上以上の如く区別されるが，しかし，憲法は，議院における議決の定足数および表決数については，原則として法律議決とそれ以外の議決を区別することなく規定するのが一般であり，わが憲法も，議事および議決の定足数について「総議員の三分の一以上」と規定し（56条1項），また，議決の表決数については，「両議院の議事は，この憲法に特別の定のある場合を除いては，出席議員の過半数でこれを決し，可否同数のときは，議長の決するところによる」（56条2項）と規定し，「出席議員の過半数」の原則をとる旨を明らかにしている。この原則の例外をなす「この憲法に特別の定のある場合」とは，法律成立手続に関していえば，衆議院で法律案を再議決する場合である（59条2項）。

第二に，議院の立法行為は，法律案に関する議決にのみ限定されるわけではない。法は，法律案についての審議も要求しているのであるから，審議を実施することも，立法の本来の主体たる議院の立法行為に属する。ここに法律案の審議とは，立法過程の実体面（法律の実体形成）に即して，立法の本来の主体（個別的には表決権を有するものとしての議員ないし委員）の側からいえば，いかなる法律議決を行うかにの「確信・心証」（Überzeugung）をみずから主体的形成する作用の全体という。

第6節　判例からみた立法行為論 II

　かかる作用の全体は，発議権・動議権・質疑権・討論権を有するものとして議員・委員の行為と表裏一体をなす。というのは，そこでは，発議権・動議権・質疑権・討論権の行使は，すべて窮極的には，他の議員ないし委員の「確信・心証」(Überzeugung) に働きかけて説得し自己に有利な法律議決（法律発案者の側からいえば可決，反対者の側からいえば否決）をうることを目標として，それを追行するという性格を有し，表決権の主体として側からいえば，他の議員ないし委員の趣旨説明・質疑・討論等を斟酌しつつ，いかに自己の意思を主体的に形成し決定するかという行為だからである。

　すなわち，議員・委員は，立法過程においては，二つの法的性質を異にする主体として登場するのである。一つは，表決権を有するものとしての議員・委員であり，その行為は，実質的には体系上，立法の本来的主体の立法行為に属する。もう一つは，発議権・動議権・質疑権・討論権を有するものとしての議員・委員であり，そこでは，議員・委員は，法律議決を目標として，それを追行する「立法の従属的主体」，すなわち立法追行権の主体（立法追行者）としてあらわれる。今ここで，立法追行者を立法の従属的主体と呼んだのは，その行為（立法追行行為）はすべて，窮極的には立法の本来的主体の法律議決を目標として行われ，法律議決を離れては独自の意義をもたず，議決との関係においてはじめて法的意義をもつものだからである。

　第三に，議院の議事整理権・秩序保持権・議院事務監督権・議院代表権は議長に委ねられ（国会 19 条），また委員会の議事整理権・秩序保持権・委員会代表権は委員長に委ねられているが（国会法 48 条，衆規 66 条，参規 43 条），議院または委員会を代表し各会議を主催する議長・委員長が上記職権に基づいて行なう行為もまた，立法の本来的主体の立法行為に属する。

　かかる行為は，その性質上，すべて純然たる手続形成行為に属するが，本件についていえば，衆議院議長が，本件衆議院の会期延長の議決を有効なものとして，参議院および政府に通知した行為も，これに属する（なお，衆議院先例集〔平成 15 年版〕7 号参照）。

　以上が，立法の本来的主体の立法行為であるが，本件において直接問題とされたのは，国会における立法過程における終点に位しその核心をなす法律議決という立法行為の効力，具体的には新警察法案についての参議院の法律議決の効力であるが，しかし，争点となったのは，かかる参議院の法律議決それ自体ではなく，その効力の前提として，会期最終日に衆議院において行われた 2 日間の会期延長の議決という行為が議事法上有効に成立したかどうか，もし衆議

院における会期延長の議決という行為が議事法上の瑕疵の故に無効であり，したがって，当日会期は終了し，それ故，その余の後続の立法行為，したがってまた参議院の法律議決も会期外になされたものとして無効であり，それ故，新警察法も無効かどうかという，純然たる手続形成に関する問題であった。

本判決は，この点について，「同法は両院において議決を経たものとされ適法な手続によつて公布されている以上，裁判所は両院の自主性を尊重すべく同法制定の議事手続に関する所論のような事実を審理してその有効無効を判断すべきでない。従つて所論のような理由によつて同法を無効とすることはできない。」と判示し，法律制定手続に関する両院の自主的判断を尊重すべしとの立場を説示している。「両院の自主性」とは，「同法は両院において議決を経たものとされ適法な手続によつて公布されている以上」という文言よりすれば，会期延長の議決が有効になされたものとして衆議院自身が自己認証し，議長が参議院に通知した行為だけでなく，参議院においてもそれを受けてそれを有効なものとみなし，それに基づいてなされた法律議決（可決）を意味するであろう。そして，それを「尊重する」とは，裁判所はかかる議院の自主的判断を司法審査の対象にして，「同法制定の議事手続に関する所論のような事実を審理してその有効無効を判断すべきでない」ということであろう。

かようにして，本判決においては，原告の主張を斥け，上記の法律を「無効とすることはできない」とされたが，しかし，6月3日の衆議院における会期延長の議決が真に有効に成立したのであろうか。この点について，立法手続それ自体の内在的見地——立法手続に関する議事運営にあたる者を名宛人とした議事法の解釈の見地——から，少しく検討する必要があるように思われる。

(2) 立法行為に対する法的価値判断と立法行為の「追完」について

立法過程の中心をなす法律議決については，これまでその要件や法的効果についてしばしば論じられてきたが[9]，立法行為一般に通ずる法的価値判断につ

---

9 この点について，特に興味深いのは，ドイツの連邦憲法裁判所の判決（BVerfGE 106, 310, Urteil v. 18. 12. 2002）である。ドイツ憲法（基本法）78条は，「連邦議会の議決した法律は，連邦参議院が同意したとき，……成立する」と規定しているが（いわゆる「同意法律」），同判決は，連邦参議院における法律案の「同意」（議決）の手続的瑕疵を理由として法律の違憲無効を主張する抽象的規範統制の提訴について，同院本会議の議事録に基づいて，議決の手続的瑕疵の存否について審査し（ドイツ憲法（基本法）51条3項2文は，連邦参議院におけるラントの表決は「統一的」に行使されるべきことを規定しているが，いわゆる移住法について，あるラントの表決が「統一的」になされたかどうかが争点となった），この点に瑕疵を認め，有効な同意がなされなかったが故に，

第6節　判例からみた立法行為論Ⅱ

いては，管見の限り，殆ど論じられていないように思われる。しかし，本件を契機として，会期延長の議決というような議事手続上の行為の効力が問題とされ，「国会は有効に延長されたか」というテーマの下に論議されたのは[10]，事柄の性質上きわめて当然のことであったというべきであろう。本判決を的確に評価するためにも，まずは，本件の会期延長の議決が議事法上どのように捉えられるべきかを内在的に考察する必要があるように思われる。そこで，これまで提起された見解を踏まえて，立法行為に対する法的価値判断について，少しく考察することにしたい。

およそ国家行為が一定の法的効果を有するのは，ひとえに法がこれを認めた結果であるとすれば，理論的には，国家行為が完全な法的効果を有するためには，その機関・手続・形式・内容等のすべての点にわたって法の規定する要件に適合することを要するであろう。この意味において，それに適合しない国家行為は，国家行為として効果を生じ得ないもので，瑕疵ある国家行為といわなければならない[11]。

かかる考え方を徹底すると，瑕疵ある国家行為は，法理論上厳密にいえば，瑕疵がある以上，実は，国家行為なるものは存在せず，この意味で，「不成立」というべきであるが，しかし，実定法の世界では，必ずしも，そのようになされていない。その瑕疵のあり方に応じて，ある場合には，そもそも国家行為なるものが存在しないものと解され（成立・不成立），ある場合には，国家行為が存在するものの，法が定める本来の効果が当初より生じないものとされ（有効・無効），またある場合には，効果は一応発生するが，それを取消しうべ

連邦参議院は本件法律に同意したという同議長の確定は法的効力を有しないとし，同法律を憲法78条に違反し無効であると判示した。本件は，連邦議会の法律議決についてではなく，それを経た同意法律の成立手続において連邦参議院の「同意」という形での議決が問題となったドイツ連邦制に由来する特殊な事案であるが，議決の手続瑕疵の存否について，それに関する本会議の議事録を明示してそれに基づいて詳細に審議し，憲法に違反するとして法律そのものの効力を否認したところに特質がある。この判決については，宮地基「ドイツ連邦憲法裁判所による議事手続に対する違憲審査」明治学院論叢705号『法学研究』76号（2003年）・159頁以下，畑尻剛「73　連邦参議院における法律案の議決の手続瑕疵」ドイツ憲法判例研究会編『ドイツ憲法判例Ⅲ』（信山社・2008年）477頁以下，同「議事手続に対する司法審査――ドイツ連邦憲法裁判所「移住法」判決を機縁として――」『法学新報』112巻11・12号（2006年）495頁以下参照。

10　「［座談会］延長国会をめぐる法律問題」『ジュリスト』61号（1954年）2頁以下参照。
11　例えば，Vgl. Hans Kelsen, Über Staatsunrecht, in: *Die Wiener rechtstheoretische Schule*, Bd., 1, 1968, S. 998ff. それについて，柳瀬良幹『行政行為の瑕疵』（清水弘文堂書房・1969年）49頁以下に優れた分析がある。なお，拙著『ケルゼンの権利論・基本権論』（慈学社・2009年）121頁以下参照。

第 2 章　立法行為

きものとされ（取消可能性），あるいはまた，たとえ法の定めに適合しない不適法な行為であっても，その瑕疵が軽微な場合には，有効なものとされる場合もありうる（適法・不適法）。

　このような瑕疵ある国家行為の取扱いについては，行政法や訴訟法の各分野で行政行為論や訴訟行為論において展開されてきたが，このことは，立法行為も国家行為の一領域である以上，原理上あてはまるであろう。特に，立法過程と司法過程は，先に論じた意味において，法の創設段階を異にするとはいえ，同じ法の創設にかかわるプロセスであるから，司法過程で展開された訴訟行為論[12]は，類比的に参考されるべき契機を含みうるものであろう。

　本件において原告は，問題となった衆議院の会期延長の議決について，議決のための諸要件を列挙し，それが満たされなかったことを理由に，議決の「無効」を主張している。正確化のために今一度引用しよう。

　《右会期の最終日たる六月三日の衆議院の議場は議員の乱闘により大混乱となり会議をひらくことができず，衆議院議長は議場に入れないまま，議長席後方のドアを二，三寸開いて二本の指を出し，二日間延長と呼んだが，近くの数人にしか聞こえず，これを聞いた自由党議員が拍手したのに応じて，同党の二，三十人位が拍手したにすぎない。しかるに，これをもつて会期二日間延長する議決があつたものとして，衆議院から参議院ら通告され，これによつて参議院は新警察法を審議可決したものであるが，右会期延長の議決とされたものは，議長が議長席にもつかず開会の宣告もせず，議事日程も配付せず，議案を議題とする宣告もせず，議員に発言の機会も与えず，議題を明らかにして起立等の方法による表決をとることも，その表決の結果を宣告することもしなかつた等，これらの点を規定する衆議院規則にまつたく適合せず，議決としての効力をみとむべくもない。》

　上記に述べられた議場における議員の乱闘による大混乱の状況は，衆議院会議録によれば，「議事は，議場混乱と騒擾のため聴取不能であつた」[13]とあるのみで，その真相は不明であり，当時の報道等に徴しても必ずしも判然としないところも存するが如くであるが，もし仮に上記のような事実を前提とすれば，かかる事実は，衆議院規則が第八章会議において定める諸規定，特に表決につ

12　如上の立法過程と司法過程の理論的関係の理解の観点から，この論点おいても特に団藤重光『訴訟状態と訴訟行為——刑事訴訟における——』（弘文堂・1949年）17頁以下，同『新刑事訴訟法綱要（7訂版）』（創文社・1967年）184頁以下が注目される。

13　昭和29年6月3日第19回国会衆議院会議録第61号9頁。なお，かかる状況についての公的記録としては，後に述べる関係議員の懲罰事犯に関する幾つかの会議録がある。

第6節　判例からみた立法行為論Ⅱ

いて定める諸規定[14]に適合しないことは明白である。しかし，重要なことは，本件議決について定足数や表決数の計算もなされていないという主張に徴すれば，単に議院規則に適合しないだけでなく，何よりも憲法56条に違反していると主張することも十分可能であった筈である[15]。

さて，議決の法的効果について，第一審判決によれば，被告・大阪府知事側は，「違憲立法審査権は，基本的人権の保障のためのものであり，従つて裁判所は，法律の内容に関する実質的な審査の権能をもつだけで，その法律についての国会の議決の有無，効力を審査する権限はない」（前掲民集467頁。傍点筆者）と述べていることから推して，そこでは，議決の「有無」（成立・不成立）と効力（有効・無効）が概念的に区別されているかに見える。

事件が生じた直後の緊迫した状況の下でなされた「［座談会］延長国会をめぐる法律問題」（同年6月12日付）において，「国会は有効に延長されたか」が論じられ，この点について，必ずしも明示的ではないが，ともかくも議決は「成立」しているから，そこにある瑕疵（傷）を「追完」（治癒）すれば有効なものになしうるという見解（兼子一・宮沢俊義教授）と，むしろ議決の存在，「成立」そのものを否定して，「追完」を認めず，一旦会期は終わったものとして，改めて臨時国会を召集して当該法律案を本会議に一括上程し議決のあと，先の公布を取消した上で新たに公布・施行するべしとの見解（田中二郎教授）の対立があった。その際，追完を認める見解にも，「遅滞なく」という要件を付する考え方（兼子）と，多数派には延長の「意思」はあったがそれを実力で阻止されたから，「あとで追完しうる」議決の「胎児」のようなものはすでにある故に，そのような要件を加える必要はない，「（次の国会でもいい）衆議院が正常な状態においてこれを追認すれば，それによって傷が治り，会期は正式に延長されたものと見ることができる」との，より緩やかに「追完」（治癒）を認める考え方（宮沢）の相違があった[16]。いずれにせよ，このような見解に立てば，議決の「成立・不成立」と「有効・無効」を区別する実益は，議決に重大な瑕疵がある場合，事後に「追完」（治癒）が認められるどうかにあるものといえよう。しかし，そこでは，「成立・不成立」および「有効・無効」の概念とその区別については明確にされていない。議決の成立要件，比喩的に「胎児」といわれるものの要件が何かは，必ずしも明確にされなかった。

14　表決については，鈴木・前掲（注8）209頁以下，松澤・前掲（注8）523頁以下等参照。
15　この点について特に言及するものとして，毛利・前掲（注5）第5版・413頁。
16　前掲（注10）3頁以下・12頁参照。

訴訟行為論において，例えば団藤教授は，訴訟行為の「成立・不成立」は「厳密にいえば価値判断そのものではなく，むしろ法律的価値に関係させられた事実判断」と考えるべきで，「訴訟行為がその概念要素を具備するとき，すなわちそれが法の認める訴訟行為の定型に合致するとき，その成立がある」ものと解すべきものとし，「訴訟行為の諸種の価値判断は，その成立を前提とするものである。それが不成立であるかぎり，その有効・無効を論じる余地はない。効力の有無は訴訟における具体的な利益状態を基礎とするもので，具体的・特殊的・個別的・動的に，訴訟行為の行なわれる訴訟的地盤をも顧慮しなければならない」とし，「有効・無効」は「本来的効力を発生するかどうかの法律的価値判断である」とされる[17]。宮沢教授のいう議決の「胎児」を議決の「概念要素」「定型」と理解しうるかどうかはやや問題であるが，かかる「成立・不成立」「有効・無効」の理論構成は，原理的に立法行為にも「ある程度まで相似の関係」[18]を類比的に想定可能ではあるまいか。

　他方ではまた，例えば，「有効な議決が成立するための要件としては，……衆議院規則に規定されている，議長が議席について開会を宣告せよとかいうようなことは必ずしも必要でないという点」（鈴木竹雄教授）について，「それは事態いかによって，必ずしも議場で開かなくちゃならないというわけのものでもないし，議長が議長席につき得ない場合であれば，議長席につかないで議員に諮るということももちろん有効にできるんでしょう」（田中教授）と論じられている[19]。

　一般に，「有効・無効」と「適法・不適法」の区別は，必ずしも概念上明確に区別して論じられているとはいえないように思われる。この点についても示唆的なのは，訴訟行為論における団藤教授の区別であって，「適法・不適法の観念は種々の意味に用いられるが，まずそれは法の規定に対する違反の有無であり，しかもそれは厳格規定（効力規定）に対する違反の有無ばかりではなく，訓示的規定に対する違反の有無をも含むと解するのが妥当だとおもう。それは成立のあることを前提とする点で効力の有無と共通であるが，不適法であってもかならずしも無効とはかぎらない点でこれと区別される」とされる[20]。このような区別の類比が立法行為論にもある程度成り立ちうるとすれば，先の議長

17　団藤・前掲（注12）・1967年 185頁，187頁。
18　同著『法学入門〔増補〕』（筑摩書房・1986年）155頁，同著『法学の基礎』（有斐閣・1996年）179頁。
19　前掲（注10）4頁。
20　団藤・前掲（注12）・1967年・191頁。

の議長席について開会の宣告の要件も,「効力」要件ではなく「適法」要件と解されることになろう。

　筆者は，かつて議員による法律案の発議（発案）にかかる成規の賛成者の要件について「追完」を問題とし，①発案当初は完全であったが，その後一定の要件が欠如した場合（例えば，賛成者が辞職等により議員の資格を喪失し，成規の賛成者を欠くに至ったとき）にそれを補完して適法なものとする場合（補充的追完）と②発案当初より欠けていた一定の要件（例えば，国務大臣たる議員は先例上賛成者となることができないが，誤って賛成者になっていたことが判明したがその後国務大臣を辞職して賛成者となりうべき資格を回復していたとき）を事後的に補完して適法なものにする場合（初源的追完）に区別しつつ，追完が認められるべきかどうかは，やや一般化していえば「立法過程において，要件の厳格な遵守という手続の確実性の要請と法律の創設という目標に向けられた手段としての手続の合目的性の要請との調和点をどこに求めるかという問題に帰着する」として，それぞれについて考察したことがあるが[21]，議決という立法行為についても，立法行為の追完——本件は②の初源的追完の場合に該当する——の問題として，原理上同じ思考が成り立ちうるのではないかと思われる。

　では実際に，この問題について衆議院においてどのような対処がなされたのであろうか。

　衆議院における6月3日の第4回目の2日間の会期延長の件について，衆議院議長は，会期延長は可決されたものとして参議院および内閣に通知し，内閣・政府与党もそれを有効なものと認めたが，これを無効とする野党議員（左・右社会党議員）が欠席するなか（変則国会），6月5日に第5回目の会期延長（10日間）を経て該法律案は6月7日参議院で可決され，有効に成立したものとして翌8日に公布されたことについては前述したが，かかる経緯を踏まえて，衆議院では大別して二つの対応がなされた。一つは，大混乱を引き起こした社会党議員に対する懲罰であり，いま一つは，異例の「衆議院議員全員協議会」における「国会自粛に関する共同声明」による反省と主権者たる国民へのおわびであった。

　すなわち，6月9日衆議院本会議において，衆議院議長より6月3日の混乱において議長席ならびに事務総長席を占拠した社会党議員2名につき「本院の品位を著しく傷つけ，かつ又，議員の秩序をみだし，ひいては国会の権威を甚

21　拙著・前掲(注1)348頁。

だしく失墜せしめたもの」として懲罰事犯に該当すると認め懲罰委員会に付すると宣告し，また，社会党議員44名に対して「最も尊厳なるべき議長の職務執行を妨害して議会機能の停止を策し，さらにまた国民の信託に基く崇高神聖なる国会議員の任務遂行を暴力をもって阻止したる各暴力議員」として懲罰委員会に付すべしとの動議が提出され，即刻「討論を用いずして採決」に付され，可決された（投票総数248人，可とする者248人）[22]。それを受けて，懲罰委員会において審議され[23]，会期終了日の6月15日に1名を除いて上記45名を登院停止30日とすることが決められ[24]，同日，本会議において懲罰委員長の報告を受けて直ちに採決に入り，報告通り議決され，それをもって第19回国会は，「本日」をもって終了したことが議長によって宣告された[25]。会期はその日で尽きるから，登院停止30日の懲戒は「ただ形だけのもの」[26]であったことは明らかであるが，ともあれ乱闘議員の責任追及はなされた。しかし他方，衆議院それ自体の責任問題は残されていたが，それについて，上記の会期終了宣言に続けて，議長により以下の発言がなされた[27]。

　　《今国会は，昨年十二月十日召集されて以来，会期は五たび延長され，百八十八日に及ぶ長期国会でありました。この際諸君連日の御労苦に対し深く感謝の意を表するためごあいさつを申し述べるはずでありますが，後ほど全員協議会が開かれることになつておりますので，その際あらためて申し上げますことを御了承願います。》

ここから知られるように，今回の事態収拾のために，一方では大混乱をもたらした社会党議員45名に懲罰を課してその責任を問うとともに（それに対抗する自由党および改進党の一部議員の行動は「正当防衛行為」に当るとして不問にされた），他方では，衆議院で両派社会党をも含めた各党派の折衝により前代未聞の「衆議院議員全員協議会」なるものを設けて対処しようとしたのであった。同協議会は，本会議終了の直後に開催され，そこでは，今回の憲政史上前例のない「不祥事件」に対する反省として，以下のような「国会自粛に関

22　昭和29年6月9日第19回国会衆議院会議録第64号1-2頁（議長宣告の「理由」については，昭和29年6月10日第19回国会衆議院懲罰委員会議録第1号2項参照）。
23　昭和29年6月10日第19回国会衆議院懲罰委員会議録第1号，同11日・同会議録第2号，同12日・同会議録第3号，同14日・同会議録第4号参照。
24　同15日・同会議録第5号5頁参照。
25　昭和29年6月15日第19回国会衆議院会議録第67号1頁以下・13頁。
26　關口泰「第19国会の遺した諸問題」『法律時報』26巻8号（1954年）5頁。
27　前掲（注25)13頁。

第6節 判例からみた立法行為論Ⅱ

する共同声明」が発せられた[28]。

《国会は国権の最高機関として国民の信頼と尊敬を集めて国政を議するところであり,常に公平にして信を国の内外につながねばならない。
　しかるに今日ほど議院の神聖と品位を傷け民主政治の健全な発達を希う国民の期待に背いたことはない。
　ここにわれらは深く反省するとともに自粛自戒し各党各々その立場を異にするも良識をもって法規典例に違うとともに,政治道義を守り,もって人心に及ぼした不安と失墜したる信用を速かに回復し議院の威信を保持して国民の負託にこたえんことを期する。
　右決議する。》

これに引き継いて,両派社会党を代表して,主権者たる国民各位に対するおわびの趣旨の発言があり,最後に,座長(議長)により,重ねて「主権者たる全国民に対して御心配をおかけいたしましたことは,相済まぬことと深くおわびをいたす次第であります」とのあいさつがあり,これをもって全員協議会は終了した[29]。

これによって,本件は「一応収拾」[30]したものとされたのか,以後衆議院において本件の事態収拾に関する直接の言動は一切みられない。田中教授は,同年8月の時点で,「1日も早く臨時国会を開いて,自粛国会の実を示すとともに,右にあげた法律上の疑義についてもこれを一掃することを考えなくてはならぬ」[31]とされたが,同年11月に開会された第20回臨時国会(昭和29年11月30日から同年12月9日)において,自粛自戒のための国会法改正については議院運営委員会において審議されたが[32],しかし,もとより田中教授の主張されるような延長議決の不成立——したがって会期の終了——を前提とした上での臨時国会における同法案の一括上程と議決というような措置はとられず,また,宮沢教授が主張されたような緩やかな,臨時国会において先の延長の議決を追認するというような形での「追完」の措置もとられなかった。つまりは,「国

28　昭和29年6月15日衆議院議員全員協議会1頁。
29　同上。
30　佐藤功「二大政党対立下の国会運営——回顧と批判——」『ジュリスト』170号(1959年)8頁。なお,その政治的意義については,林茂・辻清明編集『日本内閣史録5』(第一法規・1981年)269頁参照(大河内繁男執筆)。
31　田中二郎「国会幕切れの法律問題——会期延長問題と裁判所の審判権——」『国家学会雑誌』68巻3・4号(1954年)114頁。
32　昭和29年12月4日第20回国会衆議院議院運営委員会議録第5号,同5日・同会議録第6号,同6日・同会議録第7号参照。

第2章　立法行為

会自粛に関する共同声明」においては，形の上ではどこまでも会期延長の議決そのものは有効なものとして，その瑕疵には一切言及されず，したがって，その「追完」（治癒）についても黙したままであった。しかし，議員全員協議会において，議員全員があげて「主権者たる国民におわび」しているのであれば，実際的には，そこに非を認め，それを主権者たる国民に詫びているのであるから，実質的には，宮沢教授の「胎児」存在説と，さして径庭はないものと捉えうるのであろうか。

筆者は，先に，立法過程において追完が認められるべきかどうかは，「要件の厳格な遵守という手続の確実性の要請と法律の創設という目標に向けられた手段としての手続の合目的性の要請との調和点をどこに求めるかという問題に帰着する」と述べたが，上記のように「国会自粛に関する共同声明」において，もし仮に，実質的には宮沢教授の「胎児」存在説と径庭がない追完の趣旨を読み取ることができるとするならば，衆議院の対処も，かろうじて是認されうるのではないかという解釈も成り立ちうるのかも知れない。

なお，本件では，立法行為に対する法的価値判断として，立法手続を超えた実体法上の違法性の判断，すなわち議員の職務行為に随伴する行動に対する刑法上の犯罪あるいは国家賠償法上の違法性の法的判断は問題となっていない。それについては，後の事件で考察することになる。

(3) 裁判所の司法審査との関係

国会の議事手続においてなされた議決の効力ついて裁判所の審査権はどの程度まで及ぶか，この点について，最高裁判決は，先に引用したように，「同法は両院において議決を経たものとされ適法な手続によつて公布されている以上，裁判所は両院の自主性を尊重すべく同法制定の議事手続に関する所論のような事実を審理してその有効無効を判断すべきでない。従つて所論のような理由によつて同法を無効とすることはできない。」と判示し，審査権は及ばないものとしている。そして，その理由は，「両院の自主性を尊重すべく」と述べているところから，議院の自律権に求めているかに読める。

この点について，興味深いのは，第一審判決によれば，被告側が「裁判所は，国会の会期延長の議決の有効無効について判断する権限を有しない」（前掲民集467頁。傍点筆者）として，その理由として，二つを挙げている点である。すなわち，

第一に，「国会の内部事項は，三権分立の原則により，国会の自主的な判断

にまかされており，国会の会期のごときは，かかる事項に属する」とし，国会の会期それ自体が「国会の内部事項」に属し，「自主的な判断」にまかされているから，審査権は及ばないものとされる。かくて，「仮に形式的審査ができるとしても，それは裁判所が適用すべき法律自体の形式的審査にとどまるべきで，すなわち，その法律を直接対象とする議決について，その有無および効力の点の審査にとどまり，その議決についての国会の活動能力，議事能力の有無には及ばぬと解すべきである。」（前掲民集467頁。傍点筆者）とされる。すなわち，法律案についての議決（法律議決）と会期延長についての議決を峻別し，仮に形式的審査が可能だとしても，審査権は前者に及ぶのみで，後者，つまり「その議決についての国会の活動能力，議事能力の有無」については，「国会の内部事項」として及ばないとするのである。

第二に，「国会の会期延長の議決の効力の問題は，政治問題であり，裁判所の審査の対象とならないいわゆる統治行為に属する」（前掲民集467頁）とされる。ここでは，会期という問題の国会内部事項という特質に加えて，むしろ会期延長の「議決の効力」に力点が置かれており，「このような問題は，国民に対し政治責任を負う機関によつて決定され，国民の批判にまつべきであり，政治的に無答責な裁判所によって決定するのは，民主政治の根本原則に反し，また，このような高度に政治的な問題を審判することは，裁判所の政治的中立性を失わせ，裁判所に対する国民の不信を買う結果となる」（前掲民集467-8頁）という。論拠としての統治行為論は，宮沢教授によってつとに主張されていたところであり[33]，それを支持する見解も有力であるが[34]，今日ではむしろ，その根拠を議院自律権に求めるのが通説的な立場といえるであろう[35]。

最高裁判決では，法律議決と会期延長議決とを必ずしも明確に区別することなく，議事手続の効力の有無について司法審査が及ばないことに何らの例外も付されていない[36]。判決のように，例外なく司法審査を否定する見解も有力であるが[37]，今日では，司法審査が及ばないことを原則としつつも，一定の例外

---

[33] 宮沢俊儀『日本国憲法』（日本評論社・1955年）594-5頁，同著・芦部信喜補訂（1978年）596頁。

[34] 金子宏「統治行為――議会の行為を中心として――」『日本国憲法体系第6巻』（有斐閣・1965年）25頁以下参照。

[35] 当初よりこの説を主張するものとして，田中・前掲(注5)195-6頁。今日代表的なものとし，芦部信喜・高橋和之補訂『憲法（第六版）』（有斐閣・2015年）342頁，佐藤幸治『日本国憲法』（成文堂・2011年）464頁等参照。

[36] この点については，毛利・前掲(注5)第5版・413頁参照。

[37] 代表的なものとし，小嶋和司『憲法学講話』（有斐閣・1982年）107頁。

を認めるのが通説的な立場といえよう。ただ,例外をどのように設定するかについては,微妙な相違がみられる。すなわち,「極めて明白な議事手続の違法な場合」[38]とか,砂川事件判決のように,「一見極めて明白に違憲無効であると認められる場合」[39]とか,あるいは「明白な憲法違反が認められる場合」[40]というのが,それである。

しかしまた,第一審判決における被告側の見解の如く,裁判所が適用すべき法律の法律案についての議決と会期延長議決とを区別し,前者については司法審査の余地を残しながら,後者については否定するかにみえる見解もある。「警察法の有効・無効の焦点は,警察法に関する参議院の議決そのものが存在したか否か,あるいはその議事手続そのものに瑕疵はなかったかどうか,というような純形式的な手続上の問題ではなく,」「会期延長に関する衆議院の議決があったかなかったか,それが有効に成立していたかどうかは結局議院内部の議事運営に関する事実認定の問題であり,国会内部で問題にするのであればともかく,衆議院の多数が有効な議決があったものとし外部に表示している限りその国会の判断は最終的なものであって,裁判所はそれ以上に立ち入って事実認定をすべきではない」[41]。

なお,議事手続に関する裁判所の事実認定について,アメリカの判例では「証拠」という点に着眼して裁判所の態度を①「Enrolled Bill Rule（登録法案ルール）」,②「Journal Entry Rule（議事録掲載ルール）」,③「Parole Evidence Rule（口頭証拠ルール）」の三つに大別しうるとしたうえで,わが国においては「法律が所定の手続きを経て有効に成立したかどうかを判断するには,会議録が会議の唯一の公的記録であるから,その会議録を審理の拠り所とせざるを得ない」とし,最高裁判決の先に引用した判示（「同法は両院において議決を経たものとされ適法な手続によつて公布されている以上,裁判所は両院の自主性を尊重すべく同法制定の議事手続に関する所論のような事実を審理してその有効無効を判

---

38 大西芳雄・本判決評釈『民商法雑誌』47巻4号（1963年）142頁。
39 田中・前掲（注5）196頁。教授は,当初,具体的な争訟の先決問題として会期延長の有効・無効が問題となった場合の裁判所の審査権の有無に関して積極説に立っておられたが（前掲（注31）112頁参照）,この点について,「私は,かつて反対の解釈をしたことがあるが,この点は疑問の余地があるものとして,ここに改めることとしたい」と述べておられる（196頁）。
40 佐藤・前掲（注35）464頁。
41 成田頼明・本判決評釈『法律のひろば』15巻5号（1962年）40頁,同・前掲（注5）第2版・371頁参照。なお,この評釈については,有倉・前掲（注5）183頁参照。

第6節 判例からみた立法行為論Ⅱ

断すべきでない。」）は,「会議録を拠りどころにして」なされたものとされる[42]。

本判決が,本件の法律議決と会期延長の議決を必ずしも明確に区別することなく,しかも無条件に裁判所の審査権を否定したことは先に述べたが,一体いずれの議決のどの部分が,どのような「会議録を拠りどころにして」なされたものなのか,判決からは分明でない。上記論考を参照しつつ,本件最高裁判決の先に引用した判示について,「むろん,その際,議事録は確認しているわけで,最高裁としては議事録掲載主義の立場を採用し,その意味での審査をおこなうものの,それ以上に立ち入って証拠調べまでする必要はないとする趣旨を明らかにしたものとして理解できる」[43]という見解もある。ここでも,上記のことが妥当するであろう。

われわれは先に,立法過程における法律議決は法律の実体形成行為に属するのに対して,会期の延長いう国会の活動能力にかかわる議決は純然たる手続形成行為に属するとして,両者が法的性質を異にすることを論じたが,この法的性質の違いを顧慮するならば,司法審査の及ぶ範囲についても両者を区別し,議院の自律権を尊重して,後者については,裁判所の審査権を全面的に否定し,前者については,原則として審査権が及ばないとしつつも,「明白な憲法違反が認められる場合」というように,一定の例外を認めると解するのが妥当というべきであろう。この例外説も,「法律制定などにつながる議事手続は,国民の権利・義務に直接関係してくるからである」[44]として,実質的には法律議決が念頭に置かれているものと考えられるからである。その場合,明白な憲法違反かどうかの判断にも一応の事実審理が必要であるとされるが,それが議院の自律的判断をそのまま尊重してなされるか,あるいはまた,後にみる国民投票法案不受理事件控訴審のような証拠調べによるかは,事件の性質とその構成によるところとなろう[45]。

---

42 前田英昭「議会における審議の原則と実態」『比較憲法学研究』5号（1993年）53-54頁。
43 大石眞『議会法』（有斐閣・2001年）184頁。
44 佐藤・前掲（注35）464頁。
45 かつて筆者は,議院の議事手続についての司法審査について,法律議決をも含め,むしろ全面的否定説の立場から論じた（拙著『憲法訴訟論［第2版］』（信山社・2010年）42頁以下参照）が,本文で述べた限りにおいて,学説の変遷が生じたことになる。

第 2 章　立法行為

三　第一次・第二次国会乱闘事件

Ⅰ　第一次国会乱闘事件

1　事件の概要と本件で問題となった行為

　昭和30年（1955年）3月18日に開会された第22回特別国会において，憲法調査会設置法案，国防会議の構成等に関する法律案外11の政府提出の重要法案をめぐって与野党が激しく対立し，昭和30年7月30日会期末日をむかえることになった。政府・与党は，かかる法案の委員会継続審査の方針をとり，すでに4つの委員会から継続審査要求が提出されていたのに対して，野党である社会党側は，あくまでも会期切れ審議未了廃案を要求し，その取り扱いをめぐり参議院の議院運営委員会において，与野党が激しく対立し，「第一次乱闘国会」と呼ばれたような混乱状況となった。経緯は略，次の如し。

　議院運営委員会は，同日午前・午後にわたり開会されたが，上記の継続審査要求に関する件について決着をみず，暫時休憩の後に午後11時18分に参議院議長応接室で再開された。議院運営委員会の委員長は，同委員会の再開と本件を議題とする旨を宣言したところ，直ちに野党たる社会党の委員・理事 Y_1 が発言を求めたが，委員長はその発言の申立を無視して，議事の進行をはかったので，それに対する野党側の非難と与党側の「黙れ」という応酬で議場は騒然となった。Y_1 から委員長の議事運営方法を不当として委員長不信任動議が提出されたが，委員長は，かかる混乱のなかでは採決を急ぐ他ないと考え，「賛成諸君の挙手を求めます」と採決する旨を告げ，与党議員より多数挙手されたので，本件が採択された旨を告げ，暫時休憩を宣告した。それを知った Y_1 をはじめ多数の委員および傍聴席に詰めかけていた野党議員らが，委員長の強行な採決を非難するため委員長席に向かって殺到し，それに対抗して委員長を守ろうとする与党委員および同じく傍聴席にいた議員とが激突し，両者がもみ合う「乱闘」状態になり，委員長は，与党議員ならびに衛視によって抱きかかえられるようにして議長応接室を退出した。

　この「乱闘」のなかで，Y_1 ならびに傍聴に来ていた社会党議員 Y_2 は，委員長に対する公務執行妨害罪ならびに全治3か月の傷害を負わせたとして傷害罪で起訴され，また傍聴に来ていた社会党議員 Y_3 は，衛視5名に対する公務執行妨害罪ならびに傷害罪で起訴された。

　弁護人側は，以下の理由により，公訴棄却の申立をした。

①参議院の院内秩序に関する事項についての検察庁の介入は，憲法41条の国会の最高機関性に違反する。
②憲法50条の不逮捕特権および51条の免責特権は，国会に対する他の諸権力の圧迫を排除するのを主たる狙いとする。
③憲法51条の免責特権は，拡張して解釈すべきである。
④参議院の秩序に関する事犯については，議院の自律権に基づいて処置すべきである。
⑤被告人の所為に対する起訴には，議院証言法に関する最高裁判例に徴して議院の告発が要件とされるべきである。
⑥議院の自主性を尊重する憲法の趣旨からみて，議院が懲罰しないものを裁判所が外部から刑罰を科すことには，重大な疑義がある。
⑦本件の如きは，「政治問題」（統治行為）として審理すべきではない。

東京地裁（東京地判昭和37・1・22判時297号7頁）は，弁護人側の主張する公訴棄却論を斥け，被告人 Y_1，Y_2 については犯罪の証明が十分でなく，被告人 Y_3 については，公務執行妨害罪になる外形的事実は認められるが，実質的違法性を欠き，可罰性なきものとして，結局，全員に対して無罪を宣告した[46]。

ここから知られるように，本件で問題となったのは，参議院の議院運営委員会における法案の継続審査要求の審査中に，同委員会の委員ないし同委員会を傍聴していた議員による職務に附随してなされた行為であり，しかも，その行為の立法手続法上の効果ではなく，それを超えた刑法上の違法性が——憲法51条の免責特権との関係で——問題となっているのである。

本判決が，弁護人側の公訴棄却論を斥けた点についての要旨は，次の如くである。

なお，本判決は，控訴されず確定した。

---

[46] 本判決については，その掲載誌による解説（『判例時報』297号（1962年）6頁）の他，同誌に寄せられた佐藤功「判決に対する感想」同・2頁，有倉遼吉「国会乱闘事件第一審判決について」同・3頁，平野竜一「ややペダンティックな判決」同・5頁，斎藤秀夫「第一次国会乱闘事件の判決の特色」同・111頁および，黒田覚「国会議員の免責特権」『憲法判例百選』（有斐閣・1963年）180頁以下，鈴木重武「国会議員の免責特権——第一次国会乱闘事件——」同新版（1968年）172頁以下，同Ⅱ（1980年）288頁以下，同Ⅱ（第2版・1988年）350頁以下，松澤浩一・同Ⅱ（第3版・1994年）364頁以下，清田雄治・同Ⅱ（第4版・2000年）374頁，（第5版・2007年）386頁，（第6版・2013年）374頁以下等参照。

第 2 章　立法行為

2　判旨

(i)　上記①について

「『国会の最高機関性』という意味を弁護人の説くような意味で国会が他の二機関（内閣と裁判所）に対して法的に絶対的優位にあるものと解することは正当でないというべく」、「Yらが国会議員である以上国会に監督される検察庁がYらを訴追することは許されないとする結論を憲法第四十一条から導くことは失当である」(45頁)。

(ii)　上記④ないし⑥について

「国会の各議院がおのおの自己の内部事項を自律する権限を有することは」認められるが、「司法の存在理由は市民法的な権利、自由の保障にあるから、議員の行動が院内に秩序をみだす反面これによつて私人の権利を侵し、これが刑法の保護法益の侵害となればその行動はもはや内部規律の範囲を超えており、司法権がこれに及ぶと解すべきである。ただ当該行為が憲法第五十一条の免責特権によつて無答責となる場合にのみ訴訟障碍として刑罰を科することができないだけである。すなわち当該行為にして免責特権の範囲外に出るときは院の懲罰権と国家刑罰権とは競合するのであつて、懲罰権あるの故をもつて刑罰権が排斥されることはないものと解するのを正当と考える。

ただ議員の当該行為が免責特権の範囲内に属するや否やの先議権を国会に付与することは国会の自律権を重んずる立場からすれば望ましいことには違いなかろうが、わが現行憲法の規定上これを肯認して解釈するに足る根拠がない。……特定の行為が免責特権の範囲に属するか否かの審議権は国会になく、懲罰権の行使を以て刑罰権に代替することの許されないことは当然のところである」(45頁・50頁)。

(iii)　上記②の不逮捕特権について

「わが憲法の規定は、起訴からの自由をも規定している多数の国の憲法と異なつているのであつて、この点について明文を欠く以上」、不起訴特権を包含するものとは解されない (54頁)。

(iv)　上記②および③について

憲法51条の規定する免責特権の「対象たる行為は同条に列挙された演説、討論または表決等の本来の行為そのものに限定せらるべきものではなく、議員の国会における意見の表明とみられる行為にまで拡大されるべき」ものであり、さらにおし進めて「議員の職務執行に附随した行為にもこれが及ぶという考えも一概にこれを排斥することできない」。

第 6 節　判例からみた立法行為論 II

「一口に附随行為と言つても，……種々のものが存」し，「法定の適式な議事手続中の行為である場合は問題はない」が，「法律上認容されていない行為については種々の問題が存」し，「職務行為をするに際しこれと無関係になす別個の行為」については犯罪行為が問題となりうる。そして，かかる行為を犯罪行為として起訴するためには，議院の告発を要するとの見解もあるが，「議員の院内活動について議院の告発を起訴条件とするときは職務行為に無関係な犯罪行為……についても検察庁はこれを起訴し得ないこととなり，場合によつては多数派の考え方次第で普通の犯罪が隠蔽されるおそれを生ずる」から，この見解はとりえない。また，「議員の議事活動に附随して発生した犯罪について職務行為の範囲内外を審理決定する権限は現行法上国会に与えられていない」(67 頁)。

(v)　上記⑦について

「国会の運営に関する基本的事項のうち統治行為と目されるものとして，(イ)国会の両院の本会議の議決行為（本会議の定足数，議事および議決方法，議決の成立《憲法第五十六条，第五十七条，国会法第六十二条》），(ロ)国会の両院の委員会の議決行為（委員会の定足数，議事および議決方法，議決の成立《国会法第四十九条，第五十条》）」があげられるが，Y らの行為は，「その動機，目的等において単なる個人的犯罪と異なるものがあるにせよその行為の外形上の観察からはついに個人的行動として司法裁判所による刑法上の評価に服すほかないものであり，これについては到底統治行為の観念をもつて論議しうる余地はない」(92-93 頁)。

3　立法行為論からみた本判決の特質

本件で問題となった行為は，法律案の継続審査要求の審査という，法律の実体形成に直接かかわらない，純手続形成において生じたものであり，しかも手続行為そのものではなく，それに附随して生じた行為である。

そして，その行為が本件で問題となったのは，その立法手続法上の効果ではなく，それを超えた刑法上の犯罪を構成するかどうか，そして，それが，憲法 51 条の免責特権の対象となるかどうかである。

判決で論じられた論点は上記の如く多岐にわたるが，その中心をなすのは，本件行為が憲法 51 条の免責特権の対象になるかどうか，本件行為を起訴するには議院の告発を要するかどうか，さらに，本件行為が統治行為にあたるかどうかであるから，ここでは，かかる論点に絞って少しく検討することにしたい。

第 2 章　立法行為

(1) **憲法 51 条の免責特権の範囲**

　憲法 51 条の免責特権の対象となる行為について，本判決は，判旨（iv）記載のように，まず第一に，同条に列挙された「演説，討論または表決等の本来の行為そのもの」に限定さるべきでないこと，第二に「議員の国会における意見の表明とみられる行為」にまで拡大されるべきこと，第三に，さらに推し進めて「議院の職務に附随した行為にもこれが及ぶという考えも一概にこれを排斥することできない」として，「議員の職務執行に附随した行為」にも及びうる可能性のあることを述べる。そのうえで，附随行為を以下のように分類して，免責特権の及ぶ行為と及ばない行為の類別を試みる（67 頁）。

　(A)　本条の特権の対象となつている行為そのものを為すに当たつて当然その手段若しくは前提となり或はその結果たる行為。
　(B)　右の行為には当たらず対象行為を為すについて通常随伴するもので適式なものとは言えないが，放任された行為。
　(C)　右以外の行為で，対象行為に通常随伴するものとは言えないが，その行為をするに際して行為者の意思により随伴的に為された行為で，このうちさらに次の二種類がある。
　　(a)　職務行為を効果あらしめようとしてその内容を充実，もしくは拡大させるため或はこれを強調する行為。
　　(b)　職務行為をするに際しこれと無関係になす別個の行為。

　判決によれば，以上の中で，法定の適式の議事手続中の行為は問題でない（A は殆どこれに属する）。(B)・(C)のように法律上認容されていない行為については問題が存する。
　そのうち，(B)および(C)の(a)は，職務行為とはいえないが，他面，犯罪行為ともなりえない。(C)の(b)について犯罪行為が問題となりうる。
　本判決の上記分類の第一点および第二点については，学説上ひろく認められていたところであるが[47]，本判決が第一点について，「演説，討論または表決等の本来の行為そのもの」（傍点筆者）という意味が必ずしも明確でない。そ

---

[47] 代表的なものとして，宮沢・前掲注(33)『日本国憲法』（日本評論社・1955 年）374 頁以下，黒田覚『国会法』（有斐閣・1958 年）62 頁以下，第二次国会乱闘事件における佐藤功・鈴木安蔵・斎藤秀夫教授の鑑定人としての意見（『ジュリスト』204 号（1960 年）48 頁以下）等参照。本判決も，少なくともこの点については，上記の見解を参照しつつ，判断を導出している。

第6節　判例からみた立法行為論Ⅱ

の意味を本稿で提示した立法行為論に即して解すれば，おそらくは次のようになろう。すなわち，憲法51条が何故に議員が議院で行った「演説，討論または表決」について免責特権を規定したのかを立法過程に即していえば，発案（発議）者の側からいえば，自由で独立な判断主体として，行政権や司法権等他の権力の介入関与を受けることなく，提出した法律案がいかに正当なものであるかを「演説・討論」（議事法に則していえば「趣旨説明」「質疑」に対する答弁，「討論」等）によって論証し，他の議員の意思形成に働きかけて賛成の表決をするように説得し，もって自己に有利な議決（可決）を獲得することを可能ならしめるためであり，逆に発案に反対する議員の側からいえば，法律案がいかに正当なものでないかを「演説・討論」によって論証し，他の議員の意思形成に働きかけて反対の表決をするように説得し，もって自己に有利な議決（否決）を獲得することを可能ならしめるためである。翻って，「表決」権を有する個々の議員の側よりすれば，自由で独立な意思形成・判断の主体として，行政権や司法権等他の権力の介入関与を受けることなく，「演説・討論」によって説得しかつ説得されつつ，いかなる「表決」をするかについての判断を主体的に形成し決定するにある。かかる「確証形成行為」こそ，法律の実体形成の核心をなすことは，これまで度々論じてきたところであるが[48]，判決が「演説，討論または表決等の本来の行為そのもの」（傍点筆者）と言っているのも，かかる法律の実体形成行為とその終点に位置するその自由な意思形成による決定を意味するであろう。かかる趣旨からすれば，免責特権が本条に規定された「演説，討論または表決」は，厳密な意味のそれに狭く限定されるのではなく，広く法律の実体形成行為を含む例示と解すべく，したがって第二点の「議員の国会における意見の表明とみられる行為」に及ぶと解することは当然というべきであろう。

　このような趣旨からみて，第三点もまた，原則として，妥当するものと解されよう。議員が法律の実体形成行為として「演説，討論」を行うには，具体的には，議案の発議，趣旨説明，質疑，討論を行うには，もとより国会法や議院規則の定めるところに従い一定の手続を踏んでなされなくてはならない。議院において議員は無秩序に勝手気ままに「演説，討論」しうるわけではない。議院の会議は，議長の開議の宣告によって始まるのであり，その宣告があるまでは何人も議事について発言することはできず，議員が発言するには予め通告を

48　前出118頁・140-1頁参照。

第2章 立法行為

要する（衆規104条・125条，参規83条・91条）等々，一定の手続を必要とする。

これを理論上やや一般化していえば，要するに議院の「議事」とは，議院の意思決定を目標とする多数の議員の意思活動の連鎖よりなる組織的・継続的な手続を意味し，「議事法」とは，かかる手続を規律する法規範の一体をいうのである[49]。この意味において，法律の実体形成は，それを目的として行われる手続形成を前提とし，その中で実体形成がなされるのである。手続形成を離れて法律の実体形成はなく，手続形成は，実体形成を目的とする手段の関係に立ち，その重畳的な発展過程によって立法過程が成り立つのである。このことは，法律の実体形成および手続形成過程の終点に位置する「表決」についてもあてはまる（衆規148条以下・参規134条以下参照）。

かかる見地よりみるとき，判決の附随的行為類型(A)「本条の特権の対象となつている行為そのものを為すに当たつて当然その手段若しくは前提となり或はその結果たる行為」は，「職務執行に附随した行為」というよりはむしろ，「職務行為」そのものというべきであろう。なぜなら，実体形成行為は，手続形成行為を離れてありえないからである。

判決は，さらに，附随的行為類型(B)「右の行為には当たらず対象行為を為すについて通常随伴するもので適式なものとは言えないが，放任された行為」の範疇を設定している。手続行為をどのように行うかを，すべてにわたって法が規定しているわけではなく，また規定し尽くすことは不可能であるから，一定の枠内で議員に裁量の余地を残さざるをえない。このことは，法一般にあてはまることであって，議事法についてのみあてはまることではない。この意味よりすれば，かかる範疇は特に挙げる必要はないともいえるが，要は，職務行為に随伴しつつも，犯罪行為が問題となりうる領域を絞り込むためのものであるから，このような観点からすれば，かかる行為の範疇の設定も無意味とはいえないかも知れない。

判決の附随的行為類型(C)は，通常随伴するものではないが，「行為者の意思

---

[49] 議院の「議事」の観念は，明治憲法以来用いられ（46・47条），現行憲法でも用いられているところであるが（56条，なお地方自治に関し93条1項），余りに自明のこととみなされたからか，それを明確に定義したものは見あたらない。同様に，「議事法」の観念も，例えば明治憲法下において美濃部博士（『憲法撮要』第五版・432頁）により，あるいは現行憲法下において，宮沢教授（『憲法』改訂版・269頁）により用いられているが，明確な定義はなされていない。このように中で，本稿は，議院の「議事」とは，議院の意思決定を目標とする多数の議員の意思活動の連鎖よりなる組織的・継続的な手続を意味し，「議事法」とは，かかる手続を規律する法規範の一体をいう，と述べたが，それは上記の諸学説を参照して一応定義したものである。

により随伴的に為された行為」とされる。この区別は，さらに，(a)「職務行為を効果あらしめようとしてその内容を充実，もしくは拡大させるため或はこれを強調する行為」と(b)「職務行為をするに際しこれと無関係になす別個の行為」に区別され，後者についてのみ，犯罪行為が問題となるとされる。すなわち，行為者の主観的意図においては職務行為に附随してなされた行為ではあるが，客観的ないし本質的には職務行為とは「無関係な別個の行為」であり，犯罪行為が問題となるものとされる。

かかる職務行為に附随する行為の分類は，黒田覚教授も指摘されるように，「いくぶん煩わしいとともに，理論的にも批判の余地があるだろう」[50]が，(C)(b)の行為領域を設定したことは，職務行為に附随した犯罪行為の起訴には，議院の告発は訴訟条件でないという判断につながっている。

(2) 職務行為に附随した犯罪行為の起訴と訴訟条件

判決は，職務行為に附随した犯罪行為を，上記のように性格づけることによって，これらの犯罪行為については，議院の告発は訴訟条件ではないとの結論に結びつけている。その理由として，判旨ivで言及した如く，2つの理由が述べられている（67頁）。

> 《まず第一に議員の院内活動について議院の告発を起訴条件とするときは職務行為に無関係な犯罪行為（前示Cの(b)のようなもの）についても検察庁はこれを起訴し得ないこととなり，場合によつては多数派の考え方次第で普通の犯罪が隠蔽されるおそれを生ずる。
> 次に議員の議事活動に附随して発生した犯罪について職務行為の範囲内外を審理決定する権限は現行法上国会に与えられていない。刑事裁判における事実認定に相当するような審議権は成文法上国会に与えられていないことは極めて明瞭であるが，もし右の審理決定権が国会に在りとすると解するということになると，その与えられていない審議権を事実上国会に認めると同様の結果となるという矛盾を来たすこととなろう。》

本判決の特質は，免責特権の対象となる行為の範囲について，かなり幅の広い解釈をとりつつも，起訴には議院の告発を要しないとして，その範囲に属するかどうかの審理決定権は現行法上国会には与えられていないことを強調するにある。この点については，周知の如く，学説の対立があり，本判決について

50　黒田・本判決解説・前掲（注46）182頁。

もいろいろな批判や問題点が指摘されているが，ここではさしあたり，本件について次のことを確認しておきたい。

①議員の職務に附随した行為が犯罪行為に該当するかどうかの第一次判断権は議院に存し，議院の告発を訴訟条件と解し，議院の告発がなければ検察官は起訴しえず裁判所は訴訟条件を欠くものとして形式的裁判をしなければならないとする見解も有力であるが[51]，憲法解釈として正当とはいえないように思われる。というのは，かように解するとすれば，憲法の規定していない新たな「特権」を議院に認めることになるからである[52]。この意味において，訴訟条件たることを否認する本判決は，基本的には正当と解されよう。

②しかし，このことは，議院がこの点について何らの判断権も有しないとするものではない。この点において，本判決の説明は不十分であって，議院は議院としてこの点について判断権を有するのであるが，それは第一次的ないし専属的なものではなく，ただそれに検察権・裁判権は法的に拘束されないということであって，議院は，検察権・裁判権の判断を不当と考える場合には，自らの見解を決議によって表明しうるものと解されなければならない[53]。もとより，これによって，憲法の規定していない新たな「特権」を議院に認めたことになるわけではない。

(3) 国会運営領域における統治行為の観念と本件との関係

最後に，統治行為論に関する論点について一瞥しておこう。

この点について第一に注目されるのは，いわゆる統治行為の観念を認めた砂川事件上告審判決に言及しつつ，判旨(v)で引用の如く，「国会の運営に関する基本的事項のうち統治行為と目されるものとして」，以下の２つの事項が掲げられていることである（92頁）。

　(イ)　国会の両院の本会議の議決行為（本会議の定足数，議事および議決方法，議決の成立《憲法第五十六条，第五十七条，国会法第六十二条》）

---

[51] 代表的なものとして，第二次国会乱闘事件における佐藤功・鈴木安蔵・斎藤秀夫教授の鑑定人としての意見（前掲（注47）），松澤・本判決解説・前掲（注46）365頁等参照。

[52] 黒田・本判決解説・前掲（注46）182頁，芦部信喜『憲法（第六版）』（有斐閣・2015年）308頁，佐藤幸治『日本国憲法論』（成文堂・2011年）473頁等参照。なお，「現代議会制においてはむしろ多数派による少数派への圧迫が現実の問題となっていることを考えれば，憲法上の名分がないのに院の告発を必要と解することは，妥当でない」との見解も有力である（注解法律学全集『憲法Ⅲ』（青林書院・1998年）樋口陽一執筆99頁）。

[53] 黒田・本判決解説・前掲（注46）182頁，鈴木・本判決解説・前掲（注46）173頁参照。

(ロ) 国会の両院の委員会の議決行為（委員会の定足数，議事および議決方法，議決の成立《国会法第四十九条，第五十条》）

　第二に注目されるのは，その上で本件行為が統治行為に該当等するかどうかを検討し，被告人 Y_1 の行為は「統治行為たる右委員会の行為だといいうる議決行為そのものないしその構成行為たる表決行為とは到底いうことのできない」もの，被告人 Y_2, Y_3 の行為は「統治行為といいうるものの全く見出されない」ものであるとし，本件行為が結局は(C)(b)の行為類型に属する「職務行為をするに際しこれと無関係になす別個の行為」であることに結び付けて，「到底統治行為の観念をもつて論議しうる余地はない」との結論に至っていることである[54]。

II　第二次国会乱闘事件

1　事件の概要と本件で問題となった行為

　本件は，第24回通常国会（昭和30年12月20日〜昭和31年6月3日）会期末の昭和31年5月31日から6月2日にかけて，いわゆる教育2法案（「地方教育行政の組織及び運営に関する法律案」と同法律の施行に伴う関係法律の整理に関する法律案）を審議中の参議院内において社会党議員4名が議事の進行に関連して参議院議長等に暴力をふるったとして公務執行妨害，暴行，傷害の罪で起訴された事件である。

　弁護側は，以下の3つの理由で公訴棄却を主張した。
①被告人らの各行為は，憲法51条の免責特権の対象たる行為に該当し，裁判権は及ばない。
②証拠上公訴事実についての証明がなく，あるいは，これが実体法上犯罪の成立を阻却する場合，実体的裁判である無罪判決をすることができず，公訴棄却の形式的裁判をすべきである。
③本件各行為は，いわゆる統治行為であって，その行為の性質上，司法審査になじまない。

54　この点については，「弁護人側が，『政府与党の国会法規を無視した違法な議会運営は政治問題であるとして放任』するのならば，『これに対して抵抗しようとする野党議員』の行動にも『正に政治問題としてこれをとり上げるべきではなかろうか』と主張しているのは，どうも正しい主張のように思われる」とし，「ここらへんにこの判決の根本問題があるといえるかも知れない」との指摘もある（佐藤功・前掲（注46）3頁）。

原審である東京地裁は，これについて4学者の鑑定（佐藤功・鈴木安蔵・斎藤秀夫・兼子一）を徴し[55] それを参考として，昭和36年4月25日に裁判長の訴訟指揮の方法で，免責特権の対象となる議員の行為の範囲および議院の告訴・告発等が訴訟条件か否かについての見解を明らかにした[56]。その上でさらに審理を進め，結局，上記の公訴棄却を斥けた。訴訟指揮として表明された裁判長の見解を前提としてそれを踏まえた原審本判決（東京地判昭和41・1・21判時444号19頁）の判旨は，次の如くである。

①憲法51条の免責特権の対象となる行為は，明文に規定された「演説，討論又は表決」のみに限定して厳格に解すべではなく，議員が職務上行った言論活動のほか，「これに附随して一体不可分的に行われた行為」をも含むが，ただし，「それが国会ないし議院本来の職分を遂行するための必要止むをえない行為であって，かつ，これが刑罰法上保護されている法益侵害を伴っていても，その侵害の度合にして軽微であり，社会通念上これをことさらとりあげて評価しないことが是認される程度のものであるかぎり，免責特権の対象となる」と解すべきである。ところで被告人らの本件行為は，広い意味で議員の院内における職務活動としての性質を帯びることは否めないが，それらの各行為が言論活動それ自体に起因し，あるいはこれに附随したとか，これと一体不可分に行われたとはいえないから免責特権の対象とはならない（22-23頁）。

②証拠上公訴事実についての証明がなく，あるいは，これが実体法上犯罪の成立を阻却する場合，それは免責特権に当たらないことが認められない等の理由によって訴訟条件が欠如するにいたることを示すものではなく，したがって公訴棄却の形式的裁判をすべきではない（24-25頁）。

③いわゆる統治行為なる観念を認めうるとしても，それは国家統治の基本に関する高度の政治性を備えた国家行為に限定されるべきであり，「議院の議決ないし審議行為それ自体でない議員個人の行為の刑事責任を定めるについては，それが所論のごとく議員の職務遂行に関連してなされたものであるにせよ，この観念を容れる余地はない」（25頁）。

　かようにして公訴棄却論を斥けた後，実体審理に入り，10の公訴事実のうち4つについては犯罪の証明が十分でなく，2つについては被告人らの行為は公務執行妨害罪にいう「暴行」に該当せず，また残り4については実質的違法性を欠くとして，被告人らに対しいずれも無罪を言い渡した。このうち2名に

---

[55] 前掲（注47）『ジュリスト』204号（1960年）48頁以下参照。
[56] 『判例時報』258号18頁以下参照。

ついては検察側が控訴し，弁護人側は原審における場合と同様，以下の理由で公訴棄却を主張した。

①被告人らの本件各行為は，憲法第51条所定の国会議員の免責特権の対象たる行為に該当するから，本件については，公訴棄却の裁判をなすべきである。

②被告人らの本件各行為は，統治行為であるから，裁判権がそれに介入すべきでなく，従つて本件については公訴棄却の裁判をなすべきである。

③被告人らの本件各行為は，国会議場内における国会議員の行為であるから，これを訴追するには，議院の告訴又は告発が必要であるのに，これがないから，訴訟条件を欠くものとして，本件については，公訴棄却の裁判をなすべきである。

東京高裁は控訴を棄却した（東京高判昭和44・12・17判時582号18頁）[57]。

2 判旨

高裁は，被告人らの本件行為がいずれも公務執行妨害罪の構成要件を充足するものとしたうえで，原審の詳細に認定した事情のほかに若干の事情を加え，結局，本件各行為は，刑法35条ないし37条の精神に照らし可罰的違法性を欠き，罪とならないとして，原審判決を支持した。

弁護人側の公訴棄却論に対する判決の要旨は，次のとおりである。

①「憲法第五一条所定の国会議員の免責特権の対象たる行為とは，同法条の設けられた精神にかんがみるときは，必ずしも同規定に明文のある演説，討論又は表決だけに限定すべきではないが，少なくとも議員がその職務上行なつた言論活動に附随して一体不可分的に行なわれた行為の範囲内のものでなければならないと解すべきところ，被告人らの本件各行為はそれに該当しないと認められる」（23頁）。

②「なるほど，政府又は国会の行為で，それが国家統治の基本に関する高度の政治性をもつため，その適法有効なものであるか否かの判断に裁判所が介入しないのを相当とするものが存することは，既に最高裁判所判決においても認められているところであるが，被告人らの本件各行為のような国会議員個人の行為に刑事責任があるか否かの問題は，たとえそれが国会議員としての職務遂行に関連してなされたものであっても，国会の行為で国家統治の基本に関する

---

[57] 本判列に関する解説として，本判決掲載誌18頁以下，小林孝輔「第二次国会乱闘事件」『昭和44年度重要判例解説』（有斐閣・1970年）21頁以下，高見勝利「第二次国会乱闘事件」憲法判例研究会『続日本の憲法判例』（敬文堂・1972年）241頁以下参照。

高度の政治性をもつものとは解せられず、従って、これに対する裁判権がないとはいえない」(23-24頁)。

③「日本国憲法および現行法令のもとにおいては、国会議場内における国会議員の行為を刑事訴追するにあたり、議院の告訴又は告発がその訴訟条件ではないと解するのを相当とする」(24頁)。

3　立法行為論からみた特質

第二次国会乱闘事件においても問題となった行為は、法律案をめぐる議事手続の進行に関連して生じた議員の行為であり、法律の実体形成に直接かかわらない、純手続形成において生じたものであって、しかも手続行為そのものではなく、それに附随して生じた行為であった。

そして、その行為について、刑事裁判権が及ぶか、またその訴追には議院の告訴・告発を要するかどうかという立法権に対する司法権の限界に関連する問題が争点となり、東京地裁は、4学者から鑑定を徴して、裁判長の訴訟指揮として、以下の見解を示した。

(1)　憲法51条の議員の免責特権の対象となる行為は、議員がその職務行為上行った言論活動のほか、これに附随して一体不可分的に行われた行為をも含むと解するのが相当である。もっとも、上記の附随的行為は、(イ)国会本来の職務を遂行するため必要やむをえない行為に限られ、かつ、(ロ)その行為に刑罰法上保護されている法益侵害が伴っていても、その法益侵害の程度が軽微であって、ことさら取り上げて評価しないことが社会通念上是認される程度のものでなければならない。そしてこのような免責特権の認められる行為については、裁判所は実質的な裁判はなしえず、いわゆる訴訟障害が存する。

(2)　上記の免責特権の対象と考えられない犯罪行為について、これを訴追するには、議院の告訴・告発等を必要としない。

ここから知られるように、その内容は、大筋、第一次国会乱闘事件判決で示されたものと一致するが、判決においても、上記の見解を前提として、以下の判断が提示されたのであった。

①被告人らの行為は、議員本来の職務行為に属する言論活動に関連し、または少なくとも広い意味で議員の院内における職務活動としての性質を帯びることは否定しえないとしても、これが言論活動それ自体に起因し、あるいはこれに附随したとか、これと一体不可分的に行われたということはできないから、免責特権の対象とはならない。

②公訴事実についてその証明がなく，あるいは実体法上犯罪の成立を阻却する場合，それは免責特権に当たらないことが認められない等の理由によって訴訟条件が欠如するに至ることを示すものではないから，公訴棄却の形式的裁判をするべきではない。

③統治行為の観念が承認しうるとしても，それは，高度の政治性を備えた国家行為に限られるべきであるから，議院の議決ないし審議行為それ自体でない議員個人の行為の刑事責任については，この観念を容れる余地はない。

かかる理由によって，公訴棄却を求める弁護人の主張を斥けたうえで，実体審理に入り，上記の結論に至ったのであった。

本判決を第一次国会乱闘事件判決の公訴棄却論と対比するとき，大筋において一致することは先に示唆したところであるが，ただ，詳細にみれば，その間には，微妙な相違もみられる。

第一に，憲法51条の議員の免責特権の範囲について，本件原審判決は，職務行為に「附随して一体不可分的に行われた行為」をも含むとしつつ，新たに(イ)(ロ)の要件を加え，その範囲をかなり厳格に限定していることである。

第二に，議員の職務行為に附随した犯罪行為の起訴について議院の告発ないし告訴を要件とするかどうかについて，第一次国会乱闘事件判決のように，免責特権の範囲の問題との結びつきを明確に判示することなく，否定されているように見えることである。

第三に，統治行為論については，「統治行為の観念が承認しうるものとしても」として，一応留保をつけた上でそれに言及し，「議院の議決ないし審議行為それ自体でない議員個人の行為の刑事責任を定めるについては，それが所論のごとく議員の職務遂行に関連してなされたものであるにせよ，この観念を入れる余地はない」として，第一次国会乱闘事件判決と同旨の結論に至っている。ただ，注目されるのは，上記の引用より見る限り，第一次国会乱闘事件判決では，統治行為と目される行為を議院の本会議および委員会の議決と捉えていたのに対して，本件原審判決では，「議院の議決ないし審議行為」として，審議行為をも含める趣旨にも読める点である。

本件控訴審判決は，原審判決の存在を前提としたうえのものであるから，その理由の説示が比較的簡単であるが，被告弁護人側の公訴棄却論を斥ける判旨についていえば，ここでも仔細にみれば，微妙な違いもみられる。

第一に，憲法51条の議員の免責特権の範囲について，「少なくとも議員がその職務上行なった言論活動に附随して一体不可分的に行なわれた行為の範囲内

のものでなければならない」しつつも，原審判決のようにその範囲を限定する㈹㈹の要件を付加していない。この意味において，免責特権の範囲は，原審判決より広く[58]，むしろこの点においては第一次国会乱闘事件判決に近いといえるかもしれない。

　第二に，議員の職務行為に附随した犯罪行為の起訴について議院の告発ないし告訴を要件とするかどうかについて，単に「日本国憲法および現行法令のもとにおいては，国会議場内における国会議員の行為を刑事訴追するにあたり，議院の告訴又は告発がその訴訟条件ではないと解するのを相当とする」と説示するだけであるが，そこでは明示の規定の不存在という現行法制度のあり方が強調されたところよりすれば，この点においても第一次国会乱闘事件判決の判旨（この論点に関する後半の部分）に近いところがあるように思われる[59]。

　第三に，統治行為論については，それに関する最高裁判決において認められるとしたうえで，議会運営においてそれにあたる事項が何かを特に示すことなく，「本件各行為のような国会議員個人の行為に刑事責任があるか否かの問題は，たとえそれが国会議員としての職務遂行に関連してなされたものであっても，国会の行為で国家統治の基本に関する高度の政治性をもつものとは解せられず，従って，これに対する裁判権がないとはいえない」として，論じ去っている。控訴審判決は，結論において原審判決と同旨であるが，統治行為の観念を認めたうえで，しかし，議会運営においてそれにあたる事項が何かを特に示すことなく，本件行為について否定している点において，原審判決と異なる[60]。

　かように控訴審は，その公訴棄却論についても原審判決との間に微妙な相違があるが，しかし，本件で問題となった行為の立法行為論における手続形成行為としての意義は，控訴審判決においても基本的には変わらない。

　以上が，第一次および第二次国会乱闘事件判決で問題となった行為を立法行為論の見地からみた特質である。要約すれば，以下の如くである。

58　この点を指摘するものとして，同判時解説19頁，小林解説・同23頁。
59　いずれにせよ，本判決を含めて，三つの下級審判決が議院の告発・告訴を訴訟条件と解すべきであるとする弁護人側の主張に消極的に対応したのは，「免責特権の理解に際して英米流の強い議院の自律権の観念を認めなかったことを意味する」として，「わが国の議会法制の特殊性からくる『弱い自律権観念』とでも呼ぶべきものによって，この英米流の観念に否定的に対応したのが免責特権をめぐる裁判所の判断であった」とする見解もある（高見解説・前掲（注57）249頁・255頁参照）。
60　統治行為論に消極的な見地からは，原審の認否を留保した態度が注目されている（小林解説・前掲（注57）23頁参照）。

第6節　判例からみた立法行為論Ⅱ

　(1)　立法行為は，立法手続法上の効果として成立・不成立，有効・無効，適法・不適法等の法的価値判断が問題となるが，さらにそれを超えて，刑法上の犯罪となるかどうかの実体法上の法的価値判断の対象となることもある。本件は，まさにそれに関する事案である。

　(2)　その場合，当該行為が憲法51条の規定する免責特権の対象となるかどうかは，判例によれば，法律の実体形成に直接関わる言論活動だけでなく，そのためになされる手続形成，さらにそれらに附随して一体不可分的に行われる行為も含まれるものと解される。

　(3)　議員の職務に随伴する行為が，職務行為に「附随して一体不可分的に行われた行為」として憲法51条の免責特権の範囲に含まれるか，あるいはそれに含まれない犯罪行為に該当するかどうかについて，その第一次判断権は議院に存し，議院の告発・告訴を訴訟条件と解し，議院の告発・告訴がなければ検察官は起訴しえず，裁判所は訴訟条件を欠くものとして公訴棄却の形式的裁判によって訴訟を終結しなければならないとの見解も有力であるが，かかる憲法解釈は，先に述べたように，憲法の規定していない新たな「特権」を議院に認めることになるから正当とはいえず，この意味でそれを否定する判例の立場は，基本的には妥当といえよう。

　(4)　しかし，このことは，議院はこの点について何らの判断権も有しないとするものではない。この点において，判例の説明は不十分であって，議院は議院としてこの点について独自の判断権を有するのであるが，それは第一次的ないし専属的なものではなく，ただ議員の判断に検察権・裁判権は法的に拘束されないということであって，議院は，検察権・裁判権の判断を不当と考える場合には，自らの見解を決議によって表明しうるものと解されなければならない。もとより，これによって，憲法の規定していない新たな「特権」を議院に認めたことになるわけではない。

　(5)　なお，弁護人側の主張する統治行為論について一言すれば，第一次国会乱闘事件判決は，統治行為の観念を認め，議会運営においてそれにあたると目される行為を議院および委員会の「議決行為そのものないしその構成行為たる表決行為」としたうえで，また第二次国会乱闘第一審判決は，一応統治行為論の可能性を留保しつつも，「議院の議決ないし審議行為それ自体」が統治行為に当たるかのように論じつつ，さらにまた，控訴審判決は統治行為の観念を認めつつも，議会運営においてそれにあたると目される行為を明示しないまま，いずれの判決も，結局のところ，本件行為のような憲法51条の免責特権の範

185

囲には属しない議員個人の行為に刑事責任があるかどうかが問題となる場合には，統治行為の観念を容れる余地はないとして弁護人側の主張を斥けており，この点において共通しているところにその特質がある。

四　国民投票法案不受理事件

1　事実の概要と本件で問題となった行為
(1)　事実の概要

日本社会党に属する衆議院議員であった X（原告・控訴人・上告人）は，かねてより国政における重要な問題について国民投票を実施する旨を骨子とする法案を国会に提出することを意図し，1993 年（平成 5 年）2 月頃に「国政における重要問題に関する国民投票法案」と題する法律案（以下「本件法律案」という）を完成した。X は，当初本法律案を所属する同党の党提出法案として衆議院に提出しようと考え，本件法律案を同党の国会対策委員会と政策審議会に預けたが，殆ど省みられることなく，党提出法案として提出される見込みがなかったため，同年 5 月中旬，国会法 56 条所定の手続により国会に発議することを考え，そのために必要な賛成者の署名を得ることに努め，同年 6 月 14 日，同党の衆議院議員 92 名の賛成者およびそのほか 2 名の提出者と連署して本件法律案を衆議院事務局議事部議案課に提出した。

かようにして，本件法律案には，同党の国会対策委員長等の印等 X の所属する会派の「機関承認」を欠いていたので，議案課では，衆議院において議員の議案の発議については当該議員の所属する会派の「機関承認」を必要とする先例（以下「本件先例」という）が存するとみられたことから，本件法律案をそのまま受理法律案として取り扱うことはできないものと判断し，その取り扱いについて，同党国会対策委員会事務局に問い合わせたところ，翌 15 日に同事務局から，同党として本件法律案について「機関承認」はしない旨の回答がなされた。その後，衆議院事務局は，本件法律案の取り扱いに関し，X および同党に調整・検討を要請しつつ，議院運営委員会理事会の協議に付された場合に備えて資料の作成等準備を進めていたところ，同月 18 日に衆議院が解散されたため，議院運営委員会において協議されるいとまもなく，結局，本法律案については受理法律案として取り扱いがなされないまま終わった。

X は，同年 7 月 1 日付で，衆議院事務総長に対して，本件法律案を受理しなかったこと等に関する公開質問状を提出したところ，事務総長は，同月 13 日付の回答書において，衆議院において議員が法律案を提出するにはその所属会

派の機関承認を必要とし、機関承認のない法律案は受理しえないというのが確立された先例であり、すでに議院運営委員会理事会において会派の機関承認の必要性について確認されている旨、本件法律案については、国会法56条所定の賛成者要件は充たしているものの、所属会派の機関承認のないものであり、事務局としては一存で受理することができなかった旨等を回答した。

そこでXは、法律案の発議権の行使は議員本来の職務であり、国会法および衆議院規則は議員が法律案を発議するには、議員20人以上（予算を伴う法律案には50人以上）の賛成を要すると規定するだけで（国会法56条1項、衆議院規則28条1項）、所属会派の機関承認を必要としないから、国会法および衆議院規則で規定された他に、機関承認を求めることは許されないし、そのような取り扱いは先例ではないとし、衆議院事務局が本件法律案について所属会派の機関承認がないことを理由に受理しなかったことは、明白な違法の行為であり、違憲の行為であるとして、国家賠償請求訴訟を提起した。

ここから知られるように、本件で問題となっているのは、議員による法律案の発議という法律案の発案行為について、その手続を定める特殊な要件に関するものである。しかし、本件は、Xも主張するように、議院事務局の不受理について「直接それ自体の有効・無効の判断を求めるものではない」から、立法手続法上の効力が直接の争点となっているのではなく、それを超えた国家賠償法上の違法性の存否が問題となっているのであるが、しかし、その前提問題として議院自律権との関係で、立法手続法上の効力が問題となるのである。

かくて、本件で争点とされたのは、(1)本件訴えは、議院の自律権との関係で裁判所法3条にいう「法律上の争訟」に該当するか、(2)本件不受理の違法性の存否である。

(2) **第一審判決**（東京地判平成8・1・19訟務月報43巻4号1144頁）

第一審判決は、以下のように判示して、Xの請求を棄却した。

(i) 本件訴えは「法律上の争訟」に該当するか（本件訴えの適法性の存否について）

①本件は、「権力分立の原理から導かれる議院の自律権の範囲内の事項として、裁判所としては合法・違法の判断を差し控えるべきものと解されるけれども、それは当該議院の自律的判断を尊重しそれを前提に請求の当否の判断をすれば足りるということであって、紛争全体が右にみたような意味において法令の適用によって終局的に解決するに適しない場合に当たるとまではいえない」。

したがって，本件訴えは裁判所法3条にいう「法律上の争訟」に「当たるものというべきである」。
(ⅱ) 本件不受理の違法性の存否について
②「議院の自律権が認められる……趣旨に照らすと，議院がその自律権の範囲内に属する事項についてした判断については，他の国家機関がこれに干渉し，介入することは許されず，当該議院の自主性を尊重すべきものと解するのが相当である。当事者間の具体的権利義務ないし法律関係の存否をめぐる訴訟の前提問題として議院における法律の議決の有効・無効が争われた事案につき，最高裁判所が，当該法律が「両院において議決を経たものとされ適法な手続によって公布されている以上，裁判所は両院の自主性を尊重すべく同法所定の議事手続に関する所論のような事実を審理してその有効無効を判断すべきでない」と判示したのは（昭和三七年三月七日大法廷判決・民集一六巻三号四四五頁参照），まさにこの趣旨にほかならず，この理は，議院における法律案の受理手続の合法・違法が争われている本件には，より一層妥当するものというべきである」。
③「当事者間の具体的権利義務ないし法律関係を訴訟物とする訴訟の前提問題として，議院の自律権の範囲内に属する議事手続の合法・違法ないしその有効性が争点となっている本件のような場合においては，裁判所は，右争点の判断をするに当たり，その点に関する当該議院の自律的判断を尊重すべきであり，右自律的判断を前提として請求の当否の判断をすれば足りるものというべきである」。
④「裁判所としては，本件においては衆議院事務局が本件法律案を受理しなかったことが違法ではないという衆議院の自律的判断が既に示されている以上，衆議院の右判断をそのまま判断の基礎として裁判せざるを得ず，結局右行為が国家賠償法上違法であると認めることができない」。
Xは，原判決の取り消しを求めて控訴した。東京高裁は，次のように判示して，控訴を棄却した（東京高判平成9・6・18判時1618号69頁）。

2　判旨
控訴棄却
（ⅰ）本件訴えは「法律上の争訟」に該当するか（本件訴えの適法性の存否について）
①「議院の自律権能をめぐる問題は，本訴請求の前提問題であるにすぎず，

……右前提問題そのものについて衆議院の自律性を尊重するべき観点等から裁判所の審判権が及ばない場合においても，右前提問題に裁判所の審判権が及ばないとされる結果，当該違法性の存在について判断し得ない（当該違法性の立証がない場合と同視される。）ことを前提に請求の当否を判断すれば足りる」。

　(ii)　本件不受理の違法性の存否について

　②「各議院は，議院の組織，議事運営，その他議院の内部事項に関しては，他の国家機関から干渉，介入されることなく自主的に決定し，自ら規律する権能（いわゆる議院の自律権）を有していると認められる。……したがって，議院の自律権の範囲内に属する事項について議院の行った判断については，他の国家機関が干渉し，介入することは許されず，当該議院の自主性を尊重すべきものと解するのが相当である。当事者間の具体的権利義務ないし法律関係の存否をめぐる訴訟の前提問題として議院における法律の議決の有効，無効が争われた事案につき，最高裁判所が，当該法律が『両院において議決を経たものとされ適正な手続によって公布されている以上，裁判所は両院の自主性を尊重すべく同法所定の議事手続に関する所論のような事実を審理してその有効無効を判断すべきでない』と判示したのは（最高裁判所昭和三七年三月七日大法廷判決，民集一六巻三号四四五頁参照），まさにこの趣旨を示したものというべきであり，この理は，衆議院における議員の発議にかかる法律案の受理手続の適法性が争われている本件にも妥当する」。

　③本件では，衆議院事務総長回答により，「本件先例が衆議院内部において法規範性を有する確立したものとして存在しており，かつ，右取扱いは右確立した先例に従ったもので適法である旨の衆議院としての判断が示されたものということができる」。

　④「裁判所としては，衆議院の右自律的判断を尊重すべきであって，本件法律案につき受理法律案としての取扱いをしなかったことについて独自に適法，違法の判断をすべきではなく，その結果，本件では国家賠償法第一条第一項にいう『違法』が認められない」。

　(iii)　控訴人Ｘのその余の主張について

　⑤「本件のような取扱いが先例として確立していたはずはなく，仮に先例として存在していたとしても本件はその適用外である」との主張，また，「本件先例は国会法第五六条第一項及び衆議院規則第二八条第一項に規定する衆議院議員の議案の発議の要件……を超える別個の要件を課しているもので，憲法第四一条，国会法第五六条，衆議院規則第二八条に違反する違憲，違法なもので

あるとの主張」について，それらはいずれも，「議院の自律権の範囲内の問題であり，本件のような取扱いが先例として確立しているものであって適法であるとの趣旨の前記衆議院の判断が示されている以上，裁判所として本件先例ないし本件先例に基づく本件取扱いの適法性の問題については，その憲法違反の有無を含めてその判断を差し控えるべきものと考える（なお，法律案の議事手続を含め，議院の自律権の範囲内に属する事項についての議院の取扱いに，一見極めて明白な違憲無効事由が存在する場合には，裁判所の審判の対象とする余地があると考えるとしても，本件においては，……そのような事由の存在を認めることはできない。現在衆議院の運営が政党ないし会派を中心として行われていることは公知の事実であって，議事手続（本件のような議員による議案の発議手続を含む。）において議員の所属会派の意思を尊重する取扱いが先例として行われ，結果的にそれが憲法，国会法，衆議院規則等に定める衆議院議員の権限の行使に新たな要件を加え，これを一部制限するような外観を呈したとしても，そのことをもってそのような取扱いが一見明白に憲法に抵触するものとは到底いえず，仮にそのことによって何らかの不都合が生ずる場合においても，それはまた，議院自身の自律的判断によって解決されるべきことが憲法以下の法令の予定しているところと解される。）」

⑥「本件においては国会議員の法律案発議権が衆議院事務局という事務機関によって侵害されたものであるから議院の自律権の濫用である」との主張について，「法律案の受理手続が衆議院における議事手続の一環であることは前述したとおりであり，衆議院事務局は衆議院議長の補助機関として議案の受理に関する事務を行っているものであるから……，衆議院事務局の本件法律案を受理しない取扱いが衆議院としての議事運営の一環として，その自律権の範囲内の事項に属することは明白といわなければなら」ない。

なお，Xは，これを不服として上告し，上告理由として，①本件先例の審理不尽，理由不備，②存在しない先例を先例と認めた法令の誤認，③議員の発議権および議院の自律権についての憲法解釈の誤りを主張したが，最高裁は，この上告理由に対し一括して，以下のような例文的判示により上告を棄却した（最二小判平成11・9・17訟務月報46巻6号2992頁）。

「所論の点に関する原審の事実認定は，原判決挙示の証拠関係に照らして首肯するに足り，右事実関係の下においては，本件法律案が受理法律案として取り扱われなかったことにより上告人が被ったと主張する損害の賠償を求める本件請求を棄却すべきものとした原審の判断は，正当として是認することができ

る。論旨は，違憲をいう点を含め，独自の見解に基づき原判決の法令違反をいうに帰するものであって，採用することができない」。

3 立法行為論からみた本件判決の特質
(1) 法律発案の意義と手続に関する要件

本件で問題となっているのは，先に示唆したように，議員による法律案の発議という法律案の発案行為であり，しかも，その手続を規律する「機関承認」という特殊な要件に関するものである[61]。本件は，国家賠償請求訴訟であって，本件請求の前提問題として争点となったのは，本件訴えが「法律上の争訟」にあたるかどうかの適法性の問題およびその適法性が認められる場合に議員の法律案の発議につき機関承認を欠くことを理由とする不受理の取り扱いの違法性の存否の問題である。しかし，被告国側も明示にするように，そこで「実質的に」問題となっているのは，「法律案の受理手続の適否」，すなわち議員による法律案の発議に機関承認を要するという要件を課す先例の立法手続法上の効力であるから，ここでも，それに焦点を絞って，まず，法律案の発案とは何であり，それが立法過程においてどのような意味をもつのか，また，発案の手続に関する要件の規定のあり方について検討することにしたい。

日本国憲法は，法律案の発案権の帰属機関に関する明示の規定を欠くが，明治憲法以来，「両議院ハ政府ノ提出スル法律案ヲ議決シ及各々法律案ヲ提出スルコトヲ得」（38条）と定める法律案の発案に関する規定により，法律案の発案権（法律発案権）とは，一般に，「議院に対して法律案の審議・議決を求める権能」を意味するものと解されてきた。該規定の政府原案は，君主制原理に基づき前段のみで発案権を政府のみに限定していたが，枢密院の諮詢において後段が追加され，憲法上議員もまた所属する議院に法律案を提出しうることが明示に認められた。ハチェック流に政府による発案を「外部発案」，議員による

---

[61] 本件判例解説・評釈として，第一審判決については，木下和朗「議院自律権と司法審査——国民投票法法案不受理違憲訴訟」『平成8年度判例重要解説』（1997年）23頁以下，控訴審判決については，青山武憲「衆議院の先例と司法審査」『法令ニュース』33巻3号21頁，宍戸常寿「衆議院事務局による議員提出法案の不受理」『自治研究』75巻2号90頁以下参照。機関承認をテーマとし或いはそれに立ち入って論ずるものとして，原田一明「議会先例としての『機関承認』の意味」曽我部真裕・赤坂幸一編『憲法改革の理念と展開（上巻）大石眞先生還暦記念』（信山社・2012年）699頁以下，高見勝利「『議員立法』三題」『レファレンス』629号（2003年）4頁以下，白井誠『国会法』（信山社・2013年）132頁以下，中島誠『立法学〔第3版〕』（法律文化社・2014年）262頁等参照。

発案を「内部発案」と呼ぶならば[62]，原案の「外部発案独占主義」が否認され，最終的には，「外部・内部の発案併存主義」が採用されることになったのである。しかし，かかる成立の経緯からも知られるように，法律発案権は本来政府にあるものとされ，その取り扱いについても，議院法において，圧倒的な優位が認められるとともに，議員による法律案の発案については，議案の「発議」として規定され，20人以上の賛成を必要とされた。

しかるに，日本国憲法には，明治憲法38条に相応する法律発案権に関する規定を欠いていたから，法律発案権の帰属機関が当然のことながら解釈論上問題とならざるを得なかった。国会を「国の唯一の立法機関」と規定する憲法41条を根拠にして，国会の構成員たる議員のみが法律発案権をもつとの解釈も一部で有力に主張されたが，しかし，憲法41条により議員が法律発案権をもつのは当然としつつも，憲法72条や憲法が議院内閣制を採用していること等を根拠にして政府にも法律発案権を認める見解が通説的な地位を占め，国会自らが内閣法5条にそれを明記して，いわば自ら立法的に解決した。国会法は，当初，GHQのつよい統制のもとで，「すべて議員は，議案を発議することができる」（56条1項）と規定し，賛成者を不要なものとしていたが，昭和30年の第五次国会法改正の中で，「国会自粛の立場」から同項も改正され，「議員が議案を発議するには，衆議院においては議員二十人以上，参議院においては議員十人以上の賛成を要する。但し，予算を伴う法律案を発議するには，衆議院においては議員五十人以上，参議院においては議員二十人以上の賛成を要する」と規定され，現在に至っている。

かように，法律案の発案とは，議院に法律案を提出してその審議・議決を請求する行為であり，まさに，国会における立法過程の起点となる行為である。法律案の提出により，将来法律となるべきものの実体が提示され，それがその後の手続の指導形象として中心的位置を占め，それをめぐって趣旨説明，質疑，討論が展開され，最終的には，それらによる議員の意思形成の結果たる表決によってその賛否が表明され，その法的結果として法律の成立・不成立が決せられるからである。

しかし，かかる法律の実体形成が立法過程においてなされるためには，種々の要件を満たしていなければならない。今，議院おける法律案の実体的な審

---

62 Julius Hatschek, *Deutsches und preussisches Staatsrecht*, 2. Bd., 2. Auf., 1930, S. 24ff. 以下の論述は，概ね拙著・前掲（注1）181頁以下による。

議・議決が行われるための諸要件を「立法要件」と呼ぶならば[63]，発案手続に関する要件もまた「立法要件」の一つ，特に形式的立法要件に関するものである。衆議院規則28条1項によれば，議員が法律案を発案（発議）するには，①「その案を具え」，②「理由を附し」，③「成規の賛成者と連署して」，④「議長に提出」しなければならない。ここから知られるように，「法律案」それ自体は，将来法律となるべきものの発案者の蓋然的判断を表示したものとして法律の実体形成行為としての性格を有するが，それを具えていなければ法律発案は不適法となるから，この意味において請求の意思表示たる発案行為それ自体は，手続形成行為に属する。

問題は，国会法，衆議院規則の定める上記要件の他に，さらに会派の機関承認を必要とするとの要件を課すことが，妥当かどうか，特に憲法上どのように評価されるべきかである。本件で問題となったのは，まさにこのことであるから，法律の実体形成の現代的意義を踏まえ，それを目的とする手段としての手続形成のあり方に即して，機関承認を立法要件とすることの憲法的意義を考察しよう。

(2) **法律の実体形成行為の意味とその変容**
―― 議員相互の説得から国民の説得へ ――

近代的な意味における国民の「代表」機関としての「議会」といわれるものが成立して以来，その根底には，自由かつ平等で独立の判断主体・意思形成主体としての議員というものが措定され（理念的基礎といってもいいであろう），今日でもなお，憲法をはじめ，国会法や議院規則は，すべて基本的には，このような理念的基礎のうえにつくられているといいうるであろう。日本国憲法43条に規定する「代表」というのは，これを前提とするものと解されているし（ドイツ憲法はこれを明示して，「議員は全国民の代表者であって，委任および指令に拘束されることなく，自己の良心にのみ従う」と規定している（38条1項2文）），またそれを前提としなければ，憲法51条の規定する「演説，討論又は表決」の自由の保障（いわゆる免責特権）や憲法57条の規定する議院の会議の「公開」原則をはじめ，国会法や議院規則の定める「趣旨説明」「質疑」「討論」というものが，そもそも意味をなさないであろう[64]。

---

63 拙著・前掲(注1)145頁以下・215頁以下参照。
64 その精神史的意味を鮮明に打ち出すものとして，Vgl. Carl Schmitt, *Die geistesgeschichtliche Lage des heutigen Parlamentarismus*, 2. Aufl., 1926, S, 5ff. 27ff 樋口

第2章 立法行為

　このような伝統的な議会法の理念によれば，法律の実体形成の核心は，法律の発案者の側からいえば，提出した法律案がいかに正当なものであるかを趣旨説明，質疑に対する答弁，討論を通して論証し，もって表決権を有する他の議員の意思形成に働きかけて賛成の表決をするよう説得し，自己に有利な議決（可決）を獲得しようとするにある。逆に，法律発案に反対の立場の側からいえば，提出された法律案がいかに正当なものでないかを質疑や討論を通して論証し，もって表決権を有する他の議員の意思形成に働きかけて反対の表決をするよう説得し，自己に有利な議決（否決）を獲得しようとするにある。翻って，当該法律案の当否を決定する判断主体たる個々の議員の立場からいえば，かかる説得の働きかけを斟酌しつつ，自ら主体的に自己の表決の判断内容を自由に形成するにある。この意味において，立法手続における趣旨説明・質疑・討論等の一連の行為を，いわば立法過程における「確信＝心証（説得 Überzeugung）形成行為」と呼ぶことができるであろう。立法過程における法律の実体形成の中心をなすのは，このような議員の表決についての「確証形成行為」であり，手続形成はかかる法律の実体形成を目的として行われる手段としての性格をもつ。

　しかるに，自由な意思形成主体という原子論的な議員を活動単位とする理念的基礎の上に組み立てられてきた伝統的な議会法は，その後民主主義の進展とともに不可避的に進む政党制の発展によって，会派という集合主義的な活動単位が議会に押し寄せ，恰も地下のマグマの如く，例えば国会法において委員会の構成につき突如「会派」が登場するが如く，法的地表のあちこちで噴出し，法の規定の中に出現するという地殻変動を経験するだけでなく，党議拘束がいよいよ強化されるなかで議員は「会派」の投票機械と化し，議会の活動単位は，事実上，自由な意思形成主体という原子論的な個人としての議員から，政党を

　陽一訳「現代議会主義の精神史的状況」（1923 年初版訳）「議会主義と現代の大衆民主主義との対立〔1926 年〕」長尾龍一編『カール・シュミット著作集Ⅰ』（慈学社・2007 年）53 頁以下，155 頁以下（後者の論文は，本書第 2 版の Vorbemerkung にほぼそのまま用いられている）。シュミットは，そこから，議会制の破産を宣告したが，戦後を経た今日からみれば，そうでなかったことは，次に述べる通りである。これに対して，ケルゼンは，政党の発展による大衆民主主義における議会制の存立根拠を，多数決原理による政治的対立の「妥協」に求め，「全議会手続は，その弁証法的矛盾対当的な弁論と答弁，議論と反駁とを目指した技術をもって妥協をうることを目的としている」としたことは，あまりにも有名である。Vgl. Hans Kelsen, *Vom Wesen und Wert der Demokratie*, 2. Aufl., 1929, S. 57f. 西島芳二訳『デモクラシーの本質と価値』（岩波書店・1969 年）85 頁以下〔長尾龍一・植田俊太郎訳『民主主義の本質と価値』（岩波書店・2015 年）77 頁以下〕。

基盤とする議会内の集合主義的組織たる会派に変動しつつあるという事実にも留意しなければならない[65]。かかる現実に即して，日本国憲法43条に規定する「代表」の観念や憲法51条の規定する「演説，討論又は表決」の自由の保障（いわゆる免責特権）の意義や憲法57条の規定する議院の会議の「公開」原則をはじめ，国会法や議員規則の定める「趣旨説明」「質疑」「討論」の意味を考えるとき，規定自体に何らの変更がないにもかかわらず，議会の活動単位の議員から会派への事実上の変動に伴い，「確証」という意思形成の説得の相手方の重心が，他の議員から，「窓越」の国民へ，具体的には巨大なメディアを通して国民へと変化し，主権者たる国民の意思形成に直接働きかけて，自己に有利な判断を獲得し，個々の法律案についての賛否のみならず，選挙における投票の獲得を目指すものへと機能的に変容しているのではないかということをも考慮しなければならないであろう[66]。

しかし他方ではまた，このような変容の中で，憲法が想定する自由で独立した判断主体たるべき国民代表としての議員像もまた，かつての名望家的なそれから，「自己の属する政党を通じて，その政党の中で，共同して活動することを義務づけられ，会派と政党の統一的で一致団結した行動においてのみ自らの見解を貫徹することのできる職業政治家」[67]としてのそれに変容しているのではないかということも考慮しなければならないであろう。

(3) 実体形成行為の意味と手続形成のあり方

かかる見地から，このような法律の実体形成（確証形成）を目的とする手段としての手続形成のあり方を考えるとき，憲法上「演説，討論又は表決」，議院の会議の「公開」といえるためには，また国会法・議院規則法上「趣旨説明」「質疑」「討論」といえるためには，それにふさわしい内容を具えたもの，特に法律案の賛否について主権者たる国民の意思形成に実質的に資することが

---

[65] 会派については，松澤浩一「国会の会派」『駿河台法学』4巻1号（1990年）29頁以下，同「立法過程と会派」同誌10巻2号（1997年）89頁以下等参照。ドイツで今日「会派議会」と呼ばれる憲法上の構造の分析として，苗村辰弥『基本法と会派』（法律文化社・1996年）参照。

[66] 拙稿「『立法過程学』の可能性」『ジュリスト』955号（1990年）112頁〔本書120頁〕以下，「立法過程──議員立法・政府提出立法」『ジュリスト』1133号（1998年）113頁〔本書29頁〕以下参照。

[67] Konrad Hesse, *Grundzüge des Verfassungsrechts der Bundesrepublik Deutschland*, 20. Aufl., 1995, S. 256. 初宿正典・赤坂幸一訳『ドイツ憲法の基本的特質』（成文堂・2006年）378頁。

第 2 章　立法行為

できる内容を具えたものでなければならない筈である。
　では，今日の実際はどうか。確かに，議院の本会議においても，委員会においても，上記のごとき法の規定する「趣旨説明」「質疑」「討論」は，通例，形式的には，きわめて整然と行われているといってもいいであろう。しかし，この意味で，形式的には憲法上あるいは議会法上適法であるかに見えても，実際，上記のような実質的な内容は具えているかどうかは，大いに問題である。特に，本件で問題となっている機関承認の要件については，会派という形式的には議院内の組織であっても，実際的には政党という憲法上は結社という政治団体内部の意思決定の問題であり，しかも非公開でなされること，そして何よりもそれが議員による法律発案の立法要件として，それを欠く場には，法律発案は不適法なものとして，およそ議院において実体的な審議・議決自体がなされえないということである。
　いかに政党制が民主主義の進展のために必然・不可避のものであるとはいえ，憲法上無制約のものではありえない。そこには，おのずと憲法上の限界がある。憲法上，国会の本来的な活動の主体は，どこまでも国民代表としての地位をもつ議員である。その地位と権能は，今日では上記のような政党制の必然・不可避的な進展のなかでその意味も変容し，いろいろな場面で相応の譲歩・調整は免れえないとしても，その本質においてそれを否定することは憲法上許されないであろう。ここに，政党・会派の憲法上の一つの大きな限界がある。議院自律権といえども，この限界を超えることはできないといわねばならない[68]。
　本件原告 X の違憲の主張は，必ずしも明確でないが，合理的に再構成すれば，おそらくは次のような通説の立場よりする憲法 41 条の解釈を前提とするものであろう。すなわち，日本国憲法は，法律発案権がいかなる機関に帰属するかについて明示の規定を欠くが，しかし，憲法が 41 条において国会を「国の唯一の立法機関」として規定していることからみて，国会の構成員たる議員が法律発案権をもつことは当然であり，国会法はこのことを前提として法律案をも含めて議案の発議について，その行使の要件を規定しているのであり，議院規則の場合も同様である。すなわち，議員の法律発案権は，憲法によって認められた憲法上の権能であり，その行使の要件を国会法および各議院規則が規

---

[68]　わが国では，しばしば議院自律権の完全性や絶対性が強調され，その憲法上の限界がそれ自体として論じられることは殆どないが，制度上種々の相違が存するとはいえ，この点を慎重に衡量するドイツの憲法判例が示唆にとむように思われる。Vgl.BVerfGE 1,144（148）; 44,308（315f.）; 80,188（219f.）.

第6節　判例からみた立法行為論 II

定しているのである。しかるに，機関承認は，憲法および国会法・議員規則を超えて，新たな要件を加えるものであるから，たとえそれが先例として確立していたとしても，単に国会法・議院規則に違反するだけでなく，憲法41条に違反する，と。

　控訴審判決は，機関承認について，衆議院自らが，議院自律権に基づき，その範囲に属する事項として自律的に決定し，かつ先例として確立していることを承認しているということを前提とし，本件請求を棄却したが，しかし，本判決は，「法律案の議事手続を含め，議院の自律権の範囲内に属する事項についての議院の取扱いに，一見極めて明白な違憲無効事由が存在する場合には，裁判所の審判の対象とする余地がある」として一定の留保を提示しつつも，結論的には「憲法，国会法，衆議院規則等に定める衆議院議員の権限の行使に新たな要件を加え，これを一部制限するような外観を呈したとしても，そのことをもってそのような取扱いが一見明白に憲法に抵触するものとは到底いえ」ないと判示した。

　しかし仮にこのような「一見極めて明白な違憲無効」の留保が認められるとしても，「現在衆議院の運営が政党ないし会派を中心として行われていることは公知の事実」であることを根拠に，そこから直ちに機関承認による制限が単なる「外観」にとどまるものといえるかどうか。かかる理由づけが説得力をもちうるためには，少なくとも，運営の中心となるべき政党それ自体が憲法上相当高度な公共性の使命と責任を自覚する主体であること，また，そこで憲法上想定される国民代表としての議員像もまた，先に言及したように，政党とともに活動しそれを通してその中で自己の政治的信念を貫徹しうる職業政治家としてのそれであることが，前提条件とされていなければならないのではないか。

　このような本件先例あるいはそれに基づく本件不受理の取り扱いが「一見極めて明白な違憲無効」かという問題について，「仮にこの問いに積極に答えるとすれば，個々の議員に憲法上の『法律案提出権』があり，それが裁判上の保護に値すると想定せざるを得ないが，そのように考えることには疑問がある」とし，「議員の法律案提出権は国会法・議院規則によって，『議院の自律権』の行使によって具体化されると解すべきであり……，少なくとも裁判所の介入を正当化し得るほどの『一見極めて明白な違憲無効』に当たるとは言えないように思われる」としつつも，「裁判所と衆議院との機能法上の問題」から，「議院運営に携わる者を名宛人とした議会法の解釈」として，本件先例は「単に法の外に（extra legem）あるだけでなく，しかも法に反して（contra legem）おり」，

「その効力は否定されるべきである」とする注目すべき見解がある[69]。

　ワイマール憲法期において既にラードブルフは，議員の地位について「議員は全国民の代表者である。議員は，自己の良心にのみ従い，委任に拘束されない」と規定する憲法21条が「政党制からの抗し難い『憲法変遷（Verfassungswandlungen）』」と「闘っている」問題状況を鋭く論じ，「政党と国家との間の憲法的関係について得られる観念は，現在，そしておそらくいつの時代においても，過渡的状態を想わせるものがある」ことを示唆したが，そこでは，固よりライヒ議会議員の法律発案についても俎上に載せられていた。ワイマール憲法は，それについて「ライヒ議会の中から提出される」（68条1項）と規定し，議事規則により，少なくとも議員15名の署名を要するものとされたが（49条），それは会派を構成し得る最小限度の必要数であったから（7条），結局は会派によるものとなっていたからである[70]。かかる憲法の規定方式は，基本的には戦後西ドイツの基本法（76条1項）と議事規則（旧97条1項，現行76条1項）にも踏襲され現在に至っているが，この点について，連邦憲法裁判所は，「いかなる方法で法律案が連邦議会の中から連邦議会へ提出されうるかを，基本法76条1項は規定していない。基本法は，立法手続の形式を議事規則と議会実例に委ねている」（BVerfGE 1,144〔153〕傍点は原文イタリック）と判示しているのが，注目される。

　わが判例も，ラードブルフの示唆するように，「政党制からの抗し難い『憲法変遷』」への「過渡的状態」にあるのかも知れない。

五　むすび

　本稿は，前稿「判例からみた立法行為論」に続いて，動態的考察の見地より立法過程を組成し立法手続法上の効果を有する行為を広く立法行為と捉え，法律の実体形成行為と手続形成行為に区別し，その続編として，前稿での法律の実体形成行為に続いて，後者の手続形成行為に焦点をあて，それに関する判例を分析したものである。

　そこから得られたことは，立法過程の手続面で現れる行為もまた，それが司

69　宍戸評釈（前掲（注61））105頁。なお，憲法上議員に法律発案権それ自体が推定されると解すべきことについては，拙著・前掲（注1）208頁参照。

70　Gustav Radbruch, Die politischen Parteien im System des deutschen Verfassungsrechts, in: *Handbuch des deutschen Staatsrechts*, Bd., 1, 1930, S. 292, 294. 竹内重年訳「ワイマール憲法の体系における政党」『20世紀における民主制の構造変化』（木鐸社・1983年）141頁・146頁。

第6節 判例からみた立法行為論Ⅱ

法権との関係で，その成立・不成立，有効・無効，適法・不適法等の立法手続法上の効果だけでなく，それを超えて刑法上あるいは国家賠償法上の違法性の存否が問題になる場合にも，何よりも大切なことは，そこで問題となっている当該手続形成行為が，立法過程を組成する行為の体系においていかなる地位を占め，どのような法的意義を有するか，特に実体形成との関係で憲法上どのように評価されるべきかを見定めなければならないということであった。

問題は広大無辺であり，残された課題は多い。紙数の関係で言及しえなかったところも少なくない。いずれ機会をえて，前進しえたらと思う。

（補遺）

1. 本節のもとの原稿は，紙数が非常に限られた記念論文集への寄稿であったため，いろんな意味で，本来構想していた内容を大幅に縮小しなければならなかった。本書第6節は，基本的には，それを引き継ぐものであるから，まずこの点について触れておきたい。

2. 縮小したものは，量的なものと質的なものに区別される。

前者についていえば，当初，立法過程における手続形成行為にかかわる憲法判例として，①警察法改正無効事件（最大判昭和37・3・7民集16巻3号445頁），②第一次国会乱闘事件（東京地判昭和37・1・22判時297号7頁）・第二次国会乱闘事件（東京高判昭和44・12・17判時582号18頁）および③国民投票法案不受理事件（最二小判平成11・9・17訟月46巻6号2992頁）」の三事件をとりあげる予定であった。しかし，実際に執筆してみると限られた紙数では到底不可能であることが判明したので，そのうち，取り上げる判例を限定せざるを得ず，③に焦点を絞ることにした。そこにおいて，最初の事件①で判示された法理を基本的に受け継ぎつつ，立法過程における手続形成行為の特質が明確に示されていると考えられたからである。かくて，もとの拙稿を本書第6節として所収するにあたっては，当初予定していた上記①および②事件を付加して補充することにした。本節二・三がそれである。

後者についていえば，紙数の関係で内容的に説明を省略し，あるいは端折らざるをえなかった部分である（所収にあたって若干補充したところもある）。いろいろあるが，思いつくまま，基本的なもののみを挙げれば，略次のような論点となろう。

第2章　立法行為

(1) 「立法手続法」「議会法」「議事法」の概念と相互の関係について
(2) 立法行為の概念，特に，狭義と広義の概念について
(3) 立法行為に対する法的価値判断について
(4) 立法行為の対する司法審査のあり方について
(5) 議員の憲法上の権能と政党・会派の関係について
　　――変動期にある議会法に関わる諸問題――

以下，各論点について，若干言及したい。

なお，本書第5節も，上記第6節と同様，記念論文集への寄稿として同じような紙数上の厳しい限定において共通するところがあり，特に上記各論点については，論文の性質上重なり合うものであるから，以下の論述は，第5節・第6節の共通の補遺と理解していただければと思う。

3. 論点(1)　「立法手続法」「議会法」「議事法」の概念と相互の関係について

本章の中心概念をなす「立法行為」という概念は，拙著『憲法と立法過程』（創文社・1988年）以来，一貫して本書においても，立法行為とは，「立法過程を組成し，立法手続法上の効果を有する個々の行為」をいうと概念規定してきたが（98頁，本書9頁・110頁），本章では，とりわけ後段の概念要素「立法手続法上の効果を有する」ということが重要な論点となるので，とりあえず，以後の論述の前提として，まず「立法手続法」の概念を明らかにし，「議会法」および「議事法」という概念との関係について明確にしておきたいと思う。

理論的に，立法の内容と形式を規律する法を「立法法」というならば，それは，その内容を規律する「立法実体法」と，その形式を規律する「立法形式法」とに区別されるが，後者は，さらに，立法の組織を規律する「立法組織法」と立法の手続を規律する「立法手続法」に区別することができる。如上の概念規定にいう「立法手続法」とは，これを意味する。すなわち，立法の手続を規律する法規範の一体をいうのである。

しばしば，立法手続法という用語は，先にいう立法の組織と手続の双方を規律する法規範の一体を意味する概念として，したがって理論的には「立法形式法」と同じ意味で用いられることもあるが，正確でない。なぜなら，立法の組織は，国家的組織一般と同様，一般的・抽象的権能を有する諸機関の統一的複合体として本来的に固定的・静止的性格をもつのに対して，立法の手続は，立法の組織を基礎にしてその上に成り立つ継続的な人間の行動の連鎖として，それ自体発展的・動態的性格を持つから，両者を概念的に区別する必要が存する

からである（拙著9頁以下・56頁以下参照）。この意味で，ここにいう「立法手続法」の概念は，立法の組織と手続の双方を含む，広義の立法の手続を意味する広義の概念ではなく，組織と手続を理論上区別したうえで，狭義の手続を意味する狭義の概念ということができる。このことは，例えば，訴訟の手続が，訴訟の組織を基礎にしてその上に成り立つ継続的な人間の行動の連鎖として，それ自体発展的・動態的性格を持つから，両者を区別して観念されているのと類比されうるであろう。

他方，「議会法」という概念は，議会の組織・構成と手続を規律する法を意味するものと一般に観念されている[71]。ところで，議会は，近代憲法において主要な国家機関をなすのはいうまでもなく，わが憲法に即していえば，国会は「国権の最高機関」（41条）として，国政について重要な諸権能を有するが，その中心をなすのは，いうまでもなく，「立法権」である。議会が通例，立法機関と呼ばれるのもそのためである。わが憲法は国会を「国の唯一の立法機関」（41条）と規定している。この意味で，議会法とは，その権能・作用に即していえば，その主たる内容は，立法の組織と手続に関する法であるから，結局のところ，議会法は，広い意味での立法手続法と重なることになる。かかる概念規定を明確に打ち出すものとして，例えば，アハターベルクをあげることができるであろう[72]。したがって，本書にいう「立法手続法」の概念は，内容的にはこのような「議会法」の概念によりも狭く，その一領域，すなわち組織とは区別された狭義の手続に関する部分を意味することになろう。

また，議会について，明治憲法以来しばしば「議事法」という観念も語られてきた。議院の「議事」の観念は，明治憲法以来，憲法典自身において用いられてきた（明治憲法46条・47条，現行憲法56条，なお地方自治に関し93条1項）ところであるが，余りに自明のこととみなされたからか，管見の限り，解釈論上それを明確に定義したものは見あたらない。同様に，「議事法」の観念も，代表的なものとして，例えば明治憲法下において美濃部博士により，あるいは現行憲法下において，宮沢教授により用いられているが[73]，明確な定義はなされて

---

71 例えば，松澤・前掲（注8）『議会法』（ぎょうせい・1987年）3頁以下（ただし，そこでは地方議会も含められている），大石・前掲（注43）『議会法』（有斐閣・2001年）4頁以下等参照。わが憲法において，議会とは，即ち国会であるから，日本国憲法に即していえば，議会法は，即ち国会法となる。国会法の概念については，黒田・前掲（注47）『国会法』（有斐閣・1958年）1頁以下参照。
72 Norbert Achterberg, *Parlamentsrecht*, 1984, S. 349ff.
73 美濃部達吉『憲法撮要』（改訂第五版・昭和9年）432頁，宮沢俊儀『憲法（改訂

第2章　立法行為

いない。しかし，それが論じられている前後関係や内容から，議院の組織・構成と手続に関する法を意味するものと考えられる[74]。すなわち，議会法という場合には，広くは，議員の公選に関する選挙法も含まれるが，選挙を除いた法が念頭に置かれ，この狭義の議会法と同義に，あるいはより狭く，議会を構成する議院の内部的な組織と手続を中心に観念されたもの，さらに最狭義には，そのうち特に議院の内部的な手続に関するものと見られる[75]。

かようにして，「立法手続法」との関係でいえば，「議事法」とは，立法手続について，特にその議院の内部的な組織と手続に関する法，特に手続に焦点をあてて捉えた概念とみることができる。「議事法」が，しばしば，「議事手続法」と同義で用いられることがあるのも，これを示しているものといえるであろう。

筆者は，本書において，議院の「議事」とは，議院の意思決定を目標とする多数の議員の意思活動の連鎖よりなる組織的・継続的な手続を意味し，「議事法」とは，かかる手続を規律する法規範の一体をいう，と一応定義したのも（176頁参照），このような考察を踏まえたものである。

なお，以上の概念は，すべて実質的な概念であるから，最後に法源について一言すれば，成文法源として，最高法規たる憲法を頂点として，そのもとに法律，議院規則が，また，不文法源として慣行・先例および判例が挙げられるであろう[76]。

版）』（改訂5版・1990年）269頁以下参照。
74　美濃部・同著において「議事法」は，「議院法」」という節の第四項に設定され，そこでは（一）定足数ノ原則（明治憲法46条），（二）議決ノ方法（同・47条），（三）議事公開ノ原則（同48条），（四）会議，（五）国務大臣及政府委員ノ出席及発言権（同54条），（六）両院協議会，（七）議員ノ部属，（八）議員ト政党トノ関係，いう各小項目が掲げられ，それについて概要されている（432頁-441頁）。また，宮沢・同著においては，「国会」という章の第8節として「議事法」が設定され，その下で「定足数」「会議の公開」「発言」「表決」「議案の審理」「一事不再理」「委員長の報告」「紀律」の項目が掲げられ，概要されている（270頁-279頁）。内容的には，美濃部博士の論述よりもやや広いが，いずれも，議院の議事の手続に関する法が念頭に置かれているものと考えてよいであろう。
75　松澤・前掲(注8)『議会法』は，「議事法」という用語は用いていないが，議会の「議事手続」について，「一定の事案についての意思形成を目的として，多数の議員が協同して系統的にかつ段階的に行う行為の連続が議事であり，個別的な議員の行為は，すべて連続性がなければならぬから議事は手続なのである」とし，議事手続に関する議会法の定めを「議事手続法」とされているから，それは，「議事法」の観念と重なり合うであろう。因みに，そこでは，手続としての議会の議事と訴訟との類比というよりは，むしろ対比が論じられているのが注目される（449頁以下参照）。
76　代表的なものとして，黒田・前掲(注47)『国会法』9頁以下参照。

第6節　判例からみた立法行為論Ⅱ

4. 論点(2)　立法行為の概念, 特に, 狭義と広義の概念について

　法現象としての立法過程論を構想し, それをまとめた前著『憲法と立法過程』においては, ウィーン法学派の法理論に立脚するものであったから, そこでは, 立法行為の概念も, 立法過程を組成する行為の全体を「立法行為 (Gesetzgebungsakt)」と捉えるケルゼンの「綜体 (Gesamtheit) としての立法行為」の観念を理論上前提としていたことから, 本書にいう「広義」の概念が, 特にそれとして明記することなく用いられていた (35-6頁・98頁参照)。他方, 憲法上, 立法権について法律案を法律として確定し成立せしめる権能 (これが狭義の立法ないし立法権の概念である) を有する機関と, そうでないそれ以外の形で立法権に参与する機関とは, 憲法上の地位を異にし, また憲法史上, 前者の機関も憲法類型によって異なるから[77], 立法主体論において, 前者を「立法の主要機関」とし (アンシュツ, トリーペル), あるいは前者を立法の「主たる参与者」, 後者を「従たる参与者」と呼んで両者を区別する (W・イェリネック) ことは, 十分に理論的根拠を有するものといわなくてはならないであろう。前著においても, 立法主体論ではこのような区別を前提としつつ, 前者の「立法の主要機関」あるいは「主たる参与者」のうち, 特に国民主権に立脚し議会制民主主義を基本原理とする憲法を近代立憲主義憲法の基本類型として眼中において (日本国憲法もこれに属する), 法律議決権を有する機関を「立法の本来的主体」と概念構成したことから, そこでは, その前提として, 狭義の立法ないし立法権の概念が, 特にそれとして明示することなく, 用いられていた (98頁以下, 特に101-2頁参照)。

　本書においては, このような立法ないし立法権に関する広義と狭義の概念的区別を, 立法行為論に即して明示し, その明確化・精密化に努めたが, しかし固より内容上の変化はない。この点については, まずは序論において本書の基本的な立場を明確にし (8頁以下参照), 関係箇所で詳論したので (110頁以下参

---

[77] 法律案を法律として成立せしめる権能 (狭義の立法権) の主体として, 例えば君主主権に立脚する立憲君主制憲法においては, 法律の裁可権の主体としての君主の他に, 法律議決権の主体としての議会もその権能に参与するものとされ——その際, 君主主権を強調する学派からは裁可権の主体たる君主のみが本来の主体とされ, 議会の権能は単に法律の内容を確定するにすぎないとされるのに対して, 立憲主義を強調する学派からは法律議決権を有する議会もそれに参与し, 両者がそれを共有するものとされる——, あるいは国民主権に立脚する代表民主制憲法においては, 原則として法律議決権を有する議会にのみそれが属するとされ, また直接民主主義的原理から国民票決制を併用する憲法の場合には, 票決権の主体としての国民 (票決人団) もまたそれに参与するものとされる。

照)，ここで改めて繰り返す必要はないであろう。

　ただ，それにつけても今回もまたつよく感じたことは，行政法の領域では行政行為の概念が，また訴訟法の各領域では訴訟行為の概念が，学問上学説の対立を超えた共通の基本概念として確立され，それを基礎に行政行為論あるいは訴訟行為論が展開されてきたのに対して，憲法ないし立法法の領域では，「立法行為」という用語が用いられることさえ必ずしも一般的でなく，未だ学説の対立を超えた学問上の共通の基盤としての「立法行為」の概念は確立されておらず，したがってまたそれに基づく立法行為論も殆ど展開されていないということであった。その研究を目指して以来，それに関する論文の出現を期待し続けたが，管見の限り，未だ必ずしも出現せず，今に至っている。その理由を改めて顧慮しつつ，今後ともなお，憲法ないし立法法の領域における学問上共通の基盤となりうる立法行為の概念の確立とそれに基づく立法行為論の出現を希求し，自らそれに向けて一歩一歩努める他ないように思われる。

5．論点(3)　立法行為に対する法的価値判断について

　立法行為論において，立法行為とは「立法過程を組成し，立法手続法上の効果を有する個々の行為をいう」と概念規定し，当初より，「立法手続法上の効果」を，立法行為概念の概念要素としてきた。しかし，前著においては，立法行為論の関心は，主として「立法過程を組成し」という前段の概念要素に向けられ，これに焦点を当てて論じられる一方，後段の概念要素たる「立法手続法上の効果」については，必ずしも十分に論じられていなかった。そこでも，立法要件論において，立法要件存否の効果という形で，法律発案権および審議・議決権との関係が考察され，その限りにおいて，発案行為および審議・議決行為の法的効果が言及されるにとどまっていた (357頁以下参照)。

　しかし，本書では，第2章において立法行為に関する憲法判例の分析を主たる研究対象としたことから，後段の概念要素たる「立法手続法上の効果」について，正面から立ち向かわざるをえなかった。

　「立法手続法上の効果」とは，法律制定の手続を規律する法規範の一体（立法手続法）が定める要件に結びつけられているところの法的効果であり，立法行為に即していえば，立法手続法によってその要件が規律された立法行為が，その要件との結びつきにおいてどのような法的効果を有するかということである。かくて，それは，立法行為に対する法的価値判断のいわば本体をなすものである。

第6節　判例からみた立法行為論Ⅱ

　文献において，あるいは判例において，議院におけるある発言なり議決なりが，議事法に違反するから「無効」であるとか，「不適法」であるとか，あるいは「違法」であるとか，恰もそれらがすべて既知の概念であるかように語られる。しかし，その意味は，必ずしも明確でない。立法行為の概念が確立されていない以上，このことは，当然のことであろう。

　本書は，立法行為に対する法的価値判断について，それには，立法手続法上の効果として，成立・不成立，有効・無効，適法・不適法等が観念し得ること，そしてさらに，立法手続法を超えた実体法上の違法性，すなわち，刑法上の犯罪および国家賠償法上の違法行為が問題となりうることを指摘した。

　それは，立法過程と司法過程とは法の創設段階を異にするとはいえ，同じ法の創設にかかわるプロセスであるから，立法行為に対する法的価値判断を考えるにあたっても，司法過程における訴訟行為について展開された法的価値判断の考え方が参考になりうるのではないかという見地から，訴訟法の領域で展開された訴訟行為論，とりわけ，立法過程と司法過程の動態的法理論の間に，「実体形成」という観念に関して「ある程度まで相似の関係」を認められる団藤教授の訴訟行為論を参照しつつ，試論として論じたものであって（前出162頁参照），それ以上のものではない。今後の理論の展開が待たれるところである。

　立法行為に対する法的価値判断について，本来の立法手続法（議会法ないし議事法）上の効果とそれを超えた実体法上の違法性は，法的様相の理論に即していえば[78]，前者は「権限規範の様相（権限の領域）」に，後者は「行為規範の様相（権利の領域）」に属し，それぞれの補強方法にかかわるものと考えられるが，それは，立法行為に対する司法審査のあり方と密接に関連するので，次にそれについて少しく言及することにしたい。

6．論点(4)　立法行為の対する司法審査のあり方について

　立法行為本来の立法手続法（議会法ないし議事法）上の効果，すなわち立法行為の成立・不成立，有効・無効，適法・不適法等の法的価値判断は，立法手続法（議会法ないし議事法）の名宛人として議院においてそれを解釈・適用して行動する立法機関自身において，実際に日々行われ，それによって現実に法律が確定され制定されている。それが，議院の内部的な議事手続として議院自

---

[78] 拙稿「基本権の構造──『法的様相の理論』の見地から──」『日本法学』73巻2号（2007年）203頁以下，拙著『ケルゼンの権利論・基本権論』（慈学社・2009年）166頁以下，『憲法訴訟論（第2版）』（信山社・2010年）181頁以下参照。

律権の領域に属する限り，議院自身が有権的な判断権を有し，議院の外部において，それに対する政治的批判はともあれ，通例，他の国家機関，とりわけ裁判所においてその法的当否が問題とされることはない。

しかし，例えば，ドイツの連邦憲法裁判所における機関争訟のように，立法行為が憲法（基本法）に違反するとしてその効力を争う途が訴訟の正式なルートとして認められている場合には（基本法 93 条 1 項 1 号，連邦憲法裁判所法 63 条以下参照）[79]，固より裁判上問題となりうるし，またわが国のように司法審査制をとる場合にも，裁判上訴訟の前提問題として立法行為の効力が争われうるし，現に争われてきた。

われわれは先に，立法行為が裁判上争われためぼしい憲法判例として，時系列的に述べれば，以下の事件を取り上げ分析の対象とした。

①議院の会期延長の議決という議事手続上の行為の効力が問題となった警察法改正無効事件（最大判昭和 37・3・7 民集 16 巻 3 号 445 頁），

②委員長・議長の議事手続に関してなされた委員・議員の諸活動が公務執行妨害罪等の犯罪となるかどうかが問題となった第一次国会乱闘事件（東京地判昭和 37・1・22 判時 297 号 7 頁）および第二次国会乱闘事件（東京高判昭和 44・12・17 判時 582 号 18 頁），

③国会における立法過程の終点に位置する国会の法律議決という立法行為ないし不作為が，その立法行為によって成立した法律ないしその不作為の内容上の違憲の故に，国家賠償法 1 条 1 項の適用上違法と評価されるべきかどうかが問題となった在宅投票制度廃止事件（最一小判昭和 60・11・21 民集 39 巻 7 号 1512 頁）および④在外日本国民選挙権行使制限規定違憲訴訟（最大判平成 17・9・14 民集 59 巻 7 号 2087 頁），

⑤議院の委員会での法律案に関する審議における国会議員の質疑での発言が，憲法 51 条の免責特権との関係で，国家賠償法 1 条 1 項の適用上違法と評価されるべきかが問題となった議員発言と病院長自殺事件（最三小判平成 9・9・9 民集

---

79 ドイツ連邦憲法裁判所の機関争訟については，さしあたり，畑尻剛・工藤達朗編『ドイツの憲法裁判（第二版）』（中央大学出版部・2013 年）413 頁以下参照。例えば，本節末尾で引用した基本法 76 条 1 項の法律発案権に関する判決（BVerfGE 1,144〔作間忠雄「7 議事規則制定権の本質と限界——連邦議会議院規則 96 条 3，4 項は基本法 76 条 1 項違反する——」『ドイツ判例百選』（有斐閣・1969 年）30 頁以下参照〕）や注 68 で引用したにヴュッペザール事件判決（BVerfGE 80,188〔山本悦夫「83 ドイツ連邦議会内の無所属議員の地位と権利——ヴュッペザール事件——」『ドイツの憲法判例（第 2 版）（信山社・2003 年）496 頁以下参照〕）等は，機関争訟によるものである。

第6節 判例からみた立法行為論Ⅱ

51巻8号3850頁)，さらには，

⑥国会における立法過程の起点となる議員の法律発案という行為について所属会派の「機関承認」を欠く故に衆議院事務局において受理されなかったことが違憲・違法であるとして国家賠償法1条1項に基づき国に対して損害賠償を求めた国民投票法案不受理事件（最二小判平成11・9・17訟月46巻6号2992頁）。

ここからも知られるように，立法行為本来の立法手続法（議会法ないし議事法）上の効果が，訴訟の前提問題として，正面から問題となったのは，いわゆる客観訴訟としての性格をもつ住民訴訟たる①事件においてであった。そこでは，原告の主張を違憲の争点へと内容上補足してやや丁寧にいえば，新警察法は，憲法59条の規定する法律成立の要件たる参議院の法律議決が無効であるが故に無効と主張するものあったが，無効の原因が参議院の法律議決それ自体に瑕疵があったからというのではなく，それ以前に衆議院で行われた国会の会期延長の議決が乱闘による大混乱により衆議院規則の定める議決の要件を，延いては憲法56条の定める議事・議決の定足数，議決の表決数の要件を満たしていないが故に無効であり，したがって参議院の法律議決も会期終了後の会期外になされたが故に無効と主張するものであった。かかる原告の主張に対して，最高裁は，「同法は両院において議決を経たものとされ適法な手続によって公布されている以上，裁判所は両院の自主性を尊重すべく同法制定の議事手続に関する所論のような事実を審理してその有効無効を判断すべきでない。従って所論のような理由によつて同法を無効とすることはできない。」（傍点筆者）と判示して，上告を棄却したことは，すでに考察した。要するに，会期延長の議決というような議事手続に関する行為の効力に関する法的価値判断については，裁判所は，「両院の自主性を尊重」して議院自らの判断を最終的なものとし，裁判所はそれに立ち入らないとしたのである。少なくとも，判決の文言上では無条件に。

これに対して，⑥事件は，国賠訴訟であるが，そこでも，原告の主張を違憲の争点へと内容上補足してやや丁寧にいえば，議員の法律案の発議（発案）に「機関承認」を要求することは憲法41条により議員に憲法上保障された法律発案権を侵害し違憲であるとの主張について，控訴審判決は，先に引用した①判決の判示の箇所をそのまま引用して，「この理は，衆議院における議員の発議にかかる法律案の受理手続の適法性が争われている本件にも妥当する」とし，「裁判所としては，衆議院の右自律的判断を尊重すべきであって，本件法律案につき受理法案としての取扱いをしなかったことについて独自に適法，違法

207

の判断をすべきではなく，その結果，本件では国家賠償法第一条第一項にいう『違法』が認められない」と判示したうえで，原告の違憲の主張について，括弧書において，「法律案の議事手続を含め，議院の自律権の範囲内に属する事項についての議院の取扱いに，一見極めて明白な違憲無効事由が存在する場合には，裁判所の審判の対象とする余地がある」（傍点筆者）として，例外的な司法審査の余地を留保しつつも，上記先例およびそれによる「取扱いが一見明白に憲法に抵触するものとは到底いえ」ないと判示したことは既に述べた。

　本判決については，「裁判所の判断として院の自律を尊重する立場をとったことは別として，院の運営自体の問題としてとりあげるならば，議会運営の場での会派＝政党の役割をどこまで法的に重視することが妥当なのか問われている事例である」[80]とし，「訴訟の場での結論としては妥当といってよいが」，「手続論の向こう側にある実体論として，あえて単純したものの言い方をすれば，『議員立法というよりも政党立法』という慣行と国会法・議院規則との適合性という論点に，おのずから目をむけられるだろう」[81]という，衆議院の先例自体を問題視する見解も有力である。また本判決は「違憲ではないと言うにすぎない」とし，機関承認の制度が「議員の立法活動に対する不当な事前抑制であることは明らかであろう」[82]とする見解もある。本文で引用した宍戸評釈は，このような裁判の場での判断と議会運営の場での判断を「裁判所と衆議院との機能法上の問題」として両者を峻別し，前者については，「議員の法律案提出権は国会法・議院規則によって，『議院の自律権』の行使によって具体化されると解すべきてあり，……少なくとも裁判所の介入を正当化し得るほどの『一見極めて明白な違憲無効』に当たるとは言えないように思われる」としつつも，後者について，本件先例は「単に法の外に（extra legem）あるだけでなく，しかも法に反して（contra legem）おり」，「その効力は否定されるべきである」としているのは（前出197-8頁），このような見解を徹底したものといえるであろう。

　いずれにせよ，ここで注目されるのは，本件判例では，一方では発案行為の立法手続法（議会法ないし議事法）上の効果，すなわちそれが憲法上無効かどうかの判断と，他方では国賠法上違法かどうかの判断が，③④の事件のように

---

[80] 樋口陽一ほか著『憲法Ⅲ』注解法律学全集3（青林書院・1998年），憲法59条・140頁〔樋口陽一執筆〕。

[81] 樋口陽一『憲法と国家——同時代を問う——』（岩波書店・1999年）152頁。

[82] 大石眞「立法府の機能をめぐる課題と方策」『国民主権と法の支配』（佐藤幸治先生古稀記念論文集[上巻]・成文堂・2008年）310頁。

第6節 判例からみた立法行為論Ⅱ

区別されず,《機関承認は,衆議院自身が議事法に違反しない有効ないし適法なものと判断し,先例として確立されたものだと自から認めているから,そのような衆議院の判断と先例を尊重し,国賠法上違法とはいえない》という形で,違憲・無効かどうかの判断と国賠法上違法かどうかの二つの判断が明確に区別されることなく,前者の判断を基礎として,直ちに後者の判断が導き出されているように見えることである。すなわち,議員の法律案ついての表決,法的結果としては国会の法律議決,すなわち「立法行為そのもの」の場合には,その「国賠法上の違法性」とかかる立法行為によって成立した「立法の内容の違憲性」とは区別されるべきものとされ,後者から直ちに前者が導出されるのではなく,ただ例外的な場合にのみ前者の判断がなされるべきものとされているのに対して,発案行為の場合には,このような両者の《区別論－例外定式》という判断の枠組みはなされておらず,直結されているということである。

なぜこのような違いが生じたのか。おそらくは,③④事件では,国会の立法過程の終点に位する法律議決という立法行為(不作為を含む),すなわち⑤判例のいう「立法行為そのもの」が問題となり,違憲の争点が,かかる立法行為の立法手続法上の違憲性ではなく,それによって成立した法律ないし立法不作為が憲法上保障された基本権(具体的には選挙権)を侵害するという基本権規定の違憲性が問題となっていたのに対して,⑥事件では,まさに議員の法律発案権という立法手続に関して憲法規定(41条)が問題となっており,しかもそれが議院自律権の範囲に属する事項である,という相違によるものであろう。そうだとすれば,この違いは,理論上極めて重要な意味をもつものといわなければならないであろう。

以上のことからも知られるように,わが国の司法制度において,普通の訴訟形式(主観訴訟)で立法行為の法的価値判断が問題となるのは,②事件のように,それが刑法上犯罪となるかどうか,あるいは③④⑤⑥事件のように,国賠法上違法行為となるかどうかという実体法上の違法性の存否が問われる訴訟の前提問題としてである。かかる事件が,法律上の争訟として,司法権に属し,裁判所の権能に属するとされていることは先にみたとおりである。

それでは,かかる立法行為の実体法上の価値判断に対して,立法機関は何らの判断権も有しないのであろうか。この文脈で登場するのは,いうまでもなく,「両議院の議員は,議院で行つた演説,討論又は表決について,院外で責任を問はれない」と規定する,憲法51条のいわゆる免責特権に関する規定である。②事件において,被告側は,議院よる告発を訴訟条件と解し,それを欠く起訴

は，訴訟条件を欠くものとして公訴棄却の形式的裁判によって訴訟を終結させるべきものと主張した。それは，当該行為が免責特権の範囲に属するか否かの第一次的判断権を議院に認めるものであった。裁判所は，かかる見解を否認して，実体審理に入り，無罪の判決を言い渡したことは，すでに考察した。しかし，それによって，議院が決議というような形で，当該行為が免責特権の範囲に属するか否かについての判断を自ら表明することが憲法上禁止されているとはいえず，この点について関係機関と見解の相違がある場合には，それによって両者の見解の調整をはかるべき慣行の確立が望まれるとすることも，すでに示唆したところである（前出178頁・185頁参照）。

国賠法上の違法性については，憲法51条は，国会議員の法律案ついての「表決」，すなわち，「立法行為（そのもの）」が問題となった③④事件においては，国民全体に対する「政治的責任」が強調され，個別の国民に対する「法的責任」の否定の論拠とされているのに対して，「演説」が問題となった⑤事件においては，「法的責任」が原理上問題となりうることを認めたうえで，それについての議員の広範な裁量権の論拠として援用されている。⑤事件において，議員側は，本案前の主張として，本件発言が憲法51条の保障する免責の対象となるのは明らかであるから，訴えは却下されるべきであり，また，本案の主張として，同じくは本件発言が憲法51条の保障する免責の対象となるのは明らかであり，本条は「絶対的免責特権」を定めたものと主張したが，裁判所は，公務員個人は責任を負わないとして，該議員に対する請求を斥けるとともに，国賠法上の国の責任に対する請求については，「特別の事情」定式により斥けたことについてはすでに考察した。

最後に，統治行為論について一瞥すれば，①事件において，裁判所が国会の会期延長という議事手続に関する行為について，議院の判断を尊重して，司法審査に立ち入らなかったことの論拠として，統治行為論が有力に主張されていること，②事件において，判決には，議院おける議決だけでなく委員会におけるそれも，また議院おける議決だけでなく審議も統治行為となるというような判断が存すること，また，議員の法律案の発議行為が問題となった⑥事件の控訴審判決は，括弧のなお書きにおいて，「法律案の議事手続を含め，議院の自律権の範囲内に属する事項についての議院の取扱いに，一見極めて明白な違憲無効事由が存在する場合には，裁判所の審判の対象とする余地がある」と判示し，砂川判決の変則的統治行為論定式を想起せしめるような判断枠組みを提示しているのが注目される。しかし，⑥事件についていえば，上記判示は，議

院の自律権の範囲内に属する事項について，例外的に司法審査の対象になる場合を示したのであって，もとより発案行為それ自体を統治行為として論じたものではない。

7. 論点(5) 議員の憲法上の権能と政党・会派の関係にいて
　　　——変動期にある議会法に関わる諸問題——

　本書において，今日，議会法が，憲法上，近代の議会の理念的基礎をなす国民代表たる自由かつ独立の判断主体たる議員の地位と権能を核とし構成されている規範構造を維持しつつ，他方では，現実には，恰も地下のマグマのように，政党・会派という集合主義的な活動単位が議会に押し寄せ，議会法の規定自体のあちこちで噴出するだけでなく，党議拘束により議員が「投票機械」に化すことによって，事実上，議事活動が会派によって支配されている状況がみられることにより，議会法そのものが「変動期」にあることを，関係個所で幾度か言及したが（30頁・121頁参照），問題は，「変動期」にある議会法が，規範と現実の乖離の中で，どのような方向に進んでいるかということである。

　この憲法上の大問題については，余りに広範で，ここでそのすべてに立ち入ることはできない。ここではただ，それについて言及したことのうち，第6節の末尾で，ラードブルフの論じた「憲法変遷」論に関して，少しく検討するにとどめざるをえない。

　この点について，ワイマール憲法期において既にラードブルフは，議員の地位について「議員は全国民の代表者である。議員は，自己の良心にのみ従い，委任に拘束されない」と規定する憲法21条〔および公務員の地位について「公務員は全体の奉仕者であって，一党派の奉仕者ではない」と規定する憲法130条1項〕が「政党制からの抗し難い『憲法変遷（Verfassungswandlungen）』」と「闘っている」問題状況を鋭く論じ，「政党と国家との間の憲法的関係について得られる観念は，現在，そしておそらくいつの時代においても，過渡的状態を想わせるものがある」ことを示唆していることについて言及したが，そこではそれ以上論ずる余裕がなかったので，この点について少しく補足したいと思う。

　まず，正確を期するためにこの論点に関するラードブルフの論述を引用しよう。

　　《憲法生活の分野で，政党制度ほど，法律の規制意思に対して逞しい自律性を

第 2 章　立法行為

示すものはない。そこでは,「憲法改正」といえども,ほとんど無力に等しい。なぜなら,伝統的な官憲国家の政党制度は,国民国家への移行にさいしても,頑強な抵抗を示し,官憲国家の頑迷な諸政党は,ほとんどその性質を変えることなく,政党政治的活動についてまったく別な要求をもちながら,国民国家へと移行してきたのである。これに対して,政党制からは,抗し難い「憲法変遷」がもたれようとしている。憲法 21 条および 130 条がかような憲法変遷と闘っている姿は,すでにわれわれのみてきた通りである。したがって,政党と国家との間の憲法的関係について得られる観念は,現在,そしておそらくいつの時代においても,過渡的状態を想わせるものがある。》(前掲(注 70) S.294. 訳 146 頁)

この一文から知られるように,「憲法改正」および「憲法変遷」という言葉の双方に,引用符が付されており,そこから,直ちに,G・イェリネックのかの有名な著作『憲法改正と憲法変遷』[83]が想起されるが,ラードブルフ自身も,イェリネックの憲法変遷論を念頭において論じていたのであろうか。

確かに,イェリネックは,右著作第Ⅶ章において,近代憲法の根本精神ともいうべき議会制について,出版当時 (1906 年) の状況を踏まえ,それを具えた近代諸国において,これまで多くの人々の信頼を獲得してきた議会制への信頼が揺らぎ,その政治的意義を低下させるという,一世代前にはおよそ誰も考えもしなかったような大きな変遷期にあるとし[84],その原因の一つとして,政党制の進展をあげている。議会発祥の地イギリスやアメリカにおいて,「内閣政府」にかわり「政党政府」ともいうべき「政党寡頭制」が生じ,かかる事実上政党が支配するという傾向は,大政党が支配する諸国だけでなく,小政党に分かれる諸国においてもみられ,より甚だしい形でその弊害があらわれる。政党は全体の利益をないがしろにして,狭い党派の利益に走り,政府においてもまた,自己の政権維持のために,諸政党との取引が行われるからだという[85]。イェリネックによれば,「現実の政治的諸力は,一切の法的形式から独立して作用するそれ固有の法則にしたがって運動する」[86]のである。かように,議会制の過去と現在への変遷の跡とその原因 (議会制のもつ本来的な欠陥と不可分に

83　G. Jellnek, *Verfassungsänderung und Verfassungswandlung*, 1906. 美濃部達吉抄訳「憲法の改正と憲法の変遷」『人権宣言論　外三篇』日本評論社・1946 年,森英樹・篠原巌訳「憲法改正と憲法変遷」『少数者の権利』日本評論社・1989 年。
84　*Ibid.*, S. 45f. 美濃部・抄訳 213 頁以下,森・篠原訳 105 頁以下。
85　*Ibid.*, S. 64f. 美濃部・抄訳 220 頁以下,森・篠原訳 123 頁以下。
86　*Ibid.*, S. 72. 森・篠原訳 130 頁。

ある）を論じ，将来について，所詮「人為の創造物」たる議会制を超えて，自然の政治的勢力として現存する政府と国民が直接に相対峙し始めているという事実のなかに最近の歴史の最も強力な「憲法の転変（Verfassungswechsel）」が伏在するとし，その行方は子孫が知ることになろうという所感によって，本稿を閉じている[87]。

　しかしながら，ラードブルフの上記論文には，イェリネックの引用はない。なぜであろうか。その理由は，おそらくは，ラードブルフは，上記イェリネックのような政党制の発展を一つの要因とする議会制の威信の低下・凋落とその将来の権限縮小・衰退への予感というような議会制それ自体の変遷という文脈でなく，むしろ，イェリネックの憲法変遷論の文脈でいえば，「憲法変遷」をもって「憲法正文を形式的には変更せずに存続させたまま，そのような変更の意図または意識によって導かれる必要のない諸事実に引き起こされるような変更」[88]をいうと概念規定に即した本来の意味でのそれで用いているからではないか。実際，イェリネックのこの著作は，憲法変遷について，右憲法変遷の概念に沿ってなされた第VI章までと，上記VII章以下のそれとは，趣を異にする二つの憲法変遷論から構成されているとみられる[89]。

　このことは，上記ラードブルフの引用文における「憲法21条および130条がかような憲法変遷と闘っている姿は，すでにわれわれのみてきた通りである」と憲法条項を明示して論じていることからも知られるであろう。その点で，ラードブルフが，ワイマール憲法21条に関して，政党制の進展と調和しうるような解釈を展開していることが興味深い。

> 《（ワイマール憲法）21条は，政党国家の立場をとりながら，なお別の方法で，個人主義的な考えん方を基調とする民主主義の立場からも，解釈することができよう。議員は，その所属政党の立場にしたがって行動する場合にも，全国民の代表者であることに変わりはない。なぜなら，政党の立場は，たとえ立証しがたくとも，全国民の福祉を代弁するという否定し難い確信にほかならないからである。たとえ議員が，個々具体的な場合において，自己の所信を犠牲にして党紀に服するとしても，その行動が政党の指令によるものではなく，政党の使命のために，そしてこの全体的使命のため該政党を強力に維持するために，より小さな害を甘受しなければならないという良心の命ずるところに従ってい

---

[87] *Ibid.*, S. 80. 美濃部・抄訳225頁，森・篠原訳139頁。
[88] *Ibid.*, S. 3. 美濃部・抄訳187頁，森・篠原訳68頁。
[89] 篠原巌「G・イェリネックの憲法変遷論」『法政論集』83号（1980年）42頁以下，赤坂正浩『立憲国家と憲法変遷』（信山社・2008年）408頁以下参照。

第 2 章 立法行為

る場合には,やはり議員は「自己の良心にのみ従い,委任に拘束されない」で行動しているといえよう。》(前掲(注70)S. 292.訳143頁)

　議会制民主主義は,ナチス支配という「歴史の枠から外れた,非連続的な」「断絶」,「ドイツの歴史における異常な一時期」[90] を挟んで,戦後のボン基本法に受け継がれたが,そこでも,――ワイマール憲法とは異なり基本法には政党条項が導入され (21条),いわゆる政党の「憲法的編入」の段階に入っているものと解されるが,否その故になお――ラードブルフの「政党と国家との間の憲法的関係について得られる観念は,現在,そしておそらくいつの時代においても,過渡的状態を想わせるものがある」との示唆が妥当するであろう。この点について,憲法における政党条項を欠き,法律のレベルで政党や会派について規定する日本国憲法下のわが国の状況は,いわゆる政党の「承認および合法化」の段階として,ワイマール憲法に近いと思われる[91]。本書第 6 節末尾の文章で,《わが判例も,ラードブルフの示唆するように,「政党制からの抗し難い『憲法変遷』」への「過渡的状態」にあるのかも知れない》(198頁)と述べたのも,そのことを含意している。

90　ヴァイツゼッカー日本講演録『歴史に目を閉ざすな』(中日新聞社編・永井清彦訳・岩波書店・1996年) 63頁・64頁。
91　丸山健『政党法論』(学陽書房・1976年)では,「ほとんどワイマール憲法と同質」(140頁)とされる。

第3章　21世紀の議会制像

第7節　もう一つの議会制像
――ハイエクの「一つの憲法モデル」をめぐって――

一　はじめに

　私に与えられた課題は，今回の共通テーマ「21世紀の立憲主義像」について，特に立法ないし議会という観点から考察することであります。立法ないし議会の観点からという限定が付いておりますが，しかしテーマそのものは途方もなく壮大です。このような巨大なテーマについて風呂敷を広げる能力は固よりありませんし，また趣味でもありませんので，本来なら報告のお話がありましたとき御辞退させていただくべき筈だったのですが，偶々そのとき，ハイエクとケルゼンの論争に関心をもち，いろいろ考えるところもありましたので，この論争を素材にして管見すれば何とかなるのではないかと思い，敢えてお引き受けした次第です。報告をしなければならないというような形ででも拘束されない限り，こんな大きなテーマについて何かをまとめる機会など金輪際無いだろうという思いもありました。
　そういう次第で，夏の報告打合会において当初の予定通りハイエクとケルゼンの論争をかい摘んで紹介し，本テーマについてこの論争がどういう意味をもつか，また，わが国の立法ないし国会のあり方を考える上で何か示唆するところがあるか，というようなことについて極く簡単に報告したのですが，遺憾ながら概して殆ど関心をもってもらえなかったようでした。ハイエクは1974年に経済学でノーベル賞を受賞したほどの人ですから，経済学の分野ではケインズと並んで非常に有名ですが，しかしその法理論については，法学とくに憲法学の分野においてケルゼンほどにはよく知られていない。ですから，いきなりハイエクとケルゼンの論争から始めても殆ど関心をもってもらえなかったのは，当然だったかも知れません。そういうこともあって，その後の討論の席で，論争そのものよりも，むしろハイエクの徹底した自由主義的な「憲法モデル」とその基本原理の要として提示された国民代表機関としての議会を「立法議会

第 3 章　21 世紀の議会制像

(Legislative Assembly)」と「行政議会（Governmental Assembly)」に厳格に分立する「二つの議会」構想（議会制改革論）を中心にとりあげる方が分かり易いのではないかとの指摘を受けました。いわれてみれば成程その通りですので，ここでは，とりあえずハイエクの「憲法モデル」とそこで提示された「二つの議会」構想のポイントをかい摘んで紹介することから始めたいと存じます[1]。

　ただその前に，表題に「もう一つの議会制像」とありますが，そこにいう「もう一つの」ということの意味について予めちょっと述べておきたいと思います。

　ハイエクは，我々の世界には，人間の意思や行為から独立して存在するという意味では「自然（physis)」ではないが，そうかといって人間が意図して計画的に創り出したという意味で「作為（thesis)」でもなく，いわばその中間に，

---

[1] 本稿において，ハイエク（Friedrich August von Hayek）の著作・論文集と訳書は，以下のように略記して本文において引用することにしたい（訳文は訳語の統一等の理由から必ずしも訳書と同一でないところもある）。
　The Road to Serfdom, 1944, paperback by Routledge 1997, 一谷藤一郎・一谷映里子訳『隷従への道』東京創元社・1992 年：*RS*, 訳．
　Individualism and Economic Order, 1948, 嘉治元郎・嘉治佐代訳『個人主義と経済秩序』春秋社・1997 年：*IEO*, 訳．
　The Constitution of Liberty, 1960,
　　Part Ⅰ　*The Value of Freedom*, 気賀健三・古賀勝次郎訳『自由の価値──自由の条件Ⅰ』春秋社・1997 年：*CL*, 訳Ⅰ．
　　Part Ⅱ　*Freedom and the Law*, 気賀健三・古賀勝次郎訳『自由と法──自由の条件Ⅱ』春秋社・1997 年：*CL*, 訳Ⅱ．
　　Part Ⅲ　*Freedom in the Welfare State*, 気賀健三・古賀勝次郎訳『福祉国家における自由──自由の条件Ⅲ』春秋社・1997 年：*CL*, 訳Ⅲ．
　Studies in Philosophy, Politics and Economics 1967, ヒュームに関する論文の訳として，田中真晴・田中秀夫編訳『市場・知識・自由』ミネルヴァ書房・1986 年：*SPPE*, 訳．
　Law, Legislation and Liberty,
　　Vol.1 *Rules and Order*, 1973, 矢島鈞次・水吉俊彦訳『ルールと秩序──法と立法と自由Ⅰ』春秋社・1998 年：*LLL*Ⅰ, 訳．
　　Vol.2 *The Mirage of Social Justice*, 1976, 篠塚慎吾訳『社会正義の幻想──法と立法と自由Ⅱ』春秋社・1998 年：*LLL*Ⅱ, 訳．
　　Vol.3 *The Political Order of a Free People*, 1979, 渡部茂訳『自由人の政治的秩序──法と立法と自由Ⅲ』春秋社・1998 年：*LLL*Ⅲ, 訳．
　New Studies in Philosophy, Politics, Economics and the History of Ideas, 1978, いくつかの論文の訳として，田中真晴・田中秀夫編訳『市場・知識・自由』ミネルヴァ書房・1986 年：*NS*, 訳．
　The Fatal Conceit:The Errors of Socialism, in:The Collected Works of Freidrich August Hayek,ed. W.W.Bartley Ⅲ, vol.Ⅰ, 1988〔渡辺幹雄訳『致命的な思いあがり』春秋社・2009 年〕：*FC*,〔訳〕．

第7節　もう一つの議会制像

人間社会の歴史的進化の過程において人間の行為の結果として「自生的 (spontaneous)」に成長してきた「第三の範疇」があるといいます（*LLL* I, p.20f. 訳30頁以下．*LLL* III, p.155. 訳216頁；*NS*, p.253f. 訳107頁；*FC*, p.143f.〔訳212頁以下〕）。言語や習慣，ひろく伝統や文化がそうですし，経済市場や法，そしておそらくは国家などもその深奥の基層的部分においては，そうした「自生的秩序」だということになるかと思います。これを憲法学に引き移していえば，自然法論でも法実証主義でもなく，自生的秩序に基づく第三の途があり，それこそが本当の意味の憲法理論だということになりましょう。表題に「もう一つの」というのは，このような従来の法思想とは全く異なった第三の途から構想されているということを意味します。さて，そのことを前置して，早速ハイエクの憲法モデルに入りたいと思います。

二　ハイエクの「一つの憲法モデル（a Model Constitution）」

ハイエクの晩年の大著『法と立法と自由』は全三巻よりなりますが，その第三巻『自由人の政治的秩序』（1979年）の末尾近くの第17章において，「一つの憲法モデル」が提示されています（*LLL* III, p.105ff. 訳148頁以下）。かかる構想は，ハイエク自身いうように，かなり前からあちこちで言及され，1960年の主著『自由の条件〔自由の憲制〕』（*The Constitution of Liberty*）においても簡単に示唆されていますが（*CL*, p.207. 訳II・106頁），最もまとまった形で提示されているのは本書ですから，ここではそれに即して概要を抽出したいと思います。

ハイエクはそこでまず憲法の「基本原理」として，「憲法の基本条項」を掲げます。そのいわば前段は，こうです。「ある明確に定義された緊急事態を別にして，正常時には，各人の個人的領域の定義と保護を目的とするところの承認された正しい行動のルールに従ってのみ，人々は自分の望むことを制限されてできなかったり，特定のことをするべく強制される」（p.109. 訳153頁）というものです[2]。憲法の条文としてはいささか冗長ですが，そのポイントは，「承認された正しい行動のルール（the recognized rules of just conduct）」という概念——ハイエクはこれを「ノモス（nomos）」と呼びます——にあり，それによって各人の「個人的領域」，つまり「恣意的強制の欠如」という意味での個人的

---

[2] この基本条項において「緊急事態」における例外が明示されているのが特徴的であり，後に特に節を設けて論じられている（*LLL* III, p.124-6. 訳172-4頁）。筆者はこの点についても強い関心をもつが，テーマから外れるので，ここでは「正常時」のみに限定して論じることにしたい。

自由が保護されるとともに、国家による強制が正当化されるのは、ただこのノモスの施行（enforcement）か、あるいはノモスに拘束される場合のみであるということになります。

そして、この基本条項は「この狭いノモスという意味での法となりうるものの定義を含まなければならない」として、ハイエクは、以下の3つの規準を満たすものでなければならないといいます。①「不特定な数の未知の将来の事例に適用されること」、②「具体的内容が予測できないある抽象的な秩序の形成と保持に役立つが、特別の具体的な目的の達成に役立たないこと」、③「主として特定の識別可能な個人あるいは団体に影響を与える予定の、あるいは与えると知られているあらゆる規範を排除すること」（p.109. 訳153-4頁）が、それです。我々にとってなじみのある実質的意味の法律つまり「法規（Rechtssatz）」概念に即していいますと、①は法律の「抽象性」、③は「一般性」に相応することになるかと思います[3]。ハイエクの「法（ノモス）」概念に特徴的なことは、この①「抽象性」と③「一般性」の他に、②の規準が加えられていることです[4]。先にちょっと触れました第三の範疇たる「自生的秩序」というのは、彼によりますと、「抽象的特質によってのみ定義される諸要素間の抽象的関係の体系」であって、本来の狭い意味での法（ノモス）とは、このような「自生的秩序」――かれはそれをコスモス（cosmos）と呼びます――おける法を意味します。したがってそれは、人間が理性に基づいて一定の目的をもち一定の具体的な結果の実現を目指して意図的に設計して創り出した組織――彼はそれをタクシス（taxis）と呼びます――の法とは、全く異なります。彼は、このような法をテシス（thesis）と呼んで、ノモスと対立させます（I, p.35ff. 訳48頁以下、p.94ff. 訳123頁以下）。規準②は、まさにこのことに関わり、法（ノモス）は、組織（タクシス）の法（テシス）であってはならない、ということです。このことを、ドイツ憲法論に引き移していいますと、一定の具体的な目的とそれを達成する

---

3 このような法律の「抽象性」および「一般性」の概念については、芦部信喜「現代における立法」『憲法と議会政』（東京大学出版会・1971年）所収・260-1頁、堀内健志「法律の一般性について」『立憲理論の主要問題』（多賀出版・1987年）84頁以下、赤坂正浩「法律の一般性とボン基本法19条1項1文」『公法の思想と制度（菅野喜八郎先生古稀記念論文集）』（信山社・1999年）259頁〔同著「基本権の制限と法律の一般性」『立憲国家と憲法変遷』（信山社・2008年）所収・265頁〕以下等参照。

4 ハイエクは、『自由の条件』において、「真の法の属性」（「法の支配」にいう法の属性）として、一般性・抽象性、確実性、普遍平等性を挙げているが（CL, p.207f. 訳Ⅱ・106頁以下）、しかしそこでは、未だここでいう第二の規準は明確に打ち出されていないかにみえる。

第7節　もう一つの議会制像

ための手段を規律の内容とする「措置法律（Maßnahmegesetz）」は——私人に対する強制を伴う限り——駄目だということになりましょう[5]。

そして，このような基本条項がありさえすれば，人権規定は一切必要でないと極言いたします。なぜなら，これによって，人権規定が保障しようとしたすべて，否それ以上のことが実現されるからだというのです（p.110.訳154頁）。極めて刺激的な論議で，私など大いに関心がそそられるのですが[6]，ここでは措いて置きます。ともあれ，ノモスによる個人の自由の保障に関する基本条項が，第一の基本原理とでもいうべきものです[7]。

---

[5] Vgl.E.Forsthoff,Über Maßnahmegesetze,in: *Rechtsstaat im Wandel*, 2.Aufl.,1976,S.105ff. これを契機として（初出は1955年），現代社会国家（福祉国家）の立法の特質を示す一つの重要な傾向として大いに論じられたが，未だ「措置法律」の概念それ自体が学説上固まっていない。そこでは，多くの論点が錯綜し，混乱を極めているが，その根本は，ハイエクの「ノモス」にみられるような透徹した論理一貫性をもつ概念的展開が欠けていたことに起因するように思われる。フォルストホフの「措置法律」の概念は，カール・シュミットの「措置」概念を基礎とするものであるが（S.109），「措置法律」という概念は，そこにいう「法律」がまさにシュミット的な意味において厳密な古典的法治国家的法律概念を指すとすれば（Vgl. *Verfassungslehre*, 1928,S.138f. 尾吹善人訳『憲法理論』創文社・1972年・174頁以下），その概念自体いわば一種の形容矛盾となろう。

[6] これとの関係で興味深いのは，美濃部博士もまた，いわゆる松本委員会（憲法問題調査委員会）で外観上ほぼ同一の主張をなされていることである。「臣民の権利 義務については，『日本臣民は法律によるにあらざれば，その権利を侵害せられ，又，義務を負わせらるることなし』という一条文で足りる」との主張が，それである（佐藤達夫『日本国憲法成立史』第一巻・有斐閣・昭和37年・263頁・281頁・283頁）。かかる極言はもとより同委員会の意見を制するには至らなかった（268頁・317頁・341頁以下）。しかし，それは，ハイエクの基本条項とは似て非なるものである。なぜなら，そこにいう「法律」は，「ノモス」というような観念とは何の関係もなく，徹頭徹尾，法実証主義的に考えられており，ハイエク的にいえば設計主義的合理主義の思想に属するからである。

[7] このようにハイエクのいうノモスが，「実定法」——ケルゼン的にいえば人間の行動に意図的に向けられた意思行為の意味としての法——以前にすでに社会に存在し，実定法を制約するものであるとすれば，例えばロックのいう「自然法」と結局のところは，機能的にも内容的にも殆ど同一に帰するのではないか，という問題が生ずる。そうすると，ヒュームやアダム・スミスの道徳哲学は，このような自然法の観念を，「理性」や「自然状態」という虚構によって基礎づけるのではなく，それらを人間の感情（同感）によって経験的に根拠づけようと試み，自然法論の経験化を目指したが，ハイエクのノモス論もこのような思想系列に属することになろう。しかしながら，ケルゼン的な純粋法学の立場からすれば，それもまた特殊の形態における自然法以外の何ものでもないということになろう（Cf.*LLL*Ⅱ, p.59. 訳86頁）。換言すれば，私見によると，このことは，憲法の効力根拠として（仮説的）根本規範をどのように構成するかの問題に帰着するように思われる。自然法におくか，自然法の経験化されたもの（ハート的にいえば究極の承認のルール）におくか——ハイエクの立場も論理的にはこのような立場に属することになろう（Cf.*LLL*Ⅰ, p.135. 訳172頁）——，あるいはケルゼン的にどこまでも実定憲法

第3章　21世紀の議会制像

　さて，憲法の基本条項のいわば後段は，「受容されたこの種のルールの一体は，立法議会（Legislative Assembly）と呼ばれるものによってのみ，慎重に変更することができる」というものです。ここでは，「変更」といっていますが，他の個所では「定める」（p.109. 訳153頁）ともいっています。その意味するところは，承認された既存のノモスを確認し定式化するだけでなく，ノモスもまた時代とともに成長するわけですから，新たな条件に適合するように絶えず改善し，全体として統一性があるように整合性をはかる継続的作業であるということです（p.37-8. 訳59-60頁. Cf. II, p.24ff. 訳37頁以下）。そして，このような意味でノモスを「定める」作用は，「立法議会」にのみ専権的に帰属いたします。これが，いわば第二の基本原理ともいうべきものです。

　裁判所は，もとより，ノモスに拘束されます。個別的な事件においてそれを適用し，その意味を明確化し具体化するのが裁判所の任務です。これが，第三の基本原理とでもいうべきものですが，ハイエクは，この裁判所の役割を「法の支配」の要として極めて重要視いたします。といいますのは，ノモスは，その性質上，言語によって定式化し尽くことはできないものですから，そのような残余を具体的事件において裁判所が明確にすることによって示されることになるからです（p.109. 訳153-4頁. Cf. I, p. 94ff. 訳123頁以下）。

　さて次に，本テーマにとって第二のポイントとなる論点ですが，それは，政府の一切の活動がノモスに制約され，ノモスの枠内でのみなされうるということです。いわば第四の基本原理ともいうべきものです。ここでハイエクは，現行の議会制度，おそらくはイギリスの議会制度と議院内閣制を念頭において，それに相応する国民代表機関として行政議会（Governmental Assembly）」——後述のように訳語がむずかしいのですが，ここでは一応「行政議会」〔初出では「政府議会」〕としておきます——を構想し，その多数派のいわば執行委員会を「いわゆる政府（government proper）」と呼びます。しかし，ハイエクの

の内容から抽出されるものにおくか，の違いがそれである。ケルゼン自身「根本規範はある意味では力の法への転化ということができる」として，根本規範をもって「先験論理的自然法」と呼んでいる（H. Kelsen, *Die philosophischen Grundlagen der Narurrechtslehre und des Rechtspositivismus*, 1928, in: *Die Wiener rechtstheoretische Schule* 1968, S. 339f. 黒田覚・長尾龍一訳『自然法論と法実証主義』木鐸社・1974年・91-3頁〔黒田覚・長尾龍一ほか訳『ハンス・ケルゼン著作集III　自然法論と法実証主義』慈学社 2010年・106-8頁〕）。しかしまた，他方では，ハイエクのノモスの観念は，一般性・抽象性・普遍平等性という専ら形式的基準によって特徴づけられたものであり，「人間の尊厳」というような自然法論が指定する実質的内容を欠いているとして，それを批判する立場もある。

いう「行政議会」は，現行の議会制度と決定的な点において異なります。「行政議会は，自らのあらゆる決定にあたって，立法議会によって制定される正しい行動のルールに拘束される。特に，立法議会によって制定されるルールから直接的かつ必然的に出て来ないいかなる命令も私人に発することはできない。他方，このようなルールの枠内で，政府は統治機構を組織し，政府に委託された物的・人的資源の利用について，完全な支配者である」(p.119. 訳166-7頁)。政府は，国民に向けて公共財の提供等各種のサービスを行うわけですが，それには無論，「行政議会」による同意が必要であり，これによって政府統制がなされる。かかる統制は，テシスという意味での法律の制定によることになりますが，その際，「行政議会」は，テシスの制定にあたって「立法議会」の定めたノモスに厳格に拘束され，そこから直接に導出されないようないかなる行為も私人に強制することはできない。これが，ここでのポイントです。

かようにして，統治機構の全体が二つの異なったルールを明確に区別しうるという前提の下に存することになります。ノモス（「立法議会によって発展させられるべき施行可能な正しい行動のルールで，政府ならびに市民を拘束するルール」）と，テシス（「政府の組織と行動のあらゆるルールで，法の枠内で決定することが行政議会の任務であるようなルール」）の区別が，それである。しかるに，ハイエクによれば，実際には，この区別の適用は容易でない。そこで，二つの議会の間に権限の対立が生じたとき，それを解決する終審の裁判所として，「憲法裁判所（Constitutional Court）」が構想されることになる（p.120f. 訳168頁以下）。これが，第五の基本原理とでもいうべきものです。その他にも，いろいろありますが，ここでは本テーマに関わる限りにしておきます。

三 「二つの議会」構想

ハイエクの「憲法モデル」における「二つの議会」構想[8]の全体的概要は，

---

[8] 古代アテネの民主制の最盛期において，「民会（ecclesia）」は，政治の最高の意思決定機関として，ハイエク的な用語をもってすれば，個々の政策に関するテシスを定める権能をもつが，しかし正義行動の一般的ルール（ノモス）を定めたり変更したりする権能はなく，その権能は，「民会」とは別個のより少人数よりなる「ノモテタエ（nomothetae）」（法制定委員会）という団体に委ねられていた。ハイエクの「立法議会」は，それにヒントをえた如くである（p.112. 訳157頁）が，しかし，それは史上かって完全な姿で現実化されたことがなく，それを承知でまさに現代において立法段階においてこのような権力分立の必要性を説くのである。ここに，彼の構想のユートピア的性格が端的に現れているといえよう。ハイエク自身指摘するように，J. S. ミルがすでに「ノモテタエ（nomothetae）」に注目し，「立法委員会」という機関の創設を提案し

第3章　21世紀の議会制像

先の通りですが，その組織・構成のあり方は，その任務の違いに応じて，いろいろユニークなところがありますので，その点についてちょっと言及しておきたいと思います。

二つの全く作用を異にする議会を構想する以上，兼職の禁止が適用されるのはいうまでもありませんが，その議員選出方法がたいへん変わっています。

まず，立法議会についていえば，それは，「自由の憲制」のいわば屋台骨ともいうべきノモスを定めるという基本的な作用を独占する機関ですから，その任にあたる立法議会議員の選任方法には，選挙人の「利益（interests）」ではなく「意見（opinion）」が代表されるように慎重な配慮が必要です。その際，ハイエクは，選任方法として，あまり多数にならないことの他に，賢明と思われるポイントとして，①再選に関心をもつ必要のないようにすること，②すでに世間において「名声」をえて，公正な判断力を有する男女を選任しうるようにすること，③在職期間中再選に必要な政党の支持に依存しないこと，④将来の生活が保障されること，⑤年齢構成が偏らないこと等を挙げます。そして，具体的に次のような選任方法を提案します。各地域ごとに，例えば，45歳になった段階で，同世代の中から間接選挙によって議員を選出し，ひとたび選出された議員は60歳になるまで15年間議員の地位につきます。したがって，議員の選挙は，45歳の時にただ一度だけ行うことになり，毎年15分の1が交替することになります。議員はノモスを定める作用のみを任務としますから，「利益」に関わる行政議会や党機関に勤めた人は議員の資格は否定されます。また，議員は政党や圧力団体から独立でなければならないとし，裁判官に類似した身分保障が与えられる。勿論，60歳の退職後も名誉ある地位や生活の保障が与えられます（p.111ff. 訳157頁以下）。

これに対して，「行政議会」は，先に言及した現行議会制度，特にイギリスの下院との重大な相違を除いて，現行の議会制度がモデルとして役立つから，特に述べる必要は殆どないとハイエクはいいます。ただ興味深いのは，再考されるべき問題として，行政議会の選挙権について，政府の役人および政府から年金その他の扶助を受けている人は選挙資格を否定されるべきではないかという論点を提起していることです。公務員についていえば，行政議会による命令

ているが，それは政府に置かれる法律案の作成に排他的権能をもつ特殊な機関であって，決定権をもつ議会とは別個の存在である（J. S. Mill, *Considerations on Representative Government*, 3ed., 1865, in: *On Liberty etc, Three Essays*, Oxford U.P. 1912. p.223f. 山下重一訳『代議政治論』世界の名著38所収・430頁以下）。この意味において，それは，ハイエクの「立法議会」とは全く異なる。

第 7 節　もう一つの議会制像

に従う者が，その命令のあるべき姿の決定に参加するのは合理的とはいえないし，年金等の受給者についていえば，受け取り額の引き上げを約束することによってその投票を得られるような仕組みは合理的とはいえないという理由によるものです（p.119f. 訳167頁以下）。

四　憲法モデルと二つの議会構想の狙い

　ここから知られますように，ハイエクの「憲法モデル」は，「ひとつのユートピア」（Cf. I, p.65. 訳86頁）としての性質をもっているといっていいでしょう。ハイエク自身，このような憲法モデルを提起した目的は，「現在適用できる憲法図式を提案すること」にあるのではなく，本書において述べた諸々の「一般原理」を，それを具現する憲法モデルの提示によって，より明確にすることにあるとしています。そして，なおそれとは別に，このようなモデルの提示には二つの価値があるといいます。一つは，立憲主義の伝統をもたない国が新たに民主主義を移植しようとするとき，失敗しないようにするためにはどうしたらよいかを提示しうるであろうことです。やや具体的にいえば，「成功した民主主義国において多数派権力の濫用を長い間抑制していた不文の伝統や信念を生んだ」暗黙の諸条件・諸前提を概念化して，憲法に明示に盛り込むためにはどうしたらよいかを提示しうることである。今一つは，新たな超国家的な国際制度を創出しようとする今日の試みに用いる可能性であり，それが失敗するべきでないならばどのようにするのがよいかに指針を示しうることであるとしています（p.107f. 訳151頁以下）。

　しからば，そこにいう「一般原理」とは何か，また立憲主義が現実に可能となる暗黙的諸条件・諸前提とは何か。それらは，おそらくは，憲法モデルの核をなすものでしょう。すなわち，①二種類のルール（ノモスとテシス）を区別すること，②それぞれのルールの定立を相互に独立した異なる国民代表機関，すなわち「立法議会」と「行政議会」に分属せしめること，③このような権力分立によって初めて，本来の意味での立法と行政（統治）の分立が実現され，法によって権力を拘束し国民の自由を確保するという立憲主義原理が民主主義の下においても貫徹されるということであります。

　したがって，本日のテーマに即してハイエク流にいいますと，このような憲法モデルこそがまさに「21世紀の立憲主義像」となるべきものであり，そこにおける「二つの議会」構想こそが「21世紀の議会制像」だということになりましょう。

もとより，このような構想の背後には，民主主義本来のあるべき理想からかけ離れた今日の「無制限な民主主義（unlimited democracy）」に対する深刻な警戒感が潜んでいるのはいうまでもありません。一体，なぜ今日かくも民主主義に対する「幻滅感」が高まっているのか。たとえいかに政治家が高貴な天使のような人であっても，そこでは決して「上品な」政治は生まれないとハイエクはいいます（p.1ff. 訳9頁以下）。なぜか。「無制約な民主主義」の実態は，「取引民主主義（bargaining democracy）」となってしまっているからだというのです（p.99f. 訳139頁以下）。その論理はこうです。政権の座にある政党が政権を維持しようとすれば，多数の特定集団の支持をえなければならない。そこで政権政党は，ノモスに制約されない無制限の権力を用いて，ノモスを無視して多数の特定集団に有利な例外措置を講じて特権を与え，そこから票を買い取ろうとする。利益集団の側でも，特権を要求し，それが満たされる場合には，その見返として票を投ずることを約束する。しかし，政権政党も利益集団も，特別の取り扱いをそれとして露骨にいっては国民一般の支持はえられないから，「社会的正義」という美名に訴えてそれを正当化しようとする。かくて選挙は，票の売買の一大イベント，票の巨大な取引所とならざるをえない。これが，「取引民主主義」の実相だというのです。

　しからば，このような「無制約な民主主義」がどうして生じたか。思想的には，その起源は，ベーコン，そしてホッブズやルソーに由来し，特に何ものにも拘束されない無制約な人民の最高権力を説く人民主権論の誤った「迷信」にあるというのがハイエクの言い分です（p.33ff. 訳53頁以下）。そして，制度的には今日，議会という同一の機関が，ノモスのみならず，テシスを定める権能をも合わせもつことに起因するというのがハイエクの診断です（p.2ff. 訳11頁以下）。そこから，「立法議会」と「行政議会」の分立が導きだされることになるわけです。

五　構想の評価——いかにそれを受けとめるべきか

　ハイエクは，頭から毛嫌いされるか，あるいは逆に，一切の批判を受けつけない頑強なハイエキアンを生み出すというようなことが，しばしば語られます[9]。一方では，例えば，1960年に彼の主著『自由の条件〔自由の憲制〕』が出されたとき，「自然の淘汰を受けない巨大な恐竜，古典的自由主義の生きた

9　例えば，田中真晴・前掲（注1）の訳書の「解説」参照（288頁）。

第7節　もう一つの議会制像

化石」[10] と揶揄されましたが、他方では、今日「ハイエク神学」[11] として崇められることもあります。

　無論、ハイエク自身の立場は終始一貫しておりますが、本当に「生きた化石」なのでしょうか、それとも「神学」なのでしょうか。私自身は、いずれも偏った見方ではないかと考えています。ハイエクは、ヒュームやアダム・スミスに代表されるスコットランドの道徳哲学思想を受け継ぎながら (SPPE, p.106ff. 訳134頁以下；NS, p.119ff. 訳200頁以下)、それを20世紀の後半において現代的に再定義して緻密かつ壮大な体系化をはかり、まさに「自由の憲制」のあり方を理論的に蘇生させるだけでなく、その理論体系を、経済・政治・法そして文化全体を貫く巨大な政治要綱・政策体系へと首尾一貫して結晶せしめ、それを頑強に主張した現代自由主義の巨人といえるのではないかと思っています。かかる自由の体系よりする「集団(集産)主義」ないし「偽の個人主義」に対するハイエクの攻撃は、峻烈を極め、まことに執拗であります (RS, p.24ff. 訳43頁以下；IDE, p.1ff. 訳5頁以下)。まさに「自由の闘士」[12] の面目躍如というところです。もう、辟易するくらいです。攻撃の対象となるのは、共産主義や社会主義はもとより、そのいわばその亜流としてのファシズムやナチズム、そして現在の社会民主主義や社会国家思想、さらに法実証主義であります。とりわけ、ハイエクは、ケルゼンの純粋法学をもって、法実証主義の「最も高度に発達した現代の形態」として、恰も「法の衰退」をもたらし、全体主義を導いた元凶であるかの如く槍玉に上げ、法実証主義の一切の誤謬と全体主義に対する政治的責任の一切が純粋法学にあるかの如く論じます (CL, p.238-9. 訳Ⅱ・147-8；LLLⅡ, 48-56. 訳71-81頁)。しかし、みずからの立場から純粋法学を思う存分に誤解した上でのこのようなハイエクの批判には、つよい違和感を覚えますが[13]、この点についてはここでは立ち入らないことに致します。ただ一点付言すれば、やはりケルゼン自身にも、自由主義の理解において相当甘いところがあったのではない

10　アンソニー・クウィントンの言（間宮陽介『ケインズとハイエク』中央公論社・1989年・95頁による）。なお、Norman P. Barry, *Hayek's Social and Economic Philosophy*, 1979, p.2. 矢島鈞次訳『ハイエクの社会・経済哲学』（春秋社・1984年）4頁。それによれば、原典は、Anthony Quinton, *Political Philosophy*, 1967.

11　矢島鈞次・前掲(注1)の渡部茂訳『自由人の政治的秩序——法と立法と自由Ⅲ』の「解説」(287頁)。

12　間宮陽介・前掲(注10)97頁。

13　拙稿「ケルゼンの権利論・基本権論(四)」関東学園大学法学紀要22号（2001年）112-3頁〔拙著『ケルゼンの権利論・基本権論』慈学社・2009年・232-3頁〕参照。

第3章　21世紀の議会制像

かと思っています[14]。

ともあれ，ハイエクの「憲法モデル」と「二つの議会」構想をどのように受けとめるべきかは，彼の思想全体の受けとめ方と運命を共にする筈ですが，必ずしもそうとはいえないところもあるようです。高く評価する論者もおりますが[15]，概していえば，さすがハイエキアンの側でも，このモデルについては，評価は余り芳しくないようです[16]。「立法議会」議員の選挙方法が奇抜に過ぎ

14　ハイエクの『隷従への道』が出版されたのは1944年であるが，ケルゼンは，1955年に「民主主義の基礎」(Foundations of Democracy, in: *Ethics*, Vol.66, 1955, Nr.1, Part2. p.1ff. 古市恵太郎訳『民主政治の真偽を分つもの』理想社・1959年〔長尾龍一訳「現代民主制論批判——民主主義の真偽を分かつもの」『ハンス・ケルゼン著作集Ⅰ　民主主義論』慈学社・2009年〕)において，「民主主義と経済」の章の中でそれに批判の目を向けた。それによれば，ハイエクは民主主義と資本主義との関係を強調し社会主義との関係を否定して，民主主義によって社会主義を実現することは不可能であるというが，統治の方法・手続（形式）によって統治の内容たる資本主義を実現することが可能であるのと同様に社会主義を実現することも理論上全く同様に可能であるのみならず，その実現の不可能性は歴史的経験において未だ実証されていない（*op. cit.*, p.75ff. 訳198頁〔282頁〕以下），というのである。

　　ケルゼンのこの立場を自由主義に引き移していえば，私的所有権・契約の自由といった経済的自由権が社会主義において否定されたとしても，そこにおいても信教の自由や学問の自由そして表現の自由を中心とする精神的自由権の保障は可能であり，それが保障されている限り民主主義は十分に可能であるということを意味する。ポパー流にいえば，「個人的自由［精神的自由］を兼備した社会主義」ということになろう。ポパー自身は早期にその不可能性を覚ってそれから離別したが（K.R.ポッパー・森博訳『果てしなき探究——知的自伝』岩波書店・1978年・44頁以下），これに対してケルゼンは終始かかる立場に固執したかにみえる。これまで多くの自由主義者が説いてきたように——無論ハイエクもそうである——，本来，自由は全体として不可分一体の統一的体系をなす原理であって，経済的自由と精神的自由を分離しうるものではなく，前者の否定は原理上後者の否定に至るとするならば，ケルゼンの二分論は理論上およそ成立しえないことになる。ケルゼンは，1950年代当時のソヴィエト政権を念頭におきつつ，その不可能性は未だ歴史的・経験的に実証されていないとしたが，それが瓦解した今日もしケルゼンが生きていたとすれば，何というであろうか。私はこの点において，自由主義に対するケルゼンの見方が理論的にも歴史的にも相当甘かったのではないかと率直に感じている。この論点は，今日の憲法理論に引き移していえば，いわゆる二重の基準論の捉え方に連なるであろう。

15　例えば，古賀勝次郎『ハイエクと新自由主義』(行人社・1983年) 138頁以下，嶋津格『自生的秩序』(木鐸社・1985年) 237頁以下・261頁以下（ただし，そこでは「彼のプランはその細部（たとえば，同世代グループの制度など）についてもすべて同意できるものには見えない」(261頁) とされる），矢島鈞次，前掲（注11）の「解説」(283頁以下)，John Gray, *Hayek on Liberty*, 3rd ed., 1998, p.125ff. 照屋佳男・古賀勝次郎訳『ハイエクの自由論（増補）』(行人社・1989年) 223頁以下等参照。

16　N. Barry, *supra* note(10), p.190ff. 訳250頁以下，Ronald Hamowy, "The Hayekian Model of Government in an Open Society" *Journal of Libertarian Studies*, vol.Ⅵ, no.2 (1982), p.141 (G.Gray, *supra* note(15), p.125ff. による)，田中真晴・前掲（注1）の訳書の

第7節　もう一つの議会制像

現実性を欠くところも，その要因の一つになっているように思えます。実際，わが国において，ハイエクの法思想・法理論を基礎において憲法理論を構想し，その透徹した立場から戦後の嫡流憲法学に対して果敢に挑戦しておられる阪本昌成教授にあっても[17]，さすがこの憲法モデルには殆ど言及されていないようです。私見によれば，佐藤幸治教授の憲法学も，仔細にみれば，ハイエク的な思想にヒントをえたのではないかとみられところが少なからず存するように見受けられるのですが[18]，しかしハイエクの憲法モデルについてはそのような痕跡はないように思われます。佐藤教授は「ハイエクの"自生的秩序"の観念はまことに魅力的ですが，『法の支配』は，自明の所与の法が自己実現するということではなく，人間の意思的行動によって採用され，肉づけされ，実現されて行くものであるという面にもう少し目を向ける必要がある」[19]とされますが，いささかアンビヴァレントなこの佐藤教授の発言に，教授の基本的立場が表現されているように思われます。

六　二つの議会構想のインパクト
——わが国の統治機構ないし国会論にいかなるインパクトをもちうるか

　先にハイエクが，今日，民主主義が本来の理想から余りにもかけ離れ，「無制約」な，その実態においては「取引」民主主義に堕落し，民主主義に対する「幻滅化」がいよいよ高まっていることを指摘していることについて触れました。実際，わが国の現状，特に1990年代以降度重なる諸改革にもかかわらず全く出口の見えない惨憺たる現状を思うとき，それがもっともぴったり当て嵌るのはわが国ではないかと疑われる程です。

　民主主義の制度的表現が唯一議会制だけではないにせよ，現代国家において直接民主主義的制度がある限られた場面においてしか実現しえないとしたら，議会制がその中心とならざるを得ない。前世紀の第一次大戦後「議会制の危

「解説」参照（284頁）等々。
17　阪本昌成『憲法理論』I（補訂第三版・2000年），II（1993年），III（1995年）・成文堂，同『リベラリズム／デモクラシー』有信堂・1998年，同『『近代』立憲主義を読み直す』成文堂・2000年〔同著『新・近代立憲主義を読み直す』成文堂・2008年〕参照。
18　佐藤幸治『憲法（第三版）』（青林書院・1995年），例えば81頁〔『日本国憲法論』（成文堂・2011年）73頁〕参照。
19　同「『法の支配』の意義を再考する」『法学教室』182号（1995年）16頁（『日本国憲法と「法の支配」』有斐閣所収・2002年・24頁）。なお同「日本国憲法の中の『主権』と『人権』」『法学セミナー』401号（1988年）22-23頁参照。

機」といわれた時代に,「議会主義についての態度決定は,同時に民主主義についての態度決定である」[20]と決然と言い放ったケルゼンの命題は完全に正しかったと申せましょう。それを潰してしまった後には,独裁と全体主義しか残らないことを歴史がはっきりと証明したからであります。ハイエクが今日の「無制約民主主義」に直面して,憲法改革案を提示し,その核に「二つの議会」構想を打ち出しているのも,この意味において極めて正当といわなければならないと思います。しからば,この「二つの議会」構想に,わが国会のあり方に何かインパクトを与えうるものがあるのでしょうか。

　これまで,国会や衆・参各院について,いろいろな改革案が提起され,そのいくつかは実現を見たし,今日もなおいろいろな改革案が提起されております[21]。そのどれもは,もとより検討に値する重要なものですが,ハイエクの構想は単なる議会制の問題を超えて統治機構全般に及ぶものでありますから,ここでは,もう少し広い角度から統治機構全般に関わるものを一つだけ取り上げることにしたいと思います。

　高橋和之教授は,「国民内閣制」という見地から[22],近時「統治機構論の視座転換」として「政治の領域」と「法の領域」の区別論を展開されている[23]。それは,戦後の憲法論において完全に放逐されてしまった「アクションとして

---

[20] Hans Kelsen, *Vom Wesen und Wert der Demokatie*, 2. Aufl., 1929, S.27. 西島芳二訳『デモクラシーの本質と価値』(岩波書店・1969年) 57頁〔長尾龍一・植田俊太郎訳『民主主義の本質と価値』(岩波書店・2015年) 44頁以下〕。しかしまた,「議会主義のための闘いは,政治的自由のための闘いであった」(S.28, 訳58頁〔45頁〕)。ケルゼンの民主制論については,赤坂正浩教授の優れた分析がある。「ケルゼン・デモクラシー論再考」『日本法学』54巻2号 (1988年) 169頁〔同著「ケルゼンの民主主義論」『立憲国家と憲法変遷』信山社所収・2008年・79頁〕以下参照。

[21] 最近の動向の概要については,大石眞「国会改革をめぐる憲法問題」『法学論叢』141巻6号 (1997年) 1頁以下,同「憲法問題としての『国会』制度」佐藤幸治・初宿正典・大石眞編『憲法五十年の展望I (統合と均衡)』(有斐閣・1998年) 所収,特に191頁以下〔同著『憲法秩序への展望』有斐閣・2008年・176頁以下〕,同『議会法』(有斐閣・2001年) 173頁以下,高見勝利「国会改革の前提と課題」『ジュリスト』1192号 (2001年) 148頁以下。特に参議院改革については,大山礼子『国会学入門 (第2版)』(三省堂・2003年) 159頁以下 (なお253頁以下) 参照。また,『議会政治研究』において,節目ごとに,特集「国会改革」(55号・2000年)」,「参議院改革」(38号・1996年,45号・1998年),「上院改革」(54号・2000年) 等が組まれている。

[22] 高橋和之『国民内閣制の理念と運用』有斐閣・1994年 (以下単に『国民内閣制』として引用する),同「『国民内閣制』再論(上)(下)」『ジュリスト』1136・7号 (1998年)〔同『現代立憲主義の制度構想』有斐閣・2006年・63頁〕。

[23] 同「統治機構論の視座転換」ジュリスト1222号 (2002年) 108頁〔同『現代立憲主義の制度構想』有斐閣・2006年・1頁〕以下。本文において以下単に頁数のみで引用する。

第7節　もう一つの議会制像

の政治」を「政治の領域」として取り戻し，その領域を「アクション──コントロール」の図式によって分析するとともに，他方では「法の領域」において「法の支配の領域」として権力分立をその下で厳格に貫徹せしめようとするものと捉えることができるように思えます。ハイエクの「立法議会」と「行政議会」の二つの議会構想と対比すれば，大筋の系列において，「立法議会」は高橋教授のいう「法の領域」に，「行政議会」は「政治の領域」にほぼ相応するとみることができましょう。固より，高橋理論は日本国憲法の統治機構を前提としたものでありますから，当然のことながら，「政治の領域」においても「法の領域」においても国会という同一の国民代表機関が想定され，それぞれの領域で異なった作用──一方では政治のコントロール，他方では（始源的）法定立──を果たすべきものとされております。ノモスの定立とテシスの定立という権限の区別とそれに見合う両議会の組織上の分立こそ，ハイエク構想の核心をなすところであることは先に触れた通りですが，しかしこのことを別にしても，なお注目すべき違いが見られるように思われます。

　第一に，高橋教授のいう「法の領域」において中心概念をなすのは「法の支配」ですが，それが，ハイエクの如く，「自生的秩序」を支える「超法的原理」(*CL*, S.205f. 訳Ⅱ・103-4頁) として捉えられていない。高橋教授も「正しい法」について論じておられるが（『国民内閣制』321頁以下），それが何であるかは明確でなく，むしろ立法権における積極的な立法作用とその阻止という消極的な作用との間の権力分立によって自動的に確定されると考えられているかに見える。この点において，いかにもフランス的な設計主義的合理主義の立場から「法の支配」が構想されているかのようである。

　第二に，したがってまた，高橋理論においては，「政治の領域」に法の支配が及ぶことは想定されていない。ハイエクの構想の眼目が何よりもノモスの定立を「立法議会」に独占させるとともに，「行政議会」のあらゆる決定をノモスの拘束の下におき，その枠内に厳格に留めようとするところにあるから，この違いは決定的であるといえましょう。固より，高橋理論においても，「政治の領域」が「政治のルール領域」であり，「政治をルールに従わせること」の重要性が強調されています（112頁〔7頁〕以下）。しかし，そこにいう「ルール」が必ずしも明確でなく，ハイエク流にいえば，「ノモス」ではなく，むしろ統治の組織・手続に関するルール（「テシス」）の如くみられます[24]。

24　ハイエクは，憲法それ自体は特殊なテシスであると見ている。すなわち，ノモスとしての法の体系を施行するために，その上に構築された国家組織機関に関するルール（テ

第三に,「政治の領域」における分析図式として「アクション——コントロール」の図式が提示され,アクションのイニシャティブの主体は内閣に,コントロールの主体は国会とりわけ野党に位置づけられております(114頁〔10頁〕。なお,『国民内閣制』42頁参照)。この点について,ハイエクの「行政議会」の位置づけは必ずしも明確でなく,ただ現行の議会制度がモデルとして役立つというのみである。しかし,伝統的議会の主たる役割を政府統制に見ているのであるから,それがノモスに拘束されるべしという論点を別にすれば,ほぼかかる図式に相応するのではないかと思われる。

第四に,高橋理論においては,現代の「行政国家」が「普遍的現象」(『国民内閣制』はしがきⅱ)であり歴史上不可逆の大きな潮流として積極的に,あるいは不可避のものとして立論の与件とされ,それを前提として「政治の領域」と「法の領域」の区別が説かれている(109頁以下)のに対して,ハイエクにあっては,むしろ逆に,「行政国家」現象をもって「社会的正義」という幻想を追い求めて自由を内から蝕み「隷従への道」に至るものとして,それに対抗的立場をとり,それを厳しくノモスの下に服させることによって歯止めをかけ阻止しなければならないとするのです(CL, p.253ff. 訳Ⅲ・1頁以下,LLLⅡ, p.1ff. 訳7頁以下)。つまり,「行政国家」現象がともに立論の与件に組み込まれているとしても,基本的理解とその対処の方向が全く逆であります。ここにも,決定的な違いがあるといえましょう。

第五点は,以上のような相違は,民主主義の理解においても,重大な相違があるように思えます。ハイエクのポイントは,先に示唆したように,統治の単なる手続・手段であるべき民主主義がそこから離れてノモスに拘束されない「無制約民主主義」へと変貌し,それによって「不在の体系」たる自由を権力による「充溢の体系」への転換せしめる「教条的な民主主義」へと変質し[25],やがては自由を食い尽くす「全体主義的民主主義」に至るというにあります。だからこそ,まさに民主主義そのものをノモスの支配の下におかなければならないということがハイエクの愁眉の論点となるわけですが,高橋理論において,

---

シス)である,と見るのである。分説すれば,①憲法は,政府の諸権力の配分と制限に関するルールの集合である。②憲法は,組織のルールであって,正しい行動のルール(ノモス)には属さない。すなわち,憲法はノモスの一般的属性を規定するだけで,その内容の展開は立法部と司法部に委ねられる。③憲法は,法(ノモス)の維持を保障するための組織法的な上部構造である(LLL Ⅰ, p. 134f. 訳171頁,LLL Ⅲ, p. 122f. 訳170頁以下)。

25 間宮陽介・前掲(注10)102頁以下,126頁以下。

第7節　もう一つの議会制像

この点についてどのように考えられているのか，右の二つの領域の図式からは見えてこないように思われる。

七　むすび

　21世紀の立憲主義像とそこにおける議会制像を思考するにあたって，一つの検討素材としてハイエクの「憲法モデル」と「二つの議会」構想をとりあげてみました。それは，無論，評価の分かれるところですが，しかし，これまで既存の憲法理論とは全く異なった「第三の途」よりする問題提起として，それ独自の価値をもつだけでなく，既存の憲法理論・統治機構論ないし議会論に対して強いインパクトを与えるものとして高く評価されるべき意義をもつのではないかと思います。

　しかしながら，「二つの議会」構想を制度論としてみた場合，必ずしも完成されたものではありません。「立法議会」の組織・構成についてはやや立ち入って論じられているものの，その審議の組織や手続については何ら触れられておりません。同じことは，「行政議会」にも当て嵌まります。ハイエクの狙いが何よりも立憲主義を支える暗黙の諸前提・諸条件を概念化し明文化してその輪郭を示すことにあったとすれば，それはやむをえないにしても，しかし憲法論としては，その制度化の具体的なあり方こそが，まさに問題なのだというべきでありましょう。

　そもそもハイエクの「二つの議会」構想が，互いに全く独立した二つの国民代表機関たる議会として構想されているのか，それとも一つの議会における両院として構想されるのか，実は不思議なことにこのような基本的なところでさえ必ずしも明確でないのです。ハイエク自身，イギリスの議会史において，下院が次第に財政統制を通じて政府統制を確立していく過程に注目し，上院はそれに対して「立法議会」的なものへと発展を遂げるのが自然であったが，しかし現実にはその貴族院としての議員構成上の特質から，そうはなりえなかったとして (p.106. 訳149頁)，恰も「立法議会」と「行政議会」がイギリスの上院と下院を念頭においた立論であるかの如く論じているところもあります。その日本語訳に「立法院」と「行政院」というように「院」という訳がなされているのも，その現れかもしれません[26]。実際，多くの論者によって，むしろそれは

26　このような訳語を用いるものとして，前掲(注1)LLLⅢ訳を初め，例えば，古賀・前掲(注15)141頁，渡辺幹雄『ハイエクと現代自由主義』(春秋社・1996年) 280頁〔同著『ハイエクと現代リベラリズム——「アンチ合理主義リベラリズム」の諸相』(春秋

議会の両院の如く観念され，論じられております[27]。

　今ここでこの点をこれ以上論じる余裕はありませんが，もしそのように理解可能だとすれば，例えば我が国の民主制の「取引民主主義」的惨状と参議院の現状を顧慮するとき，一つの可能な構想として，参議院の「立法院」的なものへの脱皮が浮かび上がって来るのではないでしょうか。それは，その選挙方法を初め，発案されるべき法律案の種類や内容のあり方，さらには審議あるいは衆議院との関係において運用のレベルにおいてさえも示唆するところが誠に多いように思われます[28]。

　最後に一言したいのは，一切が大量化する今日の大衆化社会において[29]，情報技術の驚異的な発展によって情報も極度に迅速かつ大量化し，それを駆使する巨大なマス・メディアの力によって民主主義それ自体も変質して「バーチャル・デモクラシー」[30]と呼ばれるような状況が出現しつつあることであります。さらに，インターネットの普及発展によって，今後「サイバー（スペース）・デモクラシー」あるいは「電子民主主義」[31]というような状況も生ずるかも知れ

　　　社・2006年）296頁〕。田中真晴の前掲「解説」は，「特殊な二院制」と捉えている（284頁）。これに対して，嶋津・前掲書においては，「立法議会」「行政議会」の訳語が当てられている（239頁）。「Governmental Assembly」で問題となっているのは，広い意味での「行政」ではなく，その中枢ないし最高段階をなす「政府（government proper）」に対する指導・監督としてのいわゆる「統治」ないし「政治」が問題となっていることからすれば，端的に「統治議会」ないし「政府議会」と訳出する方が正確かもしれない〔初出では，かかる訳語を用いていたが，通例の「行政」という訳語によることにした〕。

27　例えば，バリーは，「立法議会」を「第二院あるいは上院（the second, or upper, chamber）」の如く捉え（op. cit., p.190. 訳251頁），グレイもまた，「立法議会」と「行政議会」の区別を「二院制（a bicameral constitution）」と捉え，「上院」と「下院（lower house）」の如く論じている（op. cit., p.125. 訳224頁）。

28　筆者はかつて，「議員立法」について，そこにいう「立法」の観念が明確でないとして，ハイエクの憲法モデルと二つの議会構想に即していえば，「さしずめ，制度論的には参議院に『立法議会』の役割が，また，作用論的にいえば議員立法に『立法議会』の作用が期待されることになろう」と論じたことがある（「議員立法——理論的見地から」『ジュリスト』1177号・2000年・82-3頁〔前出56-7頁〕）。ここでは，無論，念頭におかれているのは制度論的観点であるが，「立法議会」においては，ハイエクの論理よりすれば，当然，内部発案すなわち議員立法のみが認められることになろう。

29　ここで大衆化社会というとき，どうしても筆者が念頭におかざるをえないのは，オルテガ・イ・ガセットのまことに透徹した「大衆」の概念である（神吉敬三訳『大衆の反逆』筑摩書房・1995年・15頁以下，272頁以下参照）。

30　佐伯啓思『現代民主主義の病理』（日本放送出版協会・1997年）147頁。

31　松井茂記「インターネットと憲法」『公法研究』64号（有斐閣・2002年）64頁以下。同著『インターネットの憲法学』（岩波書店・2002年）315頁〔新版・2014年447頁〕以下。

第7節　もう一つの議会制像

ません。ハイエクの自由論が個人に分散した多中心的な実践知——M・ポラニー流にいえば「暗黙知」[32]——としての知識（情報）論を基礎に組み立てられている故に，民主主義のこのような傾向に対して，その本質をどのように捉え，またいかに対処しうるかについて多くの示唆を提供しうるのではないかと思われます。このような論点についても論議が深められることを期待して，本報告を閉じることに致します。

このような報告の機会を与えられたことに感謝致します。ご清聴まことに有り難う存じました。

（後記）　本稿は，〔第14回比較憲法〕学会総会（平成14年10月14日）での報告原稿を再現したものである。時間との関係で，後の部分を幾分端折らざるをえなかったが，この機会に元の形にさせていただいた。報告後の討論において，多くの会員の先生から貴重なご質問をいただいたのは，望外のことであった。許された僅かの時間内で十分なお答えができなかったのは誠に遺憾であるが，今後とも更に検討を続けたいと考えている。ここに改めて諸先生に謝意を表するとともに，本誌には「討論要旨」の記載はないから，この場をお借りして質問の要旨を記し，もって後学のためにしたいと思う。ご宥恕をお願いしたい。

木村俊夫会員（九州国際大学）
1. 民主主義の徹底という観点からする一院制論，すなわち参議院廃止論をどう考えられるでしょうか。
2. 日本の参議院をハイエクのいう立法議会に改組する場合，政党民主主義を不文の憲法原理と考える比例代表選挙制との関連はどう考えられるのでしょうか。つまり，ハイエクのいう立法議会の民主主義的正統性の問題を問っているのですが，ハイエクの立法議会が少数の任期の長い名士を世代別に選ぶとすればポピュリズムに陥るか，あるいは一種の貴族制に陥ってしまうのではないでしょうか。政党を媒介する選挙の洗礼を議員が受けるのは民意を反映する上で重要と思うのですが。いかがでしょうか。

---

[32] Michael Polanyi, *The Tacit Dimension*, 1966, 佐藤敬三訳『暗黙知の次元』（紀伊國屋書店・1980年）。その優れた分析として，渡辺幹雄・前掲（注26）175頁〔185頁〕以下参照。

小林昭三会員（早稲田大学名誉教授）
　1．ハイエクのいう「自生的秩序」は，近代的成文憲法を支え，また，逆に近代憲法が嫌ってきた……という矛盾した対応をしたものではないかと思いますが，法実証主義がとり扱い拒否をしたものであったと思います。そして，「自生的秩序」への注文はイギリスの「法の支配」の発想に留意し，それをヒントにした面があったように思えます。お考えをお聞かせいただければ……と思います。
　2．ハイエクの「一つの憲法モデル」については，イギリスの国会主権の内容に関するハイエクなりの発展的説明がみとめられるような気がしますが……。すなわち，「立法議会」については「貴族院」が，「政府〔行政〕議会」については議院内閣制における政府ないしそれを生み出した議会，つまり「庶民院」が，「憲法裁判所」については法官貴族中心の「貴族院」が，そして王の大臣という言い方をとおして国家・国民に奉仕する「国王」の地位・機能への期待が，……という具合に，「貴族院と庶民院と国王」からなる主権的議会が連想されるのですが……。
　3．国会主権の議会（イギリスの場合）が，大陸ヨーロッパをはじめわが国の議会の構成（両議院だけからなる議会）とちがっている点は，ハイエクの制度論を考える場合，考慮に入れるべきかどうか……気になっている点ですが，お考えをうかがえれば……と思います。
　4．ハイエクは，民主主義のいわば正常化を考えているようですが，それとちがい，「民主主義」なるものの作用範囲の限定という接近法により，「民主主義がすべてでない」という見方を私はしているのですが，どうでしょうか。

駒村圭吾会員（白鷗大学）
　1．自生的秩序と，立法議会がnomosを確認する行為はどのような関係にあるか？。立法議会のルール形成は自生的秩序の一部なのか，そうでないのか？。
　2．後者であれば，自生的秩序は実定化されなければ秩序になりえないということか？。

百地章会員（日本大学）
　1．ハイエクは，言語，文化，伝統などの他，「国家」なども「自生的秩序」の範疇に含まれると主張していると伺いましたが，ハイエクの国家論と，いわゆる国家有機体説とはどんな位置関係にあると考えたらよろ

第7節　もう一つの議会制像

しいでしょうか。

(以上，50音順)

(補遺)

1. 本稿は,「21世紀の立憲主義像」という比較憲法学会の共通テーマの議会ないし立法の領域における報告として，いわば「21世紀の議会制像」ということを念頭において，ハイエクの「一つの憲法モデル」における議会制論を取り上げ，問題提起を試みたものであるが，それは，本書第2節「立法過程──議員立法と政府提出立法──」および第3節「議員立法──理論的見地から──」と密接な関わりがある。というのは，第2節は，ジュリスト企画の統一テーマ「国家の役割と統治機構改革」の一環として執筆したものであったから，かかる大きなテーマの中で政府提出立法・議員立法をどのように位置づけて論ずるべきかについて，当時すでにハイエクの憲法モデルが頭の片隅にあって，それがいろいろな意味で重要なヒントを提供するのではないかというようなことを考えていたからである。

2. 本書第3節「議員立法──理論的見地から──」の「むすび」において，議会を「立法議会〔立法院〕(Legislative Assembly)」と「行政議会〔行政院〕(Governmental Assembly)」に分立するハイエクの二つの議会構想に言及しつつ，「かかる構想に即していえば，さしずめ，制度論的には参議院に『立法議会』の役割が，また，作用論的にいえば議員立法に『立法議会』の作用が期待されることになろう」(前出56-7頁) と述べたのは，上記所見の一端を提起したものであった。

もとより，ハイエクの二つの議会制構想 (議会制改革論) は，一つのユートピアとしての性質をもつものであるから，本来そのままの形で実現することは意図されていないし，また性質上不可能であるが，しかし，その趣旨を汲んで何らかの実現可能な形で具体化しえないであろうか，以来このよう見地から，その可能性を探ってきた。すなわち，一つには，参議院の改革に関して，制度論的な側面において，ハイエクのいう「立法議会」の構想の趣旨 (国民の「利益」ではなく「意見」を代表するという上院議員の選出方法・構成のあり方) を汲んでその一斑を生かせないか，また，一つには，議員立法の改革に関して，作用論的な側面において，ハイエクのいう「立法議会」の構想の趣旨 (ノモスの

第3章　21世紀の議会制像

発見・定式化と調整の機能）の一斑を活かせないか，ということを念頭におきつつ思考を重ねてきた。しかし，いずれも難問で，遺憾ながら，未だここに補遺としてまとめうる段階に至っていない。

3．一方ではハイエクの思想について，他方では，参議院あるいは議員立法の改革案について，それぞれ専門の各分野において，これまで貴重な研究が積み重ねられてきたが，しかし，両者を如上のような観点から接合する構想は，管見の限り，逢着していない。ただ，その後，ハイエクの憲法モデルに関連して興味深い幾つかの研究に接したので，そのうち本書とのかかわりにおいて，下記の二点について，少しく言及しておきたいと思う。

4．一つは，ハイエクの憲法モデル，とりわけその中心をなす二つの議会構想について，ハイエクが，なぜそのような形で「議会制改革論」を提示したのか，あるいは提示しなければならなかったのか，という論点にかかわる。ハイエクが，それをまとまった形で提示したのは，晩年の著作『法と立法と自由』の第三部『自由人の政治的秩序』（1979年）の末尾近くの17章においてであり，ハイエク自身，それを提示した本来の理由について，「現在適用できる憲法図式を提案すること」にあるのではなく，同書において述べた諸々の「一般原理」を，それを具現する憲法モデルを提示するとによって，より明確にすることにあるとしていることについては既に指摘したが（前出223頁），しかし，かかるハイエク自身の説明にもかかわらず特にその提示以来，一方では，人為的な計画的作為によらない「自生的秩序」を説きながら，他方では，憲法モデルという形で人為的な議会制改革論を唱えることは，論理矛盾ではないかというような趣旨の批判が，しばしば繰り返しなされてきた。この点について，議会制改革論の理由をハイエク自身の思想展開の変化に即して内在的に解明しようとする見解がある。

　《ハイエクの議論において，自由社会の意図せざる出現を説くハイエクの文化的進化論と，実際に出現するに至ったその自由社会をその後も何とか守っていこうとする彼の議会制改革論との間には，何の矛盾もなかった。というのも，その晩年の文化的進化論は，市場秩序を支えるルールが人間の自然本能の要求からはあまりにも乖離しているがゆえに，人々が市場の規律を意図的に好んで採用するといった事態は決してあり得ず，むしろそれは意図せざる結果としてしか歴史の舞台に登場しえなかったという議論になっていたからである。した

第7節 もう一つの議会制像

がって，同時にそれは，その出現後も人間の生得的な自然感情からの反逆に自由社会が常に脅かされ続けることになるだろうという暗い見通しを伴わざるをえない。だとするならば，このような暗い見通しに抗して自由社会を守るために議会制改革論をハイエクが展開することになったのは，ハイエクにとってはきわめて自然なことだったのである。》（山中優『ハイエクの政治思想　市場秩序にひそむ人間の苦境』（勁草書房・2007年）155頁）

　自生的秩序の観念を初めて明確に規定したのは，次節でみるように，M・ポラニーであった。そこでは，「人間に自分のイニシャティブで——ただし，彼ら全部に一般的に適用される法にのみ服すること〔を条件〕にして——，互いに相互作用することを許すことによって秩序が達成されるとき，われわれは，社会において自生的秩序のシステムをもつ」（Michael Polanyi, *The Logic of Liberty*, 1951, Reprited, 1999, p.159. 長尾史郎訳『自由の論理』ハーベスト社・1988年・201頁）とされているように，自生的秩序が社会関係において出現するには，そのすべての成員が一般的に適用される法に服することが不可欠の与件，いわばその成立および存続の絶対的条件とされていたのである（後出246頁以下）。ハイエク自身みずから認めるように，その「自生的秩序」の観念がポラニーの影響を受けたものであることからすれば（*CL*, p.160. 訳Ⅱ・41-2頁），その自生的秩序論が当初より，自生的秩序としての市場の成立・存続要件として，一般的・抽象的・普遍平等的なルール，すなわちノモスの存在を前提とし，その成員がそれに従うことを条件とすることを強調していたことは，理論上当然のことであって，晩年になってそのこと自体を強調したからといって，特に問題とするにあたらないであろう。ただ，晩年になって特にそのことを，「憲法モデル」における議会制改革論という形で提示したことの意味を，ハイエク自身が述べていることを超えて，ハイエクの理論の展開に潜む客観的な内在的要因として探究することは，それはそれとして，ハイエク理論の深化のために重要な意味をもつものであろう。ただ，そこから，プラトンの「高貴な嘘」のようなものが導出されるかどうかについては（前掲150頁以下参照），俄かに断言しえないように思われる。

　5.　今一つは，カール・シュミットとハイエクとの関係，その下でのハイエクの議会制改革案の理解のあり方にかかわる。この点について，近時，「消極国家とはどんな国家か——シュミットとハイエク——」という表題で，「現実を架空と謂い，架空を現実と謂うことによって，民主主義と自由主義の要請を一致

第3章　21世紀の議会制像

させることができる。この倒錯した論理こそが，ハイエクとシュミットの最奥の『同盟』関係を示すものなのである」として，「消極国家」の本質に迫ろうとする極めて刺激的な論文に出会った（毛利透「消極国家とはどんな国家か──シュミットとハイエク──」大石眞ほか編集委員『各国憲法の差異と接点　初宿正典先生還暦記念論文集』（成文堂・2010年）14頁。以下，単に頁数のみで引用する）。

　ここで問題となるのは，ハイエクは，シュミットの理論を度々引用し，それから多くのことを学んだとされるが，何を学んだかという点に関わる。ハイエクが，その憲法モデルおいて，議会制改革案を提示し，そこで国民の「利益」ではなく「意見」を代表するいわば上院としての賢人会的に構成された「立法議会（立法院）」にノモスを定める権能を専属させるとともに，国民のいわば「利益」を代表する下院としての「行政議会（行政院）」が定めるテシスとそれによるべき政府の活動をノモスの拘束のもとに置くことによって，「法の支配」の原理を現代国家において貫徹しようとするものであることは既にみた（前出217頁以下）。そこでは，現代の主要民主主義諸国において議会がノモスとテシスを定め双方の権能を有していることから，「無制約な民主主義」がその実態において「取引民主主義」という形において生じており，それを阻止しなければならないという危機感が存することもまた指摘した。すなわち，政権を担う政党がその政権を維持するには，既存の多数の利益集団から票を獲得する必要があるが，そのために「福祉国家」「社会国家」という美名の下に，ノモスを無視してそれよって正当化しえない特殊利益の供与を約束し，利益集団の側でも特権を要求（恫喝）して，それが満たされる場合には，投票を約束する。かくて，選挙は，票の売買の一大イベント・票の巨大な取引所にならざるを得ない。これが「取引民主主義」の実相であり，それを阻止して，「制限された」真の民主主義を確立するためには，国民の多数派の意見を代表するように「立法議会（立法院）」を構成し，それにノモスを定立する排他的権能を認め，政府の強制を伴う一切の活動をノモスの拘束の下に置こうというのである。

　しかし，立法議会（立法院）が，本当に国民の多数派の意見を代表するものとなっているかどうか，上記論文は，まさにこの点を問題にし，その否定に至る。すなわち，ハイエクは，「立法議会（立法院）は，どんな政府の行動が正しく，どんな行動が正しくないかについて人民の意見を代表すべきである」（*LLL* Ⅲ .p.104. 訳146頁）というが，しかし，《ハイエクが提唱するような有権者から距離の遠い立法院が，どうして「人民の意見」を代表してくれる保障があるのか。その機関へのコントロールは，どのようにして可能なのか。むしろ，

第7節　もう一つの議会制像

立法院は純粋代表機関として，国民からは自立しつつも国民のためにあるべきルールを制定する機関と考えざるを得ないのではないか。実際，ハイエクはこの真の「多数派」の意見はどのようにして確認できるのか，明確に語っていない。むしろ，実際にその「多数派」を構成する人々に語らせる必要はないと考えているようである。》(13-4頁) とし，そこから，以下の結論へと導かれている。

　　《こうなると，現に存在する組織的利益集団の意志とは異なる「真の多数派」の意見なるものは，その多数派によって聞くことによっては認識できるとは考えられていないと言わざるを得ない。だとすれば，それは，誰かが，つまり権力者が，「これが人民の意思である」として確定するものだということになる。そして「真の多数派」の僭称により，権力者は，現に存在する諸集団の利益主張を「架空」のものだと位置づけ，それから距離をとることを正当化する。もう一つの「架空」の多数派を援用することで，社会諸集団から距離をとればとるほど，自らの「民主性」を誇れることになる。現実を架空と謂い，架空を現実と謂うことによって，民主主義と自由主義の要請を一致させることができる。この倒錯した論理こそが，ハイエクとシュミットの最奥の『同盟』関係を示すものなのである。》(14頁)

そこで，シュミットの下に念頭に置かれているのは，彼が1932年の著作『*Legalität und Legitimität*』(in: C. Scmitt, *Verfassugsrechtliche Aufsätze*, 1958, S. 263) および1933年の論文「Weiterentwicklung des totalen Staats in Deutschland」(*Ibid.*, S. 359) において展開した――「弱い」「量的意味における全体」国家の概念（当時の「多元主義的複数政党国家」の現実をあらわす概念）と対比して，シュミット自身があるべきものと考える――「強い」「質的意味における全体」国家の概念である（同14頁以下）。しかし，かかる概念に，仮に上記のような「倒錯した論理」が認められるとしても，ハイエクの「立法議会（立法院）」論にかかる論理が存するようには見えない。

そもそも，両者の法思考は，まったく異質のものである。シュミットが，徹頭徹尾「自然」と「作為」の伝統的な二元論に立ち，ポラニーが明確に定式化しハイエクがそれに基づいて展開したような，「自然」と「作為」のいわば中間にある第三の範疇としての「自生的秩序」の観念を全く念頭においていないという意味において。彼は，有名な論文「法学的思惟の三種類」（1934年）において，「規範主義」「決断主義」そして「具体的秩序思想」を論じたが，そこで論じられている「具体的秩序」の観念は，「自生的秩序」の観念とはまった

第3章 21世紀の議会制像

く異質のもので,むしろそれと対立するものである。このことを,ハイエク自身,はっきりと明言している。シュミットが「具体的秩序」という概念において「窮極的に定式化した中心となる信念は」——とハイエクはいう——「法は,個々人の行為の領域に制限を加えることを通じて個人の自由な行為による自生的秩序の形成を可能にする抽象的ルールから成り立つのではなく,個人を具体的意図に奉仕させる取り決めや組織の道具であるべきだ,ということである」(*LLL*. I, S.71. 訳 93-4 頁)。

確かに,この違いを毛利論文も指摘してはいるが (9頁注15),しかし,やはりこの違いは決定的といわねばならない。わたしが次節において,「ワイマール期には,自由主義は地に落ち,道徳的諸悪の根源のように忌み嫌われた。カール・シュミットが説いた有名な『具体的秩序』思想も,ここでいう『自生的秩序』の観念とは無縁のものである。彼が,自由主義を憎悪したのも,『自生的秩序』の観念に至らなかったからであろう」と論じたのも,その故である(後出 268 頁・注 19。それについては,拙稿「『政治神学』雑感」長尾龍一編『カール・シュミット著作集 I 1922-1934』慈学社・2007 年・426 頁参照)。しかも,ハイエクの「憲法モデル」は,すでに述べたように,いわば一つのユートピアとして提示されたものであって,「現在適用できる憲法図式を提案する」ものではなく,『法と立法と自由』で言及された諸々の「一般原理」を,それを具現する憲法モデルの提示によって,より明確にし,「成功した民主主義国において多数派権力の濫用を長い間抑制していた不文の伝統や信念を生んだ」暗黙の諸条件・諸前提を概念化して,憲法に明示に盛り込むためにはどうしたらよいかを提示しようとしているのであって,それ以上のものではない。まして「現実を架空と謂い,架空を現実と謂う」ものではないし,そこに「倒錯した論理」があるとはみえない。さらに,「中間考察」において,「ハイエクにおいても議会が『憲法の敵』と位置づけられているといっても,過言でもなかろう」(23頁)とされているが,ハイエクは,国民の代表機関たる議会そのものを「憲法の敵」として否定しているわけではない。議会を立憲主義実現のために最も重要な最高機関として位置づけたうえで,さればこそ今日,その議会がノモスとテシスの定立という二つの権限を区別することなく一緒くたに両有するとされていることから,「無制限な民主主義」が生じ,やがては「全体主義的民主主義」に堕することを警戒して,それを阻止しうる方策として,議会の改革案を提示しているのである。確かに,「ハイエクにおける立法院は,真の民意を援用するにもかかわらず,国民との結びつきは制度的にはほとんど存在しなかった」(24頁)

第7節　もう一つの議会制像

という側面は幾分あるかもしれない。しかし，それは，制度構想のあり方の問題であって，ハイエク自身，それをいわば一つの試論として提起しているとみるべきであって，そのためのより優れた制度構想を別段否定しているわけではないであろう。

確かに，時代の現状を把握するための概念として，シュミットの「弱い」「量的な全体国家」概念とハイエクの「無制約な民主主義」（「取引民主主義」）の概念とは多分に共通するところがあるのは事実である（この点で，ハイエクは確かにシュミットの「学恩」に負っているといえよう）が，その目指すところは全く逆であって，シュミットの目指した「強い」「質的な全体国家」こそ，まさしくハイエクが最も警戒する怖ろしい「全体主義的民主主義」の姿であろう。

以上の理由から，両者を「倒錯した論理」において「最奥の『同盟』関係を示すもの」とするのは，私には，まさに「倒錯」のように思われる。

第8節　二つの自生的秩序
──市場システムと知的秩序のシステム──

一　はじめに

　われわれの世界には，人間の意思や行為から独立して存在しているという意味で「自然的（natural, physei）」な現象ではないが，そうかといって人間が意図して計画的に創出したという意味で「作為的（artificial, thesei）」な現象でもなく，いわば「自然（physis）」と「作為（thesis）」の中間に，人間社会の歴史的進化の過程において人間の行為の結果として成長してきた「第三の範疇」とでもいうべきものが存するのではないか。それを，ポラニーやハイエクとともに「自生的秩序（spontaneous order）」と呼ぶとすれば，その代表例ないし典型例として「市場システム」つまり経済市場秩序があげられるであろう。しかし，それだけであろうか。物質界・経済領域だけでなく，精神界・知的領域もまた，その根底・基層において，自生的秩序としての性質をもつのではないか。本日ここでお話したいと思うのは，まさに，この一点にあります。

　仮にそうだと致しますと，今日，人間社会の経済活動領域，物質的生活領域が「経済市場」という自生的秩序としての性格をもつだけでなく，精神活動の領域，人間の知的な生活領域もまた「知的秩序のシステム」という自生的秩序としての性格をもつことに，つまりは社会全体がその基層において自生的秩序の性格をもつことになりますが，そうだとすると，その形成原理は一体何なのか，また，両者は，どのような点において異なり，いかなる関係に立つか，というような問題も生じてまいります。これが，第二に，本日少しく言及できればと願っている論点です。

　しかし，その前にやはり，人間の社会秩序には，そうした「自生的秩序」とは異なったもう一つの秩序，「組織的（意図的）秩序（corporate order）」があること，両者は互いに異なった，否，対立する原理に基づくことを，あらかじめ明確にしておかなければならないと思います。これは，本日の報告のいわば前提的論点であります。

　いずれも，途方もない巨大なテーマで，一介の憲法研究者の手に負えるものでないことは百も承知しております。けれども，研究の過程において，法とは何か，自由とは何か，自由を憲法で人権として保障するとは何を意味するか，

第8節　二つの自生的秩序

　自由は個人および社会にとってどのような意義ないし価値を有するか，また精神的活動の自由と経済的活動の自由はどの点においてどのように異なるか，そして，このような人権の保障が国家の統治機構とどのように関連するか等々，職業柄このような憲法の基本問題を考え続けてきたわけですが，そのつど，つねに意識せざるをえなかったのは，このような大問題でありました。

　いつも行き詰まりの連続で，遺憾ながら未だ確固たる定見があるわけではありません。が，本日は，幸いにもこうして「金沢大学文系教員研究交流会」において報告の機会を与えられましたので，日頃考えていることを率直に披瀝し，経済学部および文学部の専門を異にする各位のお立場からも，ご批判・ご指導をいただき，何らかの定見に至りうることを願いながら，報告させていただく次第です[1]。

1　本稿は，平成18年5月20日に開かれた第三回金沢大学文系教員研究交流会での報告原稿をほぼ再現したものである。時間の関係で，後の方は大幅に端折らざるをえなかったので，この機会に元の形にさせていただいた。また，レジュメに付した図は，本文で示すことにした。報告の後の討論において，出席の諸先生から貴重な質問をしただき，いろいろなご教示に接するとともに再考の機会を与えられた。この場をお借りして，改めて厚くお礼申し上げたいと思う。
　　本稿において，ハイエク（F.A.Hayek）およびポラニー（M.Polanyi）の著作・論文集と訳書は，以下のように略記して本文において引用することにしたい（訳文は訳語の統一等の理由から必ずしも訳書と同一でないところもある）。

（Friedrich August von Hayek）
　The Road to Serfdom, 1944, paperback by Routledge1997, 西山千明訳『隷属への道』春秋社・1992年：*RS*, 訳．
　Individualism and Economic Order, 1948, 嘉治元郎・嘉治佐代訳『個人主義と経済秩序』春秋社・1997年：*IEO*, 訳．
　The Sensory Order, 1952, 穐山貞登訳『感覚秩序』春秋社・1998年：*SO*, 訳
　The Constitution of Liberty, 1960,
　　Part I　*The Value of Freedom*, 気賀健三・古賀勝次郎訳『自由の価値——自由の条件I』春秋社・1997年：*CL*, 訳I．
　　Part II　*Freedom and the Law*, 気賀健三・古賀勝次郎訳『自由と法——自由の条件II』春秋社・1997年：*CL*, 訳II．
　　Part III　*Freedom in the Welfare State*, 気賀健三・古賀勝次郎訳『福祉国家における自由——自由の条件III』春秋社・1997年：*CL*, 訳III．
　Studies in Philosophy, Politics and Economics 1967, 幾つかの論文の訳として，田中真晴・田中秀夫編訳『市場・知識・自由』ミネルヴァ書房・1986年：*SPPE*, 訳．
　Law, Legislation and Liberty,
　　Vol.1　*Rules and Order*, 1973, 矢島鈞次・水吉俊彦訳『ルールと秩序——法と立法と自由I』春秋社・1998年：*LLL* I, 訳．
　　Vol.2　*The Mirage of Social Justice*, 1976, 篠塚慎吾訳『社会正義の幻想——法と立法と自由II』春秋社・1998年：*LLL* II, 訳．
　　Vol.3　*The Political Order of a Free People*, 1979, 渡部茂訳『自由人の政治的秩序——

第3章　21世紀の議会制像

二　原理を異にする二つの異なった秩序
――「組織的秩序（corporate order）」と「自生的秩序（spontaneous order）」

　秩序という場合，われわれがまず想起するのは，例えば鼓笛隊のパレードや交響楽団の演奏のように，一人の指揮者のもとに，構成員全員が一糸乱れぬ行動をとる姿かと思われます。そこでは，予め人為的に作成された一定のルールないし決まりによって各メンバーの役割が厳格に定められており，指揮者の指令の下に自らの役割を整然と遂行する，そこでは勝手気儘な自由な行動は一切許されません。それによって，一つの秩序が形成されるわけです。それは，パレードや演奏というような一定の具体的な目的を達成するために，指揮者の指令のもとに一定の人為的なルールに従う組織ということができるかと思います。

　基本的には同じような性格は，例えば，軍隊や警察にも見られるといえましょう。ただ，そこでは，組織の規模が拡大して，指揮系統も最高指令者から下位の指令者へと階層的なものとなるとともに，組織としての統一性を維持するために，指令に反する行動に対して厳しい制裁が結び付けられることになります。かようにして，秩序が形成されるわけです。同じような階層的構造は，このような国家的組織だけでなく，例えば「企業」というように，私的領域においてもみられるところです。

　このように我々の世界には，人間が一定の具体的な目的を達成するために意図して計画的に構築した人為的秩序が存在することは明白ですが，しかし，それとは性質を全く異にするもう一つ別の種類の秩序も存在することに留意され

　　　法と立法と自由Ⅲ』春秋社・1998年：*LLL* Ⅲ, 訳.
　New Studies in Philosophy, Politics, Economics and the History of Ideas, 1978, 幾つかの論文の訳として，田中真晴・田中秀夫編訳『市場・知識・自由』ミネルヴァ書房・1986年：NS, 訳.
　The Fatal Conceit: The Error of Socialim, in The Collected Works of Freidrich August Hayek, ed. W.W.Bartley Ⅲ, vol. I, 1988,〔渡辺幹雄訳『致命的な思いあがり』春秋社・2009年〕：*FC*,〔訳〕.
（Michael Polanyi）
　The Logic of Liberty, 1951, Reprited 1998,1999, 長尾史郎訳『自由の論理』ハーベスト社・1988年：*LL*, 訳.
　Personal Knowledge, 1958（1962），長尾史郎訳『個人的知識』ハーベスト社・1985年：*PK*, 訳.
　The Tacit Dimension, 1966（1983），佐藤敬三訳・伊藤俊太郎＝序『暗黙知の次元』紀伊國屋書店・1980年：*TD*, 訳.

第8節 二つの自生的秩序

ねばなりません。M・ポラニーが,前者のような人為的秩序を「組織的(意図的)秩序(corporate order)」と呼び[2],それと「対立する原理に基づく,もう一つの別のタイプの秩序」として提示した「自生的秩序(spontaneous order)」が,それであります(「自発的」とか,「自然発生的」と訳されることもある)。水差しの水の例を挙げて,いわく。

《水差しの中の水は,下に落ち着き,容器の空隙を完全に均等密度で満たし,自由表面をなす平面の高さまで盛り上がるが,これは,もしも重力と凝集の過程——これらがその原因である——が一瞬でも作動を拒否したら,人間の手では全く再現できないような完全な配列である。(中略・改行)この第二のタイプの秩序においては,個々の分子(particles)に特に制約が課されているわけではない。容器の抵抗や重力といった外部からの力が完全に無差別的に効果を及ぼすだけである。かくて分子は,相互の間で働いている内部の力に従うのであり,そして,結果として生じる秩序は,すべての内部的および外部的な力の間の均

---

2 ポラニーは,「組織的(意図的)秩序(corporate order)」について次のように述べている。それは——,
「人々の集団のフルタイムの活動を長期間にわたって調整し,彼らの複雑で伸縮的な課題に向かわせ,頻繁に各自の演じる役割の再指定を要求するような特定の指令の形式に注意を集中する」場合に,「問題の人々を上司の権威の下に置き,この上司が継続的に彼らの協同活動を再指令する責任をもつ」ような,「一人の主任責任者の権威に服する」組織である(LL, 112. 訳142-3頁)。ポラニーによれば,任意の上司の命令に直接に服する部下の数は,彼の制御範囲を超えることはできないから,3~5人を超えないだろうとする。というのは,調整を要する部下間の関係の和は,部下の数が増えるにつれて急激に上昇し,人の心の制御の能力を超えてしまうからである。かくて,主任が直接に命令を出せる部下は3~5人以上ではないから,それより大きな集団を相互調整するには,順位下位の管理者の層に権限委譲する方法によらなくてはならず,かかる層は各段階毎に裾野を広げ最下位のレベル達することになり,かようにして権威的な階層秩序が組織化されることになる(LL, 112-3. 訳143頁)。そして,このようなコーポレーション的秩序においては,その「規模が増大しても,それが究極的には支配する〔基底の〕の人員での調整可能な一人あたりの関係の数は,実際上影響を受けない」ことを,数式を用いて論証するのである(LL, 116ff. 訳147頁以下参照)。
また,次のようにもいう。
「事物ないし人々の良く秩序立った配列を見るたびに,我々は,本能的に,誰かが意図的にそれらをそのように置いたものだと想定する。手入れの行き届いた庭園は庭師が設計したものであろうし,正常に作動する機械は誰かが建造したものであろうし,パレードしている一団は良く訓練された指揮者の下に置かれているに違いない。これらは,秩序が発現する明白な仕方である。秩序を構築するそうした仕方は,事物や人々が勝手に留まったり動き回ったりする自由を制限し,各々に対して,予め作成された計画の中での位置を指定することにある」(p.154-5. 訳196頁)。かかるタイプの秩序は,いうまでもなく,「組織的(意図的)秩序(corporate order)」である。本文の「もう一つの別のタイプの秩序」の引用は,この一文に続くものである。

第 3 章　21 世紀の議会制像

衡を現わす。》(*LL*, p.155. 訳 196 頁。傍点筆者)。

　さらに，水に含まれる物質の結晶の例をあげて，いわく。

　　《半ダースもの異なった物質の分子が一緒にコップの中で熱湯に溶かれていたものが冷やされると，数分間で沈殿し，各物質がそれぞれ別に独自の結晶を形成する。各々の何百万という分子は，他と分離されて綺麗に別々の規則的な空間的堆積の中に積み上げられる。この達成の規模を評価するには，次のことを考えてみればよい。すなわち，それは，全地球を被うおはじきの層があったとして，それを色毎に選り分けて，細心に規則的に配列するようなものである。そうした課題は，全人類が取り掛かって何年もかかるであろう。だが，それと似た課題が数秒で，分子間に働く内部の力よって自生的に達成される。
　　そうした分子内部の力に対して人間の力で肩代わりしてやろうとする試みが全く不適当であるのは，明白である。もしも分子が個々に積み上げられて適当な位置に置かれるのを待っていなければならないとすると，それらの分子を秩序づける責任を負った当局は，事実上，単にそれらが無際限に無秩序状態にあるよう余儀なくされるであろう。このことは，非常に多数のものを細心に配列しなければならない場合，その達成は，別々の単位に特別に予定された位置を指定することよってではなく，ただ諸単位の自生的な相互調整によってのみなされうるということを示唆しているように思われる。》(*LL*, p.155-6. 訳 197 頁。傍点筆者)。

　ここに自生的秩序の特質が明確に示されていると思われますが，「植物や動物の成長」も，そのような自生的秩序の事例，しかも「極度にデリケートで複雑」なものである。しかし，重要なことは，このような自生的秩序が，自然界に見られるだけでなく，社会においても存在するということである。M・ポラニーによると，「人間に自分のイニシャティブで——ただし，彼ら全部に一般的に適用される法にのみ服すること〔を条件〕にして——互いに相互作用することを許すことによって秩序が達成されるとき，われわれは，社会において自生的秩序のシステムをもつ」(*LL*, p.159. 訳 201 頁)。そして，その「最も巨大な事例——『見えざる手』によって打ち立てられた秩序の原型」は，「市場システム（Marketing Systems）」すなわち「競争する個人の集合体に基づく経済生活のシステム」である (*LL*, p.160. 訳 202 頁)。

　今ここで，M・ポラニーの論述に即して，「組織的（意図的）秩序（corporate order）」と「自生的秩序（spontaneous order）」の概念を提示しましたが，それというのも，それらを厳密に定式化した功績は，おそらくは誰よりもM・ポラ

第8節　二つの自生的秩序

ニーに帰せられるべきものと考えられるからであります。現にハイエクを初め，多くの論者に重大な影響を及ぼしているからであります。因みに，M・ポラニーは，1891年ハンガリーでユダヤ系の家系に生まれ，『大転換（*The Great Transformation——The Political and Economic Origins of Our Time*）』（吉沢英成他訳・東洋経済新報社・1975年）で著名なKarl Polanyiの実弟で，彼自身は，医学を修めて第一次大戦に軍医として従軍する傍ら，物理・化学の研究を続け，後にドイツの研究所で，そして1933年にはヒットラー政権に反抗してイギリスに移りマンチェスター大学で物理・化学の分野において高い業績をあげ，ノーベル賞候補と目された第一級の科学者です。のみならず，1935年当時ソ連における科学の自由・自律性を否定する立場に強いショックを受けて，科学論をはじめ社会哲学の分野にも関心を向け，ついに戦後1948年（57歳）に，大学のポストにおいても社会哲学の分野に転じ，「暗黙知（tacit knowing）」の理論として有名な知識論・存在論を展開した稀有の才能をもつ科学者・哲学者であります3。

3　慶伊富長「科学者としてのマイケル・ポランニー」『現代思想』1986年3月号・87頁以下参照。ポラニーは，1949年にマンチェスター大学で物理化学から社会思想の職に転向したが，「ノーベル賞を射程のうちにしながら何でまた隠遁生活に入ってしまったか——これが私の感想だった。近代化学反応論のポランニーとアイリングが共同でノーベル賞をもらうだろうと我々は評しあっていたからである」（86頁）。また，次のようにいう。「1986年の今日，……いまにして見れば，ポランニーにとっての転向は，栄達の門を後にした栄光への旅立ちであったのであろう。『物理学賞でも化学賞でもノーベル賞は楽にもらえるから推薦をしよう』と言われ『それよりも，講義義務のない社会学教授のポストが欲しい』とポランニーが言ってそうなった，という噂を聞いたとき，割の合わない取引きだと思った。しかし，現在，私はポランニーにとって当然の取引きだったのだと思う」（87頁）。また別のところでは，同氏は，「サイエンティストが哲学者に転向したんじゃなくて，哲学者だったんだけれど，サイエンスをやったんだと思う。55歳にもなればもうオリジナルな仕事，それに実験もできねえし，そっちへ移っちゃうのは必然だね，そんな感じがします」（『Michael Polanyi』Havester21号（1968.8）・青玄社・88頁）とも語っている。

ポラニー自身，自らの転向を『暗黙知の次元』の冒頭で，次のように語っている。本稿の内容とも密接に関係する極めて重要なことが述べられていると思われるので，厭わず引用しておきたい。

「私は科学者であった。そして科学者として過ごした過去について思案したあげく，哲学へと向かった。このことをご存知の方もおられるだろう。さて，なぜ私がこのように進路を変更したのかをお話ししたいと思う。というのは，そうすることによって，この講義が全体としてどのような課題にとりくもうとしているかも明らかになるからである。

私がはじめて哲学の問題に直面したのは，スターリンの下でのソヴィエトのイデオロギーでは，科学の探求の正当性が認められていないということに，私が疑問を抱いたときのことであった。私は1935年にモスクワでブハーリンと交した会話を憶えている。

247

第3章　21世紀の議会制像

　さて，話をもとにもどしますと，近代市民革命により，個人は国家以前に天賦の自然権，生命・自由・財産への権利をもつとされ，かかる権利は，近代憲法によって，国家権力によっても侵しえないものとして保障されるに至りました。各個人は，法的に互いに自由で平等な権利主体として，土地や身分に縛られることなく，他者の権利や自由を侵害しない限り，自ら幸福と思うところを自ら決定し，自己の知識と能力を用いてそれを追求することができ，そのような幸福追求の可能性にこそ「個人の尊厳」があるとされたのでした。それによって，資本主義的経済体制が可能となるとともに発展し，近代市民社会が出現しました。

　近代市民社会は，何十万，何百万という自由な個人（私的団体も含む）を主体として，経済市場における「価格」をシグナルとして相互に自己調整することによって成り立つ社会です。A・スミスがこのような自己相互調整システムを「見えざる手」として表現したことは余りに有名ですが，これこそ，まさに，ポラニーのいうように，「自生的秩序」の巨大な事例といえましょう。彼によりますと，「自生的秩序」は，その多数の構成主体がすべて一定の普遍的なルールに従うことを条件として，各主体に自発的な行動の自由を認め，その相互の自己調整によって成り立つ「多中心的秩序（polycentric order）」(LL, p.171. 訳215頁) です。それは，「組織的（意図的）秩序」が，ある具体的な目的達成のために，その構成主体に積極的行為を指令し，自由を制限・否定するところの，最高指揮者を頂点とする階層的な「一極中心的」な人為的秩序であるのと対比すれば，それとは全く異なった，否，対立する原理に基づくことが知られます。

　1974年にノーベル賞を受賞した経済学者・社会哲学者ハイエクの理論に即

　　当時彼は，三年後の彼を待ち受けていた失脚，追放への道を歩みかけていたとはいえ，依然として共産党の指導的な理論家の一人であった。私がソヴィエト・ロシアにおける純粋科学の探求について彼にたずねたとき，彼は純粋科学は階級社会の病状の一つである，と語った。それ自身のために探求される科学，という観念は社会主義の下では消滅するであろう，なぜなら，科学者の関心は，進行中の五カ年計画の問題におのずと向けられるであろうから，と彼は語った。
　　独立した科学的思考活動の存在そのものに対するこのような否定が，こともあろうに，科学の誠実さにうったえることによって巨大な説得力を得ようとしている社会主義理論から生み出された，という事実に私は衝撃を受けた。科学的見地が，科学それ自体にはいかなる場所もあたえないような機械論的な人間観，歴史観を生みだしたように思われた。それは思考活動にいかなる固有の力を認めようとはせず，また，思考のための自由を求める主張に如何なる根拠も認めようとはしなかった」(TD, p.3-4 訳13-4頁)。この衝撃が，暗黙知の理論探求の発端となっているのである。

第8節 二つの自生的秩序

していいますと，最初に述べましたように，それは，人間の意思や行為から独立して存在しているという意味で「自然的（natural, physei）」な現象ではないが，そうかといって人間が意図して計画的に創出したという意味で「作為的（artificial, thesei）」な現象でもなく，いわばその中間にあって，人間の行為の結果として生成した第三の範疇としての「自生的秩序」，コスモス（cosmos）である（LLL I, p.20ff. 訳 30 頁以下，p.35ff. 訳 48 頁，LLL III, p.155f. 訳 216 頁以下; NS, p.253. 訳 107 頁; FC, p.143f.〔訳 212 頁以下〕）。そして，その成立・維持・発展を支える基本条件が，一般的・抽象的・平等普遍的なルール，ハイエク的にいえば，ノモス（nomos）である。それもまた歴史的に成長した「承認された正しい（正義に適った）行動のルール」であって，個人に具体的な行動を積極的に命じるのではなく，万人に対して何をしてはならないかを消極的に命じる一般的・抽象的・普遍平等的なルールである（LLL I, p.94ff. 訳 123 頁以下，LLL III, p.109ff. 訳 153 頁以下）。ハイエクは，「人間はルールに従う動物である」（LLL I, p.11. 訳 19 頁）といいますが，このようなノモスに従うことを条件として，その行為の結果として成長してきたのが，「自生的秩序」であります。ハイエクは，ポラニーのいう「組織的秩序（corporate order）」を設計主義的な「組織（organisation）」すなわち「タクシス（taxis）」と呼び（LLL I, p.35ff. 訳 48 頁以下），そこで支配する人為的な組織のルールを，「テシス（thesis）」と呼びますが（LLL I, p.124ff. 訳 159 頁以下），ここにも，自生的秩序としてのコスモスとノモスとの根本的な対立が鮮やかに描かれているといえましょう[4]。ハイエクがこのようにギリシャ語を用いて区別するのは，今日では用語が混乱し，それらを的確に示しえないことを理由とするものですが，両者の原理的相違を図表化すれば，次のようになるかと思います[5]。

---

[4] ハイエクは，このような自生的秩序の観点から，あるべき「憲法モデル」を構想し，その基本原理をかなり詳細に論じている。それは，極めてユニークなものであるが，しかし，現代の憲法に対する根源的批判をも含むもので，極めて重要な意味をもつ。特に，二つの議会構想が重要であるが，それについては，拙稿「もう一つの議会像――ハイエクの『一つの憲法モデル』をめぐって――」『比較憲法学研究』15 号（平成 15 年）21 頁〔前出 215 頁〕以下参照。

[5] 報告の際，レジュメを配布したが，図 1 は，そこに記載したものである（後の図 2 も同じ）。なお，本稿は，ハイエクの思想ならびにハイエクとポラニーの思想の関係に関する研究として，渡辺幹雄『ハイエクと現代自由主義――「反合理主義的自由主義」の諸相』（春秋社・1996 年）〔『ハイエクと現代リベラリズム――「アンチ合理主義リベラリズム」の諸相』（春秋社・2006 年）〕を多く参照させていただいた。ここに一括して，そのことを明記しておきたいと思う。

第3章　21世紀の議会制像

図1　「組織的秩序」と「自生的秩序」の区別

（秩序の種類）	「組織的秩序」	「自生的秩序」
（秩序構成原理）	指令 （自由の制限）	自由な相互調整 （自由の承認）
（性格）	一極中心的な設計秩序	多中心的な自然発生的秩序
（名称）	タクシス（taxis）	コスモス（cosmos）
（支えるルール）	テシス（thesis）	ノモス（nomos）
（原理の相互関係）	相互対立的・排他的	

　近代市民社会は、それ以前の村落的ないし部族的な共同体の如く、個人相互の間の血縁や地縁関係等による親密な共同体意識や感情に基づく秩序ではない。それは、知りもしない多数の自由な主体の間で、相互の分業と交換における自己調整によって成り立つ社会、この意味で、アダム・スミスのいう「大社会（Great Society）」[6]であり、ポパー流にいえば「開かれた社会（Open Society）」[7]であります。それは、その内に、無数の「組織」を含み、政府（国家）という特殊な最大の組織をも包括する、固有の意味における「社会」といえましょう。ハイエクは、それを、「包括的な自生的秩序」、「自生的全体秩序」と位置づけ、そこにはまた、「無数の別の自生的下位社会あるいは部分社会」が包摂されていることを示唆しています（LLL I, p.46-7. 訳62-3頁）。

　かかる見地から、政府の役割をみるとどうなるか。まず第一は、かかる「大社会」を支える大黒柱たる一般的・抽象的・普遍平等的な法（ノモス）を施行（enforce）し、維持・調整することであります。「司法」と固有の意味の立法、すなわち「ノモスの調整としての立法」が、それにあたります。そして、第二に、自生的な市場経済秩序によっては作り出せない特定の財やサービス、すなわち国防や警察、港湾・道路等の「公共財」を市民に提供すること、第三に、病気や身体障害あるいは失業により市場経済秩序においてプレイヤーとして活動し得ない人や老齢によりリタイヤーした人達たちのために人間たるに値する「最低限度」の生活を保障することであるといえるでしょう。「行政」とその根拠たる「テシスの定立としの立法」が、それであります。そのうち第二は、自由国家的なそれ、第三は、社会国家的なそれといってもいいでしょう。

6　アダム・スミス著・水田洋訳『道徳感情論（下）』（岩波書店・2003年（原著1759年））144頁。それについて、ハイエク・LLL I, p.2・9・35. 訳9頁・22頁・48頁参照。
7　カール・R・ポパー著・内田詔夫＝小笠原誠訳『開かれた社会とその敵　第一部』（未来社・1980年（原著1950年））172頁以下。ハイエク・LLL I, p.2. 訳9頁参照。

第8節　二つの自生的秩序

　したがって，近代憲法の基本原理たる「法の支配」にいう「法」とは，このような「大社会」における一般的・抽象的・普遍平等的な法（ノモス）を意味し，その「法の支配」とは，かかる一般的・抽象的・普遍平等的な法によって「政府」（国家）の権力を縛ること，すなわち，政治権力の濫用から個人の自由を確保するために，一般的・抽象的・普遍平等的な法の施行以外に原則として政府が強制力を使用することを禁止すること，そして政府の第二および第三の任務遂行をも厳格にノモスの統制下におくことを意味します。したがって，このような一般的・抽象的・普遍平等的な法＝ノモスとは，まさに「自由の法」を意味します。それ故，自由は「放縦」とは異なり，ノモスにおける自由，ノモスを基本条件とする自由であります。この意味で，自由主義は，いわゆる「自由放任（レッセ・フェール）」ではありません。どこまでも厳格にノモスの支配のもとに立つものだからです。

　いうまでもなく，ここに「個人の自由」とは，恣意的な強制からの自由，殊に国家の恣意的強制からの自由，この意味で消極的自由であります。それ故，社会国家原理に基づく政府の第三の任務もまた，「法（ノモス）の支配」のもとに立ち，自由国家原理と両立する限りにおいてのみ認められるべきことになります。その両立を担保する規準が，日本国憲法に即していえば，「健康で文化的な最低限度」（憲法25条1項参照）という規準ですが，それを超えて行われる場合は，必然的に恣意的なものにならざるをえない。なぜなら，それを超える場合には，もはや何らの客観的規準もなく，ノモスに反して普遍化不可能であり，恣意的規準の下に，ある特定の人のみに利益を付与することにならざるをえないからであります。今日，それは，福祉国家や社会的正義という美名に隠れて広く行なわれがちな現象ですが，かかる基準なき国家的配慮は，一方では選挙をして特殊利益の供与と投票との一大取引所に変質せしめる「取引民主主義（bargaining democracy）」（*LLL* Ⅲ, p.99. 訳139頁）を，延いては「全体主義的民主主義（totalitarian democracy）」（*LLL* Ⅲ, p.4. 訳14頁）もたらす危険を内蔵するとともに，他方では，社会保障制度全体を国家の恣意的な権力体系へと変貌せしめ，延いては，それに精通する官僚の技術的裁量に委ねる巨大な「官僚扶養国家」[8]を生み出すことになりましょう。

　8　この観念は，ヘッセの憲法理論における「Versorgungsstaat」概念の示唆による。Vgl. Konrad Hesse, *Grundzüge des Verfassungsrechts der Bundesrepublik Deutschland*, 20., Aufl., 1999, S. 95. 初宿正典・赤坂幸一訳『ドイツ憲法の基本的特質』（成文堂・2006年）138頁参照。

第3章 21世紀の議会制像

　このような見地から，政府・国家をみるとき，その役割はいかに重大であれ，また今日，その役割が飛躍的に増大しているとはいえ，構造的には，どこまでも計画的人為的な組織として，「大社会」という自生的秩序，コスモスの上に成り立つ表層，薄い皮膜にすぎない，といわなくてはなりません。それを創出する人間の「理性」そのものが，自生的秩序の所産であって，その逆ではないからであります（LLL Ⅲ, p.160ff. 訳221頁以下）。

　にもかかわらず，今日もなお，「秩序」といえば，通例，人間の理性によって計画的に構築された人為的な「組織」，「組織的（意図的）秩序（corporate order）」のみが念頭に置かれ，それと全く別の「自生的秩序」が存することが自覚されることが殆どない。よし自覚されることがあっても，それは，たかだか偶然のもの，非理性的で不合理なもの，理性によって計画的に創られたものよりも一段劣ったもの，したがって，理性による計画化によって改造され，合理化されるべきもの，やがては，克服され排除されるべきものと考えられがちであります。

　ハイエクによれば，それは，古来より，哲学が「自然」と「作為」の二元論に立ち，その中間にある「第三の範疇」が意識されなかったからである。それを明確な形で発見したのは，歴史的には比較的新しく，ヒューム，A・スミスに代表されるスコットランド啓蒙思想であるが，しかるに，今日もなお，社会哲学においても二元論が支配し，第三の範疇，「自生的秩序」の根源的意義が十分に理解されていない。

　しかるに，第三の範疇，「自生的秩序」の根源的意義を正面から認める三分説に立てば，「経済」の地位は，逆転いたします。というのは，経済の概念は，「家政」を原意とする人間の意図的・計画的な経済活動たる「オイコス」という概念と，「自生的秩序」たる市場としての「カタラクシー（catallaxy）」という概念に分解され（LLL Ⅱ, p.197ff. 訳150頁以下），そして，後者を中心として広がる大社会（「包括的自生的秩序ないし自生的全体秩序」）というコスモスのなかに，アリストテレス以来の二分論の哲学において人為の最上級におかれていた公的な「ポリス」もまた，私的な「オイコス」とともに，いわば表層的な「組織的秩序」として包摂されることになるからである（LLL Ⅰ, p.46-8. 訳62-4頁）。図表化すれば，次のようになりましょう（図2参照）。

第8節　二つの自生的秩序

図2　哲学的発想方法

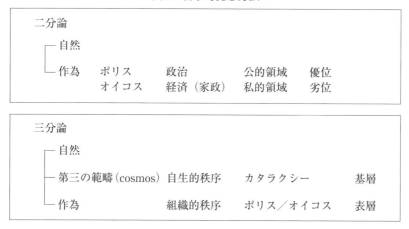

三　二つの自生的秩序——市場システムと知的秩序のシステム——

1　精神界における自生的秩序——知的秩序のシステム——

　以上，われわれは，社会の「秩序」には，「組織的（意図的）秩序（corporate order）」と「自生的秩序（spontaneous order）」という全く原理を異にする，否，相対立する原理に基づく秩序の存すること，後者の代表例が「市場秩序」であること，それがコスモスとして「大社会」全体の基層をなし，政府といえども，構造的には前者として，その表層に浮かぶ薄い皮膜にすぎないのではないか，ということをお話いたしました。

　そこでは，自生的秩序として，経済市場秩序が中心に置かれておりますが，はたしてそれだけであろうか。別の領域に，もう一つの巨大な自生的秩序が存在するのではないか。経済市場が，人間の生物学的存在，物質的要求に根ざす活動領域だとすれば，人間の人格的存在，精神的必要に根ざす活動領域も，その根源において自生的秩序により成り立つのではないか。この両者があいまって，人間社会全体のコスモスが形成されているのではないか。これが，私の憲法学の基本的な思想，いわば仮説でありますが[9]，本日お話したいポイントも，

---

[9]　このような基本思想・仮説に至ったのは，ケルゼンとハイエクの論争に関する検討を契機とするものであるが，それについては，前掲（注4）頁30頁〔前出225頁〕，拙稿「ケルゼンの権利論・基本権論（四）」『関東学園大学法学紀要』22号（2001年）112-3頁，「ケルゼンの基本権論（三・完）『金沢法学』巻47巻2号（2005年）127頁〔拙著『ケルゼンの権利論・基本権論』慈学社・2009年・232-3頁・454-5頁〕以下，拙著プリン

第3章　21世紀の議会制像

まさにここにあります。

　先にポラニーが，市場システムを「自生的秩序」の「最も巨大な事例」「原型」としていることについて言及いたしましたが，彼は，市場システムにとどまらず，さらに，「知的秩序のシステム（Systems of Intellectual Order）」もまた自生的秩序の性格をもつとしております（LL, p.162f. 訳204頁以下）。ここに彼の自生的秩序論の大きな特質がありますが，そこで特に論じられているのは，二つの「知的秩序のシステム」です。一つは，（司法権の独立のもとで）裁判官が，一方では膨大な法令や先例を参照し，他方では世論の動向を勘案し，それらとの相互調整を図りつつ具体的事件を解決しようとする判決の作成と，そのような判決の集積よりなる判例法の形成という「司法システム」であります。いま一つは，学問の自由の保障のもとに研究者たちが相互の知識を自主的・自律的に相互調整することによって真理を探求し発見する「科学」のシステム，「探求者たちの社会」（TD, p.53 訳85頁）であります。しかし，自生的秩序としての「知的秩序のシステム」は，これらに限定されるわけではない。それは，さらに，人間の思想の全体，あらゆる文化領域全体に広がります。それをポラニーは，次のように論じます。

　　《法と科学は，社会における多くの知的領域のうちの二つにすぎない。精神の他の活動は，どれも法的および科学的思考のような精密なシステムを形成しないが，それでもすべて，個々の貢献者の相互に調整された努力によって栄えるという点では同様である。かくて，話し言葉と書き言葉は，それを通じて相互にコミュニケーションする個々人によって発展する。文学や絵画的・音声的ないろいろな芸術，医学・農業・工業・種々の技術的サービスを含めた工芸，宗教的・社会的・政治的思想の全体系，これらすべては，そしてまたその他の多くの人間文化の領域も，先に科学と法について述べたのと同じような自生的秩序の方法によって育成される。これらの領域の各々は，すべての人がアクセス可能な共通の遺産を表すが，これに対して各世代の創造的個人は革新を提案することによって応答し，そして，もしこの革新が受容されるならば，それは共通の遺産に同化され，来るべき諸世代のための案内として受け継がれるのである。》（LL, p.165. 訳208頁。傍点筆者）。

　そこで論じられている「司法システム」は，司法権の理解として極めて重要な意義をもつと考えますが，それは統治機構の特殊な一部門のとしての司法権

───────
ト『憲法訴訟 I（前論）司法権と裁判所）』（金沢大学生協書籍部・2005年）11頁（注19）〔拙著『憲法訴訟論（第2版）』信山社・2010年・14-15頁（注19）〕参照。

第8節 二つの自生的秩序

の理解の問題でありますから，とりあえずここではそれを別にしたいと思います。が，いずれにせよ，私がここで注目したいのは，人間の物質的領域だけでなく，精神的領域もまた，「知的秩序のシステム」として自生的秩序としての性格をもつことが論じられていることであります。人間の思想の全体，あらゆる文化領域全体がすべて，「科学」の領域のように，「精密なシステム」をなすものではない。しかし，かかる文化の諸領域もまた，「自生的秩序の方法」によって育成され，その意味で，いわば知的自生的秩序としての性格をもつというのです。

そうだといたしますと，人間の生物学的存在・物質的領域のみならず，人間の人格的存在・精神的領域もまた，その根源において自生的秩序より成り立ち，この両者があいまって，人間社会全体のコスモスを形成しているということになりましょう。

このような見地から現代社会を私なりにイメージすれば，次のようになるかと思います。すなわち，現代では，何百万・何千万，さらには何億もの個人を主体（私的団体も含む）とする「多中心的」な，相互の自己調整によって自生的な秩序が形成される。それは，人間の生物学的存在，物質的領域において，経済的自由の保障（財産権の保障，居住・移転および職業選択の自由）のうえに成り立つ財とサービスの経済市場秩序である。しかし，それだけでない。思想・良心の自由とそれを基礎とする表現の自由が保障されることによって，知識・情報の自由な流通において知的自生的秩序がもたらされ，それは文化の各領域に広がる。文明の発展にとって特に重要なのは科学であるが，そこでは学問の自由の保障により研究者たちの間で知的な情報の相互の自己調整によって自生的な「知的秩序のシステム」が形成される。かようにして，人格的存在，精神的領域もまた，知的な自生的秩序のシステムによって成り立つのである。そして，これらによって，各人は，物質的・精神的の両面において，限られた自己の知識の限界を超えて，見も知らずの無数の他者の知識を利用することができ，大きな成果をうることが可能となる。「自由な法」は，かかる可能性を支え，物質的・精神的の両面においてそれを最大限保障するものである。

そこで，もしそのようなことが成り立つといたしますと，次に問題となるのは，このような二つの自生的秩序が，それぞれ，どのような特質をもち，また，いかなる関係にあるかということであります。そこで，以下この点について少しく考察したいと思います。

2　二つの自生的秩序の相違と特質

「市場システム」という物質面における自生的秩序と「知的秩序のシステム」という精神面における自生的秩序は，それぞれどのような特質を有するか。それらは，ともに自生的秩序として，その形成原理を同じくすることはいうまでもないが，しかし，両者は，その基盤とする生活世界の違い（物資的世界／精神的世界）に応じて，自生的秩序形成の方法，すなわち，多数の個人の相互調整の態様と相互調整ないし流通の対象が異なるように思われる。以下，少しく検討しよう。

(1) 相互調整の態様 (modes) の相違

自生的秩序は，一定の普遍的ルールを与件としつつ自由に行動する「多中心的」な主体間の相互調整によって生成するが，その調整の態様は，ポラニーによれば，三種ある。「競争（competition）」「協議（consultation）」「説得（persuasion）」が，それであります。自由市場経済秩序が「競争」的調整によることは，よく知られておりますが，「知的秩序のシステム」の場合には，必ずしもそうではない。ポラニーによれば，そこではまず，「協議」的調整が働く。科学を例にして，いわく。

　　《発見を追求するどの科学者も，その時点までの科学の成果および他の全科学者の意見と対決しなければならない。それらは，教科書や，もっと最近の業績については経常的な刊行物ないし公的討論に要約されている。科学者は，自らの問題設定において，その問題の追求と結論への到達の仕方において，承認された科学的方法に，適当と思われる個人的な変形を加えつつ，従う。》(LL, p.163. 訳 205 頁)。

　この論述よりすれば，「協議」的調整とは，科学者が，自らの問題設定やその追求・結論への到達の方法を決定するにあたって，これまでの科学の全業績や全科学者の見解と対決するなかで，権威ある承認された科学的方法（科学の伝統）に服しながらも，主体的な工夫を加え，それらと調整をはかることを意味するであろう。「科学者は，問題と格闘しつつ，以前に確立された膨大な知識を前提として受け入れ，科学の諸規準の案内に服する一方，現代の科学の世論をも考慮にいれるが，そのときの仕方において科学者は，判例と成文法を参照し，それを現在の思潮に照らして解釈する裁判官に似ている」。このような「最初の調整方法は，裁判官にも科学者にも共通で，それは協議の過程である。

第8節 二つの自生的秩序

法や科学の調和的な成長は，法や科学の動態的システムがそれによって維持される協議的行為に由来する」(*LL*, p.164. 訳206-7頁。傍点筆者)。

しかし，それだけでない。科学者が自らの研究結果に確信がもてるようになると，他の科学者に受容を要求して，逸早く発表しようとする。この行動様式は，ビジネスマンに近い。

《ビジネスマンの間の相互の調整は，主として個別の利益追求によって導かれるが，いま見たように，同じことは修正した形で，科学の作業のある重要な側面にも妥当する。この両者に見られるのは競争的調整で，それは，それが作動するときはいつでも，生産を最大化し，費用を極小化する傾向がある。「協議」が科学の体系的成長を保証するのに対して，科学生活に働く競争的な力は，発見の追求に使われる知的能力および物的資源の両者の最も経済的な利用をもたらす傾向がある。》(*LL*, p.164. 訳207頁。傍点筆者)。

科学者の真理を追究する営為には，さらに，もう一つの調整方法が付け加わる。「説得」的相互調整がそれである。

《科学的主張が確証されたものとして科学に受け入れられる前に公開討論の篩に掛けられる。この公開討論も相互調整の過程であるが，しかし，協議的でも競争的でもない。このタイプの調整の例を挙げれば，二人の対立する法律顧問（弁護士）が陪審員を説得して自分の側に付けようとしている場合がこれにあたる。そうした種類の討論がもっと大きい集団で行われるときには，各参加者は，前に出された議論に照らして自分の議論を調整し，かくして，一件に関する異なった相互に排他的な側面がすべて相互に顕示され，公衆は遂には一つ（ないし幾つか）を受容し，他を拒絶するよう説得されるようになる。この結果が得られる論争に参加する人々は，自生的秩序のシステムの中で協同しているといってもよいであろう。このタイプの相互調整は競争に似ているが，それは，いろいろな個人が相互に排他的な利益を得ようとする競争の演じる役割という点においてである。しかし，真剣かつ公正な論争においては，参加者は，何よりもまず真理を提示し，それに依拠して誤りの克服を狙っている。それ故，真剣かつ公正な論争に含まれる相互調整は，説得に基づく自生的秩序のシステムとして，他と別個に分類されるべきものだと私は示唆したい。かくて，科学活動の相互調整は，三つの相互作用の方法のすべてを含むことが知られる。すなわち，第一に協議であり，第二に重要なのは競争であり，そして第三は説得である。》(*LL*, p. 165. 訳207-8頁。傍点筆者)。

以上の科学活動の相互調整の三種のあり方は，学問研究の世界に身を置いた

ものなら，直ちに了解されるであろうが，いま憲法学の立場からみれば，どのように捉えられうるであろうか。

憲法学上一般に，「学問の自由」は，内面的精神活動としての「学問研究の自由」および外面的精神活動として「研究成果発表の自由」を，さらには，「教授の自由」も含むもの解されている。このような見地からみれば，右のポラニーのいう①「協議」的調整は，内面的精神活動としての「学問研究の自由」のレベルで，また研究が「科学の伝統」に服する以上，それをおよそ可能にする「教授の自由」のレベルで妥当し，②「競争」的調整は，外面的精神活動としての「研究成果発表の自由」のまさに発表段階のレベルで，そして③「説得」的調整は，同じく「研究成果発表の自由」における受容の段階のレベルで，妥当するとみることができるであろう。いずれにせよ，科学の「探求者たちの社会」が，このような三つの方法による相互調整による知的な自生的秩序とされていることは，まことに興味深い[10]。のみならず，重要な帰結を示唆している。

ここで重要な帰結というのは，「学問の自由」が，基本権として単に個人に学問の自由という主観的権利を保障しているだけでなく，自由な社会秩序形成の客観的な構成原理としての意味をも有するということである。それは，知的な自生的秩序形成の基本的条件となっているのである。しかも，それは，ポラニーによれば，単に「科学」の領域にのみ限定されるわけではない。芸術，工芸をはじめ思想の全体系，ひろく文化の諸領域全般に及ぶのである。このようにみれば，憲法上，単に「学問の自由」だけでなく，「信教の自由」，そしてそれらの一般規定たる「思想・良心の自由」，さらにはそれらの外部への表出にかかる「表現の自由」「集会・結社の自由」，まとめていえば，精神活動の自由に関する全規定は，単に基本権として個人に精神活動の自由を保障するだけでなく，自由な社会秩序そのものの構成原理としての意義ないし価値をもつということになりましょう。知的な自生的秩序形成の客観的原理としての意義であります。ポラニーが，自由を「私的自由」と「公的自由」に区別し，自生的秩序形成の条件となるもののみを「公的自由」としているのは（*LL*, p.157f. 訳 199 頁以下，p.192ff. 訳 238 頁以下），このようなことをも示唆しているように思えます。

10　ポラニーの自由論は，先に（注3）で述べた理由から，科学・学問の自由に関する問題を発端とし，かつ中心として展開されている。とりわけ，自生的秩序の観点よりする学問の自由の基礎についての一連の考察，殊に「学問の自由の基礎」「科学の自治」「科学と福祉」（*LL*, p. 32ff. 訳 41 頁以下）は，極めてユニークなもので，憲法学の見地からも，新たな問題点の指摘を含むものとして，極めて重要な意義をもつものと思われる。

第8節　二つの自生的秩序

　われわれは以上，人間の人格的存在，精神的必要に根ざす活動領域もまた，その根源において自生的秩序により成り立つのではないか，ということをポラニーの見解に即して考察してきましたが，この点についてハイエクの見解はどうであろうか。

　ハイエクが，市場秩序を中心に成り立つ「大社会」，社会全体を，「包括的な自生的秩序」「自生的全体秩序」と呼んでいることは先に言及しましたが，そこに示唆されているように，かかる全体秩序は，ポラニーのいう「知的秩序のシステム」を含むことは疑いない。しかし，それが何であるかについては，ハイエクの立場は必ず明確ではありません。彼は，人間の無知から出発し，それによって自由を基礎づけようとします（CL, p.29ff. 訳Ⅰ・47頁以下，LLL I, p.11ff. 訳20頁以下）。人間は無知である。神のように全知・全能ではない。身近な限られた知識しか持たない存在である。かかる限られた無知の存在である人間が集まって社会をなすとき，社会は，いかにして文化を，そして文明を発展させることができるか。各人は，その限られた知識を万人と自由に交換し，相互に自己の目的に利用することによって，各人に分散された限られた知識を結集する他ない。かようにして，人間の行為の結果として，歴史の中で蓄積され発展してきたのが，伝統であり，文化であり，文明であった。

　その際，自由は，経済的活動の自由（財産権の保障，居住・移転の自由，職業選択の自由）に限定されているわけではない。信仰の自由，学問研究の自由，広く思想および良心の自由という内面的精神活動の自由やその外部への表出としての表現の自由，集会・結社の自由という外面的精神活動の自由も，当然に含められている。ハイエクは，後者をひろく「思想の自由（freedom of thought）」ないし「知的自由（intellectual liberty）」，前者をそれと区別して「行為の自由（freedom of action）」ないし「行為することの自由（liberty of doing）」と呼び，前者に劣らず，後者の重要性を強調するのである（CL, p.32ff. 訳Ⅰ・52頁以下）。そこには，〈自由は全体として一体不可分な統一的原理である〉という「自由の原理」が存するのはいうまでもないが（RS, p.10ff. 訳8頁以下，CL, p.68. 訳Ⅰ・101頁以下），私にとって特に興味深いのは，「自由主義」という論稿（1973年）の「知的自由と物質的自由（Intellectual and material freedom）」という項目において，自由主義の「中心的信念」を次のように論じている点であります。

　《すべての自由主義の公準の源泉といってよい中心的信念は，社会的諸問題のすぐれた解決が期待できるのは，誰かの所与の知識の応用にたよるのでなしに，

第3章　21世紀の議会制像

よりすぐれた知識の発生を期待できる個人間の意見交換を奨励し推し進める場合だ、ということである。真理の発見を、あるいは、少なくとも達成の可能な真理への最上の接近を、可能ならしめると思われるのは、さまざまな経験から引き出された異なる意見をもった人々の討論と相互批判である。個人の意見の自由が要求されるのは、まさに、各個人は間違いをしがちと考えられるからであり、最上の知識の発見は、自由な討論が保証するすべての信念の継続的検証からのみ期待できるからである。あるいは、違った言い方をすれば、真理に向かう前進的発展が期待されたのは、個人の理性の能力（それを真の自由主義者は信頼しなかった）からというよにも、むしろ個人間の討論と批判の過程の結果からであった。個人の理性の成長でさえ、個人の右の過程の一部である限りにのみ可能とみなされるのである。》(NS, p.148. 訳247-8頁)。

ここで述べられていることは、いわゆる「思想の自由市場（free market (place) of ideas)」[11]という概念によって論じられていることと趣旨を同じくすることは、多言を要しないでありましょう。違いがあるとすれば、右引用の末尾で示されているように、人間の理性に対する絶対視への警戒であろう。しかし、重要なのは、ここでは、実は、「討論と相互批判」「自由な討論が保証するすべての信念の継続的検証」「個人間の討論と批判の過程」とあるように、ポラニー流にいえば、「説得」的調整が念頭におかれているのである。にもかかわらず、ハイエクは、かかる相互調整のあり方をも、「競争」と呼ぶ。

《知的自由を擁護するすべての議論はまた、ものごとを行う自由、行為の自由を支持する議論にもあてはまる。知的成長を生み出す意見の相違をもたらす多

11　憲法学の領域では、「思想の自由市場」論とは、一般に、真理は思想の自由市場（言論の自由な交換と競争）から生まれるのであって、政府の権力によって決められるべきものではなく、言論がたとえ害悪を生み出すことがあるとしても、その是正は、権力による抑制によってではなく、原則として、モア・スピーチによるべきである、との命題を基本とする憲法理論と考えられている。それは、遠くミルトンの『アレオパジティカ』(1644年) に端を発し（「真理と虚偽を組み打ちさせよ。自由な公開の勝負で真理が負けたためしを誰が知るか。真理によっての論駁こそ、最善の最も確実な禁遏〔抑制〕である」上野精一他訳・岩波文庫65頁)、J・S・ミルの『自由論』(1859年) において体系的に展開され、20世紀になって、アメリカでは、「真理の最上のテストは、市場の（自由）競争においてみずからを認容させる思想の力である」とのホームズ裁判官の反対意見（Abrams v. United Ststes, 250 U.S. 616 (1919)) において有名となり、その後の判例の積み重ねのなかで、表現の自由論の基本的枠組みとなった理論である。今日、それについて、さまざまな論議がある（芦部信喜『憲法学Ⅲ人権各論(1)〔増補版〕』（有斐閣・2000年) 253頁、奥平康弘『表現の自由Ⅰ』（有斐閣・1983年) 4頁以下、同『なぜ「表現の自由」か』（東京大学出版会・1988年) 26頁以下、山口いつ子「デフォルトとしての『思想の自由市場』」『法律時報』74巻1号16頁以下等参照)。

第8節 二つの自生的秩序

種多様な経験は，今度は，異なる環境のもとで異なった人々が行う異なる行為の結果である。知的領域においても物質的領域と同じく，競争は人間の目的追求にとって最上の道の発見に導く最も効果的な発見方法である。ひじょうに多数の異なる行動様式を試みることのできるときにだけ，極めて多種多様な個人の経験，知識および技能が存在するのであって，その結果，最もうまく行ったものを継続的に選びとれば確実な進歩へと至るであろう。行為は，社会過程としての知識の発展が基礎をおいている，個人の知識の主要源泉であるから，行為の自由の要求は，意見の自由の要求と同じほど強力なのである。そして，分業と市場を基礎とする近代社会では，大部分の新しい形態の行為は，経済の分野で生ずる。》(*NS*, p.148-9. 訳249頁。傍点筆者)。

　ここでは，「知的自由」の発展原理と経済活動に関わる「行為の自由」の発展原理とが，いわば並行関係におかれ，両者の領域において，「競争」こそ，「人間の目的追求にとって最上の道の発見に導く最も効果的な発見方法」だとされる。しかしながら，同じ「競争」といっても，その意味が異なるのではないか。すなわち，知的自由の領域における「競争」とは，経済市場における「競争」とは異なり，ポラニー流にいえば，重点は「説得」にあり，「説得」的調整こそ，知的自由の発展原理であり，方法であるといえよう。先に見たように，ハイエク自身，知的自由の発展原理として，そのようなものを念頭においているのである。このようにみれば，「思想の自由市場」という用語は，「経済の自由市場」との類比を想起せしめる点において誤導的であり，この意味において，両者の調整原理を「競争」という同じ概念で括ることは，避けるべきであろう[12]。

　とまれ，ハイエクのこのような考え方を推し進めていけば，物質的領域に自

---

[12] ハイエクは，ここでは，「競争は人間の目的追求にとって最上の道の発見に導く最も効果的な発見方法である」として，「発見手続としての競争」の意義を強調している（なお，*LLL* III, p.67ff. 訳99頁以下参照）。しかし，もとよりそこには当初より，「競争はほとんどの状況で，われわれが知っている最も効率的な方法であるということだけではない。より重要なのは，競争こそ，政治権力の恣意的な介入や強制なしに諸個人の活動の相互調整が可能となる唯一の方法だからである。まったくのところ，競争擁護論の主要点は，競争こそ，意図的な社会統制を必要としない，ということである」（*RS*, p.26. 訳42頁）という，自生的秩序の構成原理として本来の意義がベースとなっているのはいうまでもない。要するに，ハイエクの「競争」の概念は，ポラニーの「競争」的調整の概念よりも広く，ポラニーのいう「協議」および「説得」的調整をも含むものなのである。「競争」の概念を，ハイエク的に広義に用いるのも可能であろうが，しかし，ポラニー的に，調整の一つの態様として，より限定された概念として用いるのも可能である。通例，「競争」という概念は，後者の意味で用いられるから，そのような用語で用いるポラニーの方が誤解がなくていいのではないか，これが本文で述べたことの意味である。

生的秩序が成り立つのと同様に，知的領域においても自生的秩序が成り立つことになろう。にも拘わらず，ハイエクが，市場秩序を基本に据えて自生的秩序論を展開しているのは，先に指摘したように，経済学から出発したという学問上の出自にも関係するであろう。「知的自由と物質的自由」という項目が，次の一文によって閉じられているのも，そのことをあらわしているように思われる。

《重要性では少ないといわれることの多い経済領域での行為の自由が，事実上，精神の自由と同じほど重要であるのはなぜかといういまひとつの理由がなお存在する。人間の行為の目的を選択するのは精神だとしても，その目的の実現は必要な手段の入手可能性次第であるし，手段を支配する経済統制は目的をも支配するのである。印刷手段が政府の統制下にあるとすれば報道の自由はありえないし，必要な空間が政府によって支配されているとすれば集会の自由はない。輸送手段を政府が独占していれば移動の自由はない，等々。すべての目的により十分な量の手段を提供するという空しい希望を抱いてしばしばひきおこされる，政府による全経済活動の管理が，個人の追求できる目的の厳しい規制を必ずひきおこしたのはなぜか，これがその理由である。生活の物質的部分の統制が，政府に知的生活の広汎な支配力を与えたということが，20世紀の政治的発展の，つまり私たちが全体主義体制と呼ぶようになったものの，たぶん最も重要な教訓である。私たちが追求する目的の選択を可能ならしめるのは，手段を供給するために設けられた異なる独立の組織が数多く存することなのである。》
(NS, p.149. 訳249-250頁。傍点筆者)。

(2) 調整ないし流通の対象の相違

経済市場において流通するのは，商品であり，その反対給付の流れとしての貨幣である。食糧であれば食欲を満たし，衣服であれば暖かく，住宅であれば居心地がよい。われわれは，それを貨幣によって手に入れ，衣食住の物質的要求を満たすことができる。そして，商品の価格は，市場経済における需要と供給の均衡によって定まる。価格をシグナルとし，各人の相互の自発的な自己調整により市場という自生的秩序が生成するが，その際，かかる自己調整の方法は，「競争」である。

これに対して，知的・精神的領域において，コミュニケーションとして流通するのは，情報である。「情報」という語は，いろいろな意味で用いられるが，「物質ないしエネルギーが示すパターン」という意味で用いるならば，それは，個人の思想や感情，事実についての知識等が，一定の記号によってパターン化

第 8 節　二つの自生的秩序

されたもの，メッセージを意味するであろう[13]。例えば，活字メディア，書物を例にとろう。書物は一定の物体であって，燃やせば熱を出すというように一定のエネルギーを有する。しかし，通例，われわれはそれを食べないし，身につけたり暖をとるために買うわけではないし，積み重ねて住居の一部にするわけでもない。書物の価値は，紙の上にインクによって刻印されたパターンにある。かかるパターンとしての情報が流通するのである。より正確にいえば，本という物体とともに，そこに表示された情報が流通するのである。われわれは，視覚を通じて，そのパターン（言語や図式）の意味を再現し，解釈し，新たに他者の知識を獲得する。それは，我々の生物的要求を満たすための物資的活動ではなく，どこまでも精神的現象にかかわるものである。

したがって，それは，食料品のように，それを食べて物資的要求を満たすものではないし，またそれが有害物である場合にも，われわれの身体に直接に害を及ぼすものでもない。このようなことは，当たり前のことで，特に述べるまでもないことであろう。しかし，このような両者の本質的相違は，例えば，それらの自由の限界の相違，すなわちそれに対する規制の許容限度の相違としてあらわれるが[14]，ここで特に注目したのは，それが先に述べた相互調整の方法

---

[13] コミュニケーションにおける「情報」の概念については，竹内郁郎「社会的コミュニケーションの構造」（第四章）内川芳美他編『講座　現代の社会とコミュニケーション１　基礎理論』（東京大学出版会・1973 年）105 頁以下（109 頁），林進編『コミュニケーション論』（有斐閣・1988 年）3 頁以下，後藤将之『コミュニケーション論』（中央公論新社・1999 年）43 頁以下等参照。ここでは，特に後藤将之氏の著書を参考にしていることを，明記しておきたい。

[14] この論点について，これまで憲法学の見地から考察されているのは，私の知るかぎり，ただ阪本昌成『コミュニケイション行為の法』（成文堂・1992 年）のみであるように思われるが，そこでは，表現の自由の優越的地位に関して，次のように論じられている。
　「商品流通と，メッセージ流通とは，それぞれの記号の果たす役割が異なるゆえに，その規制の許容程度に相違がでてくるのであり，この相違をもって表現の優越性と呼ぶのだ，と考えるべきであろう。つまり，それは，こういうことである。
　貨幣を除くあらゆる商品は，それと交換される貨幣量としての『価格』によって表示され，商品の価値とは，貨幣との『交換価値』の記号を意味する。その記号は，一般的等価形態を与えられれば与えられるほど，うまく機能するのである。商品世界は，物象化されシステム化された物質的再生産過程を表わす。商品流通は，その背後に実体をもっているといってよい。これに対する法的規制は，交換価値の記号としての役割を，そのまま実現させるための試みといえよう。
　これに対して，対人コミュニケイションにおいて交換されるメッセージは，一般的等価形態化・物象化されえない，個別的実践的な人の相互作用のなかで，その意味を相互に了解するものであるから，本質的に規制になじむべきものではない。表現規制理由について公権力側の判断能力適合性を懐疑の眼でみるべし，これこそが，"Free Speech Principle" である，という F・シャウアーの主張は，この点をついたものと受けとめら

第 3 章　21 世紀の議会制像

と密接に関係しているのではないかということである。

　以上，本節において，われわれの人間の生活世界は，その基層において，その構成員が一定の普遍的ルールに従うことを条件にして，構成員の相互の自由な活動による自己調整によって生成する「自生的秩序」としての性質をもつこと，それは，よく知られるように，物質的・経済的領域に「市場秩序」として存在するだけでなく，精神的・知的領域においても「知的秩序のシステム」として存すること，そして，それぞれの成立条件となる自由とそれに関する普遍的ルールが異なり，また相互調整の態様およびそこで流通の対象ないし媒体が相違することを述べた。これを図式化すれば，次のようになろう[15]。

れる」（165-6 頁）。
　この見解によれば，流通するのは，一方では「商品」であり，他方では「メッセージ」である。しかるに，「それぞれの記号の果たす役割が異なる」とされ，この違いから，それに対する「規制の許容程度に相違」が生ずる。そして「この相違をもって表現の優越性と呼ぶのだ，と考えるべきであろう」とされる（第一段落）。第二段落は，商品流通について，第三段落は，メッセージ流通について，「それぞれの記号の果たす役割」と「その規制の許容程度」の論述のようであるが，少し後には，次のようにまとめられている。
　「言葉の機能は，局所的なところにこそ発見できる……。言明内容の決定は，つねに不確定であって，他者の目による自由な解釈・批判を必要としている。『思想の自由市場』論の依拠するところは，言葉の局所的な働きを集積した効果に期待しているものと思われる。
　これに対して，商品流通は，貨幣という一般的等価的交換を正確に表示する記号に基づいてなされなければならないから，公権力は，商品と貨幣（一般的記号）との正当な対応関係を機能させるべく，常に外から，流通過程に介入することが許される。ちょうど，走る速さを測定するものがどこかにいる，ひとつの統一された競争のように。言語行為はそうではない。このような，日常言語によるメッセージ流通と，商品流通の本質的差異をもって，表現の自由の優越的地位というのではないか」（167 頁）。
15　図 3 も，レジュメに記載したものを再現したものである。

第8節　二つの自生的秩序

図式3　二つの自生的秩序とその特質

(生活世界)	人間の生活世界	
(生活世界の区別)	物質的世界 （物質界）	精神的世界 （精神界）
(自生的秩序の型)	市場システム （コスモスとしての経済） （＝カタラクシー）	知的秩序のシステム 例：探求者たちの社会＝科学共同体 　：判例法形成の司法システム 　⇒　広く文化諸領域の全般
(活動の種類)	経済的活動	精神的活動（知的活動）
(自由の種類) (普遍的ルール)	経済的活動の自由 　居住・移転の自由（憲法22条） 　職業選択の自由（憲法22条） 　財産権の保障（憲法29条）	精神的活動の自由 　内面の精神活動の自由 　　思想・良心の自由（憲法19条） 　　信教の自由（憲法20条） 　　学問の自由（憲法23条） 　外面の精神活動の自由 　　表現の自由（憲法21条） 　　集会・結社の自由（憲法21条）
(相互調整の態様)	競争（competition）	協議（consultation） 競争（competition） 説得（persuasion）
(流通対象)	商品⇔貨幣 （商品の自由市場）	情報（物質・エネルギーの示すパターン） （「思想の自由市場」）

四　市場システムと知的秩序のシステムの関係

　われわれの社会が，物質面おいては市場秩序，精神面においては知的秩序というように，いずれもが，その根底・基層において自生的秩序より成り立つとすれば，両者はどのように関係するのであろうか。

　もし，両者の関係を，その成立の基本条件としての自由の保障の側面から，すなわち憲法の人権ないし基本権規定という一般的・抽象的・平等普遍的なルールによる個人の主観的権利の保障という面から考えることができるとすれば，経済的自由権と精神的自由権の関係如何という問題になりましょう。憲法

第3章　21世紀の議会制像

学では，今日，違憲審査の基準として，いわゆる「二重の基準論」が有力ですので，ここでは，それとの関係で少しく検討したいと思います。

「二重の基準論」とは，精神的自由，とりわけ表現の自由は，人権のカタログにおいて「優越的地位」を占め，したがって，それを規制する立法は，経済的自由の規制立法に対する違憲審査基準として妥当する「合理性」の基準に比して，より厳格な基準によって審査しなければならない，という理論です。その「優越的地位」の論拠づけにもいろいろあって，表現の自由は民主主義的政治過程に不可欠のものだからという民主主義の強調や，立法府と司法府の機能的権限分配を論拠するもの，また，思想・表現の自由は，その価値自身において，人権の価値体系のなかで経済的自由に優位するのだ，というような価値論を論拠するものなど，いろいろあります（それぞれは必ずしも排他的でなく，特に前二者は組み合わされて論拠とされることが多い）。判例にも「二重の基準」論を示唆するとされるものがありますが，肝腎の精神的自由権の領域にそれを適用したものは未だありません[16]。

この「二重の基準論」について，私は，かねてより反対の立場をとっております。といいますのは，先にちょっと示唆しましたように，ハイエクをはじめ真の自由主義者はすべて「自由は一体不可分な統一的原理である（しかも最高の原理である）」との立場を堅持しておりますが，かかる立場からいたしますと，自由を精神的自由と経済的自由に分離して考えることはできないし，またいずれが優越的地位にあるかという論議は無用なものと考えるからであります。一方がなければ他方はなく，一方が否定されれば，他方もない。このことは，歴史に徴しても明らかなことであります。しかし，誤解のないようにあえて申し上げますと，精神的自由の「優越的地位」を必ずしも否定するわけではありません。もしそういうなら，経済的自由も，それに劣らず「優越的地位」をもつものと考えなければならない，ということです。なぜそう考えなくてはならないか。他でもありません，ここでは，まさに，自由な社会の基層である「自生的秩序」が問題となっていると考えるからであります[17]。

16　二重の基準論といえば，わが国におけるその使徒としての役割を果たされた芦部信喜教授の業績をまずあげなくてはならないであろう。コンパクトにまとめられたものとして，『憲法学Ⅱ』（有斐閣・1994年）213-245頁，同著・高橋和之補訂『憲法（第三版）』（岩波書店・2002年）100-1頁・175-8頁〔（第六版・2015年）103-4頁・193-8頁〕参照。

17　この点について，ハイエク自身は，バンジャマン・コンスタンとともに自由主義を「原理の体系」と考えられるべきことを説いた上で，次のように述べているのが注目に値する。

第8節　二つの自生的秩序

　しかるに,「二重の基準」論は,伝統的な「自然」と「作為」の二元論に立って,「自生的秩序」の観念を知りません。よし,そういうものがあったとしても,先に示唆いたしましたように,単に偶然的なもの,非理性的で不合理的なもの,あるいは恣意的で非倫理的・不道徳のもの,そして人間の理性(理論理性および実践理性)の力によって改造されるべき一段劣ったもの,やがては,理性による計画化によって超克され,排除されるべきものでしかありません。このことは,そこで「経済的活動の自由」といわれる場合,殆ど専ら意図的・計画的な「家政」(国家的規模になれば「財政」)を意味する「オイコス」という意味での経済が念頭に置かれていることに,はっきりと現われているように思えます。もとより,「市場」についても語られます。しかし,それが,「カタラクシー」というコスモスという意味で理解されることは殆どありません。人間の私利私欲に満ち満ちた「欲望の体系」,競争という弱肉強食の法則が支配する非倫理的・不道徳なシステムという理解,せいぜいのところ,「オイコス」の延長というイメージです。そうなれば,私的な「オイコス」が,それよりも一段高いところに位置する公的な「ポリス」,政治による支配の対象となることには,何の問題もありません。むしろ,「経済的」自由は,「社会国家」「社会的正義」実現のために,高次の理性の力によって計画的に制限されるべきものとなりましょう。それ故,「経済的」自由が,「精神的」自由に劣位するものと位置づけられたとしても,何ら問題はなく,むしろ当然というべきことになりましょう[18]。

　「自由はすべての政治活動が原理によって導かれる体系であるだけでなく,それはあらゆる個々の立法行為に適用され原理として承認されることのないかぎり,維持されない理念でもある。このような根本的な規則は,物質的利益に対しても妥協の余地がないとするほど根本的な理念として——あるいは当面の非常時には,一時的に破棄されなければならないとしても,あらゆる恒久的取り決めの基礎となるべき理念として——頑強にまもられるのでない場合には,自由はきっと漸次的な侵害によって破壊されることになるであろう。というのは,それぞれの特定の場合には,自由を削減する結果として具体的で明白な利益を約束することができるからだが,犠牲にされた便益は,本来はほとんどわからないし,そして不確実なものである。もし,自由が最高の原理としてあつかわれないとすれば,自由な社会が与えねばならない約束は個々の人にとってもいつも,偶然であって,確実なものではなく,単に機会であって確実な贈り物でなくなるという事実は,不可避的に致命的な弱点となって現われ,そしてだんだんと侵食を招くことになるであろう」(*CL*, p.68. 訳Ⅰ・101頁。傍点筆者)。

18　戦後の正統派ないし嫡流憲法学の創始者・宮沢俊義教授は,一方では,「社会国家が決して自由国家の否定を意味するのでなく,むしろ自由国家の理念の実質化を意味する」(『憲法Ⅱ〔新版〕』有斐閣・236頁)としつつ,他方では,「社会国家的人権宣言の見地からすれば,財産権についての従来の自由権的な考え方を転回させて,これに多か

第3章　21世紀の議会制像

しかし，経済的自由にいう「経済」の意味が，コスモスとしての「カタラクシー」，すなわち自生的秩序としての市場システムを意味するとすれば，様相は全く一変いたします。市場秩序を，理性による計画的な「組織的秩序」にとって代えることは，最初に引用したポラニーの論述においてすでに十分に示唆されておりますように，原理上不可能であり，逆に後者は，——それが我々の生活にいかに重要なものであれ——，構造的には人為の秩序として，前者に包摂される薄い表層にすぎないことは，これまで縷々述べたところであります。それを，「オイコス」と誤認して，人権体系において「劣位」にあるものと誤解し，穏やかな基準によって立法者の自由自在の改造を許容することは，人間の理性に対する傲慢な思い上がりによって，理性そのものを育んできたその拠って立つ基層そのものを自ら破壊することに他ならないのではないか。

人権規定は，単に個人に自由を主観的権利として保障する機能だけでなく，自由な社会を構成する客観的原理としての機能をもつことは，先に，精神的活動の自由について強調したところですが，同じことは，経済的自由についても，当てはまります。その際，重要なことは，繰り返していえば，そこで「経済的」とは，コスモスとしての「カタラクシー」を意味するということです[19]。

れ少なかれ社会権的な性格をみとめ，それをむしろ生存権の延長——最低限度の生活に必要な財産を支配する権利——と見るという考え方が成り立つ余地があるのではないかと考えられる」（102頁）とされる。両者が整合するかどうか，もし後者の考え方が成り立つとすれば，まさに「最低限度」の意味の「倒錯」というべきであろう。しかるに，かかる「倒錯」に加担する人も，少なくない。

19　ドイツの基本権論のひとつの特徴は，わが国とは異なり，ここで論じたように，基本権規定を単に個人に主観的権利を保障するだけでなく，客観的秩序の原理ないし要素を規定したものと捉えるところにある。しかし，そこで客観的秩序といわれる場合，一般に，ここで問題とする「自生的秩序」という観念は殆ど知られていない。そこでの憲法理論は，ドイツ哲学がそうであるように，先に本文で述べたような「自然と作為の二分論」に立ち，秩序を「組織的（意図的）秩序（corporate order）」と同一視し，徹頭徹尾，人間の理性による意図的・計画的な所産と捉える秩序理論に立っているかに見える。〈自由のままではカオスがあるのみである，すべからく国家が理性により計画に従ってそれを規制して初めて秩序がもたらされる〉という秩序観が厳然と基礎に横たわっているように思われるからである。それは，おそらくは，ドイツの近代国家成立の経緯とも無関係ではないであろう。領邦に分岐する状態を克服して近代統一国家は，プロイセンを中心とする軍事力により，下からの革命勢力を粉砕して，上から遂行された。それにより，そこに当初存していた自由主義も次第に衰微していった。ワイマール期には，自由主義は地に落ち，道徳的諸悪の根源のように忌み嫌われた。カール・シュミットが説いた有名な「具体的秩序」思想も，ここでいう「自生的秩序」の観念とは無縁のものである。彼が，自由主義を憎悪したのも，「自生的秩序」の観念に至らなかったからであろう〔拙稿「『政治神学』雑感」長尾龍一編『カール・シュミット著作集Ⅰ　1922-1934』慈学社・2007年・426頁参照〕。そして，この点については，今日でも基本的には変わっ

268

第8節　二つの自生的秩序

　この点について，ポラニーも，ハイエクも，もとより憲法学者ではありませんから，このようなことを直接に何も語っているわけではありません。しかし，先に示唆いたしましたように，ポラニーが自由の正当化を自生秩序形成の原理となる「公的自由」に求め，またハイエクが，市場秩序こそ社会という「包括的自生的秩序」形成の基盤としていることは，当然，上記のような趣旨を含むものと考えられるように思います。

　市場システムをこのように「自生的秩序」を捉え，経済的自由の憲法的保障は，客観的原理の保障としての側面においては，このような自生的秩序の成立条件にかかわる原理を規定したものだと考える立場からは，もはや，人権のカタログにおいて精神的自由は優越的地位を占め，経済的自由は劣位にある，というような二重の基準論的思考が何の根拠もない皮相な見解であることは，疑う余地がないように思えます。

　問題は，市場システムをこのように捉えたうえで，それが，知的秩序のシステムとどのような関係に立つかということであります。マルクス主義の史的唯物論は，徹頭徹尾，自然と作為の二元論に立ちますから，そこでは，その中間にある「第三の範疇」たる自生的秩序が認められる余地はありませんが，仮にその図式に即して観念するとすれば，下部構造に市場秩序があり，その上に上部構造として知的秩序のシステムが聳え立つということになりましょう。常識的に考えても，前者は，物質的世界，人間の衣食住という人間の生物学的存在にかかわるものとして，人間存在の基本条件になすもの，これに対して，後者は，精神的世界，人間の人格的存在にかかわるものとして，人間存在の上層条件をなすものと捉えられましょう。

　脳生理学の立場から，時実利彦博士は，人間の生の営みとして，「生きている」という植物的な生から「生きてゆく」という動物的な生へ，そして後者が「たくましく生きる」から「うまく生きる」，さらに「よく生きる」へと段階的に区別され，それに対応する人間の身体の作用・行動とそれを分担する脳・脊

ていないように思われる。もとより，今日では「法の支配」と内容上殆ど異ならない実質的な「法治国家」という憲法原理が存する。しかし，その発想の方法は，全然異なる。一方が，帰納的だとすれば，他方は，演繹的であり，哲学がそうであるように，最高の原理から，理性による推論により壮大な体系が構築される。無秩序な社会もまた，国家の上からの組織化によって，初めて秩序がもたらされる，という考え方である。

　さて，わが国は，この点についてどうであろう。このような論点を含めて，基本権規定の客観的原理としての意義をわが国でも真剣に考える必要があるのではないか。

髄の中枢神経の統合系を，次のように図式化して示される[20]。

図4　生の営み

```
生きている‥‥‥‥‥‥‥‥反射活動，調整活動‥‥‥‥‥‥‥脳幹・脊髄系
生きてゆく
　　たくましく‥‥‥‥‥‥本能行動，情動行動‥‥‥‥‥‥大脳辺縁系
　　う　ま　く‥‥‥‥‥‥‥‥‥適応行動　｝
　　よ　　　く‥‥‥‥‥‥‥‥‥創造行為　｝‥‥‥‥新皮質系
```

　もし，人間社会の自生的秩序が階層的構造をなすとすれば，このような人間の「生の営み」の段階的区別に照応するような構造をもつのではなかろうか。というのは，所詮，人間の作り出したものは，人間の脳の所産だと考えられるからである。このことは，人間の行為の結果としての「第三の範疇」にも，当然に当てはまるであろう[21]。

20　時実利彦『人間であること』（岩波書店・1970年）39頁。なお，同著『脳の話』（岩波書店・1962年）参照。
21　解剖学者・養老孟司博士は，われわれが先に問題とした自生的秩序としての市場秩序と知的秩序における流通の対象ないし媒体について，『唯脳論』（筑摩書房・1998年）において，「ヒトの活動を，脳と呼ばれる器官の法則性の観点から，全般的に眺めようとする立場」を「唯脳論」と呼んで（12頁），かかる立場から，次のように論じられているのは，まことに興味深い。
　　「われわれの社会では言語が交換され，物財，つまり物やお金が交換される。それが可能であるのは脳の機能による。脳の視覚系は，光すなわちある波長範囲の電磁波を捕え，それを記号化して送る。聴覚系は，音波すなわち空気の振動を捕え，それを記号化して送る。始めは電磁波と音波という，およそ無関係なものが，脳内の信号系ではなぜか等価交換され，言語が生ずる。つまり，われわれは言語を聞くことも，読むことも同じようにできるのである。脳がそうした性質を持つことから，われわれはなぜお金を使うことができるかが，なんとなく理解できる。お金は脳の信号によく似たものだからである。お金を媒介にして，本来はまったく無関係のものが交換される。それが不思議でないのは（じつはきわめて不思議だが），何よりもまず，脳の中にお金の流通に類似した，つまりそれと相似な過程がもともと存在するからであろう。自分の内部にあるものが外に出ても，それは仕方がないというものである」（12頁）。
　　また，次のようにも，論じられる。
　　「ヒトはなぜ社会をつくるか。レヴィ＝ストロースは，『交換』のためだと言う。そうかもしれない。では，なぜヒトは交換をするのか。その基盤を成すものは脳である。脳は信号を交換する器官である。それこそが，ヒトが交換を行なう理由である。ヒトが『無意識』に作り出すものは，ヒトの身体の投射となる。そうエルンスト・カップは言った。もっと正確に言おう。
　　『ヒトの作り出すものは，ヒトの脳の投射である』
　　と。社会もまた然りである」（23頁）。
　　問題は，言語と財物（物やお金）の交換・流通の仕方の相違であるが，それについ

第8節　二つの自生的秩序

五　むすび──自生的秩序と暗黙知の理論──

　人間の社会においては，物質面・経済領域においてだけでなく，精神面・知的領域においても，その秩序構成の原理は，基層において，自生的秩序によるのではないか，ということをお話しました。しかし，自生的秩序がなぜ人間に可能なのか，その成立の論拠に立ち入りませんでした。

　ハイエクは，1952年に『感覚秩序』という本に書いています。副題に「理論心理学の基礎への序説」とありますように，心理学の基礎理論に関するものですが，その「まえがき」において，学生時代に，その構想を起草し，将来の自己の進路を心理学にするか経済学にするか迷ったというようなことを回想しています（SO, preface, p.v. 訳3頁）。結局は，経済学に進み，戦後は広く社会哲学者として大著を著し，そこで先にみましたような自生的秩序としての市場秩序論を展開するわけですが，それが，人間の「感覚秩序」と何らかの関係があるのでしょうか。この点について，ハイエク自身は，「私の仕事は心理学から離れてしまったが，そのときに得た基本的な考え方は，ひき続いて私をとらえてきた。輪郭はしだいに広がり，社会科学の方法論を扱うにあたっては，しばしば後援となったのであった。つまりは，理論心理学について，私の考えを体系的に検討しなおすことを迫ったのは，社会的な理論の論理的性格に関することがらである」（SO, preface, p.v. 訳3頁）と言及するのみで，必ずしも明確ではありません。むしろ，「経済学や法学や政治学や史学等々を広範に含んだハイエク教授の一大体系に対して，この書〔『感覚秩序』〕が認識論的ないし科学の方法論的基礎をなしていることを，ハイエク教授自身は私やその他の人々との会話を通じて否定し続けてきた」[22] ようです。しかし，『感覚秩序』をみますと，人間の感覚秩序，つまり普通の感覚から高度の抽象的な思考を含む精神的秩序の全体が，神経生理学的な神経線維とそれによるインパルスの結合の複合的かつ階層的なネットワークとしての性質をもつ神経秩序を基礎にして，それとの「同型写像（isomorphism）」として構造的に類似の性質をもつ秩序（SO, p.1ff. 訳9頁以下），ある種の「自生的秩序」としての性格をもつ秩序のように捉えられており，彼の市場秩序論は，まさにそれを社会に応用ないし拡張したというような印象を受けます[23]。

　　て遺憾ながら論じられていないようだ。
22　西山千明「『感覚秩序』の理論的意義」SO, 訳の「解説」249頁。
23　上山隆大「F・A・ハイエクの『感覚秩序』(上)」『大阪大学経済学』36巻1・2号

第3章 21世紀の議会制像

　今日，認知心理学において人間の意識の問題が盛んに取り扱われ，人間の判断・行動の指令を担う脳の最高中枢器官として「ワーキング・メモリー」という理論が構築され，脳科学の実験により検証が進められているようです[24]。そのような所見をみますと，人間の意識ないし精神の構成原理において，ハイエクの感覚秩序の構想は，それから基本的にはそう離れていないように思われます。

　自生的秩序の観念を誰よりも精緻に概念化したのは，ポラニーではないかということを先に述べましたが，人間社会においてなぜ自生的秩序というようなものが形成されたのか，その成立の根拠について必ずしも明確でないように思えます。彼は，「我々は，語ることができる以上により多くのことを知ることができる」という命題に象徴される有名な「暗黙知」の理論を定式化しました (TD, p.4ff. 訳15頁以下，なお PK, p.54ff. 訳50頁以下・p.87ff. 訳80頁以下参照)。例えば，私は，本日司会をされている法哲学者の足立英彦氏を何万の人の中からでも見分けられると思いますが，しかし，その特徴を話せといわれても困ります。自転車に乗れますが，どのようにして乗れるか話すことはできません。泳げますが，泳ぎ方を話せといわれても困ります。また，自転車に乗れない人，泳げない人は，乗り方・泳ぎ方のマニアルをいくら読んだところで，自転車に現実に乗り，あるいは水に入って練習しないかぎり，それをマスターすることは不可能でしょう。ポラニーによりますと，他者の人相を認知するとき，目鼻立ち等個々の細目を従属的に感知しながら，それから全体の顔立ちへと焦点的に注意を向け，全体としの人相をうる。そのとき，個々の細目という近接項は，我々が注意を向けている顔全体という遠隔項を獲得するために依拠しているが，そのものとしては語ることはできない。もし，個々の細目，眼なら眼に意識を注目すれば，顔全体の認知がぼやけてしまう。これは技能にも当てはまります。自転車の乗り方は，法則的には数式で表せそうですが，われわれは，そんなことを知らなくても，全身の筋肉を作動させ，重心をとりながら，うまく自転車に乗っています。つまり，筋肉の個々の諸細目を全体従属的に感知しながら，

(1986年) 238頁・同(下) 同誌36巻3・4号 (1987年) 290-1頁・296-7頁，同著「秩序論の背後にあるもの——F・A・ハイエクの『感覚秩序』をめぐって——」『思想』1989年4月号・74頁以下。なお，嶋津格『自生的秩序』(木鐸社・1985年) 19頁以下参照。

[24] 澤口俊之『「私」は脳のどこにいるか』(筑摩書房・1997年) 134頁以下，同著『HQ論：人間性の脳科学』(海鳴社・2005年) 68頁以下。なお，リタ・カーター・藤井留美訳・養老孟司監修『脳と心の地形図』(原書房・1999年) 276-8頁参照。

第 8 節　二つの自生的秩序

転ばないで走るということに意識を集中している。ある筋肉の動きに意識的に集中すれば，恐らくは転んでしまうでしょう。

　このように，諸細目の感知に依拠しつつそれらを包括・統合して全体的存在を認知する仕方ないし能力を，彼は「暗黙知」といいます。そして，このようなことは，人間の知覚をはじめ，聴覚言語および視覚言語の習得や科学的発見等々，あらゆる人間の認識や技能に当てはまるということになります。彼によりますと，それは，細目の中に身体の延長として自ら「潜入」してそれを「内面化」して統合する過程，この意味で知識はすべからく「個人的（personal）」知識である。そこに「個人的」というのは，勝手気儘とか，恣意的という意味はありません。個人が，あるものを知ろうとすれば，その細目に「潜入」し「内面化」するという主体的な積極的・能動的な関与がなければ成り立たないという意味であります（TD, p.15ff. 訳 32 頁以下，なお PK, p.59ff. 訳 55 頁以下参照）。しかも，ポラニーによりますと，それは，単にわれわれの認識の構造だけでなく，認識の対象たる実在的存在そのものが，そのような構造をもつものではないかといいます（TD, p.33ff. 訳 57 頁以下，なお PK, p.381ff. 訳 360 頁以下参照）。こうして，彼の暗黙知の理論は，認識論からさらに存在論へと大きく展開されていくわけです[25]。

　このような，暗黙知の理論が，「自生的秩序論」の根底にあるのではないか。ポラニーは，両者の関係を，それとして明示に論じていませんが，しかし，そのことを幾つかの場面で示唆しているように思えます。例えば，知的秩序のシステムとしての「探求者たちの社会」がその例です（LL, p.162f. 訳 204 頁以下，TD, p.55ff. 訳 85 頁以下）。そこでは，各研究者は，未だ発見されていない未知のもの（真理）に対して，その存在の信念のもとに，科学の権威的・伝統的規準に従いつつ，かつ，他の研究者の最新の研究を参照しつつ，自己の研究活動を自己調整し，発見に努めます。その発見の過程は，研究者個人にとっては，「暗黙知」の実践の過程といえましょう。そして，そのような，個々の研究の活動の結果として，すなわち相互の調整の結果として，自生的な知的秩序のシステムが生ずると考えられるからです。

　現在，わたしは，暗黙知の理論と自生的秩序との関係について，基本的にはこのように考えているのですが，現実の問題はもっともっと複雑です。例えば，

25　ポラニーの暗黙知の理論の優れた解説ないし分析として，特に渡辺幹雄・前掲（注 5）178 頁〔185 頁〕以下参照。なお，リチャード・ゲルウィック／長尾史郎訳『マイケル・ポラニーの世界』（多賀出版・1982 年）79 頁以下参照。

学問の自由といっても，今日，学問研究をするには大変な費用がかかります。理工系・医学系の研究装置と比べると，文科系はしれたものでしょうが，とにかく費用がいります。その場合，国の公的援助をだれがどのような基準，手続によって配分するのでしょうか。それは，そのやり方如何によっては学問の自由に重大な影響を及ぼすでありましょう。また，「思想の自由市場論」に対して，本当にそういう自由な市場があるのか。現実は，巨大なマスメディアによって独占されているのではないか，真理が最終的に勝利する保証がどこにあるか，等々いろいろな批判があるのは周知のところです。

しかし，学問の自由，思想の自由，表現の自由は，窮極的には，それへの信念への問題であり，憲法的には，当為の問題だと思われます。自生的秩序としての市場システムが無前提の上に成立するのではなく，ノモス従うことを条件にするのと同様に，知的秩序のシステムもまた，学問の自由，思想の自由，表現の自由とその限界を一般的・抽象的・普遍的に確定するノモスを必要とします。そして，その遵守にどこまでも厳格でなければ成り立たない。レッセ・フェールではありません。しかし，かといって権力による人為的な計画化によってかかる自生的な知的秩序を形成しえないこともまた明白です。この辺のところが，今日の憲法改正論議を初め，各領域の制度改革，殊に教育基本法の改正問題等において，必ずしも十分に認識されていないのではないか，否，むしろ誤った認識に基づいてなされているのではないかということを想起しつつ，本報告を終えたいと思います。有難うございました。

（補遺）
1. 本節は，全体して，前節「もう一つ議会制像——ハイエクの「一つの憲法モデル」をめぐって——」の理論的基礎となっている「自生的秩序」の概念をさらに敷衍するという意味において，前節の注の如き性質を有することについては，序論の末尾で述べたところである（16頁）。

2. 本節は，一般に「自生的秩序」といわれるとき，「市場システム」が念頭に置かれているのが普通であるが，しかし，人間社会の経済的活動領域・物質的生活領域が「市場システム」という自生的秩序としての性格をもつだけでなく，精神活動の領域・人間の知的な生活領域もまた「知的秩序のシステム」という自生的秩序としての性格をもつのではないか，つまりは市民社会全体が

第 8 節　二つの自生的秩序

その基層において自生的秩序としての性格をもつのではないかということを，M・ポラニーおよびハイエクの思想に即して考察したものであるが，そこでは言及しえなかった重要と思われる以下の諸点について，少しく補足しておきたい。

3．知的秩序のシステムとして司法
　M・ポラニーが自生的秩序としての性格をもつ「知的秩序のシステム」として，「司法システム」と「科学」のシステムをあげ，両者をパラレルに比較しつつ論じていることについて，本節では，後者に焦点をあてて言及し，前者の「司法システム」については，そこでは取り上げなかった。この意味で，その分析はなお課題として残されていたが，これについて，筆者は，司法権の「本質」をめぐる論議という観点から，わが国の理論状況，すなわち，①法段階説的な見地から立法と司法および行政と司法との違いを明らかにしつつ司法の特質を抽出する伝統的な通説に対して，今日，佐藤幸治教授により提起され多大の影響をもたらした②「法原理部門」論および，それに対抗する形で阪本昌成教授によって提起されている③「合理的対話のフォーラムとしての司法」論に注目しつつ，それらとは異なる「自生的秩序」の見地からのものとして，「知的秩序のシステム」としての司法権論を提起した。そのポイントは，現代国家の基層をなす精神的・経済的な自生的秩序全体を支える基本条件たる法体系そのものを維持するための制度として「司法」を捉えつつ，翻って司法それ自体がまた，その実質においてひとつの自生的秩序としての性格をもつのではないか，といことをハイエクおよびポラニーの思想に基づいて構想したものである。それは，司法が国家組織の一部門という点において内在的な問題をも含み，未だ試論の域を出ない（拙著『憲法訴訟論〔第 2 版〕』信山社・2010 年・26 頁以下参照）。

　そのためか，管見の限り，その後もそれについて考察した研究はみられず，上記構想に言及されることも殆どなかったが，ただ，上記の「法原理部門」論の提起者たる佐藤教授によって，『憲法〔第三版〕』（青林書院・1995 年）の継続・発展版ともいうべき『日本国憲法論』（成文堂・2011 年）において，この論点について，新たな言及がなされているのが注目される。

　すなわち，日本国憲法の基本原理としての「法の支配」について，そこにおける「法」の観念は独特なものであって，《自由な主体たる人間が秩序を作りそこで自ら発生するような「法」，換言すれば，自由な主体たる人間の共生を可能ならしめるうえで必要なものとして自ら発生するような「法」》をいうと

され,《これを現代風にいえば,「自然（physis）」と「作為（thesis）」の中間にある「第三の範疇」として,ポラニーやハイエクのいう「自生的秩序」（spontaneous order）に妥当する「法」である。》(72-3頁）とされる。

そして,この「法」の観念にあっては,「司法」が独特の意義を担うとされ,まさに本稿で指摘したポラニーの所説について言及されている。

　　《ポラニーは,「自生的秩序」の例として,市場システムのみならず,「知的秩序システム」にも言及し,その一例として,司法権の独立の下にある裁判官が,具体的事件に関し,膨大な法令や先例を参照し,世論の動向も勘案しつつ,判決を作成し,そうした判例の集積よりなる判例法の形成という「司法システム」をあげている。》(73頁）

重要なことは,その上で,現代立憲主義の状況下にける「法の支配」の意義づけや評価は決して一様ではありえないとし,それをめぐっていろいろな見解があるが,《この論議の最も基底的なところには,人間が自由のままではカオスがあるのみとみるか,「自然」と「作為」を超えた「自生的秩序」のごときものをみようとするかの対立が横たわっているように思われる。》(74頁）とされていることである。

ここから,教授は,司法権について本質について,「法原理部門」論を維持されつつも（575頁以下),さらに一歩踏み込んで,ポラニーやハイエクの自生的秩序論を参照しつつ,その例として「知的秩序システム」をみとめ,その一例として「司法システム」に言及されていることからみて,内容的にはかなり,自生的秩序論に接近されたのではないかと思われる。

4. 自由それ自体の基礎づけについて

本稿では,M・ポラニーとハイエクとの自生的秩序を支える自由論について,両者の学問的出自やその後の社会哲学への転向の発端等の相違から,ハイエクの場合には,市場における経済的自由が中心におかれ,それを基礎にして自由論が展開されているのに対して,ポラニーの場合には,市場システムが自生的秩序の「原型（prototype）」（LL, p.160. 訳202頁）とされているとはいえ,むしろ学問の自由が考察の中心におかれ,それを基礎にして自由論が展開されていること,そして,それぞれかかる思考を基盤として,ハイエクの場合には,さらに精神的自由の領域に,ポラニーの場合には,経済的自由の領域にその思考が拡張され,両者ともに,二つの領域について,自由論を,したがってまたそれ

第8節　二つの自生的秩序

に支えられた自生的秩序論を展開しているのを見たが，しかし，かような経緯から，両者の自由の基礎づけそれ自体には，やはり，相当の違いがあることにも留意しなければならないであろう。

　すなわち，ハイエクの思想体系の要となる「自生的秩序」という基本概念，さらには「暗黙知」という概念において，ポラニーの影響によることを自ら認めながら，しかし，自由そのもの根拠づけが，異なっているということである。

　5．かかる論点は，ケルゼンとハイエクの論争，特に「正義論」をめぐる対立にも深くかかわるので，それについては，第9節において言及することになる。

277

第9節　現代立憲主義像・管見
――ケルゼンとハイエクの論争を素材として――

一　はじめに

　21世紀へと転換した2002年10月に開催された比較憲法学会の共通研究テーマは「21世紀の立憲主義像」というものであった。そのとき，筆者は，報告者の一人として，特に立法ないし議会という観点から考察しえないかとの要請を受けた。当時，ケルゼンとハイエクとの論争に関心をもち，いろいろ考えるところもあったので，とりあえずケルゼンとハイエクの論争の経緯と特質を簡潔にまとめた上で，ハイエクが晩年の大著『法と立法と自由』の第三巻の末尾近くで提示した「一つの憲法モデル」とそこで展開された議会における権力分立構想，すなわち議会を「立法議会」と「行政議会」に分立し，前者は，専ら個人の自由領域の保護と限界を普遍的に確認する一般的・抽象的ルール（ノモス）の定立を任務とし，後者は，このノモスの制約の下で政府の活動のための立法（テシス）を定立することを任務とする二つの議会制構想（議会制改革論）を要約し，かかる構想が「21世紀の議会制像」を考えるにあたってどのような意義をもちうるか，というような内容を準備して事前の打合会に臨んだ。しかしそこでは，ケルゼンとハイエクの論争については，概して関心はもってもらえず，結局，論争そのものについて直接触れないで，「もう一つの議会制像――ハイエクの「一つの憲法モデル」をめぐって――」と題して報告をした[1]。

1　『比較憲法学研究』15号（2003年）21頁〔前出215頁〕以下参照（以下，「拙論」として引用する）。
　　なお，本稿においてケルゼン（Hans Kelsen），ハイエク（Friedrich August von Hayek）およびM・ポラニー（Michael Polanyi）の著作・論文集・論文と訳書は，以下のように略記して本文において引用することにしたい（訳文は訳語の統一等の理由から必ずしも訳書と同一でないところもある）。
（Hans Kelsen）
　　Vom Wesen und Wert der Demokratie, *Archiv für Sozialwissenschaft und Sozialpolitik*, Bd., 47,1920/21, 長尾龍一訳「民主制の本質と価値」（初版），同他訳『ハンス・ケルゼン著作集Ⅰ　民主主義論』慈学社・2009年：*WuW*Ⅰ, 訳．
　　Allgemeine Staatslehre, 1925, 清宮四郎訳『一般国家学』岩波書店・1971年：*ASL*, 訳．
　　Vom Wesen und Wert der Demokratie, 2. Aufl., 1929, 長尾龍一・植田俊太郎『民主主議の本質と価値　他1篇』岩波書店・2015年：*WuW*Ⅱ, 訳．
　　Reine Rechtslehre, 1934, 横田喜三郎訳『純粋法学』岩波書店・1973年：*RRL*Ⅰ, 訳．

第 9 節　現代立憲主義像・管見

General Theory of Law and State, 1945, 尾吹善人訳『法と国家の一般理論』木鐸社・1991 年：*GTLS*, 訳.

Was ist die Reine Rechtslehre?, 1953, in: *Die Wiener rechtstheoretische Schule*, 1968, S. 611, 森田寛二訳「純粋法学とは何か」『ハンス・ケルゼン著作集Ⅳ　法学論』所収・慈学社・2009 年：*WS*, 訳

Was ist Gerechtigkeit?, 1953, 2. Aufl., 1975. 宮崎繁樹訳「正義とは何か」『ハンス・ケルゼン著作集Ⅲ　自然法論と法実証主義』所収・慈学社・2010 年：*WG*, 訳

Foundations of Democracy, *Ethics*, Vol., 66, 1955, Nr. 1, Part2, 古市恵太郎訳『民主政治の真偽を分つもの』理想社・1959 年, 長尾龍一訳「現代民主制論批判」同他訳『ハンス・ケルゼン著作集Ⅰ　民主主義論』慈学社・2009 年：FD, 古市訳・長尾訳.

Reine Rechtslehre, 2. Aufl., 1960, 長尾龍一訳『純粋法学　第二版』岩波書店・2014 年：*RRL*Ⅱ, 訳.

Allgemeine Theorie der Normen, 1979.：*ATN*.

(Friedrich August von Hayek)

The Road to Serfdom, 1944, paperback by Routledge 1997, 西山千明訳『隷属への道』春秋社・1992 年：*RS*, 訳.

Individualism and Economic Order, 1948, 嘉治元郎・嘉治佐代訳『個人主義と経済秩序』（ハイエク全集 3）春秋社・1997 年：*IEO*, 訳.

The Sensory Order, 1952, 穐山貞登訳『感覚秩序』（ハイエク全集 4）春秋社・1998 年：*SO*, 訳

The Constitution of Liberty, 1960,
　PartⅠ　*The Value of Freedom*, 気賀健三・古賀勝次郎訳『自由の価値——自由の条件Ⅰ』（ハイエク全集 5）春秋社・1997 年：*CL*, 訳Ⅰ.
　PartⅡ　*Freedom and the Law*, 気賀健三・古賀勝次郎訳『自由と法——自由の条件Ⅱ』（ハイエク全集 6）春秋社・1997 年：*CL*, 訳Ⅱ.
　PartⅢ　*Freedom in the Welfare State*, 気賀健三・古賀勝次郎訳『福祉国家における自由——自由の条件Ⅲ』（ハイエク全集 7）春秋社・1997 年：*CL*, 訳Ⅲ.

Freiburger Studien:Gesammelte Aufsätze, 1967. 所収論文の訳として，嶋津格監訳『哲学論集』（ハイエク全集Ⅱ-4）春秋社・2010 年：*FS*, 訳.

Law, Legislation and Liberty,
　Vol.1 *Rules and Order*, 1973, 矢島鈞次・水吉俊彦訳『ルールと秩序——法と立法と自由Ⅰ』（ハイエク全集 8）春秋社・1998 年：*LLL*Ⅰ, 訳.
　Vol.2 *The Mirage of Social Justice*, 1976, 篠塚慎吾訳『社会正義の幻想——法と立法と自由Ⅱ』（ハイエク全集 9）春秋社・1998 年：*LLL*Ⅱ, 訳.
　Vol.3 *The Political Order of a Free People*, 1979, 渡部茂訳『自由人の政治的秩序——法と立法と自由Ⅲ』（ハイエク全集 10）春秋社・1998 年：*LLL*Ⅲ, 訳.

The Fatal Conceit:The Errors of Socialim, in The Collected Works of Freidrich August Hayek, ed. W. W. Bartley Ⅲ, vol. I, 1988, 渡辺幹雄訳『致命的な思いあがり』（ハイエク全集Ⅱ-1）春秋社・2009 年：*FC,* 訳.

(Michael Polanyi)

The Logic of Liberty, 1951, Reprited, 1999, 長尾史郎訳『自由の論理』ハーベスト社・1988 年：*LL*, 訳.

Personal Knowledge, 1958（1962）, 長尾史郎訳『個人的知識』ハーベスト社・1985 年：*PK*, 訳.

The Tacit Dimension, 1966(1983), 佐藤敬三訳・伊藤俊太郎＝序『暗黙知の次元』紀伊

ただ,論争について一応検討した限りで,以下のような所見を踏まえて報告を行った。

> 《ハイエクは,ケルゼンの純粋法学をもって,法実証主義の「最も高度に発達した現代の形態」として,恰も「法の衰退」をもたらし,全体主義を導いた元凶であるかの如く槍玉に上げ,法実証主義の一切の誤謬と全体主義に対する政治的責任の一切が純粋法学にあるかの如く論じます (*CL*, p.238-9. 訳 II・147-8 頁; *LLL* II, p.48-56. 訳 71-81 頁)。しかし,みずからの立場から純粋法学を思う存分に誤解した上でのこのようなハイエクの批判には,つよい違和感を覚えますが,この点についてはここでは立ち入らないことに致します。ただ一点付言すれば,やはりケルゼン自身にも,自由主義の理解において相当甘いところがあったのではないかと思っています。》(拙論・30頁〔前出 225-6 頁〕)

このような考えは,今日でも基本的には変わらないが,その後も,両各分野でそれぞれの研究が活発に推進されているところ,管見の限り,当時から今なおハイエク研究においてケルゼンの純粋法学に言及される場合,ハイエクの純粋法学批判を殆どそのまま受け容れて論じられていることもあるように見受けられる。そこで,残された課題として,ケルゼンとハイエクの論争とは,一体どういうものであったのか,それが今日どのような意味をもつかという見地から少しく検討し,もって現代立憲主義像の一斑を垣間見たいと思う。

二 ケルゼンのハイエク批判

1 批判の発端

批判の口火を切ったのは,ケルゼンであった。ケルゼンは,1952 年の論文「民主主義の基礎」において,ハイエクが 1944 年,第二次世界大戦の末期に出版した『隷属への道』を批判の対象にした。ハイエクは,そこにおいて,個人主義をそれ本来の意味において自由主義を意味するものと捉える一方 (p.11f. 訳 9 頁以下),他方では,社会主義がその目標を達成するための方法としている「計画経済」を含めて,その目的が何であれ,あらゆるタイプの「計画経済」を含む用語を「集産主義」(ある特定の社会目標に向けて,社会全体の労働を計画的に組織化すること)と概念化した上で (p.24ff. 訳 36 頁以下),計画経済を民主主義という統治の方法によって運営することは不可能であり (p.45f. 訳 76 頁以下),不可避的に独裁に向い,国民の自由を抑圧するに至るということを論じていた

国屋書店・1980 年: *TD*, 訳.

第9節　現代立憲主義像・管見

(p.52f. 訳87頁以下)。すなわち，自由主義の最も基本的な原理は「自生的な諸力 (spontaneous forces)」(p.13. 訳14頁) を最大限活用し，強制を最小限に抑えることにあるとし，自由とは，圧制からの自由を意味し (p.19f. 訳26頁以下)，経済的自由が保障されていなければ精神的自由もありえないとして自由の一体不可分性が強調されるとともに，抽象的なルールによって政府のあらゆる活動を制限し，自由の保障の要となる「法の支配」が，統治の手段としての民主主義を統制するものとし，その重要性が強調される (p.54ff. 訳92頁以下) ことによって，民主主義と経済体制との関係について，「資本主義」が「私有財産の自由な行使に基づいた競争体制」を意味するとすれば，このような体制においてのみ民主主義が可能になる (p.52. 訳87頁) と説かれていたのである。

2　批判の内容

ケルゼンの批判のポイントは，統治の形式ないし方法（手段）としての民主主義と統治の内容ないし目的としての資本主義および社会主義との間には「本質的関連」はなく，両者の効率的運用・適合的基盤関係のあり方については，ただ「歴史的経験」に基づいてのみ解答しうるのであって (FD, p.68f. 古市訳179頁以下・長尾訳271頁以下)，民主主義が資本主義社会において可能であることは明白な事実であるが，しかし，ハイエクのいうようなテーゼ――社会主義（計画経済）は民主主義的手続において運営することは不可能であり，必然的に独裁に向い，民主主義にとって本質的な自由を抑圧することになるから，社会主義（計画経済）と民主主義は両立しえず，民主主義は資本主義体制においてのみ可能であるというテーゼ――については，それを証明しうる歴史的経験は未だ我々の手元にはなく，したがって，経験に徴して確認しうる段階ではないというものであった (FD, p.75ff. 古市訳197頁以下・長尾訳281頁以下)。

ハイエクの「法の支配」および自由の一体不可分性の見解に対しても，ケルゼンはかなり立ち入った批判をしているが，後者については，結論的には上記と同じような理由に基づくものであった (FD, p.77ff., 80ff. 古市訳202頁・211頁以下・長尾訳285頁・289頁以下)。

3　ケルゼンの批判についての中間的所見

かように，ケルゼンの批判の中心は，要するに，社会主義のもとでは民主主義は不可能だとするハイエクの見解に対して，それが不可能か否かは，「歴史的経験」に徴して初めて解答しうる問題であるが，我々は現在のところ未だそ

281

第3章 21世紀の議会制像

れに解答しうるに十分な「歴史的経験」を有していない、というものであった。

しかるに、1989年の東欧革命を契機とするソ連およびその衛星国の社会主義体制の崩壊により、ひとまず「歴史的経験」は、決着がついたかに見える。その限りにおいて、ケルゼンの批判は、空振りに終わったともいえよう。私が先に、「ケルゼン自身にも、自由主義の理解において相当甘いところがあったのではないか」と述べたのも、主として、このような論点にかかわる（拙論・(注14)38-9頁〔前出226頁〕参照）。

しかしながら、ハイエクが、個人主義・自由主義に対立する集産主義として警戒したのは、マルクス・レーニン主義的な社会主義・共産主義やファシズムやナチズムの全体主義だけでなく、上記の意味での資本主義体制内での社会国家・福祉国家政策をも含むものであって、むしろ戦後に経済学から社会哲学の分野に専門を移行した後の研究は、まさにそこを焦点においてなされていたともいえよう。

実際、ハイエクは、その後まもなく「個人主義」を「真の個人主義と偽の個人主義」に区別し、前者を反合理主義的なもの、後者をデカルト的な合理主義的な設計主義的なものと捉え（*IEO*, p.1ff. 訳5頁以下）、さらに『自由の条件』(1960)においては、自由の二つの伝統として、前者を「経験的で非体系的」なもの、後者を「思弁的で、合理主義的」なものと捉え返し、後者の立場こそ、前者と対立する集産主義に、延いては全体主義に至る道とし、それに相応する形で自由主義の思想史的潮流を区別するとともに、資本主義を「自生的」諸力の活用による市場の競争体制と捉え、その分析をさらに展開した（*CL*, p.54ff. 訳Ⅰ・81頁以下）。M・ポラニーによって精緻に提示された「自生的秩序」の概念の影響の下に（*CL*, p.160f. 訳Ⅱ・41頁以下）、市場システムを自生的秩序として洗練させていったのも、「法の支配」によって制約された民主主義と福祉国家との両立可能性の範囲と限界を厳しく論証することを主たる狙いとするものであった（*CL*, p.253ff. 訳Ⅲ・3頁以下）。晩年において、「一つの憲法モデル」において議会制改革論を提起したのも（*LLL*Ⅲ, p.105ff. 訳148頁以下）、民主主義の現状を「無制約な民主主義」、その実相において「取引民主主義」にあることを強調し、やがては「全体主義的民主主義」に通ずるものとして、それを阻止しようとするものであった。その狙いと内容については先の拙論で考察したが、その基礎づけについては後に顧みる機会もあろう。

第9節　現代立憲主義像・管見

三　ハイエクのケルゼン批判

1　概　要

　ハイエクの『隷属への道』には，ケルゼンの名は登場しない。しかし，ハイエクの中期の大著『自由の条件』(1960) では，「自由」の価値に関して，注においてケルゼンの論文「民主主義の基礎」が引用されるとともに，「法の衰退」に関して，本文の中で真正面から「純粋法学」が俎上にのせられ，戦前に法の衰退をもたらした元凶として批判されている。晩年の大著『法と立法と自由』(1973-79) においては，さらに一段と批判のオクターブを上げ，ケルゼンの正義論をも射程において，それをも含めて純粋法学に対する批判が継続し拡大される。以下，その内容を少しく考察し，それについて若干のコメントを試みよう。

2　『自由の条件』における純粋法学批判とそれについての若干の所見
(1)　自由主義と民主主義について

　ハイエクは，同著第一部の『自由の価値』において，その注でケルゼンの論文「民主主義の基礎」を数か所で引用している。いずれも興味深いが，すべてに立ち入る余裕はないので，ここでは，最も重要と思われる自由主義と民主主義との関係に止めざるをえない。

　ハイエクは，「自由主義は法がどうあるべきかについての主義であり，民主主義は何が法となるであろうかを決定する方法に関する一つの教義」と捉えた上で，「自由主義は，多数の受け入れたもののみが実際に法になるべきであることを望ましいと考えるが，だからといって，これが必然的によい法であるとは信じない」として，これを信じるのは，「教条主義的民主主義者」であるとして，それを批判する。そして，注において，教条主義的な例として，ケルゼンがあげられている (CL, p.103f. (n.2, p.443). 訳Ⅰ・151頁（注(2)，訳1・228頁))。

　そこでは，ケルゼンの「民主主義の原理と自由主義の原理は，同じものではなく，両者の間に，一定の対立さえ存在していることに気づくことは重要である」という所論を引用しつつも，恰もケルゼンが「自由」という言葉を「政治的自由」の意味で用いることによって自由主義と民主主義を同一視し，「教条主義的民主主義者の……想定によると，……多数の投票は多数の最善の利益をつねに表明することになる」と主張しているかのように論じているが，もとより，ケルゼンは，そのようなことは主張しているわけではない。むしろ全く逆

283

のことを表明している（Vgl. FD, p.24f. 古市訳60頁以下，長尾訳187頁以下参照）。

ただ，自由主義と民主主義の関係について，かつてケルゼンが『民主主義の本質と価値』において「国家権力が無制限に拡大し，個人の『自由』の全面的否定に，自由主義的理念の否定に至ったとしても，その国家権力がそれに服従する諸個人によってのみ構成されている限り，なお民主主義は可能である」（WuWⅡ, S.10f. 訳24頁）と論じていた点に関連して[2]，「民主主義の基礎」では，それと矛盾すると受け取れる論述をしていることが注目される。

> 《統治の不在という意味の自然的自由の観念から，統治への参加という意味の政治的自由の観念への変形が，決して前者の完全な放棄を意味しない，ということは，極めて大切な注意すべき点である。統治権力のある種の制限という原則，即ち政治的自由主義の基本的原則は，どこまでも残っているのである。近代民主主義は，政治的自由主義と切り離して考えることはできない。政府は個人の一定の利益範囲に介入してはならないこと，その領域は基本的人権ないし基本的自由として法の保護を受けること，これが近代民主主義の原則である。……かくて，信教の自由，意見および出版の自由，なかでも特に客観的認識の可能性への信念に基づく学問の自由は，民主主義の本質に属する。》（FD, p.27f. 古市訳68頁以下，長尾訳192頁）。

このような矛盾するとも受け取れる論述をどのように理解するかの問題を残していることは確かであり，その理解の仕方に対立もみられるが[3]，ここでは，端的に論文「民主主義の基礎」における論述にケルゼンの自由主義と民主主義の関係についての最終的な見解が示されているものと理解することにしたい[4]。

---

[2] ハイエクは，後にみるように，ケルゼンのこの論述箇所を繰り返して引用し，ケルゼンを無制約な民主主義を説く社会主義者と決めつけ，恰も全体主義の元凶の如く論じている。かかるケルゼン理解の例は，かねてよりわが国においても見出されるところであるが（例えば，嶋津格『自生的秩序　F.A.ハイエクの法理論とその基礎』木鐸社・1985年・187頁，渡辺幹雄『ハイエクと現代リベラリズム』春秋社・2006年・46頁以下，池田信夫『ハイエク　知識社会の自由主義』PHP研究所・2008年・149頁以下，仲正昌樹『いまこそハイエクに学べ』春秋社・2011年・182頁以下参照。前二著ではケルゼンの立場は「全体主義」で「『社会民主主義』のイデオロギー」だとされているが，それとはやや異なる見地からケルゼンを「国家肯定論的社会主義者」と捉える見解として，今井弘道「正義論と価値相対主義——F・A・ハイエクとH・ケルゼンに即して」竹下賢編『実践地平の法理論』昭和堂・1984年・170頁参照），それに同調しえないことについては，以下に論じる。

[3] 赤坂正浩「ケルゼンの民主主義論」『立憲国家と憲法変遷』（信山社・2008年）102頁以下参照。

[4] 例えば，手島孝「公法学におけるハンス・ケルゼン或いはハンス・ケルゼンにおける公法学」『公法研究』44号（1982年）44頁以下参照，Vgl. Horst Dreier, *Rechtslehre,*

学説の展開という時間的な前後関係だけでなく，後ほど言及するケルゼンの正義論にもより適合的なものと考えられるからである。実際ケルゼン自身も『自伝』で端的に自由主義の立場にたつことを明らかにしている[5]。

(2) 法実証主義としての純粋法学批判

さて，本書で名指しに批判されているのは，第2部『自由と法』第16章「法の衰退」の「3 法実証主義」においてである。すなわち，本章においてまず，「法の基礎」を危うくする法理論は，ドイツに始まり，そこから世界の他の地域に広まったとし，その理由として，「法の支配」の制度が完成しないうちに，「法の支配」によって制限されることを嫌い社会的理想によって社会を計画によって改造しようとした考え方の強化によるものとし，かかる思想に属するものとして，法実証主義，歴史主義，自由法学派および利益法学の四つの学派が挙げられた後，第一に法実証主義が俎上にのせられる（CL,p.236. 訳Ⅱ・145頁）。

そこでは，法実証主義は，自然法の概念に真っ向から対立するものとして発展したとして，自然法学派と対立する点において，「法は定義によって，もっぱら，ある人間の意思の意識的命令だけからなる」ものとすることに特質があるとされ（CL,p.237f. 訳Ⅱ・146頁以下），かかる文脈において純粋法学が登場する。正確を期するため，幾つかに分けて引用しよう。

(a) 純粋法学の特質1──「自由主義からの民主主義の分離」

《しかしながら，これらの教義が最も効果的な形態をおびて，大きな影響力をもつようになり，ドイツの枠を超えてさらに広まったのは，第一次世界大戦が終わってからのことであった。この新しい定式化は，「純粋法学」として知られ，H・ケルゼン教授によって詳論されているが，それは，明らかに，制約された政府という伝統がはっきりと失墜したことを象徴したものである。かれの学説は，伝統的な制約を自らの野心に対するいまいましい障害とみなし，また多数の力に対するすべての制約を一掃したいと望んでいたすべての改革者によって熱心に受け入れられた。ケルゼン自身は，いかに「基本的に救出困難な個人の自由は漸次後景に退き，それに代わって社会的団体の自由が前景に登場する」

Staatssoziologie und Demokratietheorie bei Haus Kelsen, 1986, S. 263f.
5 Hans Kelsen, Autobiographie, 1947, in: M. Jestaedt(Hrsg.), *Hans Kelsen Werke*, Bd.,1, 2007, S.58f.,長尾龍一訳『ハンス・ケルゼン自伝』（慈学社・2007年）41頁以下。それについては，同『ハンス・ケルゼン著作集Ⅱ マルクス主義批判』（慈学社・2010年）「あとがき」515頁参照。

〔*WuW*Ⅰ, S.57. 訳 8 頁〕かを早くから気づいていたし，また，自由の概念におけるこの変化が「自由主義からの民主主義の分離」〔*WuW*Ⅱ, S.10. 訳 24 頁〕を意味することにも気づいていたし，かれは明らかに，これを歓迎していた。》（*CL*, p.238. 訳Ⅱ・147 頁）

自由主義と民主主義の関係については，先に触れたので，ここで繰り返す必要はない。

(b) 純粋法学の特質 2 ――「国家と法秩序の同一視」と「法治国家」概念の形式性

上記の引用に続けて，いう。

《かれの体系の基本的な考え方は，国家と法秩序の同一視にある。こうして，法治国家（*Rechtsstaat*）とは，極めて形式的な概念となり，そしてあらゆる国家の属性（*ASL*, S.91. 訳 153 頁），専制国家の属性とさえなる（*ASL*, S.335. 訳 562 頁）。立法者の権限に対するいかなる制約もありようがなく（*ASL*, S.14. 訳 22 頁），また「いわゆる基本的自由」は存在しない（*ASL*, S.154ff. 訳 257 頁以下）。そして恣意的専制政治に対して，法秩序という性格を否定しようとするいかなる試みも，「自然法的思考の素朴さまたは不遜」（*ASL*, S.335. 訳 562 頁）を示すにすぎない。あらゆる努力を尽くして，抽象的，一般法的規則という実質的意味での真の法律と（立法府のあらゆる行為を含む）単なる形式的意味での法律との基本的差異を曖昧にしただけでなく，ある当局による命令を，それがどんなものであろうとすべて「規範（norm）」（*ASL*, S.231ff. 訳 384 頁以下 cf. *GTLS*, p.38. 訳 90 頁）という曖昧な用語に含めることによって，それらを真の法と区別できないようにしたのである。司法権と行政行為との差異でさえ，事実上，抹殺された。つまり，法の支配の伝統的概念の教義は，いずれも形而上学的迷信として表明されたのである。》（*CL*, p.238. 訳Ⅱ・147-8 頁）

純粋法学の基本的な特質として，今日すでに左の二点は広く承認されている。

第一に，純粋法学は，ゲルバーやラーバント流のいわゆる公法解釈学派の如く，法の解釈を課題とするものではなく，法の認識を課題とするものであること。

第二に，純粋法学は，一般法学（Allgemeine Rechtslehre）として法一般を認識の対象とし，またケルゼンの一般国家学は一般憲法学（Allgemeine Verfassungslehre）として憲法一般を認識の対象とするのであって，個別国家の法ないし憲法を認識の対象とするものでないこと。

しかるに，ハイエクは，まず第一点についていえば，何の考慮も払っておら

ず，両者を全く混同して論じている。ケルゼンの純粋法学が，ゲルバーやラーバント流のいわゆる公法解釈学派とは，本質的に性格を異にすることは，つとに戦前に宮沢教授によって指摘され[6]，戦後も樋口教授[7]や長尾教授[8]らによって強調されているところであるから，ここでは繰り返す必要はないであろう。加えて，上記引用のハイエクの論述は，特に第二点について，純粋法学が一般法学，一般国家学が一般憲法学としての性格をもつことに対する無理解によるものであり，ケルゼン的にいえば「誤解に満ちた誹謗であり，これと対決するなど骨折損である」(Was ist die Reine Rechtslehre?, in: WS, S.627. 訳255頁) ということになるが，そのポイントのみを明らかにしておこう[9]。

ケルゼンの『純粋法学』が「一般」法学であるとは，法秩序一般，法秩序の一般的なクラスを認識の対象とし，それを類型的に整序することによって，一般性において，その可能な規範的意味および構造を明らかしようとすることを意味する (RRL I, S. 1, 17. 訳11頁, 34頁以下。RRL II S. 1,112. 訳2頁, 106頁)。またケルゼンの『一般国家学』が，「可能な憲法の学」としての「一般」憲法学であるとは，憲法一般，憲法の一般的なクラスを対象とし，それを類型的に整序することによって，一般性において，その可能な規範的意味および構造を明らかしようとすることを意味する (ASL, S. 45f. 訳77頁以下)。

具体的にいえば，例えば，国家形態が問題となる場合には，国法の創設方法という一定の観点から，一方では「純粋民主制」，他方では「純粋専主制」という極限状態としての純粋理念型を構成するとともに，両極端の間に存する可能な諸混合形態を理念型として構成することを意味する (ASL, S. 320ff. 訳536頁以下)。実在の憲法は，時間・空間的にいかなるものであれ，その諸構成のいずれかに位置づけられる筈である。両極端の極限とその双方が無限に移行する可能な連続的系列の上に形成されているからである。かようにして，それは，ある特定の具体的・現実的な憲法の特質を認識し，説明するための一般的な座標軸・仮説を提供するのである。ここからまた，「理念型」とは区別される「実在類型」の概念が生ずる (ASL, S. 327ff. 訳547頁以下)。それは，相対極する

---

6 宮沢俊義「法および法学と政治」(1938年)『公法の原理』(1967年・有斐閣) 120頁参照。
7 樋口陽一『近代立憲主義と現代国家』(勁草書房・1973年) 73頁以下参照。
8 長尾龍一『ケルゼン研究 I』(信山社・1999年) 168頁参照。
9 拙著『純粋法学と憲法理論』(日本評論社・1992年) 355頁以下,『ケルゼンの権利論・基本権論』(慈学社・2009年) 454頁 (本稿は，そこで「残された第五の課題」(451頁) の解明にかかわる)。

二つの「理念型」の間に可能態として無限に存しうる「連続的系列」のうち，これまで歴史的に実在したある一定の憲法を類型化したものである，ということができる。

このような純粋法学の方法の一般性の見地からみれば，国家形態論だけでなく，純粋法学の主要な諸概念はみな上記のような理念型としての性質をもつのである。純粋法学の不可欠な構成要素とされる法段階説やその頂点に位置する根本規範論もまた，かかる性質をもつのである。

ケルゼンが，規範的方法に基づいて，法とは，人間の行動に意図的に向けられた意思行為の意味であるとし，また，国家とは，一定の程度に組織化され実効性をもつ法秩序であるとして，いわゆる法と国家の同一説を提示したのも，このような「一般」法学・「一般」国家学の立場からするものであって，かかる立場よりすれば，形式的意味において法治国家とは「すべての行為が法秩序に基づいて定立される国家」を意味し，「厳密に実証主義的な，あらゆる自然法を排斥する立場からすれば，あらゆる国家はこの形式的な意味における法治国家でなければならない」(*ASL*, S. 91. 訳 153 頁以下）としているのは，純粋法学が規範的な一般法学として専制国家をも考察の対象としていることから，いわば概念必然的に生ずることであって，それによって別段，ケルゼンが，専制国家に加担し，それを推奨しているわけではない。

(c) 純粋法学とナチズムの関係について

ハイエクは，さらに上記の批判に続けて段落を変え，以下のように論じる。

《この論理的にもっとも首尾一貫した法実証主義の叙述は，1920 代までにドイツの思想を支配するようになり，そして世界のほかの国々へ急速に広まっていった考えを明示するものである。20 年代の末には，この考えが，ドイツを完全に支配してしまったために，「自然法理論に執着しているという罪を犯していると判断されることは，一種の知的不名誉とされた」ほどであった。このような世論の状態が，無制約の独裁制をつくり出す可能性があることは，ヒットラーが権力を獲得しようとしていた当時に，すでに鋭い観察者より明らかに見抜かれていた。1930 年にドイツのある法学者は，「社会主義国家，すなわち法治国家の反対のものを実現しようとする努力」の結果に関する詳細な研究において，次のように指摘することができた。すなわち，これらの「教義上の発展が，法治国家の消滅にとって障害となるものをすでに一切取り除き，国家のファシスト的およびボルシェヴィキ的意志の勝利に門戸を開いた」。ヒットラーが最終的に完成することになったこのような発展については，不安の念が増大しつつ

あったし，ドイツの国法学者学会で一人以上の報告者がこれを表明した。しかし，それは遅すぎた。反自由主義勢力は，国家が法によって束縛されてはならないとする法実証主義的教義を，すでにあまりにも十分に習得してしまっていた。》(CL, p.238-9. 訳Ⅱ・148-9 頁。注は原典参照)

　ここでは，恰も，ケルゼンの純粋法学がナチス政権下で支配的であったとか，その推進の支えになったとか，あるいは，それへの抵抗を無防備にさせたとかいう趣旨とも受け取れる論述がみられるが，もしそこにそういう認識があるとすれば，かかる認識は，端的に歴史的事実に反する。

　戦後西独の「新自然法論者」たちは，ケルゼンの法理論が実定法のみを正義であるとして，ナチに追随した司法官たちの法哲学的パトロンだという宣伝を繰り返して，ナチ時代に危険思想家として放逐したケルゼンに二度目の汚名を着せ，再度ドイツ法思想界から放逐した[10]，といわれる。すなわち，ケルゼンは，二度にわたって，scapegoatにされた，第一回目は，ナチスによって，第二回目は，戦後反ナチスの陣営によって，他ならぬナチスの責任を帰せられて[11]。ハイエクの立場は，もとより新自然法論とは異なるが，ハイエクのケルゼン批判は，基本的な構図において，戦後西ドイツの新自然法論者のそれと通底するところがあるようにみえる。西ドイツのかかる批判者の中には，ナチスへの「積極的協力者」も数多く見出されることから，「ナチズムの加害者・受益者たちが，その被害者に対しその加害の責任を追求するという奇妙な光景が一再ならず現出する」[12]こととなったが，かような倒錯したケルゼン評価は，国法学界の世代交代により近時ようやく「ケルゼン・ルネッサンス」とか「ケルゼンの再発見」とかいう名のもとに見直され始めているのは[13]，遅きに失するとはいえ，極めて当然のことというべきであろう。

10　長尾・前掲(注8)329頁。なお，同訳・前掲(注5) 2007年・145頁以下参照。
11　今井弘道「第一次大戦後ケルゼンの"憲法体験"・"政治体験"・政治思想(一)」『北大法学』32巻2号(1981年) 37頁参照。
12　エルンスト・トピッチュ・長尾龍一訳「イデオロギー批判者としてのハンス・ケルゼン」『国家学会雑誌』79巻9・10号(1966年)「訳者覚え書き」31頁。
13　Vgl. M. Jestaedt, O. Lepsius(Hrsg.), *Hans Kelsen Verteidigung der Demokratie*, 2006, Der Rechts-und der Demokratietheoretiker Hans Kelsen–Eine Einführung; M. Jestaedt (Hrsg.), *Hans Kelsen Reine Rechtslehre Studienausgabe der 1. Auflage 1934*, 2008. Eine Einführung; ders (Hrsg.), *Hans Kelsen und die deutsche Staatsrechtslehre*, 2013. 長尾龍一・前掲(注5)訳『自伝』「あとがき」160頁以下，高田篤「戦後ドイツ公法学におけるケルゼン」『文明と哲学』4号(2012年) 74頁以下，同「続　戦後ドイツ公法学におけるケルゼン」同6号(2014年) 46頁以下参照。

第3章　21世紀の議会制像

3　『法と立法と自由』における純粋法学批判とそれについての若干の所見

　本書の論述には，先にみた『自由の条件』（1960）と重なるところが多い。主たるテーマが前著においては自由論であるのに対して，本書では正義論であるから，以下においては，それに関わる部分に焦点をあて，その特質を抽出し若干のコメントを付することにしたい。

(1)　法実証主義の二つの種類

　ハイエクは，法実証主義の中心的主張として，法以前に正義は存在するのではなく，むしろ法が「何が正義であるか」を決定するのであるという主張をかかげ，かかる主張には，「裁判所を設立する立法者は，これらの裁判所がどのようにしてその法を確かめるべきかを指示しなければならないという主張とともに，立法者はその法の内容を創り出すのであり，そうする場合の完全な自由をもっているという主張が含まれている」とする。そして，純粋法学を，ここでも法実証主義の「最も高度に発達した形態である」とし，そこでは，非常に「誤った語法」のために，かかる主張がもっともらしく見えるようにされているという（LLL II, p. 48ff. 訳70頁以下）。

　しかしながら，一般に「法実証主義」といわれるものには，大別して二つの種類のものがあり，ハイエクが上記の法実証主義の中心的主張としているものは，ケルゼンのいう「法実証主義」とは，全く別の種類のものである。

　すなわち，法実証主義には，現実の時間・空間内で人間の意思行為によってつくられた経験的に確認可能な法（＝実定法）のみを認識の対象に，その認識のみを目標とし，それを超出しようとしない認識上の立場と，それを超えて，実定法を何らかの正義の観念によって評価し，その効力・拘束力の有無を論ずる実践上の立場がある。そして，後者の一つとして，現世の権力に発する実定法をもって正義を体現した唯一のものとし，それ以外の正義を否定して，実定法への服従を説く立場がある。このような立場は，「権力的法実証主義」[14]とか，「権力主義的法実証主義」[15]と呼ばれる。

　ハイエクの上記の法実証主義の中心的主張において念頭におかれているのは，そこから知られるように，「権力的法実証主義」であって，ケルゼンの立場は，それとは全く異なる。

14　加藤新平『法哲学概論』（有斐閣・1976年）259頁。
15　長尾・前掲（注8）328頁。

第9節　現代立憲主義像・管見

　《純粋法学は、……現実の法や可能的な法を問題にするのであって、正しい法を問題とするのではない。この意味において、純粋法学は、極端に実証主義的な法理論である。それは、……実定法をその本質に従って把握し、その構造の分析によって理解すること以外に、科学として、他のことをなすべき義務があるとは考えない。》(RRL I, S. 17. 訳 34-5 頁、なお RRL II, S. 112. 訳 106 頁)

　《「正義の規範」を実定法の内にのみ見るのが法実証主義の理論だといわれるが、それから程遠い。全く正反対である。法実証主義の理論が最大限に強調してきたのは、実定法と正義とを分離しようとするにある。》(ATN, S. 224.)

　ハイエクを論ずる文献において、ハイエクが誤って純粋法学を「権力的法実証主義」と捉えたことを無批判にそのまま鵜呑みにして純粋法学を論じられていることがしばしば見られるだけに、ここではっきりこのことを強調しておく必要がある。

(2)　「正義の客観的テスト」は存在するか。
　ケルゼンは、『正義とは何か』において、古来「正義」として主張されてきた主要なものを分析した後、以下の結論に至っている。

　《絶対的正義というのは、非合理的な理想 (Ideal) という他ない。合理的認識の立場からは、ただ、人の諸利益と、それ故、利益の衝突だけが存在する。
　この利益の衝突を解決する方法は、一方の利益を他方の利益の犠牲において満足させるか、または双方の利益の妥協をはかるかの、二つの道しかない。一方の解決が正しく、他方の解決が正しくないということを、証明することは不可能である。》(WG, S. 40. 訳 211 頁)

　ケルゼンのこのような絶対的正義の認識の不可能性についての思考を、ハイエクは、「正義の実証的 (positive) テストは存在しないという論証」を論じたものと捉え、ケルゼンは、かかる論証を、「正義の客観的テストは、どんなものであれ、存在しえないということを、証明するのに利用」するものと解し、そこでは、「一定の規範を正義に悖るとして排除することを可能にする消極的 (negative) テストが存在するかもしれないという可能性は、考慮されることすらない」と論難する (LLL II, p.53-4. 訳 78 頁)。
　ここからも知られるようにハイエクにとって重要なのは、何が正義であるか、それを積極的に論証する基準を提示することではなく、「法のルールが妥当であるか否かを決定するために利用できる正義の客観的テスト」として、「一定

の規範を正義に悖るとして排除することを可能にする消極的（negative）テストが存在するという可能性」を認め，かかる「消極的（negative）テスト」によって法のルールの妥当性を篩にかけ，その持続的なテストによって，正義に適う正しい（just）ルールとそれを基準とする人間の行動を浮かび上がらせようとするのである。かかる「正義に悖るとして排除することを可能にする消極的テスト」が，ポパーの科学哲学における「反証」による誤謬の除去のテストと，「密接な並行関係」にあることは，ハイエク自身の認めるところである（LLL II, p.43. 訳64頁）。

ここに，ハイエクの正義論のポイントが示されているとして，しからば，はたしてそれによって，ケルゼンの正義論が正当に認識され，評価されているといえるのであろうか。

ケルゼンは，先に引用した絶対的正義の認識不可能性を指摘し，ただ「相対的正義」のみが存在するとの「相対主義的正義哲学」の立場にたつことを明らかにした上で，では，「相対主義的正義哲学」のモラルは何か，そもそもモラルをもっているのか，多くの人々が思っているような，没道徳（amoralisch）または不道徳的（unmoralisch）なものでさえあるのだろうかと問い，それを否認して，以下のように論じているのが注目される。

　《相対主義的価値理論の基礎となり，または，その結論として生まれる道徳原理は，寛容の原理であり，他の宗教的ないし政治的意見を，好意的に解し，たとえ，意見が同じでなくても，いや，まさに，意見が同じでないからこそ，他の平和的な意見の発表を妨げないという要請である。……寛容は，思想の自由を意味している。》（WG, S. 41. 訳211-2頁）

かくて，ケルゼンは，「私は，正義とは何であるか，絶対的正義，この人間の美しい夢が何であるかを，まだ知らないし，また，お伝えすることもできない。私は，相対的正義で満足する他はないし，また，正義が私にとってどのようなものであるかを，お伝えできるだけである」とし，「私の天職は，学問であり，それ故，学問は私の生活の中で最も重要なものであるから，学問を保護し，また，学問によって，真理と誠実を栄えさせることができるものが，正義である。それは，『自由』という正義であり，『平和』という正義であり，『民主主義』という正義であり，『寛容』という正義である」（WG, S. 43. 訳214頁）とし，ケルゼン自身にとって何が正義であるかをみずから決断し，それを表明している。

かようにして，相対主義的正義哲学・相対主義的価値理論は，一方では，認識において絶対的正義が何かを論証しえないという消極的側面だけでなく，他方では，だからこそ実践において，各個人にとって何が正義であるか自ら決断し，それに対して責任を負わなければならないと道義的要請を各人に迫る積極的側面を有するのである[16]。ケルゼンによれは，かかる責任は，「いうまでもなく，人間がとりうる最も重大な道徳的責任」(FD, p.97. 古市訳100頁，長尾訳218頁）であるから，この意味において，かかる決断をいわば「実存主義的」決断といいうるのかも知れない。

実際，ケルゼンは，根本規範論において，実定法秩序の効力根拠として想定される根本規範を受け入れて，それを自ら実定法秩序として認めるか，それとも何らかの自然法論の立場からそれを否認するか否かの態度決定は，窮極的には各個人に課せられたものとの立場をとっているが (Vgl. *RRL* I, S. 36. 訳63-4頁，*RRL* II, S.223f. 訳210頁以下，What is Justice?, 1957, p.263.『著作集III』226頁)，そこから，いずれの態度をとるべきかを各個人に迫り，その回避を許さない怖ろしい責任を各個人に負わせるもので，個人にとって「極めて『実存主義的』な帰結」[17]をもたらすとされることがあるのも，故なしとしない。

しかるに，ハイエクは，このようなケルゼンの正義論の核心部分について，一考すらしていない。まさに「考慮されることすらない」というハイエクの批判は，自らにそのまま当てはまるかのようである。

四　論争からえられるひとつの所見
　　──現代立憲主義の根拠について──

ケルゼンとハイエク論争を概要したが，そこから，現代の立憲主義像に何らかの示唆するものが見出されるであろうか[18]。

16　この側面は，菅野喜八郎『続・国権の限界問題』（木鐸社・1988年）によれば，方法二元論の立場からは，「あくまでも個人心理の問題なのであって論理の問題ではない」(329頁)。

17　長尾・前掲（注8）337頁。Vgl. H. Dreier, *a.a.O.* Anm(4), S.240ff. このテーマに関する考察として，毛利透「『旧ヨーロッパ的』あるいは『実存主義的』ケルゼン──ホルスト・ドライアーのケルゼン研究によりつつ──」石川健治編『学問／政治／憲法』（岩波書店・2014年）62頁以下参照。

18　今日わが国では明治憲法以来再び「立憲主義」のあり方が大きく問われているが，それについては，とりわけ樋口陽一『いま，「憲法改正」をどう考えるか　「戦後日本」を「保守」することの意味』（岩波書店・2013年），佐藤幸治『立憲主義について　成立過程と現代』（左右社・2015年），同『世界史の中の日本国憲法　立憲主義の史的展開を

まず思い浮かぶのは、世紀転換の少し前にソ連とその衛星諸国の社会主義体制が瓦解し、社会主義は、少なくとも「人類の未来を照らしだす希望に満ちた存在」[19]としては、21世紀に引き継がれることなく、明確に過去のものとなった、ということであろう。かくて、21世紀は、基本的には、イギリスの市民革命を経て歴史的に形成されてきた近代立憲主義が受け継がれて唯一の普遍的な憲法原理となり、現代立憲主義を形作っているかにみえる。

　これをハイエクの立場よりすれば、歴史的に成立し進化してきた自生的秩序としての近代市民社会とそれを支える近代立憲主義が支配する世界と、それを否定しそれに代えて人間の理性によって社会主義・共産主義的な社会を意図的・計画的に独裁権力により創出しようとした世界とが20世紀において角逐し、後者がいわば内部から崩壊して過去のものとなり、前者のみが生き延び、それが21世紀に引き継がれたということになろう。したがって、市場を基盤する自生的秩序としての市民社会を支えてきた近代立憲主義もまた、21世紀において現代立憲主義として、さらに維持・形成・発展させなければならない、ということになろう。殊に、個人の自由領域を恣意的な侵害から保護する一般的・抽象的・普遍平等的なルール（ノモス）によって、あらゆる政治権力を制限し拘束する法の支配の原則が厳格に維持され、国民主権に立脚する国民代表機関としての議会の立法権といえども、その例外でなく、ノモスに拘束されたものでなくてはならない。したがって、その枠内での社会国家・福祉国家理念の推進もまた、人間に値する最低限度の生活保障というようなものは別にして、原理的には、人間の理性を過信して計画的に「社会的正義」という幻想を追い求めるもの、その実相においては、ノモスによって正当化しえない特殊利益を特定の人々に付与し、それと交換に票を獲得するという無制約な「取引民主義」をもたらし、延いては、全体主義に至る可能性をもつものとして阻止されなければならない、ということになろう。そのための憲法改革論として提示されたのが「一つの憲法モデル」に他ならないが、しかしそれは、ひとつのユートピアとしてその実現が直接意図されたものではない（拙論・27頁〔前出223頁〕参照）。かくて、今後の推移も、固より一本道ではありえない[20]。

踏まえて』（左右社・2015）参照。
19　塩川伸明『社会主義とは何だったか』（勁草書房・1994年）「まえがき」ii頁。なお、同著『現存した社会主義——リヴァイアサンの素顔』（勁草書房・1999年）、『《20世紀史》を考える』（勁草書房・2004年）参照。
20　「21世紀にハイエクを論じる理由」につき、山中優『ハイエクの政治思想』（勁草書房・2007年）1頁以下、また、渡辺・前掲（注2）381頁以下、池田・前掲（注2）170頁以

第9節　現代立憲主義像・管見

　これを論争のレベルでいえば，自由主義と民主主義の捉え方の問題にも関わる。市場を基盤にする経済体制が国際的な共通の認識となった国際社会の中で，グローバル化が進行し，インターネットをはじめ通信技術の発達により，大量の情報が瞬時に交換される世界，環境破壊と資源枯渇に配慮しつつ，持続可能な経済成長を図らなければならない課題，他方では，富の偏在と民族紛争とテロの脅威，このような国際環境の中で，各国は自らの歴史と伝統を踏まえて，自由主義と民主主義という相互に緊張関係に立つ問題をどのように考えるべきか，ハイエクのように一義的に応じることができるのであろうか。

　私は，ここで問わざるを得ないのは，近代市民社会がその基層において自生的秩序としての性質をもち，それが今日21世紀に引き継がれて現代に至っているとして，それが一体どのような根拠の上に成立しているか，ということである。

　ここで想起されるのは，ハイエクの自生的秩序論の形成にあたって強い影響を与えたとみられるM・ポラニーの自生的秩序論である。両者には微妙な，しかし重要な相違がある。

　その学問的な出自の相違によるためか，経済学から出発するハイエクの場合には，自生的秩序論は，何よりも経済的な市場を基盤として展開され，それが経済関係を超えた文化の領域，とりわけ，学問や思想の領域とどのように関係するか，かかる領域もまた広く自生的秩序と捉えられるべきかどうか，必ずしも明確でない。

　他方，M・ポラニーの場合には，学問的な出自が物理化学の領域にあるためか，その自生的秩序論は，「市場システム」もまたそれに属する重要なものとして射程においているとはいえ，むしろ，その基盤は，学問の自由に支えられた「真理」探究の場としての学問の世界 (*LL*, p.163ff. 訳205頁以下)，「探究者たちの社会」(*TD*, p.55f. 訳85頁以下) にあり，それと並行する形で，司法権の独立の下で，裁判官によって具体的事件を契機として形成されてきた，いわば「正義」探求の場としての司法の世界，「司法システム」が，精緻な自生的秩序の例とされ，この二つが「知的秩序のシステム」(*LL*, p.162ff. 訳204頁以下) として自生的秩序を成すものとし，それを基盤として，広く文化一般が，その基層において，自生的秩序としての性質をもつものとされる[21]。

　下，仲正・前掲(注2)207頁以下，松原隆一郎『ケインズとハイエク』(講談社・2011年) 280頁以下等参照。
[21]　拙稿「二つの自生的秩序——市場システムと知的秩序のシステム——」『金沢法学』49

しかし，両者の相違は，それだけではない。自生的秩序それ自体の依って立つ根拠をどこに求めるかにおいて，決定的に異なる。というのは，M・ポラニーは，『自由の論理』の序文において，知的自由の根拠を「自然法」に求め (*LL*, p.vi. 訳 ii 頁)，論文「学問の自由の基礎」において，「自由の一般的な基礎」は「真理・正義・博愛・寛容の実在性への信念を支持し，これらの実在性への献身を受容する」ことにあるとし，「一定の形而上学的な諸仮定なしには自由は論理的に維持しえない」(*LL*, p.47. 訳 59-60 頁) という結論に至っているのに対して，ハイエクは，反自然法的・反形而上学的な立場を基本前提とし (*SO*, p.1,165. 訳 9，186 頁，*LLL* II, p.59ff. 訳 85 頁以下)，自生の秩序それ自体の依って立つ根拠をどこに求めるかという点について，歴史的な進化の事実に根拠を求めているかに見えるからである。

すなわち，ハイエクは，論文「法秩序と行為秩序」の末節で，それが学術的な研究として一定の価値判断を提示している点について，ヒュームを援用しつつ，「今世紀の価値判断論争が改めて確認したように，われわれは存在に関する裸の事実から規範を導くことはできない」ということを確認したうえで，次のように論じている。

> 《われわれの科学が取り組んでいる対象，すなわち特定種類の自己発生的な秩序が，規範の遵守の結果生じるものであり，規範遵守なしにはまったく存立しないとすれば，当為ルールを含む前提から別の当為ルールを導き出すことは，決して論理的矛盾ではない。これが少なくとも意味しうるのは，自生的秩序の力に基づく社会をその一般的輪郭のみでも維持しようとする限りは，われわれに必要なのは，その社会の存続に不可欠な規範と矛盾するような規範を支持しないことであり，さらにこの前提条件の下で，学問的認識は，あれやこれをすべきだとかすべきでないとかの洞察を，われわれは与えうるのである。》
> (*FS*,S.196. 訳 267 頁。Cf. *LLL* I, p.105. 訳 137 頁，*LLL* II. p.58f. 訳 84 頁以下)

私が先に「みずからの立場から純粋法学を思う存分に誤解した上でのこのようなハイエクの批判には，つよい違和感を覚えます」と述べたが，そこにいう「みずからの立場」とは，このような一定のルール（ノモス）を含む「行為秩序」を絶対的ものとする立場に他ならず，ケルゼン的な見地からいえば，かかるハイエクの立場も，端的に自然法論，ある種の事実から規範を導出する自然法論の特殊な一形態といわなければならないであろう。

巻 2 号（2007 年）137 頁〔前出 242 頁〕以下参照。

五　むすび

　本稿において，ケルゼンとハイエクの論争を素材として顧みることによって現代立憲主義像を管見しようと試みた。そこから得られたことは，ハイエク，さらにはM・ポラニーの自生的秩序論によれば，近代市民社会は，その基層において自生的秩序としての性質をもち，それを支えているのが近代立憲主義であるが，それが21世紀に受け継がれて唯一可能な現代立憲主義となり，現下困難な諸条件において推移しているのではないかということであった。

　その根拠を，ハイエクは，ノモスによって支えられた行為秩序という一定の事実状態に求めたのに対して，M・ポラニーは，「自然法」，「一定の形而上学的諸仮定」に求めたが，その内容は，「真理・正義・博愛・寛容の実在性への信念を支持し，これらの実在性への献身を受容する」という極めて古典的なものであった（Cf. *PK*, p.223, 308ff. 訳209, 291頁以下）。

　ここで注目されるのは，かかるM・ポラニーの立場が，ケルゼンの正義論，延いては根本規範論と一見奇妙にも無限に接近するかに見えることである。というのは，先に考察したように，ケルゼンの価値相対主義的正義論は，何が正義であるかの道徳的決断を各人に委ね，重い責任を負わせる「実存主義的」性格をもつものとみられるからである。

　しかし，そこには深淵が横たわっている。というのは，つとに宮沢教授が指摘されたように，ケルゼンの立場に「わたしも，これに共鳴する。しかし，わたしの正義は，これではっきりするとしても，それが同時にあなたの正義でもあるためには，さらに何かの媒介が必要なのではないか。それは何か」[22]という問いが残り，それに答えなければならないが，ケルゼンによれば，それこそ，「プラトンの辿った道」，人類が「おそらく未来永劫ソフィストの解答に満足せず……血と涙に濡れつつも，辿り続けるであろう」「宗教への道」[23]だからである。かくて，宮沢教授の問いは，さらに続き，最終の問いに至る。

　　《ケルゼン自身の頭は，その永い一生の終りに，何を考えていたろうか。死ぬときまで，その反主流の道こそ真の主流であるとの自信をもって，それを歩み

22　宮沢俊義「ケルゼン教授の訃に接して」鵜飼信成・長尾龍一編『ハンス・ケルゼン』（東京大学出版会・1974年）178頁。
23　Hans Kelsen, Die Platonische Gerechtigkeit, 1933, in: *Aufsätze zur Ideorogiekritik*, E. Topitsch(Hrsg.), 1964, S. 231. 長尾龍一訳「プラトンの正義論」同訳『ハンス・ケルゼン著作集Ｖ　ギリシャ思想集』（慈学社・2009年）215頁。

つづけたであろうか。それとも，ついにソフィストの道に満足することができず，プラトンの辿った道——宗教の道——へよろめき入るようなことはなかっただろうか。それを，わたしは，知りたい。》[24]

ハイエクの最後の作品『致命的な思いあがり』の最終章が宗教で終っているのも（*FC*, p.135．訳203頁），故ないことではない。

---

24 宮沢・前掲(注22)179頁。宮沢教授が病床でキリスト教の洗礼を受けられた由については，長尾龍一「補遺　宮沢俊義先生とケルゼン」ハンス・ケルゼン著・E. トーピッチュ序・長尾龍一訳『神と国家——イデオロギー批判論集——』（木鐸社・1977年）253頁参照。

事項索引

(50音順，f. は次頁に，ff. は次頁以下にわたる場合，太字は重要なもの)

あ 行

アメリカ合衆国憲法 …… 46f., 50, 54, 81, 86
アメリカ議会法 ……………………… 53f., 72f.
暗黙知 …………………… 233, 247, **272f.**, 277
委員会 ……………………… 114, 136, 155
　――提出法律案 ……………………… 115
　委員長の職務権限(職権) ……… 137, 157
イギリスの憲法 …………………… 46, 51
違憲審査 …………………………………… 21
　――権 ……………………………………… 96
　――基準 ……………………… 16, 86, **266**
　――制 ……………………… 22, 81, **86**
一般法学 ……………………………… 286ff.
ウィーン法学派 … 6, 10, 104ff., 109, 125, 203

か 行

会　期 ……………………………… 156, 167
　――延長の議決 ……… 154, 156, **158ff.**, 167ff., 207
会期制 ……………………………… 41f., 64, 70
会期不継続の原則 ……………… 41, 64, 71
会　派 ……… 26, **29f.**, 51, 65, 83, 121, 186f., 190, 194f., **197**, 211
　――議会 ……………………………… **30**, 43
外部発案 …………………………… **46**, 91, 191
　――独占主義 ……… **47**, 52, 60, 67, 192
　――独占主義的傾向 … 49, **85**, **89f.**, 126
　――優位の併存主義 ……………………… 48
外部(発案)・内部発案併存主義 ‥ **47f.**, 52, 55, 67, 91, 192
「科学」のシステム ……………… 254, 275

閣　議 ……………………………… 25, 28
　――決定 ……………………… 26, 28, 34, 38
　――請議 ……………………………… 28
確証形成行為 ……… 50, **118**, **140f.**, 175, 194
学問の自由 ……… 255, **258**, 273f., 284, 295
過程法(Prozeßrecht) ……………………… 10f.
間接発案制 ……………………… 33, 44, 48
議員の地位 ……………………… 82f., 198, 211
議員の法律発案(発議)権 …… 187, 190, 196f., **207ff.**
議員立法 ………… 24, 27, **32**, **45**, 55, 57ff.
　――活性化論 ……………… **31ff.**, 43, 59
　――の改革 ……………………………… 235
　――の三類型 ……………… 45, **49**, 57f., 67
　　(アメリカ型) ……………… 45, **50**, 66f.
　　(イギリス型) ……………… 45, **51**, 66f.
　　(ヨーロッパ大陸型) …… 45, **52**, 66f.
　　(わが国の特質) …… 53, **55**, 58, 66f.
　――本領論 ……………………… 31f., 59
議　院 ……………………………… 114, 136, 155
　――の告発(告訴) ……… 171f., **177f.**, 181f., 185
議院自律権 ……………… 32, **167**, 171, 187, 189f., **196f.**, 209ff.
議院運営委員会 ……… 26, 40f., 63, 170
議院規則制定権 ……………………… 20, 99
議院内閣制 ……… 31f., 37, 43, 47f., 59, 74, 80
　イギリス(流)の―― ……… 37, 51f., 53f., 60, 71, 74, 220
　ヨーロッパ(大陸)の―― ……… 46, 52, 80
　　(旧一元型) ……………………………… 47
　　(旧二元型) ……………………… 48, 80
　　(新一元型) ……………………… 48, 80

299

事項索引

（新二元型）・・・・・・・・・・・・・・・ 48
わが国の―― ・・・・・・・ 37, 49, **54**, 71
議院法・・・・・・・・・・・・・・・・・ 48, 53f., 72
議会制（主義）・・・・・・・・・ 15, 108, 120,
　　　　　　　　　　212f., 215, 227f.
　――改革論（ハイエクの）・・・ 14, 56, **216**,
　　　　　　　　　228, 235f., 278, 282
議会法・・ 29, 43, 108, 121, 135, 194, **200f.**, 211
　変動期にある―― ・・・ **29**, 43, 121, 200, **211**
議会法学・・・・・・・・・・・・・・・・・・・・・・ 108f.
機関承認・・・・・・・・・・ 13, 29, 59, **62f.**, 186f.,
　　　　　　　　　191, 193, **197**, **207ff.**
議　決・・・・・・・・・ **114**, 132, 136, 142, **154ff.**
　基本的―― ・・・・・・・・・・・・・・・ 136, 156
　派生的―― ・・・・・・・・・・・・・・・ 136, 156
　附随的―― ・・・・・・・・・・・・・・・ 136, 156
議事法・・・・・・・・ 40, **93f.**, 158, 176, **201f.**, 209
議長の職務権限（職権）・・・・・・・・ 137, 157
規範科学・・・・・・・・・・・・・・・・・・・・・・・・ 104
基本権・・・・・・・・・ 21, 84, 95, 209, 258, 265
　客観的（構成）原理としての――
　　　・・・・・・・・・・・・・・・・・・・・ **258**, 268f.
行政国家・・・・・・・・・・・・・ 20, 31, **85f.**, 88, 230
ケルゼン・ルネッサンス ・・・・・・・・・ 11, 289
憲法改正・・・・・・・ 21, 33, 69, 74, 98, 212, 274
憲法学（論）・・・・・・・・・ i, 3, 16, 107, 109, 217,
　　　　　　　　　　　227, 253, 258, 265f.
　一般―― ・・・・・・・・・・・・・・・・・・・・ 286f.
憲法訴訟・・・・・・・・・・・・・・・・・・・・・ 122, 137
憲法変遷・・・・・・・・・・・・・・・・・・・・ 198, 211ff.
権力分立制・・・・・・・・・・・・・・・・・・・ 18, **79f.**
　――の現代的変容 ・・・・・・・・・・・・・・ 81ff.
　議会優位の―― ・・・・・・・・・ **79ff.**, 82f.
権力分立論・・・・・・・・・・・・・・・・・・ 12, **75ff.**
　機能的―― ・・・・・・・・・・・・・・・・・・・・ 94f.
国対政治・・・・・・・・・・・・・・・・・・・・ **26f.**, 34

国民主権・・・・・・・ 18, 33, 47, 78ff., 87, 203, 294
国民内閣制（論）・・・・・・・・・・・・・・・・ 71, 228
国民発案（制）・・・・・・・・・・・・・・・・・ 33, 67
国　会
　国の唯一の立法機関としての――
　　　・・・ **17**, 31, 49, 54, 58, 61, **97**, 192, 196, 201
　国民の代表機関としての―― ・・・ 92, 229
　国権の最高機関としての―― ・・・ 18, **21**,
　　　　　　　　54, 60, **72ff.**, **98**, 171f., 201
　国会改革 ・・・・・・・・・ 24, 45, 68, 70, 126, 228
　　――論 ・・・・・・・・・・・・・・・・・・・・ 66ff., 70
　国会単独立法の原則・・・・・・・・・ 17, 97, 100
　国会中心立法の原則・・・・・・・・・・・・ 17, 97
根本規範・・・・・・・・・・・・・・ 219f., 288, **293**, 297

さ　行

裁可→法律の裁可
参議院改革・・・・・・・・・・・・・・・・・・・・ 228, 235
市場システム ・・・・・・・・・ 15, 242, **246**, 253f.,
　　　　　　　　　　　265, 268f., 274, 295
自生的秩序 ・・・・・・・・ **15f.**, 20, **217**, 236f., 239f.,
　　　　　　　242, **245f.**, **248ff.**, 271ff., 282, 294ff.
　二つの―― ・・・ 15, 242, **253**, 256, 265, 295
　包括的な―― ・・・・・・・・・・・ **250**, 259, 269
自然権・・・・・・・・・・・・・・・・・・・・・・・・・・・ 248
自然と作為の二元論・・ 239, **252**, 267, 269ff.
自然法・・・・・・・・・・・・・・ 219, 285, 288, 296f.
　――論 ・・・・・・・・・・・・ 217, 219f., 293, 296
思想の自由市場・・・・・・・・・・・・・・ 260f., 274
質　疑・・・・・・・・・・ 7, 29, 117, **119f.**, 127, 132f.,
　　　　　　　　　137ff., 144ff., 157, 195
実体形成過程 ・・・・・・・・・・・・・・・・ **5ff.**, 149
実体形成行為 ・・・・・・・ **10**, 118, 127, 141, 144,
　　　　　　　　　149, 175, 193, 195, 198
司法国家・・・・・・・・・・・・・・・・・・・ 20, 79, **86f.**
司法システム ・・・・・・・・・・・・ **254**, 275f., 295

300

資本主義(的経済体制) ……… 14, 84, 226, 248, **281f.**
社会権 …………………………… 84
社会国家……… 14f., 20, 31, 56f., 81, **84**, 88, 225, 250f., 267, 282, 294
社会主義 ……………… 225, **280ff.**, 294f.
社会民主主義 ………………… 225, 284
自　由………… **75ff.**, 84f., 87f., 218, 242, 258ff., 265, 281ff., 296
　経済的(活動の)── ……226, 243, 255, 259, **265ff.**, 281
　国家からの── ……………… 79, 82, 84
　国家による── ……………………… 84
　国家への── ……………… 79, 82, 88
　精神的(活動の)── ……226, 243, 255, 258f., **265ff.**, 281
自由権 ……………………………… 84, 226
自由国家 ……………………… **84**, 250f.
自由主義 ……… 77ff., 225f., 240, 251, 259, 280, **283ff.**, 295
趣旨説明 ………… 7, 29, **117**, 139, 157, 195f.
主　張 ……………………………… 116, 139
処分的法律 ……………………… 143, 145
人　権 ………………… 33, 128, 242f.
　──宣言 ……………………… 75, 84
　──規定 ……………… 219, 265, 268
　基本的── …………… 16, 161, 284
成規の賛成者 …… 29, 59, **61f.**, 163, 193
正　義 ……………………………… 290ff., 297
　社会的── ‥ 14, 56, 224, 230, 251, 267, 294
　絶対的── ……………………… 291f.
　相対的── ………………………… 292
正義論 ……………………… 277, **290ff.**
　ケルゼンの── …… 284, **291ff.**, 297
　ハイエクの── ………………… **291f.**
政治問題→統治行為

政党国家 ………… 20, 31, 57, **82**, 88, 213
政党制 ……… 29, 49, 83, 121, 194, 196, 211ff.
政府委員制度 …………… 36, 65, 126
政府提出立法 …… 11, **24**, 43, 45, 57, 59
政　令 ……………………… 18, 20, 98
全体主義 ………… 225, 228, 280, 282, 294
組織的(意図的)秩序(corporate order) ……… 242, **244ff.**, 248f., 252
措置法律(Maßnahmegesetz) …………………………… **19**, 99, 219

た　行

知的秩序のシステム ……… 15, 242, **253ff.**, 256, 265, 273ff., 295
懲罰事犯 ……………………………… 164
定足数 ……………………… 156, 161, 207
手続形成過程 ……………………… **6ff.**, 149
手続形成行為 …… **10**, 118, 141, **149ff.**, 158, 169, 176, 182, 193ff., 198f.
ドイツの現行憲法(ボン基本法)… 48, 193, 198, 214
党議拘束 …………… **25f.**, 29, 39, 51, 59, 65, 121, 194, 211
統治行為(政治問題) ……… **167**, 171, 178f., 180, 183ff., 210f.
動態的法理論(Dynamische Rechtstheorie) ………………… 6, 106f.
討　論 ……… 7, 29, **117**, 119f., 140, 195f.
　公開の── ……………… 29, 73, 83
読会制 ………………………… 41f., 55, 72

な　行

内閣提出法律案………… 25, 115, 117, 138
内部発案 ………………… **46**, 90f., 192
　──独占主義 …………… **46f.**, 50f., 56
二重の基準論 ……… 16, 87, 226, **266ff.**, 269

301

は 行

発案→法律案の発案
表　決……**114**, 132, 136, 142, 144, 155, 210
表決数……………………**156**, 161, 207
福祉国家…………14f., 56, 238, 251, 282, 294
フランスの憲法……………………47f., 81
法過程（Rechtsprozeß）…………6, 11, 107
法規（Rechtssatz）………14, **17ff.**, **97ff.**, 218
法実証主義………217, 225, 280, 285, **290f.**
　　権力（主義）的――………………290f.
法段階説……………6, 11, 89, 104, 275, 288
法治国（家）(Rechtsstaat)…14, 19, 99, 286
　　形式的意味における――……………288
法的様相の理論………………………143, 205
法の支配………………220, 227, 229, **251**,
　　　　　　　　　　　275f., 281, 285, 294
法律の概念………………11, 17, 22f., 95
法律案の議決（法律議決）…3, 20, 100, 111,
　　　　　　　　　　　　113f., 127, 132,
　　　　　　　　　　　　136f., 144, 156, 168f.
　　――権……………**113f.**, 136, 155f., 203
法律案の審議……………3, 115, **137**, 156
法律案の発案（法律発案）…3, **45**, 92, **116**,
　　　　　　　　　　　　120, 139, 163, **191f.**
　　――権……………**46ff.**, 54, 62, 67, 92,
　　　　　　　　　　　　191, **196f.**, 209
法律上の争訟………………153, 187f., 191, 209
法律の形式的効力……………………………22
法律の公布……………3, 100, 111, 154, 158
法律の裁可……………3, 20, 100, 111, 203
法律の実体形成…**4ff.**, 104f., 112, **118**, 137,
　　　　　　　　　　149, 175f., 186, **192ff.**, 199
法律の所管事項…………………4, 21, 97f.
法律の署名・連署………………………100, 111
法律の成立……………………20, 100, 207
法律の認証（公証）…………………3, 111
法律の優位……………………………22, 95
法律の留保……………………………20f., 95
本質性理論（Wesentlichkeitsthorie）
　　　　　　　　　　　　　　21, 23, 95

ま 行

民主主義（民主制）…18f., 47, 79f., 86f., 194,
　　　　　　　　　　　223f., 227, **280ff.** 295f.
　　教条（主義）的――…………230, 283
　　全体主義的――……**230**, 240f., 251, 282
　　大衆――………………………………82f.
　　取引――…………14, 56, **224**, 227, 232,
　　　　　　　　　　238, 241, 251, 282, 294
　　無制約な――……**224**, 227, 230, 248f., 282
明治憲法…………3, 8, 17, 24, 48, 53, 72,
　　　　　　　　　99f., 110f., 191, 201f.
命令的委任の禁止………………………82
免責特権………13, 29, 119, 127ff., **134f.**,
　　　　　　　143, **145**, **171ff.**, 179ff., **209**
　　――の範囲………172, **174**, 183ff., 210
　申　立………………………………116, 139
　　基本的………………………………116, 139
　　派生的………………………………116, 139
　　附随的………………………………116, 139

や 行

予　測…………………………………117
与党審査（事前審査）………**25**, 28, **35ff.**,
　　　　　　　　　　62, **64ff.**, 73f., 119
　　――廃止への挑戦と挫折（復活）
　　　　　　　　　　………37ff., 70, 74

ら 行

立案過程の未法制（政府の）………28, 35
立憲君主制……………18f., 47, 60, 78, 99

立憲主義 ……… 75, 215, 223, 231, 278, 293
　近代── ‥17, 20, 75, 79, 81, 203, 294, 297
　現代── ……… 20, 85, 276, 278, 294, 297
立　証 …………………………… **117**, 140
立法(狭義と広義)………………… 8, 203
立法学…………………… **22f.**, 103, 107
立法過程 ………… **3ff., 24**, 97, **103**, 142
　(実体面) …………… **5f.**, 10, 104f., 125
　(手続面) …………… **5f.**, 10, 104f., 125
　──の動態的考察 …‥i, **3f., 104**, 109, 112
　──の規範的考察 ……… i, 5, **104**, 124f.
　──の社会学的(政治学的)考察
　　　………………… 5f., **103**, 120, **123f.**
　──の類型論 ……………………… 68
　主要── ……………………… 25f., 138
　前── ……………………………… 25
　法現象としての── **11, 103f.**, 119, 123
立法過程学 ………… 103, 105, **107ff.**, 123
立法過程法
　(Gesetzgebungsprozeßrecht)‥**10**, 104,
　　　123
　──学 …………… 10, **104**, 109, **122f.**
立法機構改革 ………………… 24, **30**, 43
立法形式法 ……………………… 107, 200
立法行為(Gesetzgebungsakt) … **8ff.**, 12,
　　　100, 103, **110ff.**, 127, 149, 185, 203ff.
　──そのもの… 9, 13, 111, **131f.**, 142, **209**
　──に対する司法審査 ……… 166, **205**
　──に対する法的価値判断 … 12, 150,
　　　158f., 166, 200, **204f.**
　──の概念 ……… **8**, 11, **110**, 120, 127,
　　　141, 159, 196, 203f.

　──の種類 ……………………… **113**, 154
　──の体系 …… 13, 31, 132, 135, 137, 144
　──の追完 ……………… 151, 158, **161ff.**
立法事実 ……… 12, **117**, 121f., 139, 145
立法実体法 ……………………… 107, 200
立法組織法 ……………………… 107, 200
立法追行権 ………………… **115**, 138, 155, 157
立法追行行為 …………… 90f., **115ff.**, 133,
　　　138ff. 144, 157
　──の第一の範疇→申立
　──の第二の範疇→主張
　──の第三の範疇→立証
立法追行者→立法の従属的主体
立法手続法 ……………………… 107f., **200ff.**
立法手続法上の効果 ……… **12f.**, 127, 149f.,
　　　153, 171, 185, **204f.**
立法の委任(委任立法) ……… 20, 22, 85
立法の主体(立法主体) ………… 49, 67, 89,
　　　113, 119, 154f., 203
立法の従属的主体 ………… **113, 115**, 136,
　　　138ff., 155, 157
立法の本来的主体 ……………… **113**, 130f.,
　　　136ff., 155, 203
立法不作為 ……… 135, 142, 148, 206, 209
立法法 …………………………… 107, 200
立法要件 ………………… **193**, 196, 204
両院制 ……………………………… 114, 155

わ　行

ワイマール憲法 ………… 33, 48, 51, 111,
　　　198, 211, 213f.

303

〈著者紹介〉
新　正幸（あたらし・まさゆき）

〈略　歴〉
金沢大学名誉教授
1945 年奈良県生まれ
1970 年東北大学大学院法学研究科修士課程修了，1985 年法学博士（東北大学）
福島大学行政社会学部教授，関東学園大法学部教授，金沢大学法学部教授を経て，2004 年より 2011 年まで金沢大学大学院法務研究科教授

〈主要著書・共著〉
［著書］
『憲法と立法過程』（創文社，1988 年）
『純粋法学と憲法理論』（日本評論社・1992 年）
『憲法訴訟論』（信山社，第 1 版 2008 年，第 2 版 2010 年）
『ケルゼンの権利論・基本権論』（慈学社，2009 年）
［共著］
『憲法講義 1』（有斐閣，1979 年）
『新ケルゼン研究──ケルゼン生誕百年記念論集』（共編，木鐸社，1981 年）
『憲法制定と変動の法理──菅野喜八郎教授還暦記念』（共編，木鐸社，1991 年）
『公法の思想と制度──菅野喜八郎先生古稀記念論文集』（共編，信山社，1999 年）

学術選書
48
憲　法

立法過程と立法行為──憲法の理論と判例──

2017 年（平成 29 年）2 月 28 日　第 1 版第 1 刷発行
5448-8:P320 ¥6000E 012-040-005

著　者　新　　正　幸
発行者　今井　貴　稲葉文子
発行所　株式会社　信山社

〒113-0033　東京都文京区本郷 6-2-9-102
Tel 03-3818-1019　Fax 03-3818-0344
henshu@shinzansha.co.jp
笠間才木支店　〒309-1611　茨城県笠間市笠間 515-3
Tel 0296-71-9081　Fax 0296-71-9082
笠間来栖支店　〒309-1625　茨城県笠間市来栖 2345-1
Tel 0296-71-0215　Fax 0296-72-5410
出版契約 2017-5448-8-01011　Printed in Japan

Ⓒ新正幸, 2017　印刷・製本／ワイズ書籍(M)・牧製本
ISBN978-4-7972-5448-8 C3332　分類323.340-a10 憲法

JCOPY　〈(社)出版者著作権管理機構　委託出版物〉
本書の無断複写は著作権法上での例外を除き禁じられています。複写される場合は，そのつど事前に，(社)出版者著作権管理機構（電話 03-3513-6969，FAX 03-3513-6979，e-mail: info@jcopy.or.jp）の許諾を得てください。

ドイツ憲法集（第7版）　高田敏・初宿正典 編訳

概説ジェンダーと法（第2版）　辻村みよ子

現代フランス憲法理論　山元　一

憲法裁判所の比較研究―フランス・イタリア・スペイン・ベルギーの憲法裁判
　曽我部真裕・田近肇 編／芦田淳・井上武史・奥村公輔・ペドリサ・ルイス

結社の自由の法理　井上武史

立法手続と権力分立　奥村公輔

地方自治法改正史　小西　敦

国際法原理論　ハンス・ケルゼン著／長谷川正国 訳

河井弥八日記　戦後篇1〜
　尚友倶楽部／中園裕・内藤一成・村井良太・奈良岡聰智・小宮京 編

ドイツ団体法論　オットー・フォン・ギールケ　第1巻
　〔翻訳 全4分冊〕庄子良男 訳

世紀転換期の憲法論　赤坂正浩

高見勝利先生古稀記念　憲法の基底と憲法論 ― 思想・制度・運用
　岡田信弘・笹田栄司・長谷部恭男 編著

信山社

◇ 法律学講座 ◇

赤坂正浩　憲法講義（人権）〔第2版〕
神橋一彦　行政救済法〔第2版〕
生田長人　防　災　法
白井　誠　国　会　法
田島　裕　外国法概論
田島　裕　アメリカ契約法
星野　豊　信託法
小西國友　国際労働法
小松一郎　実践国際法〔第2版〕
笠原　宏　EU競争法

判例プラクティス憲法　増補版
　憲法判例研究会　編
淺野博宣・尾形健・小島慎司・宍戸常寿・曽我部真裕・中林暁生・山本龍彦

信山社

法律学の森シリーズ
変化の激しい時代に向けた独創的体系書

新　正幸　　憲法訴訟論〔第2版〕
大村敦志　　フランス民法
潮見佳男　　債権総論Ⅰ〔第2版〕
潮見佳男　　債権総論Ⅱ〔第3版〕
小野秀誠　　債権総論
潮見佳男　　契約各論Ⅰ
潮見佳男　　契約各論Ⅱ（続刊）
潮見佳男　　不法行為法Ⅰ〔第2版〕
潮見佳男　　不法行為法Ⅱ〔第2版〕
藤原正則　　不当利得法
青竹正一　　新会社法〔第4版〕
泉田栄一　　会社法論
小宮文人　　イギリス労働法
高　翔龍　　韓国法〔第3版〕
豊永晋輔　　原子力損害賠償法

信山社